图书馆学概论

（第4版）

吴慰慈 董 焱 编著

国家图书馆出版社

图书在版编目（CIP）数据

图书馆学概论 / 吴慰慈, 董焱编著 . —4 版 . — 北京：国家图书馆出版社，2019.3（2023.2 重印）

ISBN 978-7-5013-6645-3

Ⅰ．①图⋯　Ⅱ．①吴⋯ ②董⋯　Ⅲ．①图书馆学—概论　Ⅳ．① G250.1

中国版本图书馆 CIP 数据核字（2018）第 271379 号

书　　名	图书馆学概论（第 4 版）	
著　　者	吴慰慈　董　焱　编著	
责任编辑	邓咏秋　王炳乾	
封面设计	程言工作室	

出版发行	国家图书馆出版社（北京市西城区文津街 7 号　100034）	
	（原书目文献出版社　北京图书馆出版社）	
	010-66114536　63802249　nlcpress@nlc.cn（邮购）	
网　　址	http://www.nlcpress.com	
排　　版	九章文化	
印　　装	北京科信印刷有限公司	
版次印次	2019 年 3 月第 1 版　2023 年 2 月第 4 次印刷	

开　　本	710mm×1000mm　1/16	
印　　张	22	
字　　数	370 千字	

书　　号	ISBN 978-7-5013-6645-3	
定　　价	72.00 元	

版权所有　侵权必究

本书如有印装质量问题，请与读者服务部（010-66126156）联系调换。

第4版序

20世纪80年代,我国图书馆事业从低谷中走出,进入深化改革和稳步发展的新时期。适应图书馆事业发展需要,我国的图书馆学教育也进入了一个空前的繁荣期。

开展图书馆学教育、培养图书馆事业所需人才,要求编写"图书馆学导论"或"图书馆学概论"一类的教材,以便使图书馆学专业学生及图书馆从业人员能够全面了解图书馆学理论和图书馆工作,为专业课程学习及业务工作的开展打好坚实基础。以1981年北京大学图书馆学系、武汉大学图书馆学系合编的《图书馆学基础》出版为发端,先后有20余种"图书馆学导论(概论)"类教材问世。

1985年,吴慰慈、邵巍编著的《图书馆学概论》由书目文献出版社[①]出版,被全国各地图书馆学本科、专科和在职培训等教学单位和各类图书馆采用,受到广泛欢迎。该书先后重印10余次,总印数达10余万册,取得了良好的社会效果。该书的部分章节还被译成日文、韩文,在两国部分图书馆学专业教学中使用。

其后,吴慰慈、董焱编著的《图书馆学概论》修订版(北京图书馆出版社,2002年)、修订2版(国家图书馆出版社,2008年),更被国内各高校图书馆学专业指定为硕士研究生入学考试的教材,社会总体反响较好。《图书馆学概论》修订2版一方面注意对原教材的继承,注意反映作者长期以来对图书馆学理论与实践问题的独立思考,也广泛吸收了国内外图书馆工作实践与理论研究的进展,较好地适应了信息社会与网络环境下图书馆事业不断发展变化的形势,因而在业界广泛传播,名列图书馆情报学领域最有影响力著作第二位[②],2015年统计位列图书馆学引用著作前5名,2018年仍在重印。图书馆学基础课程任课教师、图书馆界各类人员既肯定了《图书馆概

[①] 书目文献出版社成立于1979年,1996年更名为北京图书馆出版社,2008年更名为国家图书馆出版社。
[②] 在中国科学文献计量评价研究中心发布的《中国高被引图书年报》(2016版)中,《图书馆学概论》位列"图书馆学·情报学"学科1949—2009年高被引图书名单第二位。

论》的价值，又希望能够适应当代图书馆的发展和需要适时进行修订。

近10年来，受信息技术飞速发展的影响，图书馆事业的环境和任务不断发生变化，图书馆学研究也有了新的进步和研究范式的转变。图书馆工作实践和图书馆学理论的发展、图书馆学教育的需要，以及图书馆界同仁的热切期盼，促使我们着手对《图书馆学概论》再次加以修订。自1985年第1版起，再经2002年修订版、2008年修订2版，本次修订实为本书第4版。

在本书的流传过程中，结合业内人士和高校师生反映的问题，我们也在反思本书的成功之处和存在的问题。

本书在编撰过程中，我们没有把其仅仅定位于专业入门教材，而是融入我们的研究成果和理论思考，抓住信息技术环境下图书馆事业发展大趋势，因而，十年时间过去，但本书的许多观点和提法并未过时。当然，也正因为不囿于教材的编纂体例，也使得很多读者反映，从考试的角度看，不易抓住重点；此外，随时间的推移，部分理论观点、数据等已陈旧过时，关于图书馆类型的阐述过于具体，等等。

我们确定此次修订的原则和重点是：

本书定位于一本研究性的图书馆学基础教材，着眼于围绕图书馆学体系的构建开展理论思考，向自觉的图书馆学理论建设方向努力。

本书要结合图书馆事业和工作实践，提炼普适性的理论和方法，使之理论化，不就事论事，不局限于图书馆工作本身，而是要将实务提炼成理论，哪怕是很浅的理论。对于业界一些略显模糊不甚清晰的问题、拿不准的问题，也要记录下来，并且提出我们的思考，支持图书馆业界进行尝试。

本书要及时反映大数据、人工智能、云计算、物联网、移动互联、虚拟现实、边缘计算、区块链等信息技术对图书馆转型的影响，以及图书馆已发生的和正在经历的转型，使本书能够从宏观上、全局上较为准确地把握图书馆发展大趋势，为图书馆建设和发展提供参考。

至于许多读者提出的为帮助抓住考试重点，建议在章节后附习题等意见，我们希望出版社能够组织人员另外编写辅导材料和习题书。

吴慰慈　董焱

2018年10月

目　录

绪　论 ……………………………………………………………（ 1 ）

第一章　图书馆学：对象、体系与内容 …………………………（ 4 ）

　　第一节　图书馆学的研究对象 ………………………………（ 4 ）

　　第二节　图书馆学的体系结构 ………………………………（ 15 ）

　　第三节　图书馆学的研究内容 ………………………………（ 21 ）

第二章　图书馆学：性质、方法与趋势 …………………………（ 28 ）

　　第一节　图书馆学的学科性质 ………………………………（ 28 ）

　　第二节　图书馆学的相关学科 ………………………………（ 34 ）

　　第三节　图书馆学的研究方法 ………………………………（ 42 ）

　　第四节　图书馆学的发展趋势 ………………………………（ 48 ）

第三章　图书馆及其社会职能 …………………………………（ 57 ）

　　第一节　图书馆的概念 ………………………………………（ 57 ）

　　第二节　图书馆的起源与发展 ………………………………（ 66 ）

　　第三节　图书馆的属性 ………………………………………（ 75 ）

　　第四节　图书馆的社会职能 …………………………………（ 82 ）

　　第五节　图书馆与现代社会 …………………………………（ 91 ）

第四章　图书馆的类型 …………………………………………（100）

　　第一节　图书馆类型划分的意义及标准 ……………………（100）

　　第二节　国家图书馆 …………………………………………（103）

　　第三节　公共图书馆 …………………………………………（105）

　　第四节　高等学校图书馆 ……………………………………（110）

第五节　科学、专业图书馆和信息中心 …………………………（115）
　　第六节　其他类型图书馆 ……………………………………………（118）

第五章　图书馆事业 ……………………………………………………（125）
　　第一节　图书馆事业建设的原则 ……………………………………（125）
　　第二节　我国图书馆事业建设的成就 ………………………………（128）
　　第三节　我国图书馆事业的结构 ……………………………………（134）
　　第四节　馆际合作与资源共享 ………………………………………（137）
　　第五节　图书馆合作与图书馆联盟 …………………………………（146）
　　第六节　图书馆业务辅导工作 ………………………………………（152）
　　第七节　图书馆法 ……………………………………………………（159）

第六章　图书馆业务工作 ………………………………………………（167）
　　第一节　图书馆业务机构的设置 ……………………………………（167）
　　第二节　文献资源建设 ………………………………………………（170）
　　第三节　用户服务工作 ………………………………………………（181）
　　第四节　图书馆特藏工作与特色馆藏建设 …………………………（185）
　　第五节　信息环境下图书馆服务的拓展 ……………………………（190）
　　第六节　图书馆免费服务与信息增值服务 …………………………（193）
　　第七节　图书馆自动化 ………………………………………………（196）

第七章　图书馆管理 ……………………………………………………（205）
　　第一节　图书馆管理原理 ……………………………………………（205）
　　第二节　图书馆规章制度 ……………………………………………（208）
　　第三节　图书馆统计 …………………………………………………（212）
　　第四节　图书馆工作评价与图书馆评估 ……………………………（217）
　　第五节　图书馆工作标准化 …………………………………………（223）

第八章　数字图书馆与虚拟图书馆 ……………………………………（231）
　　第一节　数字图书馆 …………………………………………………（231）
　　第二节　虚拟图书馆 …………………………………………………（242）

第三节　智慧图书馆 ………………………………………………（247）

第九章　图书馆现代化与电子版权问题 ……………………………（253）

第一节　图书馆馆藏文献数字化工作 ……………………………（253）

第二节　图书馆2.0技术及其应用 ………………………………（259）

第三节　图书馆现代化中的电子版权问题 ………………………（264）

结语　网络环境下图书馆的发展方向 ………………………………（298）

附录一　联合国教科文组织公共图书馆宣言（1994） ……………（310）

**附录二　全民教育中的中小学图书馆——国际图联/联合国教科文组织
　　　　　中小学图书馆宣言** ………………………………………（313）

附录三　中华人民共和国公共图书馆法 ……………………………（316）

附录四　普通高等学校图书馆规程（教育部教高〔2015〕14号） …（324）

附录五　中小学图书馆（室）规程（修订）（教基〔2018〕5号） ……（331）

后　记 …………………………………………………………………（338）

图目录

图 1　图书馆学的体系结构 …………………………………………（20）
图 2　21 世纪图书馆学核心主题领域及主要研究内容……………（53）
图 3　信息结构的一般等级划分 ……………………………………（61）
图 4　图书馆的中介性 ………………………………………………（80）
图 5　图书馆的社会职能 ……………………………………………（83）
图 6　我国图书馆事业的结构 ………………………………………（135）
图 7　图书馆结构与功能框图 ………………………………………（167）
图 8　图书馆自动化集成管理系统结构示意图 ……………………（202）
图 9　智慧图书馆系统结构与功能示意图 …………………………（249）

绪　　论

图书馆,是社会知识、信息保存与传递、扩散的重要机构之一。图书馆已经存在了数千年,20世纪后期以来,随着互联网、移动互联网等在全球的日益普及,人类社会的信息交流渠道不断增加,图书馆作为社会信息交流中心的地位被削弱。有观点认为图书馆将在信息社会中消失,但同时也有意见认为在可预见的未来,图书馆不仅会存在,而且还会在网络时代中扮演相当重要的角色。"生存还是消亡"这个哈姆雷特式的拷问,需要做出回答。

我们认为,自古以来,人类社会与文明的进步与发展,是建立在对人类既有的科学技术、文化、经济等成果继承基础之上的,没有继承,就谈不上发展,而图书馆正是这样一种人类文明在时间和空间中得到传承的不可或缺的中介性机构。图书馆通过收集、整理和保存文献信息,实现思想、知识、信息的交流,从而提高社会成员的文化教育水平,提高社会的科技实力和创新能力,促进社会经济的发展与社会进步,在人类历史和信息交流史上曾发挥过极其重要的作用。在知识经济时代,知识、信息成为社会发展最重要的资源,知识管理、信息资源管理具有重要的意义,作为社会信息资源管理机制最重要组成部分之一的图书馆将继续发挥其不可替代的作用。因而,图书馆将在信息社会中长期存在并为社会信息资源管理做出巨大贡献,但同时,图书馆在服务手段、空间环境、存在形态、社会功能等方面也将发生显著变化。

对于图书馆事业发展来讲,建设一支思想道德修养良好、业务技术水平精良、综合素质过硬的图书馆专业技术队伍,是图书馆发挥其社会功能并在社会中长期生存和发展的基础。而图书馆专业技术队伍的建设,需要通过多个层次、各种形式的社会图书馆学教育体系来实现。在整个社会图书馆学教育体系中,高等院校图书馆学专业是最重要的组成部分。在我国,由高校图书馆学专业培养的各级各类专业人员,成为各地区各类型图书馆专业队伍的骨干力量。

在高等教育课程体系中,各专业通常都要设置本专业的入门基础课(或称为专业导论课),为初次接触本专业的学习者提供专业启蒙教育,使学习者在学习之初便能够从整体上较为全面地认识本专业的主要知识体系和课程构成。对于图书馆学专业来讲,这一任务是由《图书馆学概论》来承担的。

自1998年起,国家教委颁布的本科专业目录将图书馆学专业归入管理科学类下。这一变化反映了人们对图书馆工作认识的深化,说明人们已充分认识到在信息技术飞速发展的今天,图书馆工作所具有的实践性和应用性的特点。由这个特点所决定,为适应信息社会对于文献信息工作的要求,图书馆学专业在课程设置上,更多地开设了信息检索技术、计算机技术、网络信息技术等应用类课程和工具性课程;当今社会要求学生拓宽专业口径,使学生在大学阶段所学习的知识涉及多种学科领域,包括互联网、移动互联、虚拟现实、云计算、物联网、人工智能、深度学习等;同时,信息生产、存储、处理、分析、呈现、传播手段的日益丰富,使学生获取信息的途径多样化。上述因素造成学生在学习中所吸收的知识广泛分散,在系统化地接受图书馆学专业知识和方法方面相对薄弱。为使学生能够较早地建立一个较为系统的图书馆学知识的结构体系,使其在今后的学习和实践中能够从繁杂的信息中筛选适用的专业信息,更有效地学习专业知识和技能,必须从学习初期便有目的地对其加以引导。

"图书馆学概论"不仅担负着专业启蒙教育的任务,作为图书馆学专业的基础理论课程,它同时应当以研究图书馆学基础理论作为自己的核心内容。图书馆学是研究图书馆事业及其相关因素的科学。图书馆学的发展,从根本上讲是理论的发展与创新。当代图书馆学的发展趋势是基础理论和应用研究两个方面并重,本课程主要是侧重于图书馆学的基础理论,而应用研究则是由本专业的其他课程加以解决。"图书馆学概论"课程的教学目的是:使学生全面认识当代图书馆学的基本问题,系统地掌握图书馆学的基础理论和基础知识;向学生提供国内外图书馆学理论和应用研究方面的进展情况,以及图书馆事业宏观发展状况;开拓学生的视野,树立专业意识,为学习图书馆学专业其他课程奠定初步基础;要对学生加强智能培养,提供科学研究的方法指导,培养他们独立学习能力、科学研究能力和实践创新能力。

然而,这门课程不应当仅仅成为图书馆学各个专门部分的简要入门,也不应当停留在对图书馆工作过程的描述上,它应当是对现代图书馆学理论与图书馆实践各种综合性问题的总体把握。

第一章 图书馆学:对象、体系与内容

什么是图书馆学?我们认为:图书馆学是研究图书馆事业及其相关因素的科学。

"图书馆学"的定义,即图书馆学的研究对象问题,以及图书馆学的学科体系问题,是图书馆学理论研究中的基本问题。自近代图书馆学形成以来,对这些基本问题的研究和争鸣始终没有停止过,人们的认识在不断深化。对这些基本问题的研究及其成果,反映着图书馆学的发展过程,标志着它的理论水平,也关系着它在整个科学体系中的地位。

在第一章、第二章中,我们将分别就图书馆学的基本理论问题,包括:图书馆学的研究对象,国内外图书馆学理论研究,图书馆学的内容及体系结构,图书馆学的研究任务,图书馆学的性质,图书馆学的相关学科,图书馆学的研究方法,图书馆学的发展趋势等问题,分别加以讨论。

第一节 图书馆学的研究对象

任何一门科学都有其特定的研究对象,图书馆学也不例外。

许多人,包括图书馆界内和图书馆界外的人们,都毫不迟疑地断言:图书馆学的研究对象是图书馆工作。这似乎是不言自明的。然而,在事实上,从图书馆学诞生之日起,图书馆学的研究对象就成为人们长期争论的一个问题,并且从来没有停止过。据统计,国内外有关这一问题的不同观点有数十种之多,而且新的提法还在不断地出现。这表明,图书馆学的研究对象并非不证自明和一成不变。究其原因,概括起来主要有二:一是图书馆学所研究的主要对象——图书馆现象本身处在不断的发展、变化之中,在人类文明发展的不同阶段,图书馆呈现出不同的形态,在信息时代它又将呈现与以前完全不同的形态,图书馆的发展无止境,人们对于它的认识也是发展变化着的;二是由于图书馆现象的复杂性,研究者因各人所站角度、所用方法的不同,所观察对象的范围有差异,也会造成结论的差异。

可见,图书馆学的研究对象问题,是图书馆学最复杂的基本理论问题之一。图书馆学的研究对象,是图书馆学理论研究的出发点。对于图书馆学研究对象认识的不同,导致在历史上形成了不同的图书馆学理论体系。弄清楚这个问题,对于深入揭示图书馆学的实质,推动学科发展,具有重要的意义。

那么,人们对图书馆学的研究对象是怎样认识的呢?

一、图书馆学研究的微观对象和宏观对象

总的说来,对于图书馆学研究对象的意见分歧,主要集中于图书馆学研究的微观对象与宏观对象问题上,即图书馆学的研究对象是微观对象,还是宏观对象。

所谓微观对象,是指图书馆的各个组成要素,及作为其工作对象的知识、信息等;所谓宏观对象,是指图书馆系统、图书馆事业、图书馆与环境的关系。图书馆学的研究对象应当包括微观与宏观两个方面,因为任何宏观客体都是由种种微观客体组成的体系。宏观体系即整体,微观客体是其部分,只有采取分析的方法研究微观组成的状况,才能够透彻地了解作为整体的宏观系统;另一方面,事物的宏观性质和功能并不等于其微观成分的性质和功能简单相加之和,整体系统的功能要大于其组成部分的功能之和。作为整体的宏观体系是由许多部分的微观客体组成的,它又具有各个部分本身所不具有的整体性。许多宏观属性可以从微观机制上得到说明,但不可忽略宏观属性终究是作为整个系统所具有的特点。所以,对于图书馆的微观探索和宏观考察相辅相成,共同构成图书馆学的研究体系。

我们既要看到微观探索是宏观探索的基础,又要看到微观探索不能完全替代宏观考察,其中,宏观研究对于微观研究具有指导作用。没有宏观研究对图书馆工作及图书馆事业发展内在机制的正确把握,图书馆学的微观研究就有可能陷于技术至上、轻视理论的误区,有可能成为现象的堆砌和烦琐的考证;同时,没有图书馆学宏观研究,也就很难对图书馆技术与事业的未来发展趋势做出准确的预测。因

而,对图书馆学宏观体系的专门研究在任何时候都有其相对独立、重要的意义。对图书馆学宏观体系与内容的研究,是本书的一个重要任务。

二、图书馆学研究的角度与方法

考察中外图书馆学的研究历史,我们可以看到,人们对于图书馆学研究对象的认识发生了这样几个方面的变化:

第一,由对个体图书馆的研究,发展到对群体图书馆的研究,即对图书馆事业的研究;

第二,由只研究图书馆本身,发展到研究与图书馆有关的知识、信息及其组织管理等问题;

第三,由孤立地去研究图书馆及其各个组成部分,发展到用整体的、联系的观点,从社会的、文化的、心理的、经济的、科学的观点去研究图书馆与社会、图书馆与文化、图书馆与人类信息交流等的关系;

第四,由静止地看待图书馆,发展为将图书馆看成是一个"不断发展着的有机体";

第五,由单纯地研究图书馆学的对象问题,发展到找寻图书馆学的理论基础;

第六,从近期图书馆学发展来看,信息技术对于图书馆发展与进步的决定作用越来越大,由于数字时代图书馆实践的影响,技术因素广泛渗透并带动图书馆事业的全面变革,图书馆学从术语到学术规范都发生了显著变化,图书馆学研究也更加务实,同时也更加求新、求变。考察图书馆学的研究主题,可以发现,在几乎所有的理论和实践专题方面,都产生了新的理论、新的理念、新的概念、新的阐释、新的方法、新的技术。可以预计,今后,图书馆学的变革,将主要取决于信息技术的进展。

这些变化反映出人们对图书馆学研究对象认识的不断深化。

三、国内外关于图书馆学研究对象的认识

"图书馆学"一词,最早由德国图书馆学家施莱廷格(Martin W. Schrettinger,1772—1851)于1807年提出。这一概念的提出,标志着现代图书馆学的诞生。

在现代图书馆学发展过程中,关于图书馆学的研究对象,始终是理论图书馆学

所关注的核心课题之一。

现在我们分阶段介绍国内外图书馆学史上具有代表性的关于图书馆学研究对象的观点。

第一阶段，认为图书馆学的研究对象是图书馆的具体工作技术，或者是图书馆管理。代表性的观点有：

（1）"整理说"。代表人物是施莱廷格。施莱廷格是现代图书馆学的奠基人。他在1808年出版的《试用图书馆学教科书大全》一书中，第一次自觉地设想了图书馆学的理论体系，论述了什么是图书馆、图书馆学研究对象、图书馆学内容结构、图书馆学定义。他提出"图书馆学是符合图书馆目的的整理方面所必要的一切命题的总和"，并据此认为图书馆学的研究对象是"图书馆整理"，其主体内容是图书的配备和目录的编制。施莱廷格的图书馆学思想，以"图书馆藏书整理"为中心，出发点和着眼点都是以技术方法为目标。"整理说"在我国也有着悠久的历史，20世纪之前的古代及近代中国图书馆学思想史就是关于图书整理特别是目录学的历史。

（2）"技术说"。1820年，德国图书馆学家艾伯特（Friedrish Adolf Ebert,1791—1834）在其著作《图书馆员的教育》中指出"图书馆学应研究图书馆工作中的实际技术"，图书馆学是"图书馆员执行图书馆工作任务时所需要的一切知识和技巧的总和"。丹麦人莫尔贝希（Christian Moltbech,1783—1857）在1829年出版的《论公共图书馆》一书中，将艾伯特的图书馆学思想进一步系统化，这就是后来被西方图书馆史学家所称的艾伯特—莫尔贝希图书馆学体系。美国图书馆学家麦维尔·杜威（Melvil Dewey,1851—1931）则在其所编制的《十进制图书分类法》（*Dewey Decimal Classification*，简称 DC 或 DDC，亦译《杜威十进分类法》）第一版导言中宣称，他不追求什么理论上的完整体系，而只是从实用的观点出发来设法解决实际问题。可以说，从19世纪50年代起，公共图书馆在英美等资本主义国家兴起，图书馆事业得到了长足的发展，图书馆实践越来越需要图书馆学理论与技术方法的指导，特别是图书馆工作的一些主要环节，由于技术性强，需要总结实践经验，提升为理论，以指导实践。因此，此时的图书馆学从整体上看得到了较快发展，特别是技术性、实践性较强的分支学科；相对来说，图书馆学基础理论发展趋缓，或被忽视，或被有意加以歧视、排斥。如杜威曾宣称："在图书馆学研究领域内，无论在任何问题上，哲学上理论的正确性都应让位给实际的应用。"因此，人们把这种思想称为"实用派图书馆学"。

（3）"管理说"。英国的帕尼兹（Anthony Panizzi,1797—1879）和爱德华兹（Edward Edwards,1812—1886）是这一学说的早期代表人物。帕尼兹是不列颠博物院图书馆馆长，他认为，不列颠图书馆应当收藏世界上一切语种的有用的珍贵图书，他不仅要求增加藏书量，而且重视藏书结构的系统性和科学性；他还促使议会同意拨给不列颠博物院图书馆固定的购书经费，并在著作权法中规定了出版社必须将出版物呈缴不列颠博物院的呈缴本制度。帕尼兹制定了著名的"91 条著录条例"(*Rules for the Compilation of the Catalogue of Printed Books in the Library of the British Museum*)，他强调必须有科学的著录规则，目录一定要严格按照著录规则进行编制。帕尼兹重视图书的系统整理、妥善保管和充分利用，促进了图书馆员对于图书馆工作管理的研究与实践。爱德华兹是英国较早成立的曼彻斯特市公共图书馆的馆长，他积极开展采编、阅览、流通等各项工作，使该馆成为当时英国各地公共图书馆仿效的榜样，为英国公共图书馆的发展做出了独特的贡献。他在《图书馆纪要》（一译：《图书馆回顾》）中，分别对图书馆史、藏书、图书馆建筑、分类与目录、公共服务进行阐述，特别值得一提的是，其中的《图书馆管理》(1858)是《图书馆纪要》的重要组成部分，是最早论述图书馆内部管理的著作。美国的图书馆管理学则更多的是现代管理理论在图书馆中的应用。我国现代图书馆事业发展初期（20 世纪 20—30 年代），关于图书馆学研究对象问题的探讨中，占主流的也是有关图书馆管理的观点。

第二阶段，把图书馆视为整体系统来研究并考察其在社会环境中的功能。

始于 20 世纪 20、30 年代，下迄 90 年代。在此阶段，巴特勒（Pierce Butler,1886—1953）、阮冈纳赞（S. R. Ranganathan,1892—1972）、杜定友（1898—1967）等人开始将图书馆置于社会大系统中去考察。

（1）"社会说"。美国著名图书馆学家、芝加哥大学图书馆学院教授巴特勒是试图将科学方法系统地引入图书馆学研究的第一人。巴特勒这样来定义图书和图书馆："图书是保存人类记忆的社会机制，而图书馆是将人类记忆移植于当下人们的意识中去的社会装置。"

巴特勒把读书现象与图书馆的本质属性联系起来加以研究,发现了社会知识是以图书为媒介,通过人们的阅读行为进行传递交流的现象。此派观点认为,图书馆学的研究对象是图书与读书现象。这种看法在西方国家的图书馆学界影响很大,人们普遍认为,巴特勒开拓了图书馆学对象研究的新领域。

1925年,中国的杜定友在《图书馆通论》中提出:"图书馆的功用,就是社会上一切人的记忆,实际上就是社会上一切人的公共脑子。一个人不能完全地记着一切,而图书馆可记忆并解答一切。"同样强调了图书馆作为社会记忆机构的功能。

(2)"要素说"。1932年杜定友提出"图书馆有书、人、法三个要素"的"要素说";1934年,刘国钧在《图书馆学要旨》一书中提出了图书、人员、设备和方法的"四要素说";1957年刘国钧在《什么是图书馆学》一文中又提出了读者、图书、领导与干部、工作方法、建筑与设备的"五要素说"。

要素说认为,图书馆学的研究对象是图书馆的组成要素。表面看来,"要素说"探讨的是图书馆这一社会现象的组成要素,但实际目的却是探讨图书馆这一事物的整体发展机制。刘国钧在《什么是图书馆学》一文中指出:"图书馆学就是关于图书馆的科学,也就是研究图书馆事业的性质和规律及其各个组成要素性质和规律的科学。""要素说"对我国现代图书馆学理论影响巨大,成为我国图书馆学界讨论图书馆事业的基本框架。

(3)"知识社会学"。由德国卡尔施泰特(P. Karstedt,1944—2016)提出。卡尔施泰特在1954年出版的《图书馆社会学》一书中认为,图书是客观精神的载体,图书馆则是客观精神得以传递的场所。图书馆是维持和继承社会精神的不可缺少的社会机构,担负着把社会精神移入社会成员的职能,它所采用的手段是搜集、保存和传递记载社会客观精神的图书。有了图书馆这样的社会机构,人类文化的创造和继承才有了可能。他认为,"客观精神"是知识社会学的研究对象,而"知识社会学"正是图书馆学的理论基础,因而"知识社会学"也是图书馆学的研究对象。

此外,从整体上研究图书馆现象的还有"印度图书馆学之父"阮冈纳赞(S. R. Ranganathan,1892—1972)。阮冈纳赞于1931年公开发表了《图书馆学的五定律》,提出"图书馆是一个生长着的有机体"的论断。他提出的图书馆学五定律为:①书是为了用的;②每个读者有其书;③每本书有其读者;④节省读者的时间;⑤图书馆是一个生长着的有机体。

这一阶段代表性的图书馆学家还有我国台湾地区的王振鹄教授。王振鹄1984年出版的《图书馆学论丛》认为:"图书馆就是将人类思想言行的各项记录加以收集、组织、保存,以便于利用的机构。"

第三阶段,图书馆学研究对象的新观点不断涌现,信息交流现象进入图书馆学理论研究视野。

本阶段始于20世纪中期。随着以计算机技术为核心的信息技术与自动化技术的发展及其在图书馆的应用,对图书馆技术的研究开始成为图书馆学的研究重点,信息交流成为图书馆学理论关注对象。作为整体认识阶段的延续,理论研究在本阶段居于主导地位。本阶段的主要观点有"交流说""矛盾说""新技术说",主要的代表人物有谢拉(J. H. Shera, 1903—1981)、丘巴梁(O. C. Чубарьян, 1908—1976)、兰开斯特、克劳福特(Walt Crawford, 1944?—)、戈曼(M. Gorman, 1941—)等。

(1)"交流说"。"交流说"是传播学与图书馆学相结合的产物。美国图书馆学家谢拉是"交流说"的集大成者,其"社会认识论"的实质就是交流。他认为,"交流不仅对个人的个性十分重要,而且对社会结构、社会组织及其活动也是重要的,所以它成了图书馆学研究的中心内容"。

苏联图书馆学家丘巴梁指出:"苏联的图书馆学是研究作为大众社会传播形式之一的图书馆工作过程的发展规律、属性、性质和结构的社会科学。"

60—70年代,我国图书馆学发展处于相对封闭的时期,与世界图书馆学界的交流较少。在这一时期出现了"矛盾说"和"规律说"。"矛盾说"的主要代表人物是武汉大学黄宗忠教授,他在《试谈图书馆的藏与用》(1962)一文中,提出"藏与用"是图书馆的特殊矛盾的观点。"矛盾说"试图通过分析图书馆的特殊矛盾来探索图书馆的本质和规律。之后,我国图书馆界又提出了"规律说"。"规律说"起源于刘国钧的有关论述,并由北京大学图书馆学系和武汉大学图书馆学系合编教材《图书馆学基础》(1981)进行明确阐发而被广泛接受:"图书馆学是研究图书馆事业的发生发展、组织形式以及它的工作规律的一门科学。""矛盾说"和"规律说"是我国特定历史时期的产物,这两种提法所形成的阶段性学术规范,对20世纪后半叶中国图书馆学研究具有较大影响。

我国的"交流说"大致又可分为"文献交流说""知识交流说""文献信息交流说"三种观点。"文献交流说"的代表人物是北京大学周文骏教授，他在《概论图书馆学》(1983)一文中指出，文献"首先是一种情报交流的工具。图书馆利用文献进行工作，所以说图书馆工作发展的历史，基本上是利用文献这个情报交流工具进行情报交流工作的经验的结晶"。

"知识交流说"以宓浩等人编著的《图书馆学原理》(1988)为主要代表作，该书认为："图书馆是通过对文献的收集、处理、贮存、传递来保证和促进社会知识交流的社会机构。"

"文献信息交流说"以南开大学图书馆学系等学校教师集体编写的《理论图书馆学教程》(1981)为主要代表作，该书认为，"文献信息交流，是图书馆工作的出发点与归宿"，"图书馆学是研究图书馆进行文献信息交流的理论和方法的学科"。

北京大学吴慰慈教授在《图书馆学概论》(1985)中提出的"中介说"也可认为是一种"交流说"观点："图书馆便是帮助人们利用文献进行间接交流的中介物。"该书认为，图书馆工作的实质就是转换文献信息，实现文献价值和部分价值（内容价值）。

(2)"新技术说"。主要代表人物为美国的兰开斯特(F. W. Lancaster, 1933—2013)。从20世纪70年代开始，兰开斯特在一系列的论著中阐述了对图书馆的认识。他在《电子时代的图书馆和图书馆员》一书中指出："实际情况是，通过电子存取的能力，图书馆正在'被解散'。根据对未来进展的预测，这个过程将会以更快速度继续下去。（这就是说，纸印刷出版物将要让位，电子出版物将最后全部取而代之）……除了收藏旧印刷记录的档案馆和提供娱乐消遣方面的阅读材料的机构之外，现在这种类型的图书馆将会消失。"他还在另一本专著《走向无纸信息系统》中作了预测：未来图书馆也就是电子信息系统。

第四阶段，信息资源成为图书馆工作的对象，因而也成为图书馆学的研究对象。

自20世纪90年代始，人类社会进入数字信息时代，以计算机技术与网络技术为核心的信息技术的迅速发展及对社会各领域的渗透，根本性地改变了人类生产、传递和使用信息的方式,图书馆也受到信息技术发展的深刻影响,开始革命性变革,图书馆的工作对象由文献资源扩展为信息资源,因而图书馆学也将自己的注意力转向信息资源。

美国图书馆学家切尼克(B. E. Chernik)在《图书馆服务导论》(1992)一书中谈道:"许多人可能将图书馆定义为一个简单的藏有许多书的建筑物,其他人则可能进一步对这些藏书做些解释——有些人为娱乐而读书,有些人为学习而读书——其中一些人可能还知道藏书是以特定方式排列的,然而,可能只有很少的人会想到图书馆是为利用而组织起来的信息集合,而这正是最恰当的图书馆定义。"接着,切尼克又用了一章的篇幅来谈图书馆资源(Library Resources)——为利用而组织起来的信息集合。切尼克的思想启发了"信息资源说"的产生。如中科院文献情报中心徐引篪、霍国庆提出:"图书馆学的研究对象是信息资源体系及其过程。"

数字信息时代的图书馆学的研究对象,更多的关注图书馆与信息资源管理、知识管理的关系问题,从而产生了"知识管理说"。

国内有学者以知识论为立场提出了"知识集合"的系列观点:图书馆的本质是知识集合;图书馆学研究对象应转变为知识集合,研究客体应当是"客观知识、知识集合、知识受众及其相互之间的关系";图书馆学的宗旨就是为人们主动获取知识提供最佳工具与方法等。

此外,有学者认为"知识管理论是图书馆学的理论基础","图书馆学研究对象是知识资源"。

还有一种观点认为:图书馆学是人类公共知识中心,图书馆学就是公共知识管理学,其研究对象是公共知识管理。

本阶段的图书馆学研究,从宏观方面来看,以电子图书馆概念的提出为起点,人们开始关注信息时代图书馆形态的变化及新形态图书馆的特征,数字图书馆、虚拟图书馆、复合图书馆、网络图书馆、智能图书馆等概念成为研究热点,表现了变革时期人们希望准确把握图书馆未来发展脉络,以便有效地指导图书馆实践,更好地适应数字信息环境的要求。从微观方面来看,在信息资源建设、信息开发利用服务、图书馆现代化管理、数字技术研发与应用、图书馆学专业教育、图书馆员素质要求与认证制度等方面,研究更加细致,更具操作性。

信息时代学科发展的一大特点是复合、交叉、融合。研究者们引进了不同学科领域的术语、概念、方法,应用于图书馆学研究,开阔了图书馆学研究视野,丰富了图书馆学理论体系,新的课题不断涌现,例如:图书馆哲学、图书馆精神、图书馆权利理论、图书馆与知识管理、图书馆业务流程重组、学习型图书馆、图书馆员个人信息构建、图书馆员团队学习、本体论与元数据体系建设、数字资源长期保存、移动图书馆等众多新的研究论题。

四、图书馆学的研究对象是图书馆事业及其相关因素

从以上对图书馆学研究对象不同观点的考察分析,我们可以看到,在图书馆学的对象问题上众说纷纭,没有形成统一的观点,而且随着社会环境和技术环境的变化,新的观点或将进一步涌现。这种现象表明图书馆学是一个正在生长着的学科。但在各色各样的立论中,我们仍然可概括出带有一般性认识的看法:图书馆事业及其相关因素是图书馆学的研究对象。这是构建整个图书馆学体系的逻辑起点。当然,在不同的时代和不同的技术发展阶段,图书馆事业及相关因素的范围和组成都有所变化。图书馆学研究应包括微观与宏观两个方面,既研究微观对象,也研究宏观对象。从对图书馆学研究对象的认识来看,确定研究对象应注意以下几点:

(1)图书馆学的研究对象必须与学科名称相一致。图书馆学必须研究图书馆事业,否则就不是图书馆学了。但研究图书馆事业的哪些方面,则是可以讨论的。国内外近期提出的"知识说""交流说"和"信息资源说""知识管理说"等,可以看作是图书馆学的理论基础,但不是图书馆学的全部,因为它们不能充分揭示图书馆学的全部内容。尽管在研究对象上,图书馆学可以与其他学科有交叉,然而这种交叉必须是对图书馆学研究对象在微观或宏观上的深入,方能进入图书馆学的视野,成为图书馆学的组成部分。因此,我们把研究知识、信息、交流等问题,看成是图书馆学在微观对象上的深入,而把研究图书馆事业及其发展变化看成是在宏观上的发展。

(2)图书馆个体按照一定的原则,组织成为图书馆群体,我们把它叫作图书馆事业。由于图书馆事业是不断发展的有机体,因此,对于图书馆的研究也就不可能是封闭式的,而应当是开放式的。图书馆学不仅要研究图书馆事业的过去,也要研

究它的现在和未来;不仅要研究图书馆自身的结构,也要研究它在社会信息交流系统和社会文化体系中的地位与作用,以及它的作用机制;不仅要研究图书馆及图书馆事业整体,也要研究它们的各个组成部分,包括研究文献、知识、信息、数据等。由于图书馆是人类科技、文化高度发展的成果,在其身上凝结了人类文明的多种因素及特质,因而,一切与图书馆及图书馆事业有关的因素,都可能成为图书馆学研究的对象。只有这样,才能正确解释图书馆的社会功能和在社会中的运行机制;也只有这样,才更有利于扩大图书馆学的研究范围,开拓研究领域,吸收其他学科的营养,促进图书馆学自身的发展。

(3)图书馆学的研究对象是围绕图书馆这一专门机构展开的。一般的社会科学、人文科学和自然科学都不以某一专门机构作为研究对象,如数学的研究对象是现实世界中的空间形式和数量关系,化学的研究对象是物质的组成、结构、性质及其变化以及变化过程中的能量关系,语言学的研究对象是语言文字,教育学的研究对象是教育现象,等等。图书馆学的研究对象则与它们不同,它包括图书馆这样一种社会机构,因此它有一定的局限性。社会机构的产生是一种社会现象发展到一定阶段为完成一定的实践任务而建立的。图书馆和图书馆事业是人类信息交流这样一种社会现象发展到一定阶段,为有效地促进信息交流而出现的机构。因而,研究图书馆活动,必须要研究与图书馆事业有关的因素,特别是要研究人类的信息交流,以克服其研究对象自身的局限性。尽管图书馆学是研究图书馆这一专门机构的,但并不能据此否定其在整个科学体系中的地位,因为图书馆学在长期发展过程中,已经形成为具有独特学术规范、专门语汇和专门研究队伍的专门研究领域,这一点与其他各门科学研究是相同的,只不过它是一门应用性很强的学科。

(4)图书馆学的研究对象与研究任务不同。研究对象是某一学科所研究的客体,研究任务则是通过对对象的研究,找出客体内部元素间的联系、客体与环境的关系,发现具有一般指导意义的客体的运行机制。因此,图书馆学的对象是图书馆事业及其相关因素,指的就是这种客体。通过研究客体以揭示其内在机制,是图书馆学的研究任务。

总之,在图书馆学研究对象上的分歧,主要是因为研究者处于图书馆事业发展的不同阶段,观察对象的角度有差异,采用的研究方法也有所不同。综合起来看,这些不同观点的内在倾向性是一致的,都是落脚在不断发展变化着的图书馆事业之上的。我们认为,这种争论对于促进图书馆学的发展十分有益。

综上所述,我们认为:图书馆学是研究图书馆事业及其相关因素的科学。

第二节　图书馆学的体系结构

图书馆学是各个分支图书馆学科的总称,其内容十分丰富。随着科学技术的发展,图书馆学的研究内容也在不断扩大;同时,随着人们对图书馆学了解和把握的深入,又必然向它提出许多新的要求,这就促使图书馆学不断出现新的分支学科。就目前的情况看,图书馆学的体系结构,大体上可以这样来描述。

一、普通图书馆学（General Librarianship）

普通图书馆学,是研究图书馆学基本问题,图书馆事业建设的基础理论,图书馆工作原理、特点及其内在发展机制的图书馆学。普通图书馆学的内容包括:图书馆哲学,图书馆性质、结构、社会职能研究,图书馆事业建设原理,图书馆事业组织和管理体制,图书馆协作的理论与实践,图书馆工作流程及其特点,图书馆工作的机制,图书馆在人类信息交流和科技文化发展中的地位与社会作用,以及图书馆学教育与培训,图书馆学研究规划,图书馆的未来与现代化问题,等等。在近期,信息时代图书馆的发展形态,包括电子图书馆、数字图书馆、虚拟图书馆、网络图书馆的发展及其相互关系成为普通图书馆学研究的重点和热点。此外,普通图书馆学还包括图书馆事业史和图书馆学发展史的研究。

图书馆哲学是普通图书馆学的核心。图书馆哲学为图书馆学理论与图书馆工作实践提供哲学指导,其核心是为图书馆学理论确定合理的逻辑起点、逻辑中介和逻辑终点,也就是为图书馆学建立合理的范畴体系,提供哲学指导,即提供对图书馆现象进行本体论、价值论和方法论层面研究的理论参照。

关于图书馆哲学的思考,在我国已形成初步成果,例如,有学者提出:客观知识是图书馆学的逻辑起点,知识组织是图书馆学的逻辑中介,人是图书馆学的逻辑终点。

对图书馆哲学的思考,也有助于营造基于学术自由原则所形成的宽松局面和新的学术环境,打破图书馆学学术思想和理论体系一元化的传统格局,形成理论多元和学术争鸣的局面,推动图书馆学学术思维多元化理论格局的形成和发展。

二、专门图书馆学(Special Librarianship)

专门图书馆学,是研究图书馆的各种类型及其特点的图书馆学分支学科。其内容包括:研究公共图书馆(包括国家图书馆、省市县等地方图书馆、社区图书馆等)、大学图书馆、科学专业图书馆等类型图书馆的工作原理、特点、任务及其特殊的性质、职能,以及它们的组织形式、管理体制和发展趋势等。按照隶属关系、经费来源、社会功能等划分,各种类型图书馆还包括:版本图书馆、期刊图书馆、音像图书馆、古籍图书馆、地图图书馆、缩微图书馆、电子出版物图书馆、中小学图书馆、少年儿童图书馆、企业图书馆、军队图书馆、工会图书馆、农村图书馆、私人图书馆、盲人图书馆等。

三、比较图书馆学(Comparative Librarianship)

比较图书馆学是从20世纪50年代起逐步形成的一门图书馆学分支学科。比较图书馆学的研究对象是世界各国的图书馆事业。它从社会经济、文化、科技、政治体制、思想和历史的角度出发,对两个或两个以上国家的图书馆、图书馆体制、图书馆事业发展中的经验或问题进行比较研究,其目的在于了解并掌握它们之间的共同点和差异点,并对这些差异做出科学的解释,从而得出推动图书馆事业发展的可资借鉴的方法和准则。比较图书馆学的研究内容相当广泛。它综合了各种社会科学研究方法、数理统计方法、数据分析方法等,以探索各国、各地区图书馆事业发展的内在机制及促进国际图书馆事业的协作为主要目标。比较图书馆学的研究模式主要有:影响研究、平行研究、跨学科研究。

比较图书馆学的研究类型,主要有以下3种:

(1)地域研究。这种研究把某一特定国家或地区的图书馆事业发展与有关的决定性背景因素联系起来,给予描述性的综述和批评性的分析。

（2）跨国研究。这种研究是对两个国家或更多国家中的与图书馆相关的某一技术性问题,从多国度或多文化角度所做的研究。

（3）实例研究。这种研究深入地比较分析一种图书馆类型,或图书馆事业发展中的一种关键因素。

我国自近代新学兴盛以来,学者多用比较方法开展中西图书馆事业及工作研究。1894 年,郑观应的《藏书》是应用比较方法研究图书馆的开端;1930 年,陶愚川发表于《时代》第 1 卷第 5—6 期的《中外图书馆事业之比较观》,为真正意义上的第一篇比较图书馆学研究论文;张鸿书发表于《文华图书馆学专科学校季刊》1935 年第 1 期的《比较图书馆》是使用"比较图书馆"一词发表的第一篇摘译论文;程伯群的《比较图书馆学》（1935）应用比较方法分析研究中西图书馆学教育、分类编目、图书馆历史的差异,是我国第一本冠以"比较图书馆学"的专著,也是我国比较图书馆学正式确立的标志。

在西方,"比较图书馆学"最早由挪威的威廉·芒森（Wilhelm Munthe,1883—1965）提出,1939 年他在《欧洲人眼中的美国图书馆学》（*American Librarianship from a European Angle*）中采用了"Comparative Library Science"（比较图书馆学）一词。

严格地讲,国外比较图书馆学研究始于 1954 年。美国的蔡斯·戴恩（Chase Dane）在《比较图书馆学的益处》一文中指出,比较图书馆学是"就许多国家的图书馆学所做的研究,以发现哪些因素是某些国家所共有的,哪些是某一国特有的。它是从国际范围对图书馆原理和方针的评价,借以确定长远的趋势,鉴定其缺陷,揭示实践与理论之间的矛盾和脱节"。

J. 珀利阿姆·丹顿（J. Periam Danton,1908—2002）在《比较图书馆学概论》（1973）一书中认为:比较图书馆学可以定义为对两个或两个以上国家、文化或社会环境的图书馆问题,与社会政治、经济、文化、意识形态和历史相联系所做的分析。这种分析旨在了解根本的异同,并确定差异的原因,而最终目标是得到有效的归纳和原理。同时,他还提出比较图书馆学必须具备这样 3 个要点:（1）具体的对照;（2）多国度、多社会或多文化的因素;（3）对已知差异的解释。丹顿认为"比较图书馆学"一词并不恰当,应当用"图书馆学中的比较方法"更为合适。

南开大学钟守真教授的《比较图书馆学引论》（1993）系统地论述了比较图书

馆学的发展史、学科任务和比较研究方法等,是我国学者在比较图书馆学领域的一本集大成的专著。

纵观比较图书馆学的发展史,主要有三派不同的观点:方法派、学科派和折中派。方法派认为比较图书馆学不是一门学科,只能算是比较方法在图书馆学研究中的应用;学科派认为比较图书馆学是图书馆学的一个分支学科;折中派则试图调和以上两派的理论观点。

我们比较倾向于认为比较图书馆学是一种研究方法。原因在于:①比较方法广泛地应用于科学研究的各个领域,图书馆学也不例外。图书馆学研究人员十分注意采用比较方法来研究国际图书馆事业发展的共性和特性问题,许多论著都采用了比较研究方法进行归纳和阐释,而将所有采用比较方法进行研究的论著都归入比较图书馆学的范畴,显然是不合适的。②比较图书馆学并没有形成自己所特有的一套学术规范和术语,也没有提出新的研究方法,所采用的方法都是社会科学和自然科学中所广泛采用的比较方法、历史方法、调查方法、实验方法、数理统计方法等。③比较图书馆学未能形成一支研究队伍,在所有图书馆相关问题研究中,从事本专题研究的人数相对较少,论著数量也较有限。综上所述,我们认为比较图书馆学并未能形成一门相对成熟的独立的学科,它只是比较方法在图书馆学研究中的应用。

四、应用图书馆学(Applied Librarianship)

应用图书馆学有两种含义:其一是指以图书馆具体工作为研究对象,研究图书馆工作的环节、程序、方法和技术的学科。这也可称为狭义应用图书馆学。其二是指将图书馆学的原理同有关学科某些实用研究结合起来,研究有关学科本身所涉及的实践与应用方面的问题的新学科。它们大都是交叉学科,主要有图书馆经济学、用户心理学、图书馆管理学、图书馆统计学、文献保护学、图书馆教育学、图书馆建筑学等。它们也可以称为广义应用图书馆学,其数量处于不断的增长过程中。通常,人们是在狭义范围上使用应用图书馆学概念。

应用图书馆学的内容几乎包括了图书馆工作的各个方面、各个环节,归纳起来主要有:

1.图书馆文献信息资源建设

在历史上曾使用过图书馆藏书、图书馆文献资源建设等概念。主要研究图书馆选择和收集文献、信息的原则和方法,文献信息的类型,馆藏类型的变化,出版物的供应制度,馆藏的划分和馆藏的组织、存储、典藏和保护等。早期主要是研究以图书为代表的纸质文献的收集和馆藏建设,以后又发展为包括缩微文献和电子文献在内的文献信息资源建设,今后一段时期内,主要应研究包括馆藏文献资源建设、网络环境下图书馆文献信息资源建设、信息资源共建共享保障体系建设、图书馆信息资源建设需求及开放存取、互联网络上虚拟信息资源的链接(外部馆藏资源)、信息资源整合机制等在内的信息资源建设问题。

2.图书馆文献信息资源整序工作

包括图书馆文献目录工作、文献分类标引工作、文献主题标引工作等。主要研究文献资料著录和编目的一般原则和方法,目录的种类,目录的组织,目录的体系,分类法与主题法,以及电子计算机编目、联合编目(共享编目)、公共联机书目查询服务(Online Public Access Catalog,OPAC)、知识组织标准与规范、网络环境下信息组织与检索方法、自动标引、自动分类等。

3.图书馆用户服务工作

习惯上亦称读者服务工作。主要研究图书馆用户的构成、用户类型、信息需求、文献阅读需求,研究图书馆信息服务的类型,包括文献流通借阅、文献检索服务、参考咨询、专题文献服务、新型媒体文献信息的管理与服务、网络信息导航、知识挖掘服务、特殊读者群服务等。

4.图书馆管理

主要研究图书馆事业与个体图书馆的管理工作,即包括宏观管理和微观管理两个方面。管理的主要环节包括计划、组织、人事、领导、控制等。研究专题包括:各类型图书馆工作机构的设置、图书馆发展战略规划、图书馆工作计划、行政管理、资金管理、设备管理、人力资源管理、工作统计等。图书馆管理的目标是在图书馆综合采用科学管理、行为管理、定额管理、目标管理、战略管理、信息资源管理、系统管理等方法,结合现代化管理手段,合理配置图书馆各种资源,提高工作效率,充分发挥图书馆人力、物力、财力和文献信息资源的作用,提高工作水平。今后,也要探讨网络信息环境下的图书馆管理体制创新、业务外包管理,以及风险管理和危机管理。

5.图书馆工作现代化

主要研究信息化、网络化、智能化、自动化技术对图书馆工作的影响,如大数据、人工智能、云计算、物联网、移动互联技术、虚拟现实、区块链等技术,以及信息压缩技术、信息存储技术、信息传递技术、信息处理技术等在图书馆的应用。研究主题涉及图书馆工作的各个方面,主要包括:图书馆资源数据化、图书馆工作网络化、图书馆功能智慧化、图书馆阅读移动化、图书馆工作规范化等。

根据以上对图书馆学体系结构和研究内容的分析,图书馆学的体系结构可用下图表示:

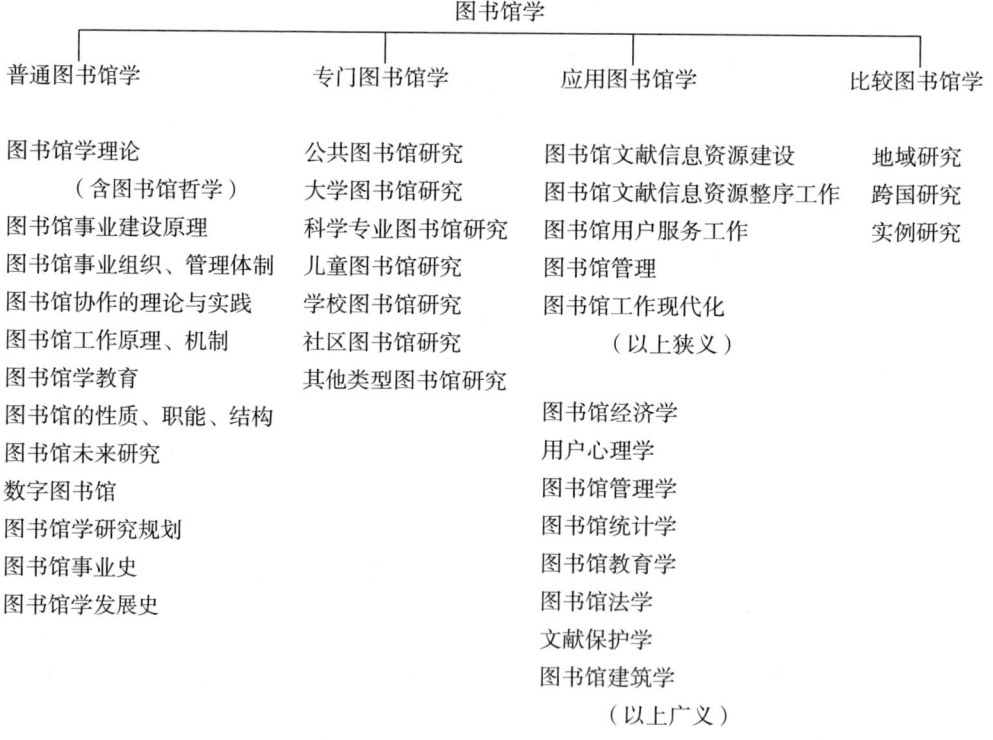

图1 图书馆学的体系结构

第三节　图书馆学的研究内容

自19世纪初施莱廷格等创立图书馆学以来,欧美图书馆学经历了经验图书馆学、实用图书馆学等阶段。19世纪末期,德国哥廷根大学创办图书馆学课程讲座,美国图书馆学家杜威在哥伦比亚大学创办世界上第一个图书馆学院,等等,经过这一系列的推进,图书馆学逐渐形成较为完整的学科体系,并不断随着世界图书馆事业的发展演进,扩展和调整自身的研究范围和研究专题。

在我国,新型图书馆在19世纪末到20世纪初才出现,这也造成我国图书馆学的出现比西方晚大约一个世纪。自20世纪上半叶起,从学习和移植西方图书馆学开始,兼以继承我国古代文献学、目录学传统,开展图书馆学理论和图书馆工作实务研究,开始形成中国图书馆学体系。

20世纪50—70年代,我国的图书馆学转而向苏联图书馆学界学习,并把马克思列宁主义毛泽东思想作为研究理论基础,形成了新的学科内容和学术范式。本阶段,我国的图书馆学在学术规范上受政治影响较大,科学的实证精神受到批判和怀疑,政治批判取代了科学讨论。在此期间,广大图书馆学研究者和从业人员忍辱负重,使得我国的图书馆事业和图书馆学研究取得了不少成果。但总体上看,由于缺乏与国际图书馆界的交流,本阶段我国图书馆学学科进展的速度大大落后于西方发达国家,因而难以为世界图书馆学发展做出贡献。

1978年底,我国确立了改革开放的发展道路。20世纪80年代以来,我国的图书馆学也开始确立新的科学的学术规范,与图书馆发达国家和地区的交流十分频繁,不断引入新的理论和新的技术,图书馆学日益成为一门开放性的学科,使得中国图书馆学开始与世界图书馆学的发展接轨。图书馆事业的发展及其需要,也使得图书馆学的内容和研究主题日益丰富。

目前,我国图书馆学研究的具体任务主要包括以下几个方面:

一、图书馆学基础理论的研究

近期,我国图书馆学发展的速度比较快,但学科研究各方面的发展是不平衡的。图书馆学主要由基础理论和应用技术两大部分组成。从发表论文的数量来看,图书馆工作方法与应用技术方面的论文数量占绝大部分,而基础理论方面的论文数量相对较少,近年来,基础理论相关研究,特别是直面图书馆现实和困境并进行思考的、有深度的理论创新进一步减少。

基础理论是学科发展的基本动力,基础理论研究的深度如何,标志着学科的发展水平,决定着学科在整个科学体系中的地位,同时,也影响着学科内部其他理论的发展,因此,必须加强基础理论的研究。在当前,出现了一种技术至上、轻视理论研究的倾向,这是需要引起注意的趋势。没有基础理论的指导,技术方面的发展也会受到一定程度的制约。

图书馆学基础理论研究的主要课题包括:图书馆哲学、图书馆学研究对象、图书馆学体系结构、图书馆学的学科性质、图书馆学研究方法、图书馆学发展趋势、图书馆学的相关学科、图书馆性质与职能、图书馆学思想史等。近年来,图书馆本土化、图书馆精神等成为基础理论的新课题。基础理论还应研究图书馆与社会政治、法律、经济、教育、科学、文化的关系,课题包括:图书馆社会责任、图书馆使命与社会价值、图书馆的人文关怀、互联网+环境下图书馆的定位、图书馆与信息资源共享、图书馆与知识管理、图书馆与知识服务、图书馆与法律、图书馆权利、图书馆知识共享与公民权利、图书馆特色化发展等。

二、图书馆应用理论与应用方法的研究

图书馆工作是面向用户服务的,要做好服务工作,必须认真研究图书馆工作各个环节的理论与方法,这属于应用理论与应用方法研究。在研究时,应注意从图书馆的工作实际出发,针对图书馆这一大系统的各组成要素(如文献信息、用户、人员、空间、设备、资金等),认真探究带有普遍指导意义的理论与方法,以期研究成果能对图书馆各项工作有所指导,并且有可操作的实用方法。

主要研究课题包括:文献信息资源建设与协调、编目工作与书目信息服务、信息整序工作(包括分类标引和主题标引等)、各类用户的信息需求与使用特点、文献信息开发与利用、文献信息的检索与利用、图书阅读推广、图书馆建筑及空间构建、信息技术在图书馆工作中的应用等。

三、图书馆现代化的研究

图书馆现代化是一个综合的、多层次的、动态的概念,是技术革命引发的一个连续系列的变化过程,是包括图书馆技术手段和设备、业务流程、管理、形态等各个层面的同步变革过程。

以计算机技术、网络技术、微电子技术为核心的现代化技术从根本上改变了图书馆的工作模式、工作方法甚至体制形态。特别是近期以大数据、云计算、物联网等为代表的先进信息技术的进展,不仅促使图书馆在各个工作环节中广泛采用新技术,而且还将催生新的图书馆形态,进一步取代传统图书馆在信息交流中的地位。

这方面的研究课题众多,且新的课题不断涌现,主要包括:

(1)数字信息资源的收集与利用;

(2)图书馆馆藏文献数字化工作及数字资源的长期保存问题;

(3)网络信息资源的虚拟链接和利用;

(4)编目工作自动化及自动分类技术;

(5)各类信息(包括多媒体信息、流媒体信息等)的智能存储和检索;

(6)基于大数据、云计算、物联网、人工智能等技术的智慧图书馆管理系统及图书馆设备自动化;

(7)电子图书馆、虚拟图书馆、数字图书馆、复合图书馆、网络图书馆、智能图书馆等新形态图书馆的研究;

(8)Web2.0技术、自媒体引发的出版及图书馆变革;

(9)移动图书馆与移动阅读;

(10)泛在图书馆发展趋势研究;

(11)智能化、人性化、灵活组合、绿色环保的图书馆空间设计与构建;

(12)"互联网+"环境下图书馆新型服务形态体系的构建;

(13)数字化信息的版权和收益及分配问题,包含版权所涉及的原创者身份认证等问题,需关注区块链技术在身份认证、版权保护和信息收益分配方面应用的进展。

四、图书馆工作标准化、规范化的研究

图书馆工作标准化、规范化,是实现图书馆工作现代化的必要前提,也是实现图书馆科学管理、提高图书馆服务质量的重要内容。没有各种与图书馆工作相关规范标准的制订,图书馆的信息工作,特别是利用信息网络技术传递利用信息就会遇到极大的障碍而难以开展。图书馆工作标准化,其实质是制订图书馆领域需要达到的统一的标准要求,其目的是使图书馆文献信息工作走向通用化、标准化和系统化,改善各类型图书馆服务及管理质量,提高技术水平和运行效率,有效推进图书馆信息交流和资源共享。

主要研究课题包括:

(1)图书馆名词术语的标准化;

(2)文献著录标准化,如:机读目录格式标准化、元数据标准体系构建等;

(3)检索语言的标准化,如:图书馆分类法标准化、主题检索语言标准化等;

(4)图书馆服务规范与质量评价标准化,如:公共图书馆服务规范、图书馆特殊需求人群服务规范、少年儿童读者服务规范等;

(5)数字图书馆标准规范,包括:数字内容创建标准、数字对象描述标准、资源组织管理标准、资源长期保存标准、数字资源服务标准等;

(6)图书馆技术及设备标准规范,如:物联网相关技术标准;

(7)图书馆建筑设计规范;

(8)图书馆教育与培训标准规范。

五、图书馆学教育研究

各级图书馆学教育,是为图书馆培养专业人才的重要手段。图书馆从业人员素质的高低,直接影响图书馆工作的质量,特别是在现代化技术广泛应用的今天,培养图书馆学专业人才,特别是高层次人才,显得尤为重要。目前,我国已经形成

了包括本科、专科、硕士研究生与博士研究生教育,以及成人教育在内的、层次比较齐全的图书馆学教育体系,在教育改革与课程设置方面都力求能够适应信息社会与图书馆工作现代化对人才素质的要求。

主要研究课题包括:

(1)数字图书馆时代图书馆学教育的趋势与改革对策;

(2)图书馆学教育体系研究;

(3)图书馆人才素质要求与课程设置;

(4)图书馆学人才教育与培养模式研究;

(5)图书馆学教育手段与教学方法的研究;

(6)图书馆学课程建设研究;

(7)文献检索课教学研究;

(8)图书馆学教育史研究。

六、图书馆事业史和图书馆学发展史的研究

主要包括对世界及中国图书馆事业史、图书馆学发展史的研究,特别是要认真梳理20世纪初叶以来中国图书馆事业史和图书馆学发展史,全面总结其中的基本经验和教训,推动我国图书馆事业的进一步发展。

主要研究课题包括:

(1)认真研究世界和中国图书馆事业发展史的基本经验和教训,为我国图书馆事业的进一步发展提供理论依据和决策服务;

(2)认真研究世界与中国图书馆学史上的各种理论、学说、流派、史实、人物等,促进图书馆学研究的发展;

(3)做好我国古代到近现代图书馆事业史与学科史史料的搜集、整理和保存;

(4)以视频等手段做好口述图书馆事业史与图书馆学学科史料的抢救和发掘工作;

(5)系统总结20世纪初叶以来中国图书馆事业史与学术史的经验和教训,得出对未来事业与学术发展具有指导意义的结论与原则,推进21世纪我国图书馆事业与学术研究的发展。

参考文献

1. 吴慰慈,邵巍.图书馆学概论[M].北京:书目文献出版社,1985.
2. 黄宗忠.图书馆学导论[M].武汉:武汉大学出版社,1988.
3. 周文骏.文献交流引论[M].北京:书目文献出版社,1986.
4. 徐引篪,霍国庆.现代图书馆学理论[M].北京:北京图书馆出版社,1999.
5. 北京大学图书馆学情报学系,武汉大学图书情报学院.图书馆学基础[M].修订本.北京:商务印书馆,1991.
6. 谢拉.图书馆学引论[M].张沙丽,译.兰州:兰州大学出版社,1986.
7. 杜定友.图书馆通论[M].上海:商务印书馆,1925.
8. 杜定友.图书馆管理法上之新观点[J].浙江图书馆月刊,1932(6).
9. 刘国钧.图书馆学要旨[M].上海:中华书局,1934.
10. 刘国钧.什么是图书馆学[J].中国科学院图书馆通讯,1957(1).
11. 吴慰慈.刘国钧先生在图书馆学领域中的深远影响[J].图书情报工作,2007,51(3).
12. 张树华.从刘国钧先生的"图书馆学五要素"谈起[J].图书情报工作,2007,51(3).
13. 阮冈纳赞.图书馆学五定律[M].夏云,王先林,侯汉清,译.北京:书目文献出版社,1988.
14. 王振鹄.图书馆学论丛[G].台北:台湾学生书局,1984.
15. 丘巴梁.普通图书馆学[M].徐克敏,译.北京:书目文献出版社,1985.
16. 黄宗忠.试谈图书馆的藏与用[J].武汉大学学报(社科版),1962(2).
17. 周文骏.概论图书馆学[J].图书馆学研究,1983(30).
18. 宓浩.图书馆学原理[M].上海:华东师范大学出版社,1988.
19. 南开大学图书馆学系.理论图书馆学教程[M].天津:南开大学出版社,1981.
20. 《图书馆学百科全书》编委会.图书馆学百科全书[M].北京:中国大百科全书出版社,1993.
21. 宓浩,黄纯元.知识交流和交流的科学:关于图书馆学基础理论的建设[J].图书馆学研究与工作,1985(2/3).
22. 兰开斯特.电子时代的图书馆和图书馆员[M].郑登里,陈珍成,译校.北京:科学技术文献出版社,1985.
23. 黄宗忠等.改革开放以来图书馆学基础理论研究综述[G]//中国图书馆学会编译出版委员会,北京图书馆出版社.中国图书馆事业二十年:1979—1999.北京:北京图书馆出版社,1999.

24. 吴慰慈.1990年以来的中国图书馆学基础理论研究[J].图书情报工作,1997(5).

25. 徐引篪,霍国庆.图书馆学研究对象的认识过程:兼论资源说[J].中国图书馆学报,1998(1).

26. 王子舟.面向知识的图书馆学发展趋势[J].中国图书馆学报,2007(1).

27. 李超平.观察与思考:图书馆学研究现状分析[J].中国图书馆学报,2006(2).

28. 董焱,邢素丽.数字时代的图书馆与图书馆员[M].北京:北京图书馆出版社,2006.

29. 吴慰慈.图书馆学基础[M].北京:高等教育出版社,2004.

30. 蒋永福.图书馆哲学是什么[J].图书情报工作,2001(10).

31. 钟守真.比较图书馆学引论[M].天津:南开大学出版社,1993.

32. 丹顿.比较图书馆学概论[M].北京:书目文献出版社,1980.

33. 卢宏.近十年来我国图书馆学理论研究进展综述[J].图书馆工作与研究,2013(1).

34. 平保兴.中国比较图书馆学最早研究说刍议[J].山东图书馆学刊,2014(1).

35. 刘兹恒,周佳贵.论图书馆学理论研究的科学化[J].图书馆论坛,2011,31(6).

36. 刘兹恒,孟晨霞.ISO和IFLA的图书馆标准规范体系对我国图书馆标准化工作的启示[J].图书情报研究,2015(1).

37. 田颖.我国数字图书馆标准规范建设与推广应用:以全国图书馆标准化技术委员会标准化工作为例[J].数字图书馆论坛,2016(9).

38. 王子舟.中国图书馆学教育九十年回望与反思[J].中国图书馆学报,2009(11).

39. 张树华,张久珍.20世纪以来中国的图书馆事业[M].北京:北京大学出版社,2008.

40. Dane. The Benefits of Comparative Librarianship[J]. Australia Library Journal,1954(2).

41. Butler. An Introduction to Library Science[M]. Chicago:The University of Chicago Press,1933.

42. Karstedt. Studien Zur Soziologic der Bibliothek[M]. Wiesbaden:Harrassouitz,1954.

43. Lancaster. Towards Paperless Information System[M]. New York:Academic Press,1978.

44. Chernik. Introduction to Library Services[M]. Engloewood:Libraries Unlimited,Inc.,1992.

第二章　图书馆学:性质、方法与趋势

第一节　图书馆学的学科性质

在现代科学视野中,某一学科之所以成立和存在,原因是其具有区别于其他学科的独特的研究对象。一门学科独特的研究对象、研究方法体系和实践目的,规定了该学科的学科性质。

学科性质问题,是一个科学分类的问题。科学是一种知识体系,对这种体系进行分类,便于从总体上去分析其特征,了解各门学科的特殊性质及其相互间的内在联系,进而为发展科学提供战略上的依据。

为了更清楚地说明图书馆学的学科性质,我们有必要对人类有关科学分类的思想作一扼要的介绍。

在古代很长一段历史时期内,人们对自然世界和人类社会的认识停留在直观的阶段。在古希腊思想家亚里士多德(Aristotle,384 B.C.—322 B.C.)之前,哲学是一门包罗万象的学问,是知识的总汇,从自然到社会的各种问题都可以是哲学研究的对象。亚里士多德提出了知识分类的思想,他将人类的全部知识分为三类:理论的哲学,指人类纯粹认识活动的知识,如逻辑学、物理学、数学、形而上学等;实践的哲学,指关于社会活动的知识,如政治学、经济学、伦理学等;创造的哲学,包括艺术和各种行业的技术知识。同时,亚里士多德提出,在本体论的意义上,每门学科都有其特定的所要研究的主体,科学要揭示普遍事物自身的本质属性或同本质相关的特性,揭示它的因果必然联系。

欧洲文艺复兴及资本主义生产方式的发展,带来科学的繁荣与发展,各门具体知识相继从哲学中分化出来,成为一系列各自独立的学科。英国哲学家弗朗西

斯·培根(F. Bacon,1561—1626)按人类自身的理性能力(记忆、判断、想象),把知识领域分为三大类,即:

记忆性的科学——历史等

想象性的科学——诗歌、艺术等

判断性的科学——上帝的哲学、人的哲学、自然的哲学(自然科学)

18世纪末,法国资产阶级革命的胜利,以及工业革命的推动,促使科学进一步发展和分化,一些科学家便以各门科学的研究对象为基础进行分类,他们把所见到的现象分为:天文现象、物理现象、化学现象和生理现象,与此相对应的是研究这些现象的天文学、物理学、化学和生理学。他们认为,这些学科的排列顺序应当是从"简单的科学"到"复杂的科学":

简单的科学——数学

　　　　　　　天文学

　　　　　　　物理学

　　　　　　　化学

　　　　　　　生理学

复杂的科学——社会学

这种思想的代表人物是圣西门(H. Saint-Simon,1760—1825)和孔德(A. Comte,1798—1857)。

19世纪中叶,近代自然科学的发展进入了一个新的时期,三大发现(细胞学说、能量守恒和转化定律、达尔文进化论),以及生理学、胚胎学、古生物学、地质学等领域的巨大成就,一方面更加充分地展示了自然界各个领域之间的联系,另一方面也为发展和建立科学的分类理论提供了基础。恩格斯以辩证唯物主义和历史唯物主义的世界观和方法论,批判地继承了历史上合理的科学分类思想,特别是黑格尔的科学分类思想,按照物质运动形式把各门学科排成一条自然序列:力学(机械运动)、物理学(物理运动)、化学(化学运动)、生物学(生命运动)、社会学(社会运动)。

以上科学分类体系是近代实证科学发展的结果。

进入20世纪后,现代科学的发展,出现了分化与综合两种趋势,现代科学体系,同时在微观和宏观两个方向上取得重大成果,在理论和应用两个方面取得卓越进展,因而也同时在高度分化和高度综合相统一的趋向上发展,各独立学科之间已不复存在封闭的相互分立并列的状态,各门科学之间互相交错,互相渗透,由单线联系走向多维联系,在分化的基础上综合,经过综合又分化出新的学科,从而形成极其复杂的、全新的、多层次的庞大网络体系。学科的分化与综合,表面上看是不同的发展路向,但二者具有深刻的一致性。学科的进一步分化,实质上是科学综合化的产物,因为新学科的不断出现,正在日益消除各种学科之间的传统界限,使各门学科更加紧密地结合起来。这样,科学分类的任务就更加艰巨,往往带有较大的模糊性。关于科学分类的思想和说法也是五花八门,莫衷一是。在美国,人们从科学统计的角度,把科学分为:物理化学科学、数学科学、环境科学、技术科学、生命及地球科学、心理学、社会经济学。

在中国,自1949年起,恩格斯和毛泽东关于科学分类的思想长期是中国科学界研究科学分类问题的指导思想。20世纪70年代末改革开放之后,随着国内政治经济形势的变化,特别是新技术革命的影响,中国的学者在科学分类方面的研究也开始活跃起来,代表性的观点是著名科学家钱学森(1911—2009)的分类思想。钱学森从整个科学技术体系出发,将科学划分为哲学、自然科学、数学、社会科学、技术科学、工程技术六个组成部分。同时,他还认为,系统科学、思维科学和人体科学,将来很有可能上升为科学技术体系中的三个新的组成部分。此外,也有学者从科学体系的结构角度,将科学分为分支科学、边缘科学、综合科学、横向科学四大类。还有学者从认识论角度,将科学分为边界学科、中介学科、交叉学科、综合学科、横断学科等。目前,为进行科学规划与统计而制订的有关科学分类的中国国家标准,将科学划分为自然科学、农业科学、医药科学、工程与技术科学、人文与社会科学几个门类。

从上述情况中可以看出,科学分类问题是一个十分复杂的问题。科学发展及其需要,是促进对科学体系进行分类的动力。在这个问题上,存在着多种不同的观点,而且对科学体系分类的观点又是动态发展着的。但每一阶段所提出的分类体系基本可以适应本阶段科学的现状。此外,我们还应当注意到,在当代,科学分类除了有科学发展的内在依据外,往往还要作为科学统计、科学规划、学科教育划分的工具,因而在某种程度上,科学分类又带有一定的人为色彩。因而,某一学科,特别是处在不断发展中的学科,它被归入哪一科学门类,存在着动态变化,人们对其认识是在不断深化的。

图书馆学就是这样一门处于发展变化中的学科,关于图书馆学的学科性质和归类问题的认识,也必然带有一定的模糊性和不确定性,这种现象是正常的。对图书馆学学科性质的讨论,对于确定图书馆学的研究规范、研究方法等具有重要意义,因而我们应当通过讨论,尽可能减少在这个问题上的不确定性。

关于图书馆学的学科性质的讨论,在20世纪80年代是中国图书馆学理论研究的一个热点。原因在于,当时中国图书馆学发展程度不高,社会上对于图书馆学是否可以被称作一门科学存在着疑问,对图书馆学学科性质的讨论,主要着眼于确立图书馆学在整个科学体系中的地位。

关于图书馆学性质问题的意见,主要有以下观点:一种意见认为图书馆学属于社会科学;另一种意见认为图书馆学属于综合科学;还有意见认为图书馆学是方法科学、管理科学、应用科学等。1998年国家教委和2012年国家教育部印发的《普通高等学校本科专业目录中》,将图书馆学划归管理学科门类下。这些认识都有其合理性的一面,也都存在着欠缺的一面。我们认为,对于图书馆学性质的认识,是一个发展的过程,不能将图书馆学的性质限制于一点上。但对图书馆学性质问题采取虚无主义的态度,认为相关研究会阻碍图书馆学发展的观点也是不可取的。

在科学发展史上,一些古老的学科越发展,分支越多,像树的生长一样,先有树干,后有枝叶。一些新兴的学科则恰恰相反,它们像一座金字塔,先有塔基,然后才有顶部。前者的分类问题相对地说,比较简单明确一些,分支学科原则上是属于自己的母学科一类的;而后者则比较复杂,在这个塔的顶部未出现之前,先出现的塔基部分具有多种选择性,它可能属于某个塔顶,也可能归属于另一个塔尖,关键在于其长期的发展趋势。

作为一门新兴学科,图书馆学是属于塔基部分的学科,它到底是同其他塔基(指其他学科)一起共有一个塔尖,还是图书馆学本身就可以形成一个塔尖,在目前阶段尚不可能有定论。但我们可以按照前面说过的分类方法,对图书馆学的性质问题进行一个概略性的分析。

一、图书馆学是一门具有多种属性的学科,在现阶段,它带有较强的社会科学的特性

按学科研究对象进行分类,图书馆学的性质在现阶段应属于社会科学。因为,就图书馆学的主要研究对象而言,目前倾向性的意见还是指图书馆事业,而且图书馆学的知识积累也都集中在这一方面。不管如何理解,归根结底,图书馆事业还是一种人类特有的社会现象。所以,以此为研究对象的图书馆学,在原则上仍属于社会科学的范畴。

按客观对象的运动形式分类,在没有新的科学分类理论出现之前,图书馆或图书馆事业的运动形式,只能归入社会的运动形式之中。因而,图书馆学的性质,也只能是社会科学。

按研究方法归类,与强调精确性的自然科学不同,图书馆学研究中,虽然有一些研究力图构建精确的理论体系,采用数量统计方法,以及进行实验验证,但并不处于主流地位。图书馆学在现阶段应用最多的还是社会科学的研究方法,其他科学,特别是自然科学方法虽然也有应用,但主要集中在应用技术方面,在构建图书馆学理论体系方面,自然科学方法的贡献是局部的、零散的,并没有占据决定意义的地位。一门学科的研究方法,在一定程度上反映了该学科与其他学科的关联,因而,说图书馆学的性质在现阶段属于社会科学,是合乎客观实际的。

二、图书馆学具有应用科学性质

从图书馆学整体来看,它是由基础理论和应用技术两个部分组成的。对图书馆学来讲,对于图书馆应用技术的研究在图书馆学中应占主导地位,研究基础理论的目的是为了促进图书馆工作及图书馆事业的发展,它对于图书馆应用技术研究具有指导意义,离开图书馆工作实践的图书馆学研究是没有存在价值的。同时,图书馆应用技术的进步,为图书馆学基础理论提供了新的研究视角和研究方法,甚至可以从根本上改变图书馆学的概念、学术规范、体系结构。总之,图书馆学是一门实践性很强的学科,是一门致用的学科,图书馆学研究不能游离于图书馆事业的实践之外。因而,图书馆学又具有应用科学的性质。

三、图书馆学具有管理科学的性质

图书馆是社会进行知识管理的一个机构。知识管理、信息管理是其重要任务。运用管理科学的理论和方法对图书馆的文献信息、人员、资金、设备等要素进行科学有效的管理,是图书馆及图书馆事业存在并发展的保障。图书馆学应当研究图书馆及图书馆事业、图书馆信息资源的管理,因此,图书馆学带有管理科学的性质。

四、图书馆学是一门正在发展中的科学,其学科性质也在不断发生变化,未来图书馆学的性质,可能是综合性科学

图书馆学在最初形成之时,由于其研究对象局限于图书馆工作,研究内容偏重于具体的工作方法,因而其学科性质,原则上讲是属于应用科学的范围。随着社会和科学技术的发展,图书馆学越来越多地关注起图书馆事业的问题,特别注意图书馆与社会的关系,研究内容也增加了理论的成分。因而,其学科性质也随之发生了变化,向社会科学的门类靠近。可以预料,在信息时代,图书馆学的注意力必将移向文献、信息和信息交流等,同时也将更多地涉及知识的生产、存贮、管理、利用、交流等方面的问题,所用方法也随之综合化(综合运用多种学科的方法),因此,其学科性质也会朝着综合性科学的方向发展。

按照科学哲学家库恩(T. Kuhn,1922—1996)科学革命的观点,科学发展的模式是:前科学→常态科学(形成模式)→反常→危机→革命(出现新模式)→新的常态科学→……在前科学阶段,科学家们因对该学科的基本理论的看法完全不一致而经常争论,众说纷纭。库恩认为,现代的社会科学也还处于前科学时期。应用库恩的理论分析,图书馆学发展到今天,也仍然处于前科学状态。整个学科尚未进入常态科学的阶段,没有形成一套模式——为图书馆学家普遍接受的一种理论。既然如此,关于图书馆学性质的争论,也仍然属于前科学时期的争论,各种观点都有一定的参考性。当然,在这样的争论之中也会同时孕育着一种能够将图书馆学推向常态科学的理论。只是在这种理论出现之后,人们对图书馆学性质的认识也必然随之发生变化。

当前,以信息技术为核心的新技术革命在不断改变社会各个领域的面貌,计算

机技术、网络技术和数字化技术的广泛应用,使得图书馆事业的发展面临着新的挑战和机遇,图书馆工作面临着一场深刻的变革。在信息社会中,图书馆的性质、职能、形态必然发生巨大的变化,而以图书馆事业为研究对象的图书馆学,其性质、任务、内容等也必定随之发生变化。因此,我们在讨论图书馆学的学科性质时,必须注意图书馆学所处的时代及其社会技术条件。我们说图书馆学的性质属于社会科学,是就现阶段而言;我们说图书馆学可能会发展成为一门综合性科学,是指未来的发展而言,其结论带有一定的相对性。

综上所述,图书馆学性质的问题是一个比较复杂的问题,我们的看法也只是一家之言,并非结论性的提法。

第二节 图书馆学的相关学科

在科学体系中,各门学科并不是孤立存在的,它们之间有着千丝万缕的联系,互相渗透,互补共存,共同形成科学体系的有机体。一门学科与其他学科有所关联,这些学科就被称为该学科的相关学科。学科之间的相关性,往往反映出它们之间的内在联系,体现着一门学科在整个学科体系中的地位。

学科之间的相互关联,可以表现为多种关系,包括直接关联与间接关联。直接关联是指学科之间的直接的相互作用,它常常表现为派生关系、交叉关系、应用关系等;间接关联是指学科之间的间接的相互作用,它常常表现为中介关系、指导关系等。图书馆学作为一门科学,也必然有它的相关学科,这些学科与图书馆学或者直接关联,或者间接关联,它们都对图书馆学的发展产生着影响。

一、与图书馆学有直接关联的学科

这些学科与图书馆学的关系极为密切,大都是同属于一个部类的学科,或者是平行的学科,主要有情报学、文献学、目录学、档案学、信息资源管理学,以及教育学、社会学、心理学、经济学、计算机科学、信息学等。在这些学科中,由于与图书馆学的关系程度不同,层次不同,而分为以下几种类型:

1. 同族关系

图书馆学与情报学、文献学、目录学、档案学、信息资源管理学的关系是同族关系，它们都是研究与文献信息管理和利用相关的工作的学科。

我们知道，图书馆工作、情报工作、目录工作、档案工作、信息资源管理的主要对象都是文献信息。由于它们各自的工作程序、工作手段与方法、工作方式与内容有着程度上的不同，所管理的文献信息对象有所差异，如图书馆所管理的文献类型比较全面，而情报机构的工作则着眼于对信息的深层次开发与服务，目录工作侧重对各种文献的揭示与报道，档案工作以各种具有史料价值的档案为工作对象，信息资源管理工作是传统图书馆情报工作在信息时代的延伸，因而形成了各自的特点。但同时，它们的工作性质和工作对象却是基本相同的，也就是说，这些工作的实质都是文献信息工作。因而，图书馆学、情报学、目录学、档案学、信息资源管理学的研究内容都是文献信息工作，只是研究的广度、深度以及角度有所不同。

此外，这些学科的理论基础是关于文献、信息的理论。文献信息是文献、信息的内容信息与形式信息的统称，文献信息是人类信息系统的重要组成部分，是人脑信息加工处理的产物，文献信息的交流是人类信息交流的重要形式。有关文献信息的理论是指关于文献信息的生产、加工、整序、存贮及传递利用的理论。图书馆学、情报学、目录学、档案学、信息资源管理学的研究对象都是文献信息，因此，有关文献信息的理论是它们的共同的理论基础，它们构成了文献信息学的几个分支学科。

其次，我们从图书馆学与目录学、情报学、档案学、信息资源管理学的产生情况也可以看出它们之间的血缘关系。最初的图书馆大多本身就是档案机构，图书馆学的产生与对图书馆管理的研究有关。目录学产生于对图书馆文献进行编目工作的实践。图书馆学与目录学的关系极为密切，目录学为图书馆学提供了方法，图书馆学为目录学开辟了新的研究领域，它们在研究内容上有大量的交错、融合，因而目录学常被看作是图书馆学的辅助学科。情报机构是从图书馆分化而来的，情报工作是图书馆工作的深化和发展，而情报学产生于20世纪中叶，它的直接源头正是图书馆学和目录学的理论与方法，情报学理论与研究方法对于图书馆学的发展也起到了促进作用。从某种意义上说，情报学产生于图书馆学与目录学，它们之间有着直接的"血缘"关系,甚至可以说,情报学是对图书馆学研究对象在微观领域中的深入。近年来情报学的理论与方法的长足发展,又反过来推动图书馆学与目录学的发展。

再次,图书馆学与情报学的研究内容除了文献信息之外,还有一个重要的部分,就是用户(读者)的研究。将这两方面综合起来,构成了一个信息交流的完整环节。对这样一个环节的研究是信息科学或思维科学领域中的一个重要的组成部分。因此,图书馆学与情报学是信息科学或思维科学这一族里的重要成员。

文献学是以文献和文献发展规律为研究对象的一门科学。研究内容包括:文献的特点、功能、类型、生产和分布、发展规律,文献整理方法及文献与文献学发展历史等。由于文献的直接研究对象是文献,而图书馆工作和情报工作的主要对象也是文献,因此,文献学与图书馆学、情报学之间不可避免地存在着交叉重复的关系,有时甚至很难划出明确的界限。

信息资源管理学主要随着自20世纪80年代起的信息资源管理理论和实践的在全球的发展而逐步形成。信息资源管理(Information Resource Management,缩写为IRM)是指管理者为达到预定的目标,运用现代化的管理手段和管理方法来研究信息资源在经济活动和其他活动中利用的规律,并依据这些规律对信息资源进行组织、规划、协调、配置和控制的活动。IRM的管理对象不仅包括信息资源的创造、获取、加工、存储、传播和应用的过程,而且包括对信息资源有关的各种资源和无形资产的管理,涉及信息管理所需的技术、设施、人员、资金等。从长期发展看,信息资源管理的发展方向是知识管理。目前信息资源管理研究已形成了相对稳定的研究群体,发表了相当数量的论著成果,并且在高校中设置了本科专业及硕博士研究生专业或专业方向。有观点认为信息资源管理学或为图书馆学、情报学、档案学一体化的发展方向。

2. 交叉关系

这种关系不是因为研究对象的相同而产生的,只是由于研究对象的不同,并且不同的研究对象之间有着某种特殊的联系而产生的。这一点突出地表现在图书馆学与教育学的关系上。

教育学是研究社会教育行为、方法与制度的科学。谈到教育,就必然要涉及图书馆。教育学的对象是教育现象,教育的问题,说到底是个如何培养人的问题,其中一个重要的方面就是如何传授知识。图书馆是知识的宝库,研究教育学就必须研究如何利用图书馆的问题,而图书馆本身又具有教育的职能。它在读者自学中,以及作为知识社会中的终身教育场所,承担社会教育的职能,这使它与教育产生了极其密切的联系。图书馆与文化馆、博物馆、文化宫、少年宫等一道,成为广义的社会教育机构。所以,图书馆学的理论在内容上就与教育学出现了交叉。这是两门不同类型学科之间的交叉。

同时,图书馆专业教育与图书馆人才培养活动,是教育事业的组成部分,也需要应用教育学的理论与方法,从而形成了图书馆教育学。

此外,图书馆学与社会学也是交叉关系。社会学是一门研究人类社会生活的科学,它的研究内容十分广泛,主要有人与人的行为、关系问题和劳动、职业、人口、文化、婚姻、道德、犯罪、经济生活、社会阶级等问题。特别是对社会文化的研究,已形成了专门的文化社会学。研究社会文化,当然也离不开图书馆,图书馆的职能之一就是保存人类文化遗产。图书馆在人类文化发展的过程中,起着十分重要的作用。图书馆事业是一种社会事业,图书馆也是一种社会性很强的机构。图书馆学领域中的某些问题的研究,例如不同读者群的兴趣和需求问题、文献流通和阅读的普及性问题、图书馆的社会作用问题、阅读社会学问题等,都要与社会学产生内容上的交叉。

作为社会学的一个分支,知识社会学研究思想和意识形态与社会群体、文化制度、历史情境、时代精神、民族文化心理等社会文化之间的联系,或者说是研究这些社会文化因素如何影响思想和意识形态的产生与发展。知识社会学对图书馆学的创立产生了深刻的影响,例如,卡尔施泰特的"客观精神说"、谢拉的社会认识论都可归入这一范畴。

图书馆学与社会学这种内容上的交叉关系,随着人类社会的发展和图书馆社会职能的扩大,将会越来越多地显示出来。

3. 应用关系

这种关系是指一门学科的理论与方法,被应用于另一门学科之中,从而产生了新的边缘学科,推动了被应用学科的发展。与图书馆学有应用关系的学科很多,如心理学、管理学、经济学、信息科学等。

心理学是研究心理现象的科学。图书馆学要大量应用心理学的原理和方法去研究用户(读者)的阅读心理活动及其机制,要研究影响用户阅读心理的因素、用户获取信息的心理机制,研究提高用户阅读效率的方法,等等。为此,在应用图书馆学中产生了有关用户阅读心理、用户信息需求心理研究的分支学科。同时,图书馆系统中还有一个主体——图书馆员,他们是从事图书馆服务与管理工作的主体。对图书馆员心理开展研究,形成了图书馆员心理学,研究课题包括:图书馆员心理健康、图书馆员职业倦怠等。

管理学所研究的是人类如何自觉地、科学地管理自己的社会活动。图书馆作为人类社会的一种特有的机构,其活动如何进行管理,一直是图书馆学所关心的问题。可以说,从诞生的那天起,图书馆学就一直在研究这个问题,只是到了现代,管理科学成为一门独立学科之后,图书馆学中的管理研究才找到了一种科学的理论和方法。因此,在图书馆学中,应用现代管理学的理论和方法去研究科学、有效的图书馆管理的理论和方法便迅速发展起来,终于也成为独立的分支学科。针对图书馆事业发展及各组成要素的管理理论与实践,包括图书馆战略管理、客户关系管理、图书馆人力资源管理、信息资源管理、图书馆的标准化管理等,它们都是图书馆学研究重要的组成部分。

经济学是研究人类如何理性地获得利益的社会科学。图书馆所管理的知识信息,已成为经济发展的重要资源。对信息在经济和社会活动中的作用的研究,如信息不对称、委托—代理关系、交易成本等,产生了信息经济学;而图书馆对信息资源的管理活动,又离不开经费的支持。特别在当代社会中,图书馆的许多活动都不可避免地成为社会经济活动的组成部分,如文献数字化工作、图书馆技术、应用系统和网站建设等,都已成为高科技信息产业的重要组成部分,而且其中包括了投资、经营管理、获利等经济活动环节,因此,产生了图书馆经济学。

计算机科学、网络科学、通信科学等信息科学在图书馆中的应用更是具有决定性的作用。信息科学技术不仅改变了图书馆的文献构成、技术装备、工作模式,同时也改变了图书馆的存在形态,数字图书馆、虚拟图书馆、虚拟现实图书馆、移动图书馆等就是信息科学技术在图书馆应用后所形成的新形态图书馆。

此外，在图书馆学中还大量应用一些自然科学的学科知识，比如生物学、物理学、化学等学科知识，来研究图书馆文献的保护问题。还要应用建筑学的知识来研究图书馆建筑问题和图书馆空间设计问题等。

二、与图书馆学有间接关联的学科

这些学科与图书馆学的联系不像前种类型的学科那样紧密。它们和图书馆学既不属于同一个部类，也不属于同一个层次。它们往往是为图书馆学提供思想或方法，具有指导上的意义。因此，它们与图书馆学的关系是指导与被指导的关系。这类学科有：哲学、数学，以及信息论、控制论、系统论等系统科学。

1. 哲学与图书馆学

哲学是理论化、系统化的世界观、人生观和方法论，是自然、社会和思维知识的概括和总结。哲学的研究对象是世界的普遍本质，是世界存在和发展的最一般的规律性的知识体系。它是在认识世界各个特殊领域的基础上形成的，同时又反过来指导人们在这些领域中的认识和实践，成为人们在这些领域中从事活动的思想方法和工作方法。任何科学的发展，都离不开哲学思想的指导。同时，任何科学的发展，又都反过来为哲学的发展提供依据。

图书馆学的发展，也离不开哲学的指导。如在苏联、中国等社会主义国家的图书馆学发展过程中，研究者都较自觉地用马克思主义哲学作为研究的指导思想，而美国的图书馆学研究则体现了实用主义哲学的影响。

哲学为图书馆学理论研究提供方法论，通过哲学的思维阐释解决图书馆中的现实问题，发现图书馆学方法论中的价值和意义，揭示图书馆服务促进人类社会文化进步和维护人文精神的核心社会价值。

2. 数学与图书馆学

数学是研究现实世界中的空间形式和数量关系的科学。数学的研究对象决定了它具有高度的抽象性和应用的广泛性。早在300年前，数学开始向自然科学渗透。20世纪50年代始，由于控制论等的影响和电子计算机的普及，数学也迅速向社会科学渗透。以往，人们已经学会了用数学分析、微积分方程等来研究必然现象，用随机数学来研究偶然现象，现在，人们还利用模糊数学来研究模糊现象。由此可见,科学的数学化已经成为历史的必然。数学建模成为研究社会和经济现象的常用技术。特别是数学分支之一的统计学,通过对研究对象的数据进行收集、处理、分析、解释并从数据中得出结论,成为现代各门科学普遍采用的实用研究方法之一。

数学及统计学对图书馆学的指导意义就在于它为图书馆学的发展提供了一种可靠的定量研究工具。著名的布拉德福文献集中与离散定律、普赖斯文献指数增长规律、巴顿研究文献老化的"半生期"概念等,都是用数学方法对文献的利用、增长等情况进行分析研究的成果。随着电子计算机在图书馆中的应用,数学对图书馆学发展的作用和影响越来越大。

近年来,随着互联网经济、共享经济、物联网等的兴起,交易数据、交互数据、传感数据等交织汇聚,形成了一种在获取、存储、管理、分析方面大大超出传统数据库软件工具能力范围的数据集合——大数据。通过大数据分析方法,可从大数据中即时获取高价值信息,有助于辅助快速准确判断形势、提高管理和服务水平。例如通过对用户检索和借阅行为大数据的分析,可以提高图书馆推送服务的精准化程度。

3. 系统科学与图书馆学

系统科学是研究系统的结构与功能关系、演化和调控规律的科学。它以不同领域的复杂系统为研究对象,从系统和整体的角度,探讨复杂系统的性质和演化规律。作为一门交叉学科,系统科学的学科结构可分为基础科学、应用科学和工程技术三个层次。其中,系统科学的基础科学包括信息论、控制论、一般系统论、耗散结构论、协同学、突变论、自组织理论等;系统科学的应用科学包括模糊逻辑学、泛系方法论、混沌理论、系统动力学、灰色系统论等;系统科学的工程技术包括系统工程、计算机科学技术、人工智能技术、自动化技术、通信技术等。

信息论的创始人是美国贝尔电话研究所的数学家申农(C. E. Shannon,1916—2001)。1948 年,申农发表了论文《通信的数学理论》,奠定了现代信息论的基础。信息论是研究信息的计量、传送、变换、存贮的科学,其范围非常广泛。信息论建立伊始,就显示出与图书馆学的内在的本质联系。图书馆学要想继续发展,必须以文献信息为研究对象,研究信息和数据的存贮、变换、传递。因此,它也离不开信息论的指导。从近期图书馆的发展来看,信息、数据成为图书馆处理和提供的核心要素,图书馆管理也离不开数据处理技术的支持,因而,信息论对图书馆学的指导意义越来越突出。

控制论的创始人是美国数学家维纳(N. Wiener,1894—1964)。1948年他的《控制论》一书出版,宣告了这门学科的正式诞生。控制论所研究的是生命现象、人类社会、机器系统、思维和一切可能的一般系统的调节与控制的规律,它在生物科学、技术科学和社会科学之间架起了"桥梁"。控制论对于图书馆学研究领域的许多问题都有着重大的指导意义,比如,图书馆自动化问题、文献增长的控制与协调问题、社会图书馆体系的协调发展、图书馆的科学管理问题等。

系统论的创始人是美籍奥地利生物学家贝塔朗菲(L. V. Bertalanffy,1901—1972)。1947年至1948年,他在美国讲课和专题讨论中阐述了他多年倡导的系统论思想,系统论作为一门新兴学科崭露头角。系统论的主要目的是确立适用于系统的一般原则。系统论分析和研究各式各样系统的共同特性,包括它们的层次、结构和相互作用,找出适用于一般化系统的模式、原则和规律,并对系统的性质做出数学的描述,以求得系统的最佳效能。系统论为图书馆学提供了一整套全新的思想方法和理论,自20世纪80年代起引入图书馆学,立即就受到图书馆学研究者的欢迎。人们用系统论的观点和方法来考察图书馆在人类信息交流系统中的地位和作用,使图书馆学的理论有了较大的突破,确立了新的学科研究规范。

系统科学的各门学科之间存在着内在联系,我们可以用非常简洁的语言说明其中的关系:任何事物、生命、组织都是系统,生命、社会组织等系统的存在和运行都具有一定的目的,实现目的的过程可以看作是一个控制过程,要达到控制目标,就必须不断地获取信息以消除控制中存在的不确定性。与外界有物质、能量、信息交换的系统被称作耗散结构,一个具有耗散结构的系统可以通过其内部各组成要素间的协同作用,发生突变,自组织成为一个有序的系统,从而使系统从无序走向有序。

图书馆作为一种社会信息交流系统,其存在、发展、变化及消亡等都可以用系统科学来描述及研究。

综上所述,图书馆学的相关学科所涉及的面是很广的,而且数量也在逐步增加。这一方面反映出图书馆学是一个不断发展的学科,另一方面也可以看出图书馆学的确是一门比较年轻的学科,同时,它也是一个开放的学科。它要广泛地吸取其他学科的营养来充实、丰富自己,而图书馆学的一些工作方法如分类方法、主题方法等信息管理手段,也在网络技术、知识管理等方面得到了广泛的应用。但长期以来,图书馆学的地位和社会作用一直未能在社会上得到普遍的承认,说明图书馆学对整个科学的贡献量还比较小。因此,大力发展图书馆学,尽快使它成熟起来,以适应现代化社会发展的需要,需要图书馆学研究者做出巨大的努力。

第三节 图书馆学的研究方法

在很长一段时间里,图书馆学的研究方法没有引起人们的注意。直到20世纪50、60年代,国外图书馆界才开始专门讨论图书馆学研究方法问题,我国是在20世纪80年代之后才逐渐重视图书馆学研究方法问题的研讨,而近年来,随着整个科学界对规范研究方法的重视,图书馆学研究方法体系也日趋丰富和完善。

研究方法与工作方法不同。工作方法是指一般的操作技术,是处理实际事务的本领;研究方法则指一般的思维方式,理性思考的角度,解决抽象问题的手段和途径,等等。将研究方法作为对象去进行专门研究,就是一般意义上讲的方法论。

我们必须看到,在图书馆学研究领域中,迄今方法论的问题还没有得到完全解决,图书馆学尚未建立起自己的一整套方法论体系。首先,这是由于图书馆学的研究方法还没有完全地被总结、概括,其次,是由于图书馆学的研究方法尚未形成自己的特色,第三,是中国图书馆界重视工作方法、技术手段而轻视理论体系建构的传统造成的。这一点与图书馆的工作方法不同,图书馆工作的方法可以说很有自己的特色,也经常为其他学科的工作所借鉴和应用;但是,图书馆学的研究方法则很少为其他学科的研究所使用。

一般地说,研究方法可分为这样3个层次:哲学方法、一般研究方法、专门研究方法。哲学方法指的是对研究对象总的看法,是研究工作的指导思想。它往往同研究者的世界观、价值观和方法论相联系。在过去的科学发展史中,一些有成就的伟大科学家,往往也是很有造诣的哲学家。因此,哲学方法对于一门学科的发展,常起到重要的指导作用。一般研究方法是指许多学科共同应用的方法,如数学方法、统计学方法、系统论方法、观察法、实验方法、调查方法、逻辑方法、案例法等。专门方法是指各学科为研究其特定的对象而采用的特殊方法,例如在自然科学中,不同学科所使用的不同的实验方法等。图书馆学的研究方法也包括了这样三个层次,下面分别加以说明。

一、图书馆学研究中的哲学方法

1. 哲学对于图书馆学研究的价值

哲学是关于思维及其规律的学说,是对人类精神的反思。哲学既是世界观,也是人生观、价值观和方法论。哲学可以为认识图书馆的客观本体的性质、图书馆存在的价值等提供理论指导,也可以为图书馆学理论体系的建立、图书馆实践等提供方法论体系。作为一种方法论的哲学,可以为图书馆学提供研究方法,包括一般方法论,及提供从哲学的角度处理图书馆问题的思路。

2. 图书馆研究应用哲学的方式

在苏联和1949年后的中国,图书馆学研究中的哲学方法,主要指马克思主义的辩证唯物主义和历史唯物主义方法的应用。中华人民共和国建立之后,在图书馆学研究中引进了马克思主义哲学方法,为图书馆学研究提供了唯物主义物质第一性的一元论世界观,用联系和发展的眼光看问题的方法和在实践基础上认识和改造世界的观点。我国的图书馆学运用辩证唯物主义和历史唯物主义哲学方法,取得了一些成果,例如,在图书馆学研究对象问题的探讨中,提出了"矛盾说"和"规律说"的观点,这两种观点在世界范围的图书馆学研究领域中,是有着中国特色的图书馆学理论。但在运用这一方法时,存在着对这种哲学方法的表面化和词句上的机械应用,盲目照搬和生拉硬套的做法,甚至曾出现用哲学一般规律来替代专门科学研究、错误批判不同科学学说的做法。因此,我们应当以马克思主义哲学方法来指导图书馆学的研究,但不应当用哲学来取代图书馆学研究。

人类哲学史中产生了许多有重大影响的哲学家,如康德、海德格尔、胡塞尔、罗素、维特根斯坦、波普尔、福柯等,产生了许多哲学流派,如现象学、分析学、符号学、阐释学、实证学派、科学哲学、后现代主义哲学等,也创建了许多重要的哲学体系,这是人类精神文化成果的重要组成部分。图书馆学研究者应当了解这些哲学成果,并借鉴其中的合理成分指导图书馆学研究。

二、图书馆学研究的一般科学方法

应用于各门学科的普遍适用的科学研究方法,也对推动图书馆学研究发挥着重要的作用。

1. 逻辑方法

主要是归纳法和演绎法。归纳是从个别事实中总结出一般结论、概念的思维方法;演绎是从一般原理、概念出发得出个别结论的思维方法。在图书馆学研究中,归纳法和演绎法被大量使用,它们是图书馆学研究者比较熟悉和习惯了的研究方法。在复杂的图书馆活动以及与它有关的一切活动中,用归纳法将个别事实、经验上升为一般性结论和理论,一直是人们努力的方向。特别是对于图书馆的性质、职能等问题的认识,大都是用归纳法产生的结论。演绎法通常多用在引进相关学科的理论与方法时,用相关学科的比较成熟的一般原理,去推导出图书馆学研究的个别结论,或者是用一般哲学原理,去推导图书馆学研究的个别原则和规范,这在应用图书馆学研究中体现得较多,如读者心理学研究、图书馆管理研究等。

2. 系统方法

系统方法要求运用完整性、集中化、等级结构、逻辑同构、信息、控制、自组织、协同等概念,找出适用于一切综合系统或子系统的模式、原则和规律。系统方法已发展成为包括一般系统论、控制论、信息论、集合论、图论、网络理论、对策论、博弈论等理论和方法的体系。

用系统的思想去看待世界的系统观点,早在古代就已有萌芽,无论在中国或古希腊、古罗马的哲学著作中都可以找出证据。不过那时的系统思想和系统观是寓于朴素的哲学思想之中的。在图书馆学研究中,系统方法的应用经历了一个从不自觉到自觉的过程。最初人们对图书馆的看法就包含着系统的思想,如印度学者阮冈纳赞指出:"图书馆是一个生长着的有机体。"可见,系统方法对于图书馆学的发展的确起了很大的作用。到了现代,人们更是自觉地应用系统方法分析和研究图书馆活动中出现的一系列问题,把图书馆作为社会信息交流系统中的一个子系统去加以考察。

3. 数学方法

数学方法具有高度的抽象性和应用的普适性。数学的抽象性表现在它暂时抛弃了事物的具体内容,可单纯从量的关系上来考察事物,以便得出一种抽象的数量关系。同时,数学上的某一个数量关系,往往不仅适用于某一个具体问题,而且适用于很多的具体问题,因此,它有很强的普适性(广泛性)。各种不同性质的问题之所以会有相同的数学形式(数量关系),是因为量的关系不只是存在于某一特定的物质形态或其特定的运动形式中,而是普遍地存在于各种物质形态和各种运动形式中。正因为数学方法具有的抽象性能够正确反映客观世界联系形式的一部分,所以它才具有应用的广泛性。

随着科学技术的发展,数学方法不只是被用于对事物的定量分析上,也正在被用于对事物的定性分析上,图书馆学研究历来离不开数学方法,只不过应用和程度深浅不同罢了。

图书馆统计方法作为图书馆学的专门研究方法,就是应用数学方法的明证。人们也尝试用数学方法来建立模型,去研究图书馆活动的机制。特别是电子计算机的普遍采用和大数据分析技术的兴起,使得数学方法更为普及,图书馆学研究也正在朝着定量化、精确化的方向迈进,近年来国内外图书馆学界采用定量方法进行学术研究有增加的趋势。SPSS(Statistical Product and Service Solutions,统计产品与服务解决方案)、Stata 等统计分析软件也得到广泛采用。

4. 其他常用研究方法

作为社会科学组成部分的图书馆学,在研究中,越来越多地采用了社会科学研究方法体系中的各类方法,包括:观察法、比较法、移植法、历史法、扎根理论研究法、问卷调查法、专家访谈法、德尔菲法、案例分析法、个案研究法、历史研究法、实验法、行为研究法、层次分析法、网络层次分析法等。

在各种方法中,我们不应忽视实证方法。

实证方法,是根据研究目的,综合采用调查法、实验法和观察法,通过对研究对象大量的观察、实验和调查,并利用数量统计方法等对资料进行统计分析,从而从个别现象上升到一般原理,归纳出事物的本质属性和发展规律的一类研究方法。实证方法主要应用于文献计量研究、文献资源建设、用户行为调查、图书馆服务、图书馆教育与培训、图书馆职业研究等方面。

实证方法以实验、观察等为基础,通过调查获取来自现实的数据,尽可能减少主观臆测成分,形成逻辑较为严密、方法规范、有充分实际调查证据支持的科学结论,获得纯理论思辨研究所代替不了的研究成果。

三、图书馆学研究的专门方法

图书馆学有没有自己的专门方法,这个问题存在着较大的争论。实际上,一门学科只要产生并且生存发展,一定会产生自己独特的研究方法。图书馆学在将其他学科的理论成果、研究视角和研究方法引入本学科的同时,也将本学科的适用研究方法输出到其他领域。

常用的图书馆学研究的专门方法有以下几种:

1. 文献分类法

文献分类法是指根据文献内容和形式的异同,按照一定的体系有系统地组织和区分文献的方法。文献分类法在图书馆工作实务中,以分类表(习惯上也称"分类法")的形式呈现,图书馆及其他文献信息部门以分类表为工具,按照特定的分类体系,来开展组织目录、藏书排架等工作。

分类法本是人类的一种基本的逻辑思维方法,是根据事物种类、等级或者性质,对其分门别类,使复杂无序的事物系统化,从而更好地认识和区分客观世界;分类在某种程度上是将一个类分割为几个或者多个子类进行研究,以便对事物的属性、行为、约束有更好的认识和理解。例如:化学元素周期表中对元素族的划分,以及生物分类学等,都是分类法的具体应用。

文献分类法在网络和大数据时代得到广泛应用,例如网络文本自动分类、基于语意的情感分析、舆情分析等。

2. 文献计量学方法

亦译"书目计量学"。是数学方法和统计方法在图书馆学情报学研究中具体应用而形成的专门方法。一般被应用在对文献流的研究上,如表征科技文献作者分布的洛特卡定律,确定某一学科论文在期刊中分布的布拉德福定律,表征文献中词频分布的齐普夫定律,以及文献增长规律、文献老化规律,等等。应用文献计量学方法,可以用来确定核心文献、评价出版物、考察文献利用率等,例如,研究国家或地区文化出版状况、科学发展状况和学科分布,进行主题词频分析、作者影响力分析,统计期刊影响因子及评定核心期刊等。

引文分析法作为文献计量学重要组成方法,是对科学期刊、论文、著者等分析对象的引用和被引用现象进行分析,以揭示其数量特征和内在规律的一种信息计量研究方法。它通过对科学引文的分布结构进行描述和分析,例如:引文的年代、引文量、引文类别、引文国别、引文语种、引文的集中与离散规律等,可以测定学科的影响和重要性、研究学科结构及预测研究方向、研究学科信息源分布、确定核心期刊、研究信息用户的需求特点、评价某一学科研究者的影响力。

随着社交网络(如新浪微博、Facebook、Twitter 等)和数字图书馆等应用的兴起,在文献计量学基础上又发展出网络计量学,借助成熟的文献计量学方法原理,对从社交网络、数字图书馆或机构典藏(institutional repository)等处收集的数据(如微博发布数量、文献下载次数、点击量、网页停留时长等)进行分析,开展网站评价、舆情分析等研究。

3. 内容分析法

内容分析法是一种以各种文献和文本为研究对象,对传播内容进行客观、系统和定量地描述的研究方法。内容分析法的起源可以回溯到借用自然科学研究的方法,进行历史文献内容的量化分析。内容分析法的正式产生源于第二次世界大战期间的新闻传播领域。

内容分析法的实质是对传播内容所含信息量及其变化开展分析,即由具有表征意义的词句推断出准确意义的过程。该方法的分析单元和对象通常是词语、句子、段落、意群和章节等文本信息,而其分析技术则以开放式编码等定性分析法为主,定量分析(如频率、百分比)为辅。

内容分析法侧重于分析文献信息内容特征的"量",重点是对研究对象所包含的语义信息进行分析。如在对新闻报道的研究中,为了了解作者的真实目的和意图,内容分析法的重点会放在对新闻报道中相关概念出现的频率进行统计和语义分析。内容分析法可以反映社会热点问题,探索时代发展趋势,并通过比较研究揭示各国传播、交流内容的差异等问题。其应用领域十分广泛,包括新闻传播学、社会学和政治学、心理认知科学等领域。内容分析法也被运用在图书馆学和情报学领域研究。

总之,图书馆学的研究方法问题,是一个理论性和实用性都很强的问题。随着图书馆学学科的成熟,图书馆学研究方法问题日益受到重视,图书馆学的研究方法体系也日臻完善。同时,图书馆学研究方法的规范化,反过来也将推动图书馆学的研究走向深入。

第四节　图书馆学的发展趋势

21世纪是技术唱主角的世纪,新兴知识经济的蓬勃发展、经济的全球化将改变人类社会生活的方方面面,且社会的变化速度越来越快。技术、经济和社会环境的变迁,使得传统图书馆的转型和图书馆员角色的转换成为不可避免的趋势。在这个形势下,图书馆学研究也呈现出新的趋向。

一、调整研究对象,立足更广阔的实践基础

对图书馆学研究对象的认识是不断发展演进的。从图书馆管理、文献整序到要素说、矛盾说、规律说,再到社会认识论、知识交流论、交流系统论等,不仅体现了图书馆学界认识上的逐步深入,同时也揭示了图书馆学的深化和拓展。

较早以前,图书馆学界已经认识到,图书馆学研究要突破传统图书馆机构的局限,立足于更广阔的实践基础。随着知识经济的发展及其经济主导地位的确立,知识在社会生活中的地位和作用日趋显著。人们渐渐明确,图书馆工作最有价值的核心内容,是对知识的组织管理。充分利用现代化信息技术提供的可能,有效组织、控制知识的共享和创新,承担社会知识长期保存的职责,这是知识经济时代图书馆工作发展的方向。

在实践中,进入信息时代以来,出现了图书馆概念"泛化"的现象。一方面,一

些新生的经济部门和社会部门正在涉足图书馆的业务领域;另一方面,随着现代信息技术在图书馆中的应用,图书馆的业务空间和服务领域也扩大了,融合创新成为当下图书馆的存在状态,换言之,图书馆的概念范围有可能扩大,以致包括传统图书馆之外的一些组织机构和图书馆内部产生新的工作机制。

图书馆概念的"泛化"说明了图书馆领域的渗透与被渗透。首先,图书馆工作可以被认为是从事知识的搜集、存储、组织、控制、传递、发掘和创新的过程。这个过程抽象出来就是一种工作机制或者服务机制。这种机制不必与传统图书馆机构直接对应。随着网络知识产业,如网络出版物、搜索引擎、社交网络、互联网内容提供商(Internet Content Provider,简称ICP)、各类专业数据库、咨询网站的出现,传统图书馆既面临竞争和挑战,同时又新增了许多合作伙伴。对图书馆学研究来说,则是扩大了实践基础。

其次,在虚拟知识空间中,网上丰富的数字化信息资源既扩大了用户的信息来源渠道,又造成了信息查全率和查准率下降的趋势。同时,与人们的感觉相反,信息资源的日益丰富和日益开放,信息鸿沟不仅没有缩小反而扩大。因而,越来越多的用户需要图书馆专业服务的支持。针对用户需求跟踪信息源,进行信息发掘和增值加工,提供专业化信息服务,日益成为图书馆的显性职能。图书馆专业人员要充当好信息导航员、信息咨询专家的角色,也亟须图书馆学研究新成果的指导。

再次,图书馆界逐渐认识到,如果说20世纪80年代出现的关于信息资源管理的研究中,还过于强调对技术、设备、系统、人力资源、财务等资源的管理,图书馆界的声音过于微弱;在关于知识管理(Knowledge Management,简称KM)的研究中,人们已经从关注信息技术(IT)回归到关注内容(Content),对知识管理的重视程度增加了。管理知识内容恰巧是图书馆的优势。因此,图书馆学研究必须果断地参与到知识管理领域中去。

图书馆概念的"泛化"使得图书馆学研究的视野越出了传统图书馆的藩篱,扩大到更广阔的虚拟知识空间。解决虚拟环境中信息源与信息利用的矛盾(包括海量信息和用户有限注意力的矛盾,大量公共信息和用户个性化需求的矛盾,信息源的动态性、易变性与用户需求相对稳定性的矛盾等),这是网络时代图书馆生存发展的基本前提和图书馆学研究的主要内容。

因而，图书馆学研究对象的调整成为必然。过去图书馆学研究基于纸质载体文献和传统图书馆活动，是从文献收藏、整理、检索和流通的视角来开展研究的。在虚拟空间中，用户更多的是需要图书馆提供知识存取支持和服务，也就是要求图书馆从知识存取的视角，研究如何帮助用户发现知识、获取知识、利用知识，图书馆的工作对象由文献单元深入到知识内容单元，图书馆学的研究对象也必然发展为与知识管理直接相关的一种社会化工作机制或者服务机制。鉴于图书馆概念存在"泛化"的倾向，我们不妨仍称之为"图书馆工作机制或服务机制"。这种工作机制或者服务机制不只限于传统图书馆之内，为传统图书馆员所独有，而是具有更大的应用范围。这样，图书馆学研究就有可能融入更广泛的知识经济活动中去。一方面，在广阔的实践基础上汲取学科营养，发展专业知识；另一方面，图书馆学研究成果也会产生更宽的适用范围和更大的社会价值。

二、融合理论与技术，创造学科发展新优势

图书馆学产生于图书馆工作实践中，是实践性很强的学科。图书馆学曾因理论性不强而受到批评。经过较长时间的努力，图书馆学的基础理论建设取得了很大进步，研究方法的丰富与研究范式的规范，提高了图书馆学研究成果的科学化水平，过去以工作技能的描述和工作经验的总结为主的图书馆学研究状况得到极大的改观。

当今时代，现代信息技术突飞猛进，网络知识产业快速发展。在网络知识产业中，网络信息和知识组织管理具有特别重要的意义，图书馆学的理论和方法理应发扬光大，然而现状却不尽如人意。图书馆学特有的分类、编目、索引、文摘、检索语言、引文分析等专业理论和方法相对于现代信息技术来说，似乎显得不那么重要。是不是图书馆学在虚拟知识空间中失去了继续存在和发展的机会？不是。真正的原因不在于现代信息技术和图书馆学专业理论与方法孰优孰劣，而在于信息技术的发展速度比图书馆学独有的知识组织、信息检索等专门技能的发展要快得多，乃至后者跟不上前者的发展，表现在图书馆界对现代信息技术的吸收和应用显得有些滞后。

一方面，在网络内容提供商中，许多人从计算机、通信、网络等现代信息技术的

知识背景出发,对网络世界中的信息、知识进行组织、控制和提供检索。另一方面,现代图书馆学研究将越来越多的注意力放在对网络知识内容的组织、控制和提供利用方面。这两者分别从现代信息技术和图书馆学两个方向出发,追求的却是同一目标。其实,计算机专家和图书馆专家的分工可以概括为技术(IT)和内容(Content)的分工。从技术出发的 IT 专家主要考虑怎样提供一种完全智能、自动化、高效率的信息存取机制,比如在编制搜索引擎时就要使用知识机器人,网络知识分类则以智能化的自动分类为解决方案;而图书馆专家更多地考虑知识内容本身的逻辑性与合理性,寻求科学的知识建构、组织和控制的途径。事实已经证明,从纯粹信息技术背景出发的技术专家开发的搜索引擎工具,在查全率、查准率方面存在自身不可克服的缺点,他们已意识到必须寻求图书馆学理论和方法的补充与支援。

近年来,大数据、人工智能、云计算、物联网、移动互联、虚拟现实等技术已成为图书馆重要的支撑技术,图书馆的业务手段、工作内容、管理模式、存在形态等随之发生显著变化,相应地涌现出一批跨学科领域的研究课题,例如,数据的结构与存取机制、知识资源整合服务及知识服务模型研究、基于用户行为及大数据挖掘的智能搜索与个性化信息服务、基于物联网技术的智慧图书馆、移动图书馆与知识发现服务等。

图书馆事业是技术敏感型的事业。在图书馆发展史上,信息技术总是渗透到图书馆工作对象、技术设备之中,并武装了图书馆员,成为图书馆事业发展中最重要的生产力因素。应用性技术研究无疑在图书馆学研究中占有相当重要的地位。所以,图书馆学理论和方法必须与现代信息技术紧密地结合起来,只有这样才能创造交叉发展的学科优势,并进而使之转化成为资源优势,在虚拟知识空间产生显著的社会经济效益。

三、正视生存危机,发现图书馆在信息时代的人文社会价值

网络数据信息时代,免费可得的开放存取数字信息资源大量增多,用户可不经过图书馆获取所需的数字资源。作为图书馆传统主干业务的纸质书刊流通借阅量逐年滑坡,许多图书馆的到馆人数也大幅减少,图书馆作为信息获取的重要中介地位已经发生变化,被日益边缘化了,图书馆面临生存危机,人们对只收藏纸质书的

图书馆的生存价值提出质疑,甚至有观点提出图书馆应退出历史舞台,这些都促使图书馆对自身的人文社会价值进行反思。

近年来兴起的图书馆哲学,力求深入思考图书馆本质、图书馆宗旨、图书馆价值、图书馆职能、图书馆伦理、信息自由与信息平等、图书馆与社会的关系、保护并提供利用世界文化和遗产的机会、提高民众素养及缩小信息鸿沟等具有人文性质的论题,反省信息时代图书馆发展中的偏误,发现信息时代图书馆的人文社会价值,为图书馆的生存和发展提供坚实的理据。

四、重视知识组织与控制研究,强化图书馆学的管理学科色彩

当图书馆学的研究对象扩展到组织管理知识的一种社会工作或者服务机制,这种机制确切地说就是一种管理过程。图书馆学也研究社会现象——知识本身内在的逻辑性以及人类认知过程(抽象、压缩、存储、再现等)——这构成了图书馆学的理论基础,指导知识管理的实践。图书馆学的技术色彩较重,但技术只是管理的手段,改变不了图书馆工作的本质属性,也改变不了图书馆学的学科性质。在当今时代,图书馆学包含了管理学科的性质。认识图书馆学的管理学科性质非常重要,有助于我们清醒地认识图书馆工作或服务的根本目的,主动地适应社会需要。

1998年和2012年,国家教委和教育部颁布的本科专业目录,在管理学科门类下设"信息管理与信息系统""图书馆学""档案学""信息资源管理"等专业,进一步明确了图书馆学的学科性质。

图书馆学自诞生以来,不断强化管理学思想。在知识经济及知识管理时代,图书馆学要把知识管理研究当作重点课题,不仅要重视解决图书馆机构内部的知识管理问题,也要研究社会上各类组织机构及网络信息资源的知识管理问题。知识经济时代的组织机构是知识型、学习型的组织机构,图书馆学的理论和方法对于搞好知识型组织的管理决策很有帮助。图书馆学家不应当把研究非图书馆学机构的知识管理问题看作是分外之事。今后的图书馆学研究,应考虑如何有效组织、控制知识资源,促进特定组织机构(包括图书馆)的知识共享和创新,服务于组织机构的发展目标,而网络信息资源的知识管理在数据时代日益重要。

从这个意义上来说,传统图书馆学面临知识管理的挑战。传统图书馆员从事

的工作是文献管理,充其量是信息管理,较少涉及知识内容。在虚拟环境中,仅仅重视信息收集、整理、存储、检索,而不重视知识分析、提炼、增值、创新,是十分不够的。因此要强化图书馆的管理学科色彩,使之与知识管理理论和实践相适应,建设面向知识经济时代的崭新的图书馆学学科体系。

同时,伴随着新形态图书馆的演进,图书馆业务外包管理、风险管理、危机管理等也日益受到重视。

五、积累与创新相结合,探索新的学科生长点

创新是科学研究的灵魂。在图书馆学的知识结构中,一些相对重要的核心领域,其稳定性相对也高;而随时间和环境变化相对迅速的主题,往往处于学科的边缘。但也会有这样的现象:原先重要性相对较低的、较新的主题(例如技术类主题),随着其在学科内引发的科学范式革命,逐渐进入本学科知识结构的核心领域(见图2)。这正好说明学科的成熟,应该是积累渐进的。积累和创新是相辅相成的,没有知识积累,创新性研究就没有基础;而没有创新,也就没有科学知识的积累。21世纪的图书馆学研究要以积累性研究和创新研究相结合,不断探索新的学科知识生长点。

重要性　　　　　　　　　　　　　　　　　　　　　　　易变性
低　　　　　　　　　　　　　　　　　　　　　　　　　　高

主题领域	研究内容
信息技术	硬件、软件、互联网、数字图书馆、大数据、移动互联、人工智能……
文献建构	HTML、多媒体、流媒体、交换格式……
信息管理	元数据、人机界面、搜索引擎、自动分类……
知识管理	知识控制、共享、创新……
用户研究	心理、动机、行为、信息素养……
服务研究	原则、理念、机制、价值、阅读推广……

高　　　　　　　　　　　　　　　　　　　　　　　　　　低

图2　21世纪图书馆学核心主题领域及主要研究内容

下面举例说明图书馆学研究中可能出现的学科知识生长点:

1. 信息资源建设研究

网络环境下,图书馆信息资源建设从以纸质文献资源建设为主,转变为重视数字化信息资源建设。图书馆馆藏资源概念、馆藏结构、馆藏质量评价标准都发生了根本性变化,纸质文献和数字资源融合、数字资源的长期保存和合作保存、数字资源长期保存的知识产权问题等成为研究热点。

2. 元数据与本体研究

数字化信息资源的大量涌现,越来越需要生产、维护元数据(metadata)并提供元数据检索的工具和系统,元数据的标准化成为一个关键问题,各种体系的元数据正逐步走向统一和融合。对元数据的研究不仅是信息技术专家的事情,也应该是专门从事知识管理和知识服务的图书馆专家的事情。近年来,图书馆学界把书目理论和元数据理论结合起来进行研究,推动了书目控制理论的创新和发展,使书目控制的对象扩展到了虚拟知识空间。

相关研究还包括基于本体的信息检索研究等。本体(Ontology)始于哲学领域。现在应用于语言学、计算机语言、人工智能等研究领域。本体是一种不同学科领域共享的概念模型的形式化的规范说明。本体给出构成相关主题领域词汇的基本术语和关系,以及利用这些术语和关系构成的规定这些词汇外延的规则的定义。通过本体可以克服计算机系统之间的语义鸿沟,实现不同主体(人、机器、软件系统等)之间的对话、互操作、知识共享等目的。本体的实体创建分为三大环节:概念体系设计、形式化描述以及评价。本体信息检索研究能够解决语义检索、自动标引和语义推理等问题。

3. 知识管理与知识服务研究

图书馆学研究不能忽视知识管理的理论与实践。知识管理的若干特征,如重视知识增值和创新,而不仅仅是数据检索等,将推动图书馆学研究超越传统图书馆机构的局限,面向更广阔的实践基础。同时,知识管理研究也将促使图书馆专业人员与知识管理专家(如 CIO 即首席信息官,CKO 即首席知识官)等角色对应起来,产生更大的社会适应能力。

相对于传统信息服务,图书馆更应当注重运用知识资源和智慧开展高层次的知识服务。知识服务是一种面向知识内容和解决方案的服务,是服务主体从各种显性和隐性知识资源中按照服务客体需要有针对性地提炼知识,并用来解决服务客体问题的高级阶段的信息服务。包括:解决问题,知识创新,提供个性化、专业化服务。在知识经济时代,图书馆员将以提供知识、进行知识创新的信息专家这一新角色重新进入大众视野。

4. 移动图书馆研究

移动图书馆是依托比较成熟的无线移动网络,使用智能手机等移动终端设备来方便灵活地提供和访问图书馆资源、阅读和查询的一种服务方式,是数字图书馆服务的延伸与补充。移动图书馆的发展,要求用户与图书馆员适应移动技术带来的变化,增强移动信息素养,提高自己在移动时代的能力。主要研究课题有:图书馆资源在移动设备上的流畅使用;改变用户访问、影响和贡献数字内容的方式;移动网站和图书馆APP的构建;移动图书馆的服务模式;移动图书馆的用户感知和服务效果研究等。

5. 图书馆空间构建研究

在信息无所不在的泛在信息社会,图书馆服务的泛在化也成为一种趋势,即读者无论在任何时间、任何地点都可获得图书馆的信息服务。图书馆不再需要大容量的书库,读者不踏足图书馆就可以获取信息。在这种情况下,实体图书馆的存在价值,图书馆建筑和空间设计的核心理念,以及图书馆建筑和空间设计的标准规范等,就成为图书馆学研究的热点。从近期和未来发展趋势来看,虚实结合的复合图书馆的建筑空间设计应当着眼于把图书馆打造为:为读者和市民等提供的新型学习空间、创意空间、创客空间、社区中心、市民中心。

参考文献

1. 吴慰慈,邵巍. 图书馆学概论[M]. 北京:书目文献出版社,1985.

2. 库恩. 科学革命的结构[M]. 上海:上海科学技术出版社,1980.

3.《图书馆学百科全书》编委会. 图书馆学百科全书[M]. 北京:中国大百科全书出版社,1993.

4. 中国图书馆学会. 图书馆学情报学基本理论论文选[C]. 北京:书目文献出版社,1992.

5. 邱五芳. 扩张和虚化:图书馆学理论研究50年反思[J]. 中国图书馆学报,2000(2).

6. 吴慰慈.关于图书馆学研究方法的思考[J].中国图书馆学报,1992(3).

7. 林曦.论图书馆学研究方法[J].图书情报工作,1994(6).

8. 黄宗忠.论图书馆学研究的专门方法[J].四川图书馆学报,1994(1).

9. 吴慰慈.回顾过去　展望未来　开拓前进:建设面向21世纪图书馆学学科体系[J].中国图书馆学报,1998(5).

10. 黄宗忠.浅论图书馆学基础理论的研究与发展趋势[J].图书馆杂志,1999(1).

11. 吴慰慈,杨文祥.关于图书馆学研究的理性思考[J].图书馆,2003(1).

12. 董慧,杜文华.基于本体和多代理的数字图书馆信息检索模型[J].中国图书馆学报,2004(2).

13. 杨思洛,李剑,秦素娥.信息资源管理学:图书馆学、情报学、档案学学科一体化的发展方向[J].情报资料工作,2005(5).

14. 柯平,岳修志,李卓卓.图书馆学发展规律探究[J].情报资料工作,2006(4).

15. 程鹏.2005—2006年图书馆学理论研究进展[J].图书馆学研究,2007(3).

16. 王荣江.亚里士多德的科学知识观及其学科分类思想[J].广西师范大学学报:哲学社会科学版,2009,45(3).

17. 田丹.我国移动图书馆APP应用现状分析[J].国家图书馆学刊,2015(5).

18. 姚飞,姜爱蓉.移动图书馆:从设备到人:2014年第5届国际移动图书馆会议综述[J].现代图书情报技术,2015(1).

19. 夏雪.基于泛在信息环境的图书馆空间演变[J].图书馆理论与实践,2016(1).

20. 陈立华.学理观视阈下的我国当代图书馆学理论研究范式的哲学定位与理念坚持[J].图书馆,2015(3).

21. 黄筱玲.2015年国内图书馆学基础理论研究回思[J].图书馆,2016(7).

22. 卢宏.近十年来我国图书馆学理论研究进展综述[J].图书馆工作与研究,2013(1).

第三章　图书馆及其社会职能

第一节　图书馆的概念

一、什么是图书馆

什么是图书馆？这个问题似乎非常简单，不少人认为："图书馆就是借书的地方。"这话不能算错，因为出借图书是图书馆工作的一个重要方面，但这种回答不是对图书馆下的科学定义。也有人会这样描述图书馆："图书馆有馆舍，还有藏书，人们在图书馆里阅览和借阅图书。"这样的描述也是表面的，并没有揭示图书馆的实质，并且随着信息技术的发展，未来图书馆的形态有可能将发生重大的变化，上述描述将不可能适用于未来的图书馆。要想准确地、科学地回答"什么是图书馆"这个问题，我们必须揭示图书馆这个概念的内涵，认识图书馆的实质——对图书馆的质的全面而系统的规定。这样，我们才能真正理解图书馆活动的全部内容及其意义，也才能真正从理性认识的高度，历史地把握图书馆，认识图书馆。

基于科学进步的理念，我们认识到，由于图书馆及其环境发展的程度不同，认识问题的角度不同，因而造成不同时期人们对图书馆的表述也不相同。在对"图书馆是什么"这一问题的理性思考中，近现代比较有代表性的观点，是美国图书馆学家巴特勒提出来的："图书馆是将人类记忆移植于当下人们的意识中去的社会装置。"在这个表述中，他回答了两个问题：一是图书馆是一个社会装置；二是图书馆的功能是移植人类的记忆。巴特勒主要是从哲学和心理学的角度来概括图书馆的本质的。

稍后，美国图书馆学家谢拉认为：图书馆是这样的一个社会机关，它用书面记录的形式积累知识，并通过馆员将知识传递给团体和个人，进行书面交流。因此，图书馆是社会中文化交流体系的一个重要机关。谢拉是从其"社会认识论"的思想,即从图书馆与知识之间联系的角度来认识图书馆的。他指出了图书馆的功能在于交流知识,图书馆是实现知识交流的社会机关。

与谢拉同时期的德国图书馆学家卡尔施泰特则认为,图书是客观精神的容器,图书馆是把客观精神传递给个人的场所。实际上,客观精神主要指的是人类创造的文化。在这个意义上,图书馆就是使文化的创造和继承成为可能的社会机构。卡尔施泰特是从文化的创造和继承这个角度来认识图书馆的作用和性质的。人类的文化正是通过图书馆才得以继承和发展。图书馆起到了纽带的作用。

吴慰慈等在《图书馆学概论》(1985)中提出:"图书馆是搜集、整理、保管和利用书刊资料,为一定社会的政治、经济服务的文化教育机构。"这个定义反映了20世纪90年代以前人们对图书馆的认识,它是对传统图书馆本质的概括。这个定义可以回答有关传统图书馆的四个问题:

一是图书馆的工作程序——对书刊资料进行搜集、整理、保管和利用;

二是图书馆的工作对象——书刊资料;

三是图书馆活动的目的——为一定社会的政治、经济服务;

四是图书馆的性质——文化教育机构。

随着信息技术与信息社会的发展,图书馆的功能和社会作用有了新的特质,图书馆概念也有了新的发展,如有人提出:"图书馆是针对特定用户群的信息需求而动态发展的信息资源体系。"

给某一学科的基本事物下定义,应当考虑其历史发展的过程,同时应有较强的适应性。因此,在对图书馆下定义时,应考虑提出一个普适的定义,即可以适用于传统与未来图书馆的定义。新的普适定义应当能涵盖历史上的传统定义。由于信息技术与图书馆发展已相当充分,给图书馆下一个普适定义的时机也已成熟。我们认为:

图书馆是社会记忆(通常表现为书面和其他形式的记录信息)的外存和选择传递机制。换句话说,图书馆是社会知识、信息、文化的记忆装置、扩散装置。

无论其形态如何,各个社会历史阶段的图书馆都承担着知识、信息存储、整序、传递乃至增值服务的职能。

图书馆系统地收集信息,完整地保存信息,系统开发信息资源和提供服务,使信息增值。

由于传统图书馆是以实体形态存在,人们习惯上把图书馆看作一种机构,但依据历史发展的观点,我们应当把图书馆看作一种社会机制。

未来的图书馆可能不以一种我们熟知的实体形态存在,但只要存在一种充当社会知识、信息的记忆和扩散装置的机制,我们就可以将其视作传统图书馆的未来形态。

近现代科学技术的发展,使得科技信息机构等从图书馆中分离出去,这是近代科技发展专门化、细分化的结果。但从社会信息事业的趋势来看,图书馆与各类信息机构有趋同的势头,可以认为,由于工作技术、工作内容的趋同,在未来,它们之间的界限将重新消失,新型网络信息和数据机构不断涌现,图书馆将与各类信息、数据机构一道,协同承担社会知识、信息、文化的记忆和扩散功能。

二、图书馆的构成要素

图书馆的定义,揭示了图书馆这一概念的内涵,指出了图书馆与其他社会文化教育机构的区别。而要进一步了解图书馆,还必须对它的构成要素进行剖析。

图书馆的构成,主要包括文献信息资源、用户、工作人员、技术方法、建筑与设备等基本要素,这些要素的相互结合和相互作用,构成了图书馆这个发展着的有机体。

1. 文献信息资源

文献信息资源是图书馆赖以存在和开展工作的物质基础。

传统图书馆所收藏的主要是以纸为介质的图书、期刊等文献,而现代图书馆的工作对象则包括了计算机可读信息、多媒体信息、各类型数据库、网络信息、物联网传感器等搜集的信息等。

(1)信息、知识

信息是再现的差异,是事物(包括客观事物和主观思维)的运动状态和过程以及关于这种状态和过程的知识;信息是用来消除不确定性的东西,它是生物、人以及具有自动控制系统的机器,通过感觉器官和相应的设备与外界进行交换的一切内容;信息可以以消息、信号、符号、数据等形式被表达、存储、传递、处理、感知和使用。

知识、符号、传播(交流)、情报等概念与信息具有很强的同一性,信息是涵盖面更广的概念。其中,在知识与信息的关系问题上,人们的认识上存在着较大的分歧。

知识是认知主体以其认知图式适应、同化被认知客体的信息内容,经整合重构而再现的观念化、符号化的有序信息集合。

知识经济中的知识概念和对知识的划分扩展了知识的范围,对实用性和可操作性知识给予了前所未有的格外关注。经济与合作发展组织(OECD)的报告《以知识为基础的经济》(1996)提出了知识的 4W 概念:①知道是什么(know-what);②知道为什么(know-why);③知道怎么做(know-how);④知道是谁(know-who)。我国学者袁正光解释道:"①知道是什么的知识(know-what):指关于事实方面的知识,如纽约有多少人口,中国有多大面积。②知道为什么的知识(know-why):指原理和规律方面的知识。如牛顿三大定律、市场机制、供求规律等。③知道怎么做的知识(know-how):指操作的能力,包括技术、技能、技巧和诀窍等。④知道是谁的知识(know-who):包括了特定关系的形成,以便可能接触有关专家并有效地利用他们的知识,也就是关于管理的知识和能力。"

对于知识与信息的关系,有不同的认识。主要有以下几种提法:

①并列关系。为了强调知识的重要作用,把知识从信息中分离出来而与信息相并列。②转化关系。信息经过加工转化为知识。③包含关系。有观点认为知识包含于信息,相反的观点则认为信息包含于知识。④分立关系。主张把知识从信息中分立出来,认为信息仅仅是知识的"原料"或"燃料",以突出知识的重要性。⑤替代关系。由于信息与知识有不少共同的属性,两者在一定场合相互替代是可能的。

法国著名信息论学者布里渊(Leon Brillouin)认为:"信息是原材料,是由纯粹的数据集合构成的,而知识意味着一种确定程度的思想,以及通过比较和分类讨论、组织这些数据。"布里渊将信息看作是知识的原材料,这一思想在知识经济及其研究中是具有普遍性的观点。

20世纪80年代末,美国信息系统专家A.德本斯(A. Debons)等人提出从人的整个认知过程的动态连续体中理解信息的重要观点。他们将认知过程表达为:

事件→符号→数据→信息→知识→智慧

这个连续统一体中的任一组成部分,都产生于它的前一过程,例如,"信息"是源于数据的,又是"知识"的来源。

1993年,IBM公司高级商业学院的斯蒂芬·赫克尔进一步分析了信息的结构(见图3)。

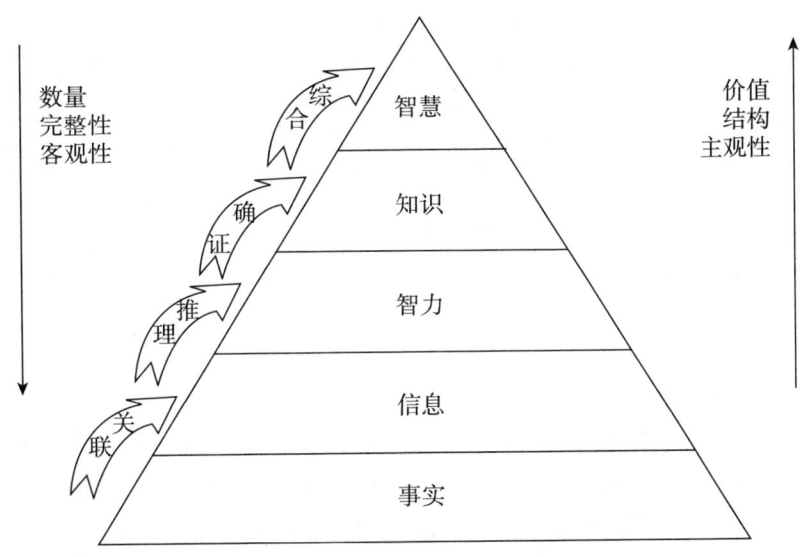

图3 信息结构的一般等级划分

图中描述了信息结构的一般等级划分,不同层次信息的数量和完整性随着信息价值的主观性的增长而下降。

从事实上升为智慧的过程是这样的——事实(fact):在一种真理价值观下得到的观察资料。关联(context):关于事实的事实。信息(information):关联中的事实。推理(inference):运用思考、理解能力的过程。智力(intelligence):对信息进行的推理。确证(certitude):确证——既建立在主观基础上,也建立在客观基础上的判断。知识(knowledge):对智力的确证。综合(synthesis):各种不同类型知识的合成。智慧(wisdom):综合了的知识。

上述几种观点,多将信息视作与数据同等的概念。

从广义信息概念出发,对于信息与知识的关系,我们倾向于这样的观点:知识是一种信息,是一种具有普遍性和概括性的高层次的信息,是信息的一个特殊的子集。它是人的主观世界对客观世界的概括和反映,是人类通过信息对自然界、人类社会及思维方式与运动规律的认识与掌握,是人的大脑通过思维重新组合的、系统化的信息集合。丹尼尔·贝尔指出:"知识是对事实或思想的一套系统的阐述提出合理的判断或者经验性的结果,它通过某种交流手段,以某种系统的方式传播给其他人。"

知识是信息的一部分,是一种特定的信息。人类生活环境中普遍存在的信息是构成知识的原料,这些原料经过人类接收、选择、处理,才能组合成知识。卡西尔认为知识是客体的符号,这进一步说明知识是信息的一部分。因而,信息的范畴远大于"知识",知识是进入人们认识视野中的信息,是已被人们所感知与确认的信息,也有许多原始信息尚未被人们认识,不能被划入知识的领域(从广义信息角度来看)。至于知识作为信息传递,这里的信息指的是数据、资料等(从狭义信息角度来看)。

(2)文献

文献是记录在物质载体上的信息。文献是图书馆赖以存在和开展工作的物质基础,图书馆的文献集合形成图书馆馆藏文献。图书馆馆藏文献是以图书馆的类型、任务和读者需要为依据,经过采选、整理、加工、典藏等工作,将分散的文献——记录与传播知识或信息的载体,集中组织成为有重点、有层次的文献体系。传统的图书馆馆藏文献(旧称"藏书")是指由某个图书馆所收藏与管理的纸介质图书、期刊等文献,以及音像资料、缩微资料、机读文献等,现在则突破了一馆馆藏的限制,包括整个社会图书馆体系收藏的文献,甚至扩展到将网络上的虚拟信息资源也作为图书馆馆藏文献信息的补充。

(3)图书馆文献信息资源

图书馆文献信息资源是图书馆所收藏和链接的各类型文献信息的总和,它们是重要的资源,能帮助人们克服空间和时间上的障碍,记录、贮存和传递人类已有的知识和经验,从而推动人类知识的增加和科技经济的进步。文献信息资源中所携带的知识和信息内容可以供无数人同时使用或异时、异地反复使用、共享,还可以通过复制(复印、转录、缩微、数字化)等手段保持其原有的内容。合理、有效地开发文献信息资源,能给人类社会带来巨大的社会效益和经济效益。图书馆的文献信息体系应当是一个向社会开放的、经过严密组织的知识体系。随着社会和科学事业的发展,极大地提高图书馆文献信息资源体系的输出功能应成为现代图书馆的重要特征之一。

(4)图书馆文献信息资源建设

互联网时代,图书馆文献信息资源建设应注重加强实体馆藏与虚拟馆藏协调发展,在采购纸本资源的同时,还要增加对数字资源的采购。在文献信息建设中,借助新一代"互联网+"技术,以移动互联网为媒介,通过高速、高效的电子文献传递形式,开展馆际合作及文献信息资源的共建共享。

随着分布式存储与处理信息的云计算技术的发展,信息资源社会化、服务化和专业化成为趋势。图书馆要在兼顾数字信息资源现有配置与管理状况的条件下,与社会各类机构、网站合作,建立跨学科、跨机构的数据中心,打造云计算平台,建设专题数据库、事实型数据库和领域知识组织系统,对海量的、分散异构信息资源系统实现无缝整合,实现资源共享。图书馆要利用自身在信息整序、数字信息资源长期保存等方面的优势,进行网络信息资源的整合与利用,而各信息服务机构或部门要更加专注自身业务,大幅提升知识服务能力。

2. 用户

用户,传统上亦称"读者",是图书馆的服务对象。

凡是具有利用图书馆资源条件的一切社会成员,包括个人和集体,都可以成为图书馆的用户。图书馆用户是多种多样的,他们有不同的职业特点、不同的知识结构、不同的文献需求、不同的心理特征和行为方式等。

发展用户、研究用户、服务用户是图书馆用户工作的主要内容。用户的存在和需求,决定着图书馆服务工作的价值;用户对图书馆的依赖程度,决定了用户服务工作的发展水平;用户快速、全面、准确获取文献信息的要求,促进了图书馆自动化技术的发展。用户不仅是服务工作的受益者,而且也是推动服务工作前进的动力,检验服务质量的标尺。可以说,用户的文献信息需求是图书馆存在与发展的根据,用户工作是图书馆的中心工作,也是图书馆改进管理水平和技术条件、提高服务质量的目的所在。

早期,社会成员有阅读能力者稀少,图书馆工作者拥有知识话语权和图书馆事务的决定权,图书馆以藏书为中心,图书馆及其工作的评价标准,主要看图书馆馆藏规模和质量。此时,读者的权力是受限制的,读者的意见和建议对图书馆的影响微乎其微。

近现代,随着社会成员知识文化水平的提高,他们对图书馆事业发展提出的要求日趋多样化。在这种情况下,图书馆工作由以藏书为中心转变为以服务为中心,重视服务的提供及其效果,用户行为研究成为图书馆学研究的重要内容。同时,在本阶段,图书馆吸收读者参与图书馆的管理与决策,在文献采购、报刊订阅、经费分配、空间利用等方面征询并采纳读者的合理化建议。

进入大数据时代,用户的目录查询及书刊借阅、搜索引擎和社交网络使用、其他图书馆使用行为,甚至在线学习、网络购物、交通出行等行为,形成了与用户使用图书馆相关的行为数据,对这些行为数据的分析挖掘,可以准确掌握用户的阅读偏好和行为习惯,从而可以有针对性地对用户开展个别化的、精细化服务。此外,新媒体和社交网络等的崛起,使得社会信息生产传播机制发生了根本性的变化,个体的社会成员成为信息生产(包括社会出版)的重要组成部分,同时,图书馆面临的社会信息环境和技术设备条件日益复杂。在这种情况下,用户成为图书馆大系统中的一个重要的主体因素,参与到图书馆信息资源的共建共享共管之中。

3. 工作人员

工作人员是图书馆活动的管理者和组织者,是使文献信息与用户发生联系的中介和枢纽,是使文献、信息的价值由潜在变为现实的关键。图书馆工作的好坏,图书馆社会作用的大小,取决于图书馆工作人员的业务水平、服务精神和道德素养等素质。

现代信息技术的发展,从根本上改变了图书馆的面貌,从而对图书馆人力资源的知识结构、能力结构提出了新的要求。图书馆要根据新需求设置新岗位、招聘新馆员,而图书馆员必须接受新知识和新兴技术的培训,强化数字素养技能和创新领域内的专业化核心技能,提升服务水平。

为提高图书馆工作人员的素质和能力,需要开展多层次、多类型的图书馆员教育与培训,这促使多层次、多类型的图书馆学教育体系的形成。社会图书馆学教育结构、教育内容随技术转型而变革。例如,信息技术影响了当下图书馆学教育的内容、组织形式和教育手段,信息技术成为图书馆学教育中不可或缺的内容,网络教育、远程教育、慕课(MOOC,大规模在线开放课程)等新的教学形态应运而生。

现代图书馆由于业务类型的变化以及技术的改进,图书馆员队伍的组成结构也发生了变化,除自有队伍之外,也在多个工作环节上采取业务外包的形式,引入非自有的图书馆管理人员,参与到借阅、分编、参考咨询甚至管理环节中。

4. 技术方法

技术方法是做好图书馆工作的主要手段。图书馆能不能发挥作用,主要取决于图书馆工作人员能不能掌握先进、正确的技术方法。现代图书馆作为社会知识信息的交流工具,必须以各种物质技术手段、工具和方法作为自己存在的基础。

文献信息的收集整理和开发利用的技术方法、用户服务的技术方法、图书馆组织管理的技术方法,以及利用信息技术、自动化技术对图书馆进行集成管理,构成了图书馆技术的方法系统。技术方法的发展是图书馆不断进步的重要保证。特别是信息技术的发展,为图书馆在未来更好地发挥信息中介作用提供了重要的技术保障,例如,在传统时代人们梦寐以求的信息共享在信息环境下正在变为现实。

信息技术的深入发展和移动技术的快速兴起,导致众多新媒体技术正逐渐渗透到图书馆并对其产生影响,现代图书馆在文献信息生产、存储、传递、利用,以及图书馆管理等方面,广泛采用信息技术,同时新技术也促使数字图书馆、复合图书馆、移动图书馆、智慧图书馆、融合图书馆等新形态图书馆出现。电子数据的安全存储技术、数据挖掘技术、信息的开放存取技术、机器学习等,成为新的技术热点。

5. 建筑与设备

建筑与设备是图书馆的物质条件。建筑与设备要适应图书馆文献信息的状况及服务功能的要求。图书馆馆舍建筑不当、设备不合标准,都会妨碍图书馆工作的开展,降低图书馆的社会功能。

物联网技术、云计算、大数据等智慧图书馆技术,为图书馆提供了新的服务设备,提升了图书馆服务的效能。

在全球范围内,由于读者到馆率的普遍下降,图书馆界形成了一种反思图书馆建筑空间的潮流,其重点趋势在于重构图书馆空间,如更加重视空间的开放性、舒适性和环境友好,在图书馆中融合了创客空间等功能,以吸引用户使用实体图书馆。

上述五个要素相互依存、相互促进,共同构成了统一的图书馆整体。在这个整体中,决定性的要素是图书馆工作人员。因为图书馆工作人员是图书馆一切活动的管理者和组织者,图书馆工作与服务方式,文献信息资源的组织形式与结构,图书馆的社会效益与价值,都取决于图书馆工作人员的工作。充分发挥图书馆工作人员的组织和管理作用,以各种类型的用户为服务对象,以科学、实用的文献信息为物质基础,以先进的技术方法为服务手段,并为用户提供舒适宜读的空间、必备的物质设施和良好的文献信息检索和使用条件,构成了现代图书馆理想的结构模式。

第二节 图书馆的起源与发展

图书馆是人类社会发展到一定阶段的产物,人类社会信息交流的需要是图书馆产生的前提,文献的出现是图书馆产生的直接原因,科学技术的发展是图书馆事业发展的根本动力。

一、图书馆的产生

1. 人类信息交流的形式及特点

人类信息交流主要指人与人之间的信息交流,即社会信息的交流。社会信息的内容十分庞杂,凡是人类社会活动所产生的信息都可以称之为社会信息。人类社会信息交流是人类社会存在和发展的动力。

概括来讲,人类信息交流的形式主要有两种,即直接交流和间接交流。直接交流是指人们之间的直接接触而产生的信息交流;间接交流是指人们通过辅助工具而间接接触所产生的信息交流。

直接交流的优越性在于生动、直观、感受性强。直接交流的媒介主要是语言。

此外,还包括动作、表情等体态语言。直接交流的过程,是人的感觉器官和运动器官综合起作用的结果。在直接交流时,人们获取的信息也是综合性的,许多"只可意会,不可言传"的信息,也只能靠直接交流获取。而且,直接交流不需要任何工具就可以进行,所以,比较方便、迅速,反馈及时。

然而,直接交流的局限性也是十分明显的。首先,它要受到时间和空间的限制。在异时、异地,如果不借助工具,直接交流就无法进行。其次,它的存贮受到限制。人类的直接交流是大量存在的,但对它的存贮却是有限的。没有存贮起来的直接交流,随着时间和空间的变化,会稍纵即逝,无法重现。第三,直接交流还要受到语言本身的局限。由于民族地域的不同,语言的种类及一种语言的语音各有不同,因此,使用不同语言的人们和同种语言不同发音的人们,在进行直接交流时会受到限制。

正因为直接交流存在着上述局限性,所以才使得间接交流发展起来了。

间接交流是指通过专门的信息中介体进行的交流,如文字、文献、通信工具、互联网等。

间接交流的优越性,恰恰是直接交流的局限性,反之亦然。间接交流与直接交流的最大区别,就在于它要借助中介工具才能进行。通常情况下,大规模的间接交流要通过特定的信息交流中介机构来实现,如报刊编辑发行机构、图书馆、档案馆、信息公司、电视台、广播电台、出版发行机构、通信公司等。

图书馆作为一种中介性工具,正是为适应人类间接信息交流需要而产生的。

2. 文字和文献

语言和思维在人类发展较早时期开始产生。语言是社会必要的交流工具。但是,由于语言自身的局限性,也给交际带来了种种不便。其中最主要的不便,是语言一经说出就成为过去,受到时间和空间的限制,不能留存下来反复使用。因此,人类在进化过程中又发明了文字。人类创造文字,大约是五六千年以前的事,人们用文字记载他们的经验和知识。文字作为辅助交际工具的长处,就在于它能克服时间和空间的限制。此外,它具有一定的稳定性。因而,用文字记载的文献,经过几十年、几百年,甚至几千年,人们还能够读懂,甚至一些无人再使用的死文字,也能依据文字和语法规律破译。

有了文字,就需要有记录文字的工具和载体。随着文字数量的增加,人们用文字表达的思想内容也更复杂了。当人们能够用文字完整地表达思想和感情,准确地记录事物的时候,最初的图书也就随之产生了。有了图书,就产生了如何整理、如何保存、如何利用这些图书的问题。为了一定的需要,将一批图书保藏起来的场所,就是最初的图书馆。所以,图书馆直接起源于保藏图书的需要。

一般地讲,人们将图书以及图书以外的各种附着在载体上的记录,统称为文献。文献的外延要比图书的外延大得多。因此,图书馆的实际收藏对象,确切地说应当是文献、信息。

文字是使人类社会发展到目前程度的必要条件,没有文字,也就没有现代的社会文明。而文字的功用是通过文献体现出来的,文献又是通过图书馆保藏、利用的(图书馆是社会上担负文献保存的主要机构),所以,图书馆就是人类社会文明的标尺。图书馆事业的发达与否,反映了一个国家科学技术、生产力和综合国力的发达程度。

3. 人脑记忆功能的延伸

记忆是人类最基本的心理过程之一,它是过去经验在人脑中的反映。用信息加工的观点来看,记忆就是一个对信息输入后的编码、存贮,并能在一定条件下提取的过程。记忆是智力发展的必要条件。人们依靠记忆把经验保存在自己的头脑中,并在经验恢复的基础上,进行思维和想象活动,然后,这些思维和想象的结果又作为经验保存在头脑中,作为进一步思维和想象的基础。记忆的功能,就在于它能够使人的思维逐步深化、复杂化、抽象化,促使人的智力向更高的水平发展。离开了记忆,人对以前感知的事物就会变得陌生起来,就无法进行思维和想象活动。

但是,记忆有其固有的局限性,这就是它的对立面——遗忘。因此,人们在进行思维和想象活动的时候,总是要不停地同遗忘做斗争,以求得到长久的、稳定的记忆。当人们面对丰富的实践活动所带来的多种多样的经验,感觉到仅仅通过个体的记忆无法保存这么多的实践经验的时候,便开始想办法借助工具来保存记忆了。在没有文字以前,人们用"结绳记事""刻木记事"等办法,记录以往的经验。文字产生以后,人们便用文字记录经验,以保持记忆,于是文献也就出现了。文献的产生,使人脑的记忆功能得到了补偿,文献是思维的直接现实。图书馆则是对文献信息进行输入、编码、贮存、提取和利用的机构。图书馆的产生,可以说是对人脑功能的不自觉的模拟,是人脑功能延长的初级形式。电子计算机的问世,则可以说是对人脑功能的自觉模拟,是人脑延长的高级形式。今后,深度学习等人工智能技术和分布式存储,则构建了一个更近似模拟人脑结构和功能的思维和记忆存储体制。

图书馆使人类的文化得以保存和继承,在人类社会的进步过程中,起到了"记忆"人类共同经验的作用。杜定友先生指出:"图书馆的功能,就是社会上一切人的记忆,实际上就是社会上一切人的公共脑子。"美国巴特勒指出:"图书馆是将人类的记忆移植到现在人们的意识中的一种社会装置。"

4. 社会生产力水平的提高

人类社会的进步,离开了社会生产力的提高,是不可能实现的。生产力的发展是推动社会前进的根本动力。文字和文献的产生,本身就是生产力发展的结果。生产力的发展,一方面为文字和文献的产生提供了必要的前提——人们为了组织社会生产和生活,进行行政管理,记录生产经验,进行统计等,对文字的产生提出了要求;另一方面,生产力水平的提高,也为文字和文献的产生提供了物质基础——书写工具和记录载体。不论这种工具和载体多么简陋,但它们的出现本身就标志着人类社会文明的进步。因此,社会生产力的发展,也为图书馆的产生提供了必要的条件。当然,图书馆的出现,也对社会生产的发展起了积极的推动作用。

综上所述,人类信息交流的需要和为克服人脑记忆功能的局限性的需要,是图书馆产生的必要前提;文字和文献的出现,是图书馆产生的直接动力;社会生产力的发展则是图书馆产生的基本保证。在以上因素的综合作用下,图书馆产生了,这是人类历史上的一件大事。图书馆从产生开始,就与人类的文明紧紧联系在一起。它的发展与演变始终是人类文明程度的标志。

二、图书馆的发展

1. 影响图书馆发展的因素

(1) 国家的经济实力和文化水平,对图书馆的发展有着巨大的影响

考古发现证实,世界著名的文明古国都有图书馆的存在。

在古巴比伦王国的一个寺庙废墟（位于今天伊拉克境内的尼普尔）附近，通过考古发现了许多泥版文书，其中包括关于神庙的记载、献给巴比伦国神的赞美歌、祈祷文以及苏美尔人的神话等。据估计，它存在于公元前30世纪上半叶，距离今天大约有四千多年。这是迄今人们所知道的最早的图书馆之一。考古学家在古代两河流域（底格里斯河与幼发拉底河流域）及其邻近各国发现的图书馆或档案馆还有几处，包括国家图书馆和私人图书馆，其中有的泥版书按专题排列。但是，这些"图书馆"大部分是考古学家根据出土文物推测出来的，迄今无详尽的史料证实这种推测。而且，早期的图书馆和档案馆并没有明确的区分，一般是兼有二者的职能。

真正的图书馆的产生，是在公元前7世纪亚述巴尼拔国王（Ashurbanipal，约公元前668年至公元前626年在位）时期建立的一所皇宫图书馆，它位于美索不达米亚的尼尼微（Nineveh）。该图书馆藏有大约25000块泥版文书，按不同的主题保存在柜子中，泥版文书上刻有主题标记，在收藏室的门旁和附近的墙壁上还注明泥版文书的目录。

在古代埃及的古王国时期（约前28世纪—前23世纪），就已经出现了王室图书馆。在古埃及，许多神庙同时又是学术活动的中心，神庙里也设有书吏，记录庙宇的历史、祭祀活动以及诸神的传说。这些记录都保存在神庙的图书档案室，这一点为在今天埃及境内遗留的寺院档案库遗址所证实。此外，古埃及的权贵阶层也拥有私人图书馆或档案馆。

在古希腊，据推测，公元前6世纪可能已出现了公共图书馆，后来又出现了私人图书馆和学校图书馆。著名哲学家亚里士多德的私人图书馆非常有名，古希腊地理学家、历史学家斯特拉本说，亚里士多德是希腊最早建立图书馆的人，也是教给埃及国王如何建立图书馆的人。

公元前3世纪希腊化时期的埃及，国王托勒密一世在首都亚历山大的布鲁黑姆建成了亚历山大图书馆。国王经常派专人到各国花高价购买图书。只要在亚历山大城出现好书，就有这个图书馆的采购人员前去抢购。他们还借来不少书籍，抄成复本。托勒密三世甚至下令，凡进入亚历山大港的船只，必须把船上的书籍统统"借给"亚历山大图书馆。该馆把这些书籍用廉价的莎草纸抄写，然后把抄本而不是原书退还。这样,亚历山大图书馆的藏书十分丰富,是当时希腊化诸国里最大的图书馆,成为希腊化时代的文献中心。亚历山大图书馆这种力求将国内外文献收集齐全的做法,影响了西方图书馆的藏书建设传统,并在近现代形成了许多恐龙般的巨型图书馆,这种发展模式一直到20世纪中期才受到质疑。

在古代中国,约公元前1400年的殷商时期产生了甲骨文。19世纪晚期,在河南安阳小屯村出土了大量甲骨文,据考古学家考证,其中有些甲骨的正文之外还有编号,很可能是由当时的图书馆或档案馆保存的。至迟,中国于周朝(约公元前10世纪左右)有了正式的有文献可考的图书馆——"藏室"。

上述文明古国,在当时都有着相当雄厚的经济实力,有着相当高的文化水平。经济实力是图书馆存在和发展的物质基础,文化水平是图书馆发展的精神动力。就是在当今世界,经济发达、科学进步的国家,其图书馆事业也同样发达。以国家图书馆为例,世界上最大的国家图书馆是美国的国会图书馆,此外,法国、澳大利亚、英国、日本等国的国家图书馆也很有名。而发展中国家的图书馆事业,相比之下则还有不小的差距。

(2) 工业城市的出现和国家实行强制教育,也是图书馆发展的强大动力

资本主义工业革命改变了人类的生活方式。大批人口涌向城市,寻找就业机会。工业城市的出现,使得人们的生活节奏随之加快,为了使自己的思想和知识能够跟得上飞速发展的形势及职业的要求,人们不得不拼命地一边工作,一边学习。与此同时,资本主义国家为了提高雇佣工人的素质和技能,提高人们的文化水平,实行了免费强制教育制度。教育日益普及,民众受教育的程度不断提高,于是对图书馆提出了新的、更高的要求。从19世纪下半叶开始,图书馆进入了一个新的发展阶段。图书馆已由向少数人开放,变成向全社会开放。工业城市的出现,使人口相对集中,人们集中使用文献的要求促使图书馆迅速发展;免费教育的实行,也使得作为社会教育机关的图书馆大大地增多。在这两种交织着的因素的共同作用下,图书馆事业出现了前所未有的兴旺发达局面,公共图书馆的普及可以看作工业国家对人类文化最重要的贡献之一。图书馆学专业教育也在此时应运而生,解决了为迅速发展着的图书馆事业培养专业人才的问题。

(3)科学技术的发展,是图书馆发展的根本动力

科学技术的发展,从一开始就与图书馆有着极为密切的关系。一方面,科学技术的发展有赖于图书馆为其提供前人和当代人的著述及信息数据;另一方面,科学技术的发展又为图书馆的发展提供了新的技术和方法,促进图书馆形态的进步。

文献是图书馆存在的基础,没有文献也就无所谓图书馆,图书馆规模扩大的首要原因,是文献数量的增长,而人类的科学技术活动是文献数量增长的重要因素之一。一般来讲,无论是公共图书馆、大学图书馆,还是专业图书馆,科技文献所占的比重都是相当大的。现代图书馆所担负的传递科技信息的职能,也是通过搜集、整理、存贮、利用科技文献而实现的。因此,科学技术活动促使科技文献大量增加,进而推动了图书馆规模的扩大和数量的增加。

文献数量的增长还与文献生产技术的提高有关。到目前为止,文献生产技术大致经历了这样一个过程:文献由最初的手工抄写,发展到机械印刷,再发展到激光印刷,以及电子传递、网络传递。这是记录方式的变更。还有记录载体的变更,即由自然物体(龟甲、兽骨、石头、纸莎草、贝叶等),发展到人工物体(泥版、纸等),再发展到缩微胶片、磁盘、光盘等光电产品,现阶段网络上传输的虚拟载体信息与日俱增。在这个过程中,文献载体日益由笨重向轻灵方向发展,直至出现虚拟载体文献。每经历一个发展阶段,文献的数量都会随之猛增。特别是伴随着工业革命而出现的机械化印刷设备,以及随着新技术革命而出现的光电印刷设备的广泛采用,使文献数量呈现指数增长势头。这对于近现代图书馆的发展,无疑起到了巨大的促进作用。

在信息社会里,由于高新科学技术的迅猛发展,文献信息的形态将会进一步发生革命性的变化,图书馆的形态也将随之发生显著的变化。20世纪末以来,国内外兴起的电子图书馆、数字图书馆、虚拟图书馆、移动图书馆等的研究与发展,正反映出文献信息形态变化导致的图书馆形态的变化。

(4)国家的扶持和保护也是图书馆发展的不可缺少的条件

图书馆产生伊始,就与国家有着密不可分的联系。在奴隶社会和封建社会,奴隶主政权和国王的统治机构代表了国家,最初的图书馆,从考古发现来看,几乎都是王室图书馆。在当时,只有统治者、贵族阶层才能占有文化,他们对文献的需求

也超过文化水平较低的阶层。到了资本主义社会,资产阶级政府代表着国家,他们制定了免费强制教育和普及图书馆等法律政策,使得资本主义国家的图书馆事业特别是公共图书馆得到了迅速的发展。在社会主义国家中,无产阶级政权代表着国家,通过对图书馆布局、规划、经费、人员等的计划管理,使得图书馆在国家的扶持和保护下,得到较大规模的发展。

国家干预图书馆的发展,主要通过这样一些手段:

一是制定相关法律法规。许多发达国家都有比较健全的图书馆法。特别是国家规定的"呈缴本"制度,要求出版部门免费向国家图书馆提供出版物,这项法规对于保证国家图书馆馆藏文献的完整性、系统性,起到了可靠的保证作用。法律是图书馆得以发展的重要保障。

二是拨款购书,支付图书馆的费用。一般来说,多数图书馆在经济方面不能完全自主,其中,不少图书馆的经费来源主要是靠国家拨款。我国的各级各类图书馆多数都依赖国家的拨款支付员工薪金、运转经费和购书经费,国家掌握着图书馆的经济命脉。我国《公共图书馆法》规定"县级以上人民政府应当将公共图书馆事业纳入本级国民经济和社会发展规划","加大对政府设立的公共图书馆的投入,将所需经费列入本级政府预算,并及时、足额拨付"。在西方国家,由私人或团体捐款资助的图书馆也不在少数,但由国家拨款资助的图书馆,从整体上看,仍然是国家图书馆事业的主体。

(5)国际图书馆界的交流,对图书馆的发展产生着积极的影响

在前资本主义时代,由于各国在地理上的相互封闭和图书馆的私人所有,不同的图书馆之间很少交流。工业革命之后,国际图书馆界的交流开始频繁进行,不仅有馆际互借、文献交换与赠予,也有各种会议、讲座等,在图书馆理论与方法上相互交流与切磋。国际图书馆界的组织也不断出现,如"国际图书馆协会联合会"(International Federation of Library Associations and Institutions,简称IFLA),是图书馆界最重要的国际组织,IFLA每年由会员国轮流主办年会,讨论图书馆发展面临的最为迫切的问题。这些活动有利于图书馆资源为全人类共享,促进图书馆共同发展。

综上所述,影响图书馆发展的因素,既有直接的,也有间接的;既有客观的,也有主观的。它们不是孤立地、互不联系地对图书馆产生影响,而是作为联系着的、

综合的因素对图书馆的发展起作用。正是由于这些因素的综合作用,才使得图书馆发展成今天的形态,而且,图书馆也还会在这些社会因素的共同作用下走向明天。

2. 图书馆发展的特点

图书馆作为人类社会的特殊产物,它一出现,就有其自身的发展特点。概括起来,这些特点主要表现在以下几个方面:

(1)就世界范围来看,图书馆的发展具有不平衡性

图书馆在数量上的分布是以国家的经济实力和文化水平为基础的。从古至今,凡是综合国力强的国家,图书馆的数量就多;凡是落后国家,图书馆的数量就少。在先前比较发达,而后来又衰落的国家里,图书馆的数量也经历了由多到少的过程。除了这种数量上的不平衡之外,还有速度上的不平衡。图书馆在世界出现,至今已有数千年历史。但图书馆的发展在早期极为缓慢。到近代工业革命之后,图书馆才有了突飞猛进的增长,这不过是近两三百年来的事。而且在这个过程中,政治、经济发展比较稳定的国家,其图书馆发展的速度也快;而政治、经济发展不稳定,特别是受到战争等破坏因素影响的国家,图书馆发展的速度也较为缓慢。因此,就世界范围来看,图书馆的发展在不同的国家其速度是不同的,也存在着不平衡性。

(2)在一个国家内部不同地区之间,图书馆的发展同样具有不平衡性

如在中国,东部沿海开放程度高的地区,经济发展迅速,且在国民经济中占据重要地位,这些地区图书馆的数量较多,发展速度较快,对新技术、新成果的采用也较迅速;而位于中西部内陆的不发达地区,图书馆的数量较少,发展速度也较慢,部分地区甚至还没有县级公共图书馆。

(3)图书馆由封闭式向开放式发展

在古代,图书馆被少数皇室成员、贵族阶层把持。在中世纪黑暗时代的欧洲,则是僧侣阶层独占图书馆。那时候,图书馆对社会大众是封闭的,它不是人们交流思想的场所,而只是作为王侯贵族和僧侣等人的附属物和点缀品,是统治阶级垄断知识、禁锢进步思想的场所。加之,古时候文献生产技术落后,图书的数量较少,比较贵重,也使得图书馆所有者尽可能避免图书馆向社会开放。进入资本主义时代,

图书馆开始向全社会开放,图书馆成为全体社会成员交流知识、思想的场所,馆际互借、资源共享的观念深入人心。随着电子计算机、互联网络等现代信息技术在图书馆的应用,图书馆馆藏的多元化,传输手段的网络化,服务手段的自动化,阅读方式的移动化等,又一次显著地改变了图书馆的发展格局,大大地提高了图书馆的服务能力,使图书馆具有更为宽广的时空意义,突破了单一馆的限制。这种变革使人类的精神财富能够在更宽广的范围内实现资源共享。

(4)图书馆的职能在不断扩大

早期的图书馆,其职能比较单一,以收藏文献图书为主。随着社会生产力的发展和科学技术的进步,图书馆的职能由最初的重收藏而发展到现在的重使用。图书馆越来越多地担负起对社会文献信息流整序和对社会文献信息管理、传递的职责。这就使得图书馆由过去意义上的"藏书楼",发展成为现在的传递文献信息的社会机构。此外,图书馆还担负着进行社会教育的职责,它为社会成员提供了一个良好的终生学习的场所和社交空间。图书馆职能的扩大,是它不断适应社会需要的结果,同时也表明,图书馆具有很强的适应变化的能力。

(5)图书馆的发展,始终与人类文明的发展同步进行

图书馆产生于人类文明的萌芽时期——农业社会,在人类文明的快速发展时期——工业社会,图书馆得到了极大的发展,图书馆应当被看作是人类物质文明与精神文明高度发展的结晶。那么,在人类文明的成熟阶段——信息社会,图书馆将得到更大的发展。当然,信息社会中的图书馆,其形态将与传统的图书馆有较大区别,或许人们将不再能从形态上将信息社会的图书馆与传统的图书馆联系起来,但只要社会需要有担负社会信息整序、贮存、传递的专门机制,那么,图书馆必将长期存在下去。

第三节 图书馆的属性

一、图书馆的一般属性

图书馆作为人们在社会实践活动中创造出来的一种社会机制,人们并不是在

创造它的时候就对其性质认识清楚了,这里面有一个认识不断深化的过程。人们开始研究图书馆的性质是在图书馆学诞生以后,随着人类社会实践的深入发展,图书馆的地位和作用也逐渐为人们所重视,人们对图书馆性质的认识,也越来越深入。从现有的研究结果来看,图书馆的一般属性,主要有以下几点:

1. 图书馆的社会性

所谓社会,指的是由一定的经济基础和上层建筑构成的整体,也就是通常所说的社会形态。社会的另一个含义,是泛指由于共同物质条件而互相联系起来的人群。图书馆的社会性,指的是它作为人创造的社会机构,在其发展过程中能体现出不同社会形态的特点。图书馆作为人们共同使用人类的精神财富的一种组织形式,具有明显的社会性。

第一,图书馆是人类社会活动的产物。图书馆不是自然界给予人类的恩赐,它是在人类社会形成以后,人们在实践活动中,由于共同的需要而创造出来的。这种创造是一种综合作用的结果,它既需要人们主观上的需求,也需要客观提供的物质条件。所以说,图书馆一诞生就带有人类社会的胎记。在社会发展的过程中,各种社会形态都在图书馆的身上打上自己的烙印。图书馆在不同的社会形态中,自身也具有不同的形态。图书馆的活动同人的社会活动密切相连。因此,图书馆具有鲜明的社会性。

第二,图书馆的文献具有社会性。图书馆的文献是一种综合性的文化资源。这种文化资源是人类共同创造的精神财富,是记录社会与自然知识和信息的载体,包括文字的、符号的、图像的、声音的等各种储存形式。它具有继承性和传递性。通过图书馆,人类的知识一代一代地积累起来,继承下去;通过图书馆,信息被广泛地传播和运用,从而推动社会创造更多的精神财富和物质财富。从这个意义上说,各类型图书馆是社会上储存并开发生产文化资源的工厂,在这些工厂里,蕴藏着取之不尽、用之不竭的精神财富。开发利用这些无形的财富,同开发和利用自然资源一样,对人类社会具有同等重要的意义。

第三,图书馆的读者具有社会性。在图书馆产生的初期,其读者有一定的局限性。到了近代,随着图书馆职能的扩大,它的读者越来越具有广泛性。图书馆是广大社会成员共同使用馆藏文献的场所,尤其是各级公共图书馆,它主要是面向社会,为社会各阶层、各行业的公众服务。图书馆所藏文献被读者利用得越充分,图书馆的社会作用就发挥得越充分。社会要保护读者使用图书馆文献的权利,并为读者使用图书馆文献创造条件。当然,各级各类图书馆要根据自己的服务能力和具体条件,明确服务工作的重点,确定一定范围和数量的读者作为自己的重点服务对象。但是就图书馆整个体系来说,它的服务对象应当覆盖全体社会成员。

第四,图书馆事业和图书馆工作具有社会性。图书馆事业是一项社会事业,办好这项事业不是单靠哪个部门就能办得到的,必须依靠全社会才能使图书馆事业兴旺发达起来。为此,就必须努力实现图书馆事业的协同发展,例如,通过建立区域性、行业性、全国性乃至国际性的图书馆协作组织,开展图书馆间广泛的业务合作和学术合作,促进图书馆资源共享。图书馆工作的社会性,主要指的是资源共享的社会化趋势。现代科学研究的重大项目,往往具有综合性和国家规模等特点,这就要求图书馆间充分地实现地区范围、行业范围、国家范围,以至国家之间的文献信息资源共享。互联网络为图书馆的社会化、网络化、全球化创造了条件,促进了图书馆事业组织的网络化和文献信息资源共享的社会化。

2. 图书馆的依辅性

图书馆作为人类创造的一种社会机构,有其相对独立性。这种相对独立性,突出地表现在它是社会劳动分工的产物。图书馆是一个独立的搜集、整理、保藏、利用图书文献信息的机构。但是我们还必须看到问题的另一方面,图书馆具有依附性和辅助性。图书馆的依附性,是指迄今为止,图书馆还不是一个独立的经济实体,在经济上必须有所依附,才能保证购书经费和人员的工资支出。一旦失去了经济上的依附,图书馆就无法维持。这种依附性就决定了图书馆必须为其经济资助者服务。这些经济资助者包括国家、单位、团体和个人。其资助形式多种多样,既有政府拨款,也有个人捐款(包括募捐)等。所谓图书馆的服务性,正是由这种经济上的依附性所决定的。封建社会的"藏书楼"只为少数人服务,除了政治上的原因之外,图书馆在经济上受少数人控制,也是根本原因之一。而工业革命之后,着眼于提高社会成员整体的文化教育水平,文化教育公共品的提供大幅增加,图书馆逐渐成为一项社会事业,各国立法以保障国家和地方财政拨款成为图书馆经费的主要来源,推动图书馆为公众服务。

图书馆的辅助性,是指图书馆在人类社会实践活动中,从来都是处于辅助地位的。通俗地讲,图书馆就相当于经济领域中的"第三产业",是以服务为主的行业。在人类的精神生产中,图书馆是属于流通环节中的机构。它一方面为精神生产提供原材料,另一方面,又帮助从事精神生产的个人或单位实现其产品的价值(主要是内容价值)。图书馆存在的意义就在于它具有这种辅助性。辅助性与依附性是一个问题的两个侧面,依附性是图书馆存在的经济基础,而辅助性是图书馆存在的功利目的。正因为图书馆有依附性,所以,图书馆的发展状况始终与社会经济的发展程度相联系,总是要受社会经济的制约。同时,也正是由于图书馆的辅助性,才使得它在人类文明的发展中起着非常重要的作用。没有辅助的属性,图书馆就失去了其存在的价值;没有依附的属性,图书馆就失去了存在的基础。因此,依辅性是图书馆的属性之一。

3. 图书馆的学术性

把图书馆说成是服务性机构,现在已无反对意见,但说图书馆是学术性机构,则存在着较大的争论。为什么呢?因为许多人对图书馆的理解存在局限性,总觉得它只是个服务单位,借书还书还有什么好研究的。其实不然,借还书只是图书馆业务的一个方面,在其背后,隐藏着图书馆活动的本质。图书馆具有学术性,正是这个本质的一种表现。

如何理解图书馆的学术性呢?我们通过以下几个方面的阐述,可以看得比较清楚。

第一,图书馆的学术性表现在图书馆是整个科学研究大系统的一个子系统。我们知道,任何科学研究都必须借助于图书馆文献资料所记载的、人类长期实践积累的知识和经验,而图书馆是为科学研究搜集、整理、提供文献信息的社会机构,图书馆活动是整个科学研究活动的不可分割的组成部分。从整体上看,图书馆所从事的工作正是科学研究工作的前期劳动。实际上,科研工作离开了图书馆是无法进行下去的。这正像实验室对于科学研究活动来说,是须臾也不能离开的一样,图书馆也直接参加了科学研究的学术活动。因此,在这个意义上,我们才强调指出图书馆具有学术性,特别是对于科学专业图书馆来说,这一点体现得更加充分。

第二,图书馆工作本身就是一种学术性活动。我们知道,图书馆的工作对象包括文献、读者(用户)等要素。图书馆工作的学术水平的高低,直接影响着对文献处理得是否科学,为读者服务得是否周到。在一些人眼里,图书馆的工作无非就是这样一些机械性、重复性的劳动。其实,图书馆大量的工作都隐藏在流通阅览工作的背后,这些工作也恰恰是学术性最强的工作,比如文献分类、主题标引、文献编目、文献保护、文献管理、文献数字化等。这些工作都是带有研究性质的,工作人员必须付出艰巨的脑力劳动才能做好。此外,图书馆还有参考咨询工作,它要为读者提供各类实用信息,同时还对信息进行分析,甚至要提供综述性的结论,它也是一种学术性很强的工作,工作难度也是很大的,没有一定科研能力的人是难以胜任的。

第三,现代图书馆广泛采用各种现代化设备,图书馆的各个工作环节也已经电子化、网络化。管理、使用、维护现代化设备需要人们从学术角度进行不断的探讨和改进;现代图书馆工作环节中的集中编目、在线编目、网上订购、网络信息虚拟连接、网络检索、文献数字化、基于物联网和大数据的管理等智慧图书馆工作,都是学术性、技术性较强的业务,要求工作人员有较高的学术科研水平。现代图书馆的发展出现了与传统图书馆完全不同的趋势,数字图书馆、虚拟图书馆等的前途,传统图书馆的命运,都是一些学术性非常强的课题,需要图书馆界从业人员进行长期深入的探讨。

第四,图书馆的工作人员,其中相当一部分都是科研活动的参与者。图书馆工作是属于学术性的工作,那么,从事这些工作的人也必须是有一定科研能力的人。在许多国家里,图书馆都有相当可观数量的一批专家,这些专家都是有真才实学的科技人员,他们中的许多人甚至直接参与科研课题的研究工作。从这个角度上看,图书馆也具有学术性。

二、图书馆的本质属性

所谓图书馆的本质属性,应当是图书馆本身所固有的并且对图书馆的社会职能、服务对象、机构设置、管理体制、方针任务、发展方向、内容方法等都起制约作用的一种属性,失掉这种属性,图书馆的性质就要发生变化。图书馆的一般属性是由图书馆的本质属性派生出来的。什么是图书馆的本质属性呢?观点很多,有人说是图书馆的信息性,有人说是其服务性。通过研究我们认为,中介性是图书馆的本质属性。正是由于这个本质属性的存在,才派生出图书馆的社会性、依辅性以及学术性等其他属性。中介性对图书馆的存在起了决定性的作用。

1. 图书馆是中介性机构

在考察图书馆起源的过程中,我们可以发现,人类信息交流方式的变革(由单纯的直接交流变为间接交流)是图书馆产生的前提,文献的出现是图书馆产生的直接原因。文献存在于图书馆之中,图书馆就是文献传递的介质。文献借助图书馆在时空中得以传播。我们在谈到图书馆概念时指出:"图书馆是社会记忆(通常表现为书面记录信息)的外存和选择传递机制。换句话说,图书馆是社会知识、信息、文化的记忆装置、扩散装置。"实际上,这里讲的就是图书馆的中介性。文献由图书馆加以传递的形式,被叫作文献交流的正式渠道;而文献的直接传播,则被称为非正式渠道。由此可见,图书馆在文献交流过程中,的确是处于一个中介物的地位的。如果我们站在人类思想信息交流的大系统的角度来看这一问题,则会更加清楚了。人类的思想活动及其结果,除了用语言、动作、实物进行人与人之间的直接交流之外,更重要的是利用文献进行间接交流。图书馆便是帮助人们利用文献进行间接交流的中介物(如下图所示):

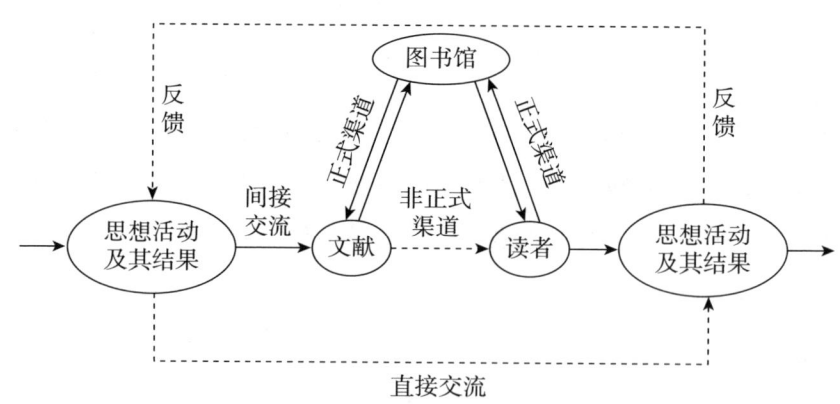

图4 图书馆的中介性

图中用实线表示间接交流(正式渠道),用虚线表示直接交流(非正式渠道)。这样,图书馆的中介性便一目了然了(为使问题显示得更清楚,在图中没有涉及图书馆的具体实践问题)。文献通过图书馆与读者见面,读者通过图书馆与文献建立联系。在人们的精神生产过程中,图书馆处于流通领域的地位,它在文献与读者之间增加了一个联系的环节,这是人类历史发展的产物。信息化社会的到来,以及信息技术、网络技术在图书馆的应用,使图书馆走上电子化、数字化、虚拟化的发展道路,未来的图书馆将在网络信息的虚拟链接和信息的长期保存方面担负起其他信息机构所无法承担的责任。这样,人类的交流就会更迅速、更准确、更方便了。那时,图书馆的中介性还会存在并得到加强,只是图书馆的形态有可能发生巨大的变化。

2. 图书馆的中介作用

图书馆的中介作用是通过图书馆工作体现出来的。图书馆工作的实质,就是在社会成员中传递文献信息,实现文献的使用价值和部分价值。文献信息就是以文献为载体的人类思想信息,但文献信息又不全是内容信息,它还包括形式信息(文献的载体形态信息)。图书馆工作的任务,就是充分揭示文献的形式信息和内容信息,从而使文献的内容信息得以传播。图书馆工作的各个环节,包括采购、分类、主题标引、编目、保管、借阅等,其目的都是为了实现传播文献内容信息。因此,它们也都体现出了图书馆的中介作用。

此外,在商品社会中,文献信息作为一种商品,其价值可以被分割:其一是它的商品价值,由文献的生产和发行部门实现;其二是它的内容价值,这要通过对文献信息的使用才能实现,也就是说,这部分价值要随着文献信息的使用价值的实现而实现。图书馆用户阅读文献,只是实现了文献内容价值的一部分,必须通过实践才能实现文献的全部内容价值,途径是:创造出新的产品,由产品的价值和获得的资本价值来确证文献的价值;或者是创造出新的文献信息。图书馆的中介作用,主要体现在它能够实现文献的部分内容价值和使用价值,使用户能够通过图书馆获得所需要的文献信息,为文献信息价值的开发与转化提供渠道。

图书馆要发挥其中介作用,就必须做好各环节业务工作,即文献信息资源建设和用户服务工作,包括文献信息的采集、信息标引与目录组织、文献信息的组织与管理、文献信息的借阅与流通等工作。这样,它才能真正成为联系文献与用户的纽带,才能使文献信息的价值具有转化为现实价值的可能性。

3. 图书馆的中介性和其他属性的关系

我们在弄清图书馆的中介性之后，再来看其本质属性与一般属性之间的关系，就比较容易看清楚了。

第一，图书馆的中介性是图书馆的社会性的基础。图书馆之所以能与社会发生关系，是因为它具有中介的作用。无论是图书馆文献信息资源和用户，还是图书馆的协作与资源共享，离开了图书馆的中介作用都是办不到的。所以说，中介性决定了社会性。

第二，图书馆的中介性是图书馆依辅性的根据。正是由于图书馆的中介性，所以，它的独立性也是相对的，图书馆必须有所依附才能存在和发展。因此，中介性也决定着依辅性。

第三，图书馆的中介性是图书馆学术性的先决条件。为了发挥图书馆的中介作用，图书馆必须加强学术性活动，以便准确、迅速地传递文献及信息。因此，中介性对学术性也起了决定性的作用。

总之，图书馆的社会性、依辅性、学术性是由中介性派生出来的，并受到它的制约，图书馆的这些一般属性又反过来影响图书馆的中介性。任何一个方面的作用发挥不好，都会妨碍和干扰图书馆中介作用的发挥。

第四节　图书馆的社会职能

我们在对图书馆的性质有所认识之后，再来讨论图书馆的职能问题。所谓职能，就是指人、事物或机构应有的作用，即组织系统存在的功能。职能是由性质决定的，有什么样的性质就有什么样的职能。

图书馆的职能，从根本上讲，是由图书馆的中介性决定的。概括起来，这些职能主要有：社会文献信息流整序、传递（信息职能），开发智力资源与进行社会教育（教育职能），搜集和保存文献遗产（保存职能），以及休闲、娱乐（娱乐职能）（如下图所示）。

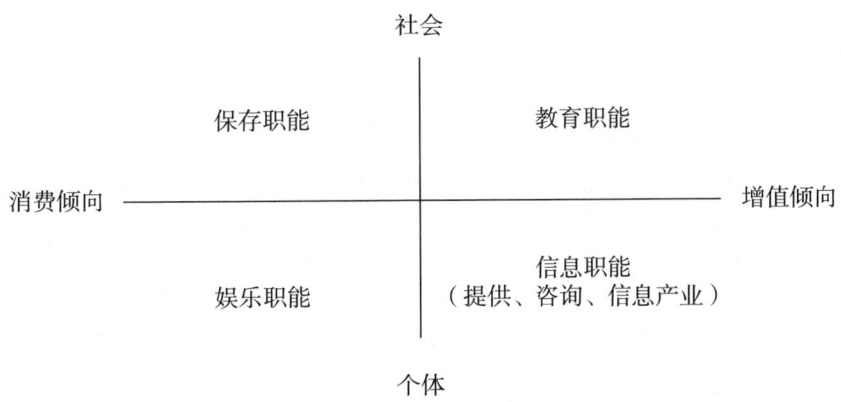

图 5　图书馆的社会职能

在不同历史阶段,图书馆有不同的主导职能,不是谁取代谁的问题,而是哪个职能为主导的问题(4 种倾向)。同时有显性职能和隐性职能。在某一阶段,社会图书馆总体可能以保存职能为主(如中国古代藏书楼);在某一阶段,以信息职能为主(如现阶段图书馆)。

下面对这些问题分别给予说明。

一、社会文献信息流整序的职能

社会文献信息的生产具有两个明显的特征:一是它的连续性,一是它的无序状态。所谓连续性,是指社会文献信息一旦产生,它就不会停止运动,而总是源源不断地涌现。社会文献信息的这种连续运动状态,用形象化的语言来描述,就叫作"文献信息流"。所谓无序状态,是指社会文献信息的生产,从个体和单一的机构来说是自觉的、有目的的,而从整体上看则是不自觉的、无目的的,文献信息的流向是分散的、多头的,有时甚至是失控的。文献的这种无秩序的、自然排列的流动状态就叫作无序状态。社会文献流的无序状态,给使用者带来了极大的不便。为了使人们能够合理地、有效地、方便地利用文献信息,控制文献信息流的动向,就需要对文献信息流加以整序。图书馆就是这样一种能够对文献信息流进行整序的社会机制。因此,对社会文献信息流的整序,就成为图书馆的基本职能之一。

图书馆行使社会文献信息流整序的职能主要体现在以下两个方面:

第一,控制社会文献信息流的流向。现代文献信息流的无序状态是受这样一些因素影响的：

(1) 社会文献信息生产数量大、增长快。由于科学技术在深度和广度上不断发展，各种知识门类不断增加，各个知识领域的文献信息数量越来越大，增长速度越来越快，呈指数增长趋势。在20世纪80年代，文献信息的年均增长率达12%，现在的增长则更快。特别是在一些尖端科技领域，如计算机等信息技术领域内，文献信息量翻番的时间更短。如有观点认为，美国戈登·摩尔1965年提出的摩尔定律，即计算机芯片的处理能力每18个月会成倍地增长的定律，也适用于现代文献信息数量的增长。

(2) 社会文献信息类型复杂、形式多样。传统文献信息，主要指印刷形式的图书、期刊、报纸、图片等。而现代文献信息，除了类型繁多的印刷形式之外，还出现了大量非印刷形式的新型信息载体，如缩微资料、视听资料、机读资料（如磁盘信息、光盘信息、网络信息等）。印刷型、缩微型、视听型、机读信息等各种形式的文献信息并存的状况，将持续相当长的一段时间，而机读信息（特别是网络信息、物联网信息、传感器信息等）在其中的地位将不断上升，并对人类文献信息的生产传播模式产生决定性的影响。

(3) 现代社会文献信息时效性增强。这种情况突出地反映在科技文献信息中。目前，科技知识的更新期在不断缩短，科技文献的"老化"在不断加剧。20世纪80年代时，国外有研究表明，各类科技文献信息的平均寿命为：图书10—20年，科技报告10年，学位论文5—7年，期刊论文3—5年，标准文献5年，产品资料3—5年。据欧美一些国家统计，科技文献平均寿命低于10年，而信息技术等带头学科的文献信息的寿命则更短，在部分分支领域内知识更新的速度仅有1年左右。文献信息时效性的增强，就使得老化了的文献信息成为社会文献信息流中的一种"污染物"。

(4) 文献信息传播速度加快。现代信息技术的发展，特别是网络技术在世界范围内的迅速普及，使得文献信息传播速度大大加快。文献流的流量加大，流速加快，就不可避免地给文献信息流的控制带来种种困难，进而使文献信息的无序状态进一步加剧。

(5) 文献信息内容交叉重复。科学技术发展的趋势，向着分化与综合两个方向前进。分化的趋势导致学科愈分愈细,分支越来越多;而综合的趋势导致各个学科互相交叉渗透,出现许多边缘学科、综合学科、相关学科,学科之间的严格界限在消失转化,学科之间的相互联系在逐渐加强。在此趋势的影响下,反映现代科学技术的文献信息,一方面内容广泛分散,复杂多样,很不集中;另一方面相互渗透,彼此重复交叉的现象很严重。同一刊物登载许多学科的论著,同一出版物由一种类型转化为另一种类型,一书多版,旧书改版,重复翻译。传统的文献被转化为数字化信息,也是一种重复。特别是在网络环境下,同一信息既可在网络上发表,又可以转化为纸质文献或光盘文献。而且,由不同网站的搜索引擎对同一信息进行的虚拟链接和下载保存,使得同一信息可以反复出现在网络上的不同节点。

（6）文献信息所用语种在扩大,文献信息质量下降。据统计,20世纪末,世界上大约有60余种文字被用于文献信息的生产中,其中较为通用的文字只有12种。大约有1/2的现代文献信息是用各学科专家所不懂的文字出版发行的。而由于计算机文字处理系统的完善,越来越多的文字都可以转化为计算机可处理的信息,如蒙古文、藏文、维吾尔文、阿拉伯文文献等都已可以在网上传播。此外,文献质量也在逐渐下降,尤其是期刊质量下降更为明显。而网络由于信息传播较少控制,各种未加证实、未加筛选的信息很容易进入社会信息传播系统,更加剧了社会信息质量下降的趋势。这样,能被社会有效利用的文献信息在社会生产信息总量中所占比例日益下降。

这六个方面的因素,使文献信息的无序状态逐步加深,进而使得文献信息流的流向更加分散。因此,只有控制了社会文献信息流的流向,才能化不利因素为有利因素;反过来,只有充分认识影响文献信息流无序状态的因素,因势利导,才能使文献信息流合理流动。

第二,发挥文献信息的潜在能量。分散的文献虽然具有极大的能量,但是,一种图书、一种古籍善本、一种期刊、一篇论文,一条信息,只有当它是一个文献信息集合体的一部分时,才能充分发挥其潜在的能量。无序状态的文献,只能使人茫然不知所措,而经过整序的文献信息,形成一个整体,就会使用户得到一种支配它的力量,用户才能够驾驭文献信息而不致被文献信息流所奴役。在此基础上,用户才能充分利用文献信息所提供的潜在能量,深入地进行专业研究,发挥文献信息潜在的经济价值和社会价值。按照一般系统论的观点,1000种文献信息经过图书馆整序而形成的有组织的文献信息的集合体,比分散的、无序的1000种文献信息的个体的作用不知要大多少倍。这种整体的力量就是文献信息流的潜在能量。所以,图书馆的整序,是发挥文献信息潜在能量的先决条件。这正如水库的闸门一样,通过闸门的水就可以给人类带来无穷的效益,而无序的水流则往往要浪费掉它的潜在能量,而且因其泛滥而给人类带来巨大的危害。

图书馆的整序职能,通常是由对馆藏文献信息的分类、编目、保管贮藏等手段来实现的。整序的实质就是组织和控制。社会文献信息经过图书馆的整序就成为有序的文献信息集合体,因而才能为用户所利用。没有整序的职能,图书馆的性质就无法体现,图书馆也就失去了存在的价值。

二、传递文献信息的职能

这是图书馆的另一个基本职能。传递决定了图书馆的中介性。没有传递也就无所谓中介性。问题是图书馆传递的对象是什么? 在这个问题上长期存在着分歧。有人认为,图书馆是传递文献的,还有人认为图书馆是传递信息的。

我们认为,图书馆是传递文献信息的。图书馆传递文献信息的职能主要通过以下几个方面体现出来:

(1)图书馆传递文献的内容信息。文献是人类文化信息的载体,文献存在的意义就在于它能够传播文化信息。图书馆对文献的传递,实质上就是传递载于文献中的科技文化思想信息——文献的内容信息。因此,在图书馆文献借阅流通现象的背后,隐藏的是传递文献内容信息的本质。在这些内容信息中,能够消除用户对文献所论述的主题内容的不确定认识的部分,就是信息。所以,信息的传递是随着文献的内容信息的传递一起进行的。

(2)图书馆传递关于馆藏文献的信息。这种传递的目的在于回答某个图书馆是否收藏有某种文献,或一组图书馆收藏有哪些文献,以便消除用户关于某种文献是否收藏在某图书馆或某些图书馆的不确定性认识。图书馆目录是传递关于馆藏信息的主要工具。图书馆目录的本质,就是馆藏文献信息的集合体。用户对图书馆文献的利用,首先是通过查阅图书馆目录,在获取了馆藏文献信息之后,通过借阅而实现。因此,图书馆传递文献的内容信息,是以传递馆藏文献信息为基础的。用户只有在获取了馆藏文献信息之后,才能进一步获取文献的内容信息。所以,图书馆传递文献信息的职能必然包括传递馆藏文献信息的方面。

(3)图书馆传递网络信息。在网络环境下,图书馆还可以利用网络上的信息满足用户的信息需要。

(4)图书馆传递文献信息的形式,有主动传递与被动传递之分。主动传递是指图书馆能够根据用户需求的学科范围等,主动地进行文献信息服务,为用户提供其未知的文献信息,如新书报道服务、定题文献服务等。被动传递是指用户向图书馆提出确定的文献需求,由图书馆员通过借阅流通等来满足,如借阅、咨询、馆际互借等。主动传递对于图书馆人员的素质有较高要求,要求馆员熟悉文献内容,能够及时准确地传递文献的内容信息。目前,在图书馆中大量存在的传递形式是被动传递,随着科学技术的发展,特别是大数据技术的普及与应用,图书馆主动传递文献信息的形式将大大地发展起来。

图书馆传递文献信息的职能,主要是通过图书馆的流通阅览、参考咨询等服务部门来实现的。因此,这些部门工作的好坏,直接影响着图书馆传递职能的发挥。

三、开发智力资源,进行社会教育的职能

开发智力资源,进行社会教育,是图书馆的一项重要作用。图书馆馆藏文献是人类文化科技学术思想的结晶,它也为图书馆从事智力开发,进行社会教育提供了丰富的、雄厚的物质基础。

智力资源的开发,主要包含三层意思:一是开发馆藏文献资源;二是开发网上信息资源;三是启发用户的智力,培养用户进行科学思维的能力。人类科学技术的发展,是建立在吸取前人经验的基础上的。而馆藏文献资源和网上资源并不是都能在同一时间里为用户全部使用,有许多文献信息会被长期搁置在书架上,或存贮在网络上,不为人所注意到。这里面的原因是多方面的,除了图书馆对文献信息流整序不当以外,还有其他重要的因素,就是社会对文献信息本身存在着的认识的局限性,以及由于社会文献信息量巨大而造成的信息的湮没不彰,这样就造成了智力资源的浪费。因此,图书馆对馆藏文献和网上信息资源的开发与利用,是应尽的职

责。只有这样,才能及时、准确地揭示文献的内容信息,为传递文献信息创造条件。

图书馆进行智力开发,还体现在对用户进行的各种图书馆教育上。这些教育包括:书目知识教育、文献检索知识方法教育、网络信息检索方法教育、阅读方法教育和学习方法教育等。它们对启发智力、活跃思想、培养科学思维能力、提高学习效率、养成终身学习的能力等,都起着重要的作用。特别是对用户进行的"如何使用图书馆"的综合性教育,对用户从事科学研究或者自学都是大有好处的。这种智力开发的作用,也是其他的社会机构所不能代替的。

图书馆进行社会教育,是在图书馆为社会提供了学习场所这个角度上提出来的。图书馆不是实施这种教育的主体,实现这种教育的人是用户本身,是社会上大量存在的学习者。图书馆作为一种中介性的社会机构,它的教育职能也带有中介性——文献对用户的教育作用是通过图书馆为中介而实现的。同时,图书馆的教育职能也受图书馆的社会性、依辅性和学术性所制约。一方面,到图书馆接受文献教育的用户具有广泛的社会性;另一方面,图书馆也必须依靠充足的经费、丰富的馆藏文献和网上信息资源,才能实现这种对教育的辅助作用。此外,这种教育职能发挥得好坏,还与图书馆的学术水平有关。由于图书馆馆藏文献信息的连续性,使得图书馆的教育也具有长期性和稳定性,并且是无限发展的。受教育者可以长期地、自由地利用图书馆进行终身学习,这是学校教育所不能比拟的。

未来社会的发展,关键靠人才。而学校教育仅仅是培养人才的一种形式。在大力提倡终身教育的今天,图书馆开发智力资源、进行社会教育的职能就显得格外重要。

四、搜集和保存人类文化遗产的职能

文献是保存民族文化遗产的重要载体,在各种机构中,只有图书馆担负着长期保存人类文化典籍的任务。世界上一些历史悠久的大型图书馆,都是保存人类文化遗产的宝库。有很多国家专门制定了保护文化遗产的政策法令和出版物的呈缴本制度。搜集和保存人类的文化遗产是图书馆对国家负责的社会职能。

在信息化社会里,图书馆要成为人类文化遗产的贮存中心。图书馆所搜集的文献不仅包括印刷型资料,还包括各种载体传递的信息,数字化信息的长期保存也是图书馆的重要职责。

保存人类文化遗产的职能,是图书馆最古老的职能。直到现在,保存文化的职能仍然是图书馆其他职能的基础。可以说,如果图书馆没有保存文化遗产的职能,它也就不可能完成文献信息流整序、文献信息传递和教育、娱乐的职能。图书馆在自身的发展过程中,保存对象的形式在不断发生变化,从最初的龟甲兽骨、纸草泥版,到近代的印刷型图书,再到现代的磁盘、光盘、磁带、胶片、缩微胶片平片、网络虚拟信息等,只要是人类社会每前进一步所留下的文化遗产,都可以作为图书馆保存的对象。但是,与古代图书馆保存文化遗产的目的不同,现代图书馆的保存职能,更多地体现在对文献信息的利用上,保存的目的在于使用。因此,现代图书馆保存文化遗产的职能,在图书馆的其他职能中是处于从属地位的。

五、满足社会成员文化欣赏、娱乐的职能

德国伟大的文学家席勒高度评价娱乐休闲的作用,相信玩(游戏)、审美活动和创造力是人性的中心:"当人是完全意义上的人时,他肯定是在玩;人也只有在玩的时候才是完整的人。"他还指出:"艺术家不是以严肃的态度对待他们的同时代人,而是在游戏中通过美来净化他们,他使他们在闲暇时得到娱乐,不知不觉地从他们的娱乐中排除任性、轻浮和粗野,再慢慢地从他们的行为乃至意向中逐步清除这些毛病,最后达到高尚化的目的。"(《审美教育书简》第15篇)

20世纪后半叶以来,休闲娱乐已经逐渐成为我们这个时代最重要的特征之一。在经济发展到一定程度,人们开始较为富裕的时候,生活物质消费在家庭消费支出中只占很小的比例,人们更多地将金钱投入到休闲娱乐消费中。美国《未来学家》杂志撰文说:随着知识经济时代的来临,未来的社会将以史无前例的速度发生变化。发达国家将进入"休闲时代",发展中国家也将紧随其后。据美国学者预测,休闲、娱乐活动、旅游业将成为下一个经济大潮,并席卷世界各地。专门提供休闲的第三产业将会主导劳务市场,在美国GDP中占有一半以上的份额。新技术和其他一些趋势可以让人们生命中50%的时间用于休闲。休闲的中心位置将会进一步突出,人们的休闲观念也将发生本质的变化。

福雷斯特研究公司对年龄在16至22岁的消费者进行了一项娱乐消费研究,

据这项研究的组织者瓦尔什博士指出,73%的年轻人的第一消费动力来源于娱乐,他们的可支配收入有60%都花在了娱乐消费上。

Booz-Alan & Hamilton企业管理顾问公司沃尔夫预言:"到21世纪上半叶,'娱乐'将不再是一个特定的行业,因为所有的事情都可以换个角度或者方式来做,为人们提供娱乐,让人们过得更轻松愉快。"

在互联网上,休闲娱乐已经成为众多网民使用互联网的主要目的之一,以休闲娱乐为主的数字娱乐业也将成为互联网经济的主体,数字娱乐业不只是人们通常所说的电脑游戏,它覆盖了以数字技术向人们"制造快乐"的各个领域,如提供视听享受的音乐、DVD、VCD、交互电视、Flash动画,重在体验的电脑游戏、手机游戏和网络游戏,陆续开发出的新式娱乐产品、虚拟现实产品等,以及网络聊天、社交媒体、网络直播等,都是数字娱乐业的组成部分。一切通过数字技术(如计算机、互联网等)为人们提供娱乐的东西都可以称为数字娱乐业。甚至连网络时代教育的手段也充分利用了游戏、玩具的理念,是广义的数字娱乐业的组成部分。

图书馆是社区的文化娱乐中心。图书馆所提供的文献信息中,包括文学作品、音乐美术作品、影视作品、游戏软件等,可以满足社会成员文化欣赏、娱乐消遣的需求。儿童图书馆通常根据少年儿童的特点,组织游戏、故事会等活动。信息时代的图书馆要利用计算机和互联网开拓服务领域,充分满足用户的休闲娱乐消遣的需求。

综上所述,图书馆的社会职能是在图书馆的发展过程中逐渐形成的,在图书馆发展的不同阶段,图书馆的职能有不同的侧重点。当然,从总体上看,图书馆的几种基本职能是互相联系、互相补充的。孤立地强调某方面的职能而忽视其他职能的作用,则是片面的。对于不同类型的图书馆来说,图书馆的职能也要根据其性质、任务、服务对象、收藏范围和所在地区等具体情况的不同而有所侧重。因此,应当强调从各馆的实际出发来发挥图书馆的职能作用,以便办出图书馆的特色来。

第五节　图书馆与现代社会

一、图书馆应当成为推动知识经济的重要力量

进入21世纪,人类社会具有了信息社会与知识经济时代的双重特征。

1996年,经济与合作发展组织(OECD)提出"知识经济"概念——"知识经济是以知识为基础的经济"(the knowledge based economy)。知识经济时代,一个最直观和最基本的特征就是知识作为生产要素的地位空前提高。但是,它与工业文明中对知识地位认可的最大差异在于,在这一时代,知识不再是资本的附庸,而是成为财富创造的第一要素,知识需求成为人类实现其他一切预期的前提,知识本身的生产成为社会经济生活的中心。不仅社会经济组织形态、社会生活结构方式,而且包括人的价值原则和知识观,都要围绕最有利于知识的生产及其潜力的开掘,以及人的创新能力的最大限度发挥而进行空前和深刻的改造。适应世界知识经济的潮流,我国也提出了"知识经济,创新体系"概念。

知识经济时代的主要特征包括:

(1)经济全球化,对于人和组织乃至国家在增加适应性、创新和知识处理速度方面,施加了强大的压力。

(2)专门知识的价值被认识。由于并不是所有的知识都能够带来财富,因而那些能够为人们带来财富的专门性知识尤其受到重视,它们已被融入组织程序和日常生活中,帮助个人与组织对付日益强大的竞争压力。

(3)知识作为独特的生产要素的价值被社会认同,知识管理成为社会的一项重要工作。

(4)网络和移动互联等信息技术的普及,为人类提供了有效而方便的工作和学习工具。

(5)在知识经济时代,知识和人力资本是社会经济发展的基础。获取和创造各种形式知识的能力,包括对传统知识的提炼和更新,成为改进人类生存条件的最重要的因素。

在我们所处的这个时代,国家的创新能力显得极为重要。联合国科技促进发展委员会在其报告《知识社会:信息技术促进可持续发展》中指出:"一个国家的创新体系概念是指技术和组织的能力构建过程,以及能够有效选择并能实施的政策制定过程。"

顺应世界发展潮流,我国政府也提出了创新中国的发展战略:要加强国家创新体系建设,建设创新型强国。这是把创新视作引领发展的第一动力,视作建设现代化经济体系的战略支撑。

国家创新体系,由知识创新系统、技术创新系统、知识传播系统和知识应用系统组成,其主要功能就是知识创新、技术创新、知识传播和知识应用。因而,构成国家创新体系的组织机构也就是一切与其主要功能相关的科研机构、高等院校、企业、图书馆、信息中介与咨询机构等,可以说,无论从机构还是从功能上看,图书馆都是国家创新体系链条中重要的一环,成为推动知识经济、数字经济发展的重要社会力量。

同时,信息社会与知识经济时代的最大变化是知识量激增和现代技术将世界连为一体,网络的普及和信息传递由分散向一体化转变,过去由图书馆承担的一部分职能被互联网、物联网、人工智能设施及其他信息机构所承担,图书馆的信息中心地位可能被削弱。这一进程目前已经出现,需要图书馆界认真研究应对。

二、图书馆应当帮助用户培养终身学习理念与信息能力

现代终身教育思想,始于20世纪20年代,发展于60年代,"终身教育"(lifelong education)一词始见于1919年的英国。1925年,"终身教育"概念的系统阐述者和首倡者——联合国教科文组织(UNESCO)成人教育局局长、法国人保尔·朗格朗在巴黎召开的成人教育会上提出"终身教育"概念。他认为,数百年来把人生分成两半,前半生用于受教育,后半生用于工作,是毫无科学依据的。接受教育应当是每一个人从生到死不休止的事情,教育应当在每个人需要的时刻以最好的方式提供必需的知识和技能。1970年他发表了《终身教育引论》。1972年UNESCO国际教育委员会发表《学会生存:教育世界的今天和明天》,对终身教育的理论、原则进行了系统而深刻的论述。自此,终身教育日益被世界各国政府和教育界广泛

接受,不少国家和地区以立法形式,确认终身教育为教育改革的根本原则,据此重新构建教育体系。

UNESCO"国际21世纪教育委员会"提出的最新教育体系,进一步倡导并发展了"终身教育"观点。报告认为,把教育划分为"学校教育"(初始教育)和"继续教育"的分法应予以重新考虑,与现代社会需要相适应的继续教育,不能按人生的某个阶段来分(如分成"成人教育"和"儿童教育"),也不能按某种具体目的来分(如分成"职业教育"和"精通教育"),学习的时间就是人一生的时间,而每种学习又与其他学习相互渗透,相互补益,教育涵盖了使人获得有关世界、有关其他人民、有关自己的活生生的"知识"的所有活动。终身教育一方面要重视教育使人适应工作和职业变化的作用,另一方面,还要重视终身教育在铸造人格、发展个性以及增强批评精神和行动能力方面的意义。终身教育是人的不断构建,是人的知识和技能的不断构建,是人的判断力和行为的不断构建。

该报告强调了基础教育的重要作用,认为学校应传授学习的愿望,学习的乐趣,学会如何学习的能力,以及开发智力上的好奇心。

终身教育与学习型社会经常相提并论,二者相辅相成。学习社会需要促成终身教育,终身教育的推进又有利于学习社会的建立和发展。

何谓"学习型社会"(learning society),日本文部省对此做出的解释是:除了学校教育和社会教育举行的学习活动外,还包括人们的体育活动、文化活动、兴趣活动、娱乐活动和义务服务活动。进行这些活动的场所有学校、公民馆、图书馆、博物馆、体育设施、文化设施、教养中心、企业和职业训练设施等。就是说,上述各种公益场所和设施都为人们的学习服务,上述各种活动也都是学习活动,在这样的社会中,无人不学习,无处不学习,无时不学习。

学习型社会具有六大特征:

(1)学习与教育是一个人终其一生的持续不断的过程,个人受教育应有终生规划,个人随时依据需要接受教育,社会则提供继续性的、全面的教育机会。

(2)学习不限于在学校中受教育,学校教育只是终身学习的一环。

(3)各种形态的学习与教育必须协调统整,以满足不同阶层的学习需要。在学习社会中,每一个人的人生发展阶段应是形成经验、满足需要的快乐创造的旅程,而非接受外力干预的过程,按此观念形成的学习与教育体系,可使一个人乐于不断学习。这种教育本身成为一种个人主动创新的生活方式,而非一种既定生活方式的被动接受。

(4)考试的成败并不重要,考试在人才选择中仅具有相对意义。

(5)学习型社会强调人的全面发展,不再以唯一的标准来划分好学生和差学生,不再以固定的教育形态规范每个人,而是重视并鼓励每一个人生理、心理、兴趣、爱好的全面发展,重视人的个性的健康发展,重视每个人创造潜力的充分发挥。

(6)学习型社会强调终身教育,因而,使每个人更能接受现代思潮。传统教育只使人们接受已有的答案,学习型社会则通过终身教育使人们建立正确的历史观、科学观和相对意识,以便个人接受现代思潮,产生创新的意识和行动。

在扩大基础教育的手段和范围方面,联合国教科文组织提出:"可以利用信息、通讯和社会活动方面所有可能的手段和渠道来帮助传播必要的知识,并就社会问题向人们进行宣传和教育。除传统的手段外,还可以调动图书馆、电视、广播和其他传播媒介并发挥其潜力以满足全民的基础教育。"

在这里,联合国教科文组织强调了各种信息机构与手段在教育中所扮演的重要角色,亦即提出了如何利用信息资源学习的问题。

在教育与学习中,应当综合发挥传统的信息传播渠道和新型的信息传播渠道的作用。传统的信息传播渠道包括家庭、学校、社会、团体、图书馆等。新型的信息传播渠道则是现代化的信息、教育和交流形式,如网络、光盘和新兴的多媒体等,可以弥补目前世界在获得信息方面存在的地理的、社会的和经济的差距,可以在教育普及和人的终身学习中发挥比传统信息传播渠道更加重要的作用。

当前,基于网络传播的名校公开课和慕课(MOOC,即 Massive Open Online Course,中译"大规模开放在线课程")等,为终身学习提供了丰富的学习资源。以智能手机为代表的移动互联技术的普及,在社会成员平等获取信息方面,比以往任何一种信息工具都更为有效。

今天,世界所拥有的绝对信息量——其中大部分关系着人类的生存与基本福利——远远超过以前任何一个时期,而且正以越来越快的速度增长着。这些信息包括如何获得改善生活的知识,或学会如何学习的知识。在此形势下,只有对每个人进行认真而持续的训练,提高其信息意识和信息能力,信息才能发挥建设性的作用。对接收信息和数据的理解、阐释、吸收和利用,要求每个人掌握认知、获取、选择、利用信息的能力,最重要的是养成一种批判力和选择力。

1990年,联合国教科文组织在泰国召开世界全民教育大会,明确提出"全民教育"的概念,其目的是使每一个人——儿童、青年和成人都应能获得旨在满足其基本学习需要的受教育机会。"基本学习需要包括基本的学习手段(如读、写、口头表达、演算和问题解决)和基本的学习内容(如知识、技能、价值观念和态度)。这些内容和手段是人们为能生存下去、充分发展自己的能力、有尊严地生活和工作、充分参与与发展、改善自己的生活质量、做出有见识的决策并能继续学习所需要的。"(《世界全民教育宣言:满足基本学习需要》)

我们可以注意到,联合国教科文组织在提出教育对于人的生存及生活质量的意义的观点时,又一次重申了继续学习概念。继续学习即终身学习,指的是在科技与社会飞速发展的今天,人们不能再指望可以通过一次性的学校教育一劳永逸地获取知识了,而需要终身学习如何去建立一个不断更新和演进的知识体系,即学会如何生存。终身教育思想,主张教育应该贯穿于人生的各个年龄阶段,而不局限于青少年时期;教育也不只限于学校,而扩及家庭和社会的各个方面,把它们的教育功能充分发挥出来,并使之与学校教育紧密结合,形成遍及全社会的教育网络。

三、图书馆应当成为社区、学校、机构的信息中心

图书馆应成为社区、学校、机构的信息中心,体现当地信息需求,公益性信息需求应得到满足。

1994年,联合国教科文组织与国际图联共同颁布的《公共图书馆宣言》声称:"公共图书馆是传播教育、文化和信息的一支有生力量,是促使人们寻找和平和精神幸福的基本资源。""公共图书馆是地区的信息中心,它向用户迅速提供各种知识和信息。每一个人都有平等享受公共图书馆服务的权利,而不受年龄、种族、性别、宗教信仰、国籍、语言或社会地位的限制。"

1997年1月,中央九部委《关于在全国组织实施"知识工程"的通知》指出:"图书馆是一种社会公益性的文化教育机构,在思想道德建设和文化建设中发挥着不

可替代的作用,也是科学普及、社会教育和信息传播的工具。"

1997年7月,英国文化、传媒和体育部图书馆信息委员会发表了《新图书馆:人民的网络》的研究报告,对于未来图书馆前景做出了预测:

明天的新图书馆将成为各年龄层次的人都能够在信息社会中获得成功的重要基地:帮助他们获得就业所需要的技能,运用信息并改善生活质量。图书馆将在产业大学(University for Industry)、终身教育计划以及支持个人自我发展活动中扮演重要的角色。

明天的新图书馆将成为新的国民教育体系中的一个有机组成部分:配合全国学习网络(National Grid for Learning)计划,与学校并肩合作,发展家庭作业俱乐部,培养阅读能力,帮助儿童和学生获取全球学习资源。

明天的新图书馆将继续无条件地向任何人开放,包括印刷品资源和联机资源在内的任何资源。图书馆将成为满足所有信息需求的第一求助对象。

明天的新图书馆将继续向大众提供各种日常生活信息,并广泛地提供有价值的休闲和文化机会。图书馆也将像其他不断采用新技术的机构和服务部门一样,始终处于发展的前沿并保持自己在社区的中心地位。

明天的新图书馆将使人们更充分地参与民主进程。通过信息和通信技术的应用,人们将获得地方、中央政府乃至区域内的各种信息和服务,并能够与政府官员、地区首脑以及当地选区的议员进行接触和交谈。这些用新技术武装起来的联网图书馆将为民众提供更多的影响生活决策过程的机会。

公共图书馆的服务具有社会公益性质,其基本服务应当是免费的。公共图书馆是依法设立的、无偿对任何人开放的机构,这一原则早在19世纪中叶就开始在美英等国确立并很快得到国际上的广泛承认和支持。我国2018年1月1日施行的《中华人民共和国公共图书馆法》,规定公共图书馆应当贯彻免费服务的原则,在以下项目服务上不得收费,包括:文献信息查询、借阅,阅览室、自习室等公共空间设施场地开放,公益性讲座、阅读推广、培训、展览,国家规定的其他免费服务项目。

国际图联理事会2013年8月16日在新加坡批准的《国际图联关于图书馆与发展的宣言》指出:"获取信息是一项基本人权,可以打破贫穷及恶性循环,并支持可持续发展。在许多社区,图书馆是唯一的地方,人们可以在那里访问信息,以求提高教育水平,培养新技能,寻找就业机会,开创事业和做出健康策略或洞察环境问题。图书馆独特的作用使其成为重要发展伙伴,通过提供各种信息、服务和方案,以满足多元化社会对信息的需求。"

2016年6月,国际图联发布了题为《所有人的渠道和机遇》的手册。该手册提出图书馆要在以下方面助力实现可持续发展目标:在专业人员的帮助下,提升包括数字、媒体、信息素养和技能在内的文化素养;缩小信息获取的差距,并帮助政府、民间团体和企业更好地认识当地的信息需求;提供可网上获取政府项目和服务的场所;通过使用信息通信技术普及数字化;充当科研和学术团体的核心;保护并提供利用世界文化和遗产的机会等。

四、图书馆应当成为信息产业的重要组成部分

信息经济的主导产业是信息产业。所谓信息产业,是以信息为资源,以新兴的信息技术为基础,专门从事信息资源和信息技术的研究、开发和应用,生产、储存、传递和营销信息商品(包括以信息设备和器件为主的硬件,以各种载体提供服务的软件,以及各类型数据),为经济发展与社会进步提供有效服务的综合性生产活动的行业。

信息产业主要包括:

(1)信息技术产业。专门从事计算机、通信、网络等信息技术软硬件和设备的研究、开发、生产、销售的产业部门。

(2)大众传播媒介。图书出版、报刊、广播、电视等传播事业。

(3)信息处理服务业。以文献信息服务为主要特征的信息处理及传递机构,例如各类型图书馆、文献中心、信息中心、专利馆、标准馆、档案馆等;信息数据存储、分析、研究中心,数据计算中心等。

(4)信息咨询业。以技术咨询为主要特征的信息咨询机构,承担决策咨询、经济咨询、技术咨询、管理咨询、法律咨询、心理咨询等。

(5)其他信息传播中介。以发布信息行情为主要特征的机构,如金融、银行、广告业等。

(6) 教育产业。

从信息产业的构成看,图书馆是信息产业的重要组成部分,其地位十分重要。世界先进国家图书馆事业的发展历程充分证明:图书馆界可在数据服务业、咨询业、技术市场和许可证贸易业、信息处理服务业中大有作为。例如,美国《工程索引数据库》就是在工程期刊图书馆的基础上发展起来的;美国的 OCLC 联机数据库网络也是在一群图书馆共同努力的基础上兴旺发达起来的。

然而,在大多数中国人的印象中,图书馆属社会公益事业范畴,与经济和产业概念没有丝毫的关系。这是因为,我国图书馆界长期在计划经济体制下靠国家拨款运行,经费有限但可以维持,所以很少考虑如何建立信息产业,更好地利用文献资料开发信息资源,更好地为国家经济建设服务。市场经济的发展,信息产业的兴起,使这种状况有了较大的改变,但由于社会信息需求不足,信息市场机制尚未完全形成,产业结构的限制等外部原因,以及图书馆的管理体制、思想观念、人员素质、资金、经营管理等内部原因的综合影响,我国图书馆在信息产业中所能发挥的作用还很有限。

参考文献

1. 吴慰慈,邵巍.图书馆学概论[M].北京:书目文献出版社,1985.
2. 刘植惠.知识经济中知识的界定和分类及其对情报科学的影响[J].情报学报,2000(2).
3. 经济合作与发展组织.以知识为基础的经济[M].北京:机械工业出版社,1997.
4. 袁正光.知识经济:超常发展的原动力[J].上海综合经济,1998(3).
5. 乌家培.正确认识信息与知识及其相关问题的关系[J].情报理论与实践,1999(1).
6. Brillouin. Science and Information Theory[M]. New York:Academic Press Inc. ,1956.
7. 邬锦雯,白雪天.信息本质的变化[J].情报科学,2000,18(11).
8. McInerney. Working in the Virtual Office:Providing Information and Knowledge to Remote Workers[J]. Library & Information Science Research,1999,21(1).
9. 丹尼尔·贝尔.后工业社会的来临:对社会预测的一项探索[M].北京:商务印书馆,1984.
10. 杨威理.西方图书馆史[M].北京:商务印书馆,1988.
11. 吴建中.21 世纪图书馆新论[M].上海:上海科学技术文献出版社,1998.
12. 联合国科技促进发展委员会.知识社会:信息技术促进可持续发展[M].科学技术部国

际合作司,译.北京:机械工业出版社,1999.

13. 陈子玲.知识经济时代图书馆的生存与发展[M].天津:天津人民出版社,1999.

14. 赵健中.教育的使命:面向21世纪的教育宣言和行动纲领[M].北京:教育科学出版社,1996.

15. 联合国教科文组织国际教育发展委员会.学会生存[M].北京:教育科学出版社,1996.

16. 徐引篪,霍国庆.图书馆学研究对象的认识过程:兼论资源说[J].中国图书馆学报,1998(3).

17. 黄仁浩.试论我国图书馆界信息产业发展沉寂的原因与对策[J].中国图书馆学报,1994(4).

18. 时文生,金允汶.信息产业的基本含义和范围界定初探[J].情报理论与实践,1994(3).

19. 何善祥.产业化市场化不是图书馆改革的必由之路[J].图书与情报,1997(4).

20. 宛福成.面向"国家创新体系"的图书馆对策[J].图书馆建设,2000(2).

21. 黄权才.图书馆基本职能新说[J].图书馆理论与实践,2004(6).

22. 文炯.试论网络环境下图书馆职能的变化[J].高校图书馆工作,2005(6).

23. 刘晓英,文庭孝.论图书馆的特殊职能[J].图书与情报,2006(3).

24. 李琛,胡媛媛.教育信息化建设中高校图书馆教育职能的发挥[J].大学图书情报学刊,2007(1).

25. 查丽华,张彤彤.图书馆基本职能一元论和社会职能多元论[J].大学图书情报学刊,2007(1).

26. 吴建中.再议图书馆发展的十个热门话题[J].中国图书馆学报,2017(4).

27. IFLA Statement on Libraries and Development[EB/OL].[2013-12-13]. https://www.ifla.org/publications/ifla-statement-on-libraries-and-development/20130816.

28. 陈皓.试论网络环境下图书馆社会职能的体现[J].晋图学刊,2018(1).

29. 徐红玉,赵乃瑄.关联:网络环境下图书馆职能变革的重要理念[J].情报资料工作,2015(4).

30. 陈雯.中国数字图书馆新媒体服务创新及策略[J].湖北第二师范学院学报,2015(3).

31. 李易宁.图书馆核心价值的争论:在图书馆的社会职能中探寻其核心价值[J].图书馆,2015(2).

第四章 图书馆的类型

第一节 图书馆类型划分的意义及标准

一、划分图书馆类型的意义

在图书馆事业的发展进程中,社会上相继出现了各式各样的图书馆。这些图书馆由于所处时代的不同,技术发展程度不同,所属领域及具体任务和服务对象不同,对书刊文献资料的搜集、整理、保管和传播的内容和形式方法也各有差异。因此,对图书馆的类型进行划分和研究,是图书馆学研究的一个重要方面。

研究图书馆的类型划分,有助于把握不同类型图书馆的不同特点,以便能够从读者的信息需求、馆藏文献和目录组织及组织管理等方面来科学地制定各类型图书馆的方针任务、发展策略,充分发挥各类型图书馆的作用。

发展各种类型的图书馆,组成为科学研究、经济建设和社会成员服务的社会图书馆体系,是一个国家图书馆事业建设的重要任务之一。研究图书馆的类型划分有着重要的现实意义,它有利于从全国或一个地区范围内对图书馆事业的发展做好全面规划和统筹安排,促进图书馆事业均衡、协调地发展。

研究不同类型图书馆的产生、发展及其特殊性,是专门图书馆学的基本内容。按照类型来研究图书馆活动,科学地总结出不同类型图书馆的特点及其发展机制,是专门图书馆学重要的研究任务。

二、图书馆类型的划分

1974年,国际标准化组织颁布了 ISO 2789—1974(E)"国际图书馆统计标准"。在这个标准中,专门有"图书馆的分类"一章,把图书馆区分为:国家图书馆、高等院校图书馆、其他主要的非专门图书馆、学校图书馆、专门图书馆和公共图书馆六大类型,并对每个类型的图书馆都做了概念性的规定,即:

(1)国家图书馆。凡是按照法律或其他安排,负责搜集和保管国内出版的所有重要出版物的副本,并且起贮藏图书馆的作用,不管其名称如何,都是国家图书馆。它们通常也执行下述某些功能——编制全国总书目;拥有并更新一个大型的有代表性的外国文献馆藏,包括有关该国的书籍;作为国家文献目录信息中心;编制联合目录;出版回溯性全国总书目。名字叫作"国家"图书馆,但其功能与上述定义不符者,则不应列入"国家图书馆"类型之中。

(2)高等院校图书馆。主要服务于大学和其他第三级教学单位的学生和教师的图书馆。它们也可能向公众开放。注意应作如下区别:①大学的主要或中心图书馆或者同一馆长领导下的分布于不同地方的一组图书馆;②附属于大学的研究所和系,不受大学的主要或中心图书馆领导和管理的图书馆;③附设于高等院校但不是其一部分的图书馆。

(3)其他主要的非专门图书馆。有学术特征的非专门图书馆,它们既不是高等院校图书馆,又不是国家图书馆,但它们对特定的地理区域履行一个国家图书馆的作用。

(4)学校图书馆。那些属于第三级院校以下的所有类型的学校的图书馆(即我们常说的中小学图书馆),虽然它们也向公众开放,但主要服务于这些学校的教师和学生。

(5)专门图书馆。那些由协会、政府部门、议会、研究机构(大学研究所除外)、学术性学会、专业性协会、博物馆、商业公司、工业企业商会等或其他有组织的集团所支持的图书馆,它们收藏的大部分是有关某一特殊领域或课题,例如自然科学、社会科学、农业、化学、医学、经济学、工程、法律、历史等方面的书刊。注意应作如下区分:①对需要服务的所有社会成员提供材料和服务的图书馆;②虽然在某些情况下也为那些负责支持图书馆的团体外的专家的信息需求服务,但它的馆藏与服务主要是针对它的基本用户的信息需求而加以设计的。

(6)公共图书馆。那些免费或只收少量费用为一个团体或区域的公众服务的图书馆;它们可以为一般群众服务,或为专门类别的用户,例如儿童、军人、医院患者、囚犯、工人和雇员等服务。注意应作如下区分：①那些受到市政当局全额或部分资助的图书馆（市图书馆或区域图书馆）；②由私人资助的图书馆。

这一国际标准，得到了奥地利、比利时、巴西、智利、捷克斯洛伐克、丹麦、埃及、芬兰、法国、联邦德国、印度、以色列、意大利、荷兰、新西兰、罗马尼亚、南非、瑞典、瑞士、泰国、土耳其、美国等22个国家的成员团体的赞同。由于技术原因，加拿大和英国表示不同意这个文件。我国当时尚未参加国际标准化组织，自然无法对这个标准表示态度。

综上所述，可见划分图书馆类型至今尚无统一的标准。由于标准的不同，其类型划分的结果就很不一致。

在我国，通常使用的划分图书馆类型的标准主要有如下几种：

（1）按图书馆的管理体制（隶属关系）划分。如文化系统图书馆，包括由文化主管部门领导的国家图书馆、各级公共图书馆、各级少年儿童图书馆；城乡基层图书馆（室）、社区图书馆，有的是公共图书馆的延伸服务或分馆，有的则由街道乡镇等基层行政机关管理；教育系统图书馆，包括教育部和各级教育行政部门领导的大、中、小学校图书馆（室）；科学研究系统图书馆，包括中国科学院、中国社会科学院、中国医学科学院、中国农业科学院、中国地质科学院以及其他专业科学研究机关所属的图书馆（室）；工会系统图书馆，包括中华全国总工会及各级工会所领导的工人文化宫和各厂矿企业所属的工会图书馆（室）；共青团系统图书馆，包括各级共青团组织所领导的青年宫、少年宫、少年之家图书馆（室）；军事系统图书馆，包括军事领导机关图书馆、军事科学图书馆、军事院校图书馆及连队基层图书馆（室）等。

（2）按馆藏文献范围划分。如综合性图书馆，包括各级公共图书馆，综合性大学图书馆，工会图书馆等；专业性图书馆，包括专业科学研究机构、专业院校及专业厂矿技术图书馆（室）等。

（3）按用户群划分。如儿童图书馆、盲人图书馆、少数民族图书馆等。

上述标准，各自从不同的角度揭示了图书馆的类型，但任何单一的标准都不能完全揭示各类型图书馆的特点，这就决定了对图书馆类型的划分不能只采用单一的标准，必须把各种标准结合起来使用，才具有完全的意义。因此，从现有的实际情况出发,依据人们的通用做法,结合多种标准,是我国划分图书馆类型的基本原则。根据图书馆的隶属关系,结合图书馆的性质、用户群、馆藏文献范围等标准来划分,目前我国图书馆的类型主要有:国家图书馆、公共图书馆、学校图书馆、科学图书馆、专业图书馆、技术图书馆、工会图书馆、军事图书馆、儿童图书馆、盲人图书馆、少数民族图书馆,以及民办图书馆等。

在上述各类型图书馆中,通常认为公共图书馆、科学图书馆、高等院校图书馆是我国整个图书馆事业的三大支柱。因为这三大系统图书馆的馆藏文献较为丰富,技术力量较强,并承担着文献资料中心、服务中心、协调中心和研究中心的重要任务。

第二节 国家图书馆

一、概况

目前全世界有100多个国家建有国家图书馆,从馆藏文献量和图书馆员的数量看,世界上最大的国家图书馆是美国国会图书馆和俄罗斯国家图书馆(原苏联国立列宁图书馆)。法国国家图书馆、中国国家图书馆(原名北京图书馆)、英国不列颠图书馆、澳大利亚国家图书馆、加拿大国家图书馆、比利时皇家图书馆、日本国立国会图书馆、奥地利国家图书馆等也都是世界著名的国家图书馆。

国家图书馆在很大程度上代表着一个国家图书馆事业的发展水平。它对本国图书馆事业的发展起着重要的作用。在国际图书馆界,国家图书馆有多种类型:

(1)公共性的中央图书馆。具有公共图书馆的性质,服务对象是面向社会的,但在服务重点方面与一般公共图书馆不同,侧重于为科学研究服务。如俄罗斯国家图书馆、法国国家图书馆、英国不列颠图书馆、澳大利亚国家图书馆,以及我国的国家图书馆都属于这种类型的国家图书馆。

(2)国会图书馆兼作国家图书馆。如美国国会图书馆、日本国立国会图书馆等,都设有相应的部门,专门为议会和政府工作人员服务,但同时也履行国家图书馆的职能。

(3)大学图书馆兼作国家图书馆。在北欧一些国家中,这种类型的国家图书馆比较多,如丹麦哥本哈根大学图书馆、挪威奥斯陆大学图书馆、芬兰赫尔辛基大学图书馆都肩负着国家图书馆的任务。

(4)科学图书馆兼作国家图书馆。如罗马尼亚科学院图书馆、美国国立医学图书馆和美国国立农业图书馆等,都兼作事实上的国家图书馆。罗马尼亚1955年在布加勒斯特另建了一所大型综合性的公共图书馆——国立中央图书馆,将其作为国家图书馆,但科学院图书馆仍是国家图书馆之一。

二、国家图书馆的职能

国家图书馆是担负国家总书库职能的图书馆,是一个国家图书馆事业的核心。国家图书馆在国家信息系统中应起三个主要作用:①提供必要的中心图书馆服务;②领导国家信息系统中的图书馆成员;③积极参加国家信息系统和制定全面发展规划。

从世界上大多数国家的实际情况看,国家图书馆的主要职能大体上可归纳如下:

(1)完整、系统地搜集和保管本国的文献,从而成为国家总书库。

(2)为研究和教学有重点地采选外国出版物,使其拥有一个丰富的外文馆藏。

(3)开展科学信息工作,为科学研究服务。

(4)编印国家书目,发行统一编目卡片,编制回溯性书目和联合目录,利用网络进行远程合作编目,发挥国家书目中心的作用。

(5)负责组织图书馆现代技术设备的研究、试验、应用和推广工作,开展图书馆信息网络的设计、组织和协调工作,在推动图书馆实现现代化中起枢纽作用。

(6)为图书馆学研究搜集、编译和提供国内外信息资料,组织学术讨论,推动全国图书馆学研究的发展。

(7)代表本国图书馆界和广大图书馆用户的利益,参加国际图书馆组织;执行国家对外文化协定中有关开展国际书刊交换和国际互借工作的规定;开展与国际图书馆界的合作与交流。

我国《公共图书馆法》第二十二条规定,国家图书馆"主要承担国家文献信息战略保存、国家书目和联合目录编制、为国家立法和决策服务、组织全国古籍保护、开展图书馆发展研究和国际交流、为其他图书馆提供业务指导和技术支持等职能",我国国家图书馆同时具有公共图书馆的功能,是一种特殊的公共图书馆。

第三节　公共图书馆

一、概况

公共图书馆,是指向社会公众免费开放,收集、整理、保存文献信息并提供查询、借阅及相关服务,开展社会教育的公共文化设施。

公共图书馆一般由国家或地方政府管理、资助和支持,经费来源于行政机构的税收。同时也有一些公共图书馆是由公民、法人和其他组织自筹资金设立的。

公共图书馆担负着为科学研究服务和为大众服务的双重任务,在促进国家经济、科学、文化、教育事业的发展,提高全民族科学文化水平方面起着重要的作用。国际图联 1975 年将公共图书馆的社会职能概括为 4 条:①保存人类文化遗产;②开展社会教育;③传递科学信息;④开发智力资源。

公共图书馆可以是为一般社会民众服务,也可以是为某一特定读者人群如儿童、工人、农民等服务的。在美国、加拿大等国家,公共图书馆主要指社会或地区图书馆,它们一般根据州(省)或市的有关法令设置,由当局批准任命的地方图书馆管理机构负责管理,经费主要来源于地方政府的税收。在中国,公共图书馆主要是由国家或地方政府主办,为大众服务,按行政区划设置并受政府各级文化部门领导的图书馆,包括国家图书馆,省(自治区、直辖市)图书馆,地区、市、州、盟等行政区图书馆,县(区)图书馆,乡镇图书馆,街道图书馆,少年儿童图书馆等。目前,各类型民办图书馆的数量也日渐增多。

公共图书馆是人类社会文明发展的产物。在早期图书馆史上曾出现过一些具有公共性质的图书馆,如古罗马的公共图书馆向城市自由民开放。中世纪欧洲的贵族、僧侣或新兴资产阶级的一些私人图书馆也向学者甚至部分市民开放。16 世纪上半叶宗教改革家马丁·路德等人倡导的德意志城镇图书馆是为一般市民服务的。18世纪在英、美等国出现的会员图书馆是近代公共图书馆的先声。

近代意义上的公共图书馆是资本主义发展的产物。资本主义大工业生产要求大批有技能的熟练工人,需要通过各级各类学校、短训班、夜校等培养工人及其后代,也需要一种可以供社会成员自学的机构和场所,在这种情况下,近代公共图书馆应运而生。19世纪下半叶首先在英美两国,后来在其他国家兴起了近代意义的公共图书馆,其特征是:①向所有居民开放;②经费来源于地方行政部门的税收;③其设立和经营必须有法律依据。英国的公共图书馆在1850年议会通过公共图书馆法后获得了较大的发展,到1900年英国有公共图书馆360所。1848年美国马萨诸塞州议会通过在波士顿市建立公共图书馆的法案后,各州也纷纷通过公共图书馆法并建立公共图书馆,其中纽约公共图书馆逐渐成为美国最大的公共图书馆。苏联十月革命后公共图书馆有了很大的发展,到1980年共有13万所公共图书馆。

中国19世纪末维新派倡导的公共藏书楼和他们建立的学会藏书楼已具有公共图书馆的性质,20世纪初出现了公共图书馆。1903年美国人韦棣华女士(Mary Elizabeth Wood,1862—1931)在武昌文华学校等办阅览室,1910年扩大馆舍,命名为"文华公书林",附设于文华大学内。文华公书林由于其开放性,成为一家带有公共图书馆性质的学校图书馆。1904年浙江古越藏书楼对外开放。1904年,湖南图书馆、湖北图书馆建立。随后,江苏、山东、陕西、浙江、河北等省都建立了公共图书馆。1909年清政府颁布《京师图书馆及各省图书馆通行章程》,促进了公共图书馆的建立和发展。1912年国家图书馆的前身京师图书馆对外开放。1914年全国共有省级公共图书馆18所,到1949年,全国有县级以上公共图书馆55所。中华人民共和国建立后,建立了全国规模的公共图书馆系统。到2016年底,全国县以上公共图书馆共计3153个,其中,国家级图书馆1个,省级图书馆39个,市级图书馆369个,县级图书馆2744个,从业人数57208人,总馆藏文献9.0163亿册,总流通人次为6.6037亿。

二、省(自治区、直辖市)图书馆

省(自治区、直辖市)图书馆,是我国公共图书馆的骨干,各馆藏书大都在百万册以上。它是由省(自治区、直辖市)人民政府文化行政部门主管的、综合性的、向社会开放的图书馆,是所在省(自治区、直辖市)的文献信息、目录、馆际互借、自动化建设、图书馆学研究和业务辅导的中心。它同时担负为科学研究和广大群众服务的任务,但以为科学研究服务为重点。它代表着一个地区图书馆事业的发展水平,同其他图书馆相比,通常它的规模最大,馆藏文献最多,人员与设备条件以及各项工作都应具有先进水平,应成为本地区图书馆界的表率。

省(自治区、直辖市)图书馆在本地区图书馆事业中的重要作用,主要表现在以下几个方面:

(1)它是为科学研究服务的重要基地。这不仅是因为它有着丰富的综合性馆藏文献信息资源,而且多年来积累了一整套为科学研究服务的实践经验,还培养了一批训练有素的为科研服务的专业队伍。

(2)它应当为地区经济建设服务,为各行各业生产建设提供科技信息和市场信息。

(3)它应当是提高全民族科学文化水平的社会教育中心。省级公共图书馆在搞好为科学研究服务的同时,决不可忽视普及科学文化知识的工作;应该扩大服务对象,改善服务条件,增设服务网点,提高服务质量,以充分发挥其提高全民族科学文化水平的职能。

(4)它是地区性图书馆间合作与协调的组织者。省(自治区、直辖市)图书馆是本地区的中心馆,并负担着地区中心图书馆委员会的日常工作,负责组织各系统图书馆之间的合作与协调工作,成为地区性图书馆合作与协调活动的组织者。

(5)它是图书馆业务辅导和图书馆学研究的推动者。省(自治区、直辖市)图书馆对市、区、县图书馆乃至基层图书馆(室)都负有业务辅导的责任。它应开展在职馆员的业务培训工作,促进馆员业务水平的提高;它还应该为图书馆学的研究广泛搜集和提供国内外的信息资料,组织学术研讨,出版专业刊物,推动本地区图书馆学研究的发展。

(6)省级图书馆是该地区的图书呈缴单位,所以它是地方文献的中心。

三、省级以下的公共图书馆

省级以下的公共图书馆,主要是指省辖市、地、州、盟图书馆和县、区图书馆。

省辖市、地、州、盟图书馆,在公共图书馆系统中的地位和作用,介乎省级馆和县(区)图书馆之间,起着承上启下的作用,是省级馆联系县(区)馆的纽带。尽管它们的馆藏文献信息都是综合性的,但收藏范围和重点往往又体现了所在地区的政治、经济、文化、科学、教育的特点。它们一般都担负着为科学研究、技术革新和普及科学文化知识、为广大群众服务的任务。其中,远离省图书馆并有着较好的县(区)图书馆为基础的那些市、地、州、盟图书馆,则应以科学研究服务为重点。市、地、州、盟图书馆,同样是其所在地区的文献信息、目录、馆际互借和业务辅导的中心,承担着协调本地区其他类型图书馆活动的任务。

县、区图书馆,是我国公共图书馆的基础,数量较多,联系群众面广,在普及科学文化知识、丰富群众文化生活、满足群众阅读需求等方面,发挥着十分重要的作用。

由于我国经济和文化发展的不平衡状态较为突出,所以各县馆的馆藏规模和物质条件往往相差悬殊。我国图书馆的经费来源主要靠各级政府财政拨款,东西部图书馆发展不均衡。

曾经,一些公共图书馆采用办公场地出租、开办娱乐场所等办法"以文养文",缓解了经费紧张的问题,提高了工作人员的福利,而且也获得了一定的购书经费。但这种做法违背了公共图书馆的公益性质,所以,在《公共图书馆法》中明确规定:县级以上人民政府应当将公共图书馆事业纳入本级国民经济和社会发展规划,将公共图书馆建设纳入城乡规划和土地利用总体规划,加大对政府设立的公共图书馆的投入,将所需经费列入本级政府预算,并及时、足额拨付。同时,公共图书馆的设施设备场地不得用于与其服务无关的商业经营活动。

一些公共图书馆开展特色服务,大大提高了本馆的知名度,吸引了各界读者来馆使用文献信息,如北京市海淀区图书馆针对中关村高科技园区开展的特色服务,东城区图书馆的服装文献特色服务等,都是较有代表性的。但也有一些图书馆在这样的探索过程中走了弯路。

县图书馆联系着广大城镇和农村,担负着为本县工农业生产、为广大城镇居民和少年儿童服务的任务,它们要为农村种植专业户和养殖专业户服务,为他们发家致富提供实用性科技信息。同时,县图书馆对农村图书馆(室)建设也负有重要和直接的责任。因此,办好并发展县图书馆,对于发展农业生产,提高广大农(牧)民的科学文化水平具有特别重大的意义。今后在公共图书馆事业的发展中,县图书馆的建设仍应作为一个需要经常注意的重点,有计划、有步骤地实现国家规划的"县县有馆"的目标。

大、中城市的区图书馆的主要任务是为市民服务。在今后的区馆建设中,还应考虑同所在市的市图书馆在具体任务、读者对象、馆藏范围、服务重点等方面有所分工,使市、区图书馆共同组成一个完整的藏书体系和服务网络,而不应各自为政、竞相建设"小而全"的馆藏体系。

基层公共图书馆还包括社区图书馆、街道图书馆,这是公共图书馆的一种补充形式。它是基层群众文化机构,所担负的主要任务是:为居民服务,普及科学文化知识,丰富群众的文化生活。

农村乡镇图书馆(室)是我国基层图书馆的另一类型。它通过借阅书刊,对农民和乡镇居民提供公共文化服务,普及科学文化知识,活跃农村的文化生活,促进农业生产的发展。

四、国际图书馆界关于公共图书馆的认识

为促进全球范围内公共图书馆的发展,联合国教科文组织(UNESCO)于1949年颁布了《公共图书馆宣言》,并于1982年、1994年做了修订。

《公共图书馆宣言》表达了联合国教科文组织关于公共图书馆的理念,如1949年发表的"宣言"宣称:"自由地利用图书馆信息是人类的一种基本权利。"1994年修订的"宣言"指出:"公共图书馆是地方的信息中心。""公共图书馆,作为地方的知识门户,提供个人及社会团体终身学习、独立决策和文化发展的基本条件。"宣言还涉及公共图书馆的使命,经费、立法及网络,经营与管理等方面的问题。联合国教科文组织《公共图书馆宣言》是指导公共图书馆发展的纲领性文件。

除联合国教科文组织外,许多国家也为公共图书馆及其他图书馆的发展制定了宣言。如1995年12月美国图书馆协会(ALA)发表了"美国图书馆事业发展的12条宣言"。主要内容是:①图书馆向市民提供获取信息的机会;②图书馆应消除社会的障碍;③图书馆是改变社会不公平现象的基地;④图书馆尊重个人的价值;

⑤图书馆培育创造精神;⑥图书馆为儿童打开心灵的窗户;⑦图书馆的服务会得到社会应有的回报;⑧图书馆构建社会群体;⑨图书馆是连接家庭的纽带;⑩图书馆激励每一个人;⑪图书馆是心灵的圣地;⑫图书馆保存历史记录。

1996年,日本图书馆研究会公共图书馆管理调查委员会发表了关于公共图书馆管理的12条建议:①取消利用限制;②选择读者现在需要的常用资料;③藏书体系要反映读者的需求;④重视儿童读者的愿望;⑤平等地对待每一个读者;⑥加大预约服务的力度;⑦增加复本量;⑧让开架图书更具有魅力;⑨有效使用经费;⑩尊重每一个读者;⑪认真考虑服务的优先顺序;⑫重视解决读者的各种难题。

我国《公共图书馆法》指出:"公共图书馆是社会主义公共文化服务体系的重要组成部分,应当将推动、引导、服务全民阅读作为重要任务。公共图书馆应当坚持社会主义先进文化前进方向,坚持以人民为中心,坚持以社会主义核心价值观为引领,传承发展中华优秀传统文化,继承革命文化,发展社会主义先进文化。"

第四节　高等学校图书馆

一、概况

高等学校图书馆是学校的文献资料信息中心。文献资料信息工作是高等学校教学、科研工作的基本条件之一,加强图书馆、资料室的建设,搞好文献资料的搜集、整理、保管和借阅,是高等学校一项重要工作。国外把现代化的图书馆视为现代化大学的三大标志之一,由此可见高等学校图书馆在高等学校中所处的重要地位。

高等学校图书馆是我国图书馆事业中的一个重要类型。它虽属于学校图书馆的范畴,但又不同于一般的学校图书馆。在国外,通常把中学图书馆划归学校图书馆(school library),而高等学校图书馆则属于科学或研究图书馆(research library)。两者在规模、性能和馆藏文献量方面,以及服务范围和方式上都有很大的不同。

根据馆藏文献范围划分,高等学校图书馆大体上可分成两类:即综合性的和专业性的。综合性大学图书馆和师范院校图书馆属于综合性的图书馆;多科性理工科院校图书馆和单科性院校图书馆基本上是专业性的图书馆,只是在专业的范围上有所区别。

在我国的高等学校图书馆中,历史悠久、馆藏丰富的北京大学、清华大学、中国人民大学、复旦大学、上海交通大学、中山大学、北京师范大学、西安交通大学、南京大学、四川大学、兰州大学等大学图书馆,都是全国或地区中心图书馆的成员馆,并在其中担负着重要的任务。

中华人民共和国成立初期,全国只有高等学校图书馆132所。随着我国高等教育的发展,高等学校图书馆也有了较大的发展,截至2017年,全国高等学校图书馆将近3000所。

二、高等学校图书馆的性质、地位和作用

高等学校图书馆是学校的文献信息资源中心,是为人才培养和科学研究服务的学术性机构,是学校信息化建设的重要组成部分,是大学文化建设的重要基地。

为人才培养和科学研究服务是高等学校图书馆主要的任务,即高等学校图书馆主要承担教育职能和信息服务职能。这也是高等学校图书馆存在的价值所在,是它的全部工作的出发点和归宿,并贯穿于它的全部工作的各环节之中。

高等学校图书馆的服务是一种专业性、学术性很强的服务。从服务内容、服务手段到服务方法,无不反映它的学术性质。高等学校图书馆的学术性同样贯穿于它的全部工作各个环节之中。随着高等教育事业和科学技术的发展,必然要求高等学校图书馆迅速提高各项工作的学术水平。

由此可见,高等学校图书馆既不是一个独立的教学机构或学术研究机构,也不是一个行政机构或单纯事务性的服务机构;既不是一个以收藏为主的藏书楼,也不只是一个以普及为主的文化馆,而是为教学和科学研究服务的学术性机构。这种提法,比较全面、准确地概括了高等学校图书馆的性质。

还应当明确的是,高等学校图书馆的服务性和学术性是互相渗透,互相统一,紧密联系,不可分割的;二者不是互相平行,更不是互相对立的。明确高等学校图书馆的学术性,不是削弱它的服务性,恰恰相反,是要使服务工作达到一个新的水平。"为教学和科学研究服务的学术性机构"这句话,是一个统一的整体,反映了二者的紧密结合,而不能割裂它。

关于高等学校图书馆的地位和作用问题,这是关系到整个高等学校图书馆事业发展的一个基本问题。为了使高等学校图书馆工作更好地适应教学、科学研究的需要,首先必须充分认识图书馆在整个高等教育事业中的地位和作用。必须明确,一个高等学校要出高质量的适应现代化要求的合格人才和高水平的科研成果,必须有高质量的文献信息工作的保证。现代高等教育要求图书馆从被动的低水平的服务发展为主动的高水平的服务,要求图书馆在原有基础上大力加强和发挥教育职能和传递信息职能,这是传统图书馆向现代化图书馆过渡的一个重要标志。图书馆工作绝不是与教学、科研无直接关系、无关大局的工作,而是教学、科研的有机组成部分,是办好高等学校的基本条件之一。

我国高等教育的任务是培养具有创新精神和实践能力的高级专门人才,发展科学技术文化,促进社会主义现代化建设。高等学校人才的成长,学校对学生进行德智体美劳诸方面的教育,都必然要充分利用人类积累的知识财富。高等学校图书馆就是根据教学和科研的需要,搜集、整理和提供各种文献信息资料来为广大师生服务的。它是学校的文献资料中心,是知识的宝库。因此,图书馆也很自然地成为广大师生进行学习和学术研究活动和学校施教的重要场所。我国的高等学校图书馆,是宣传马列主义、毛泽东思想,建设社会主义精神文明的阵地,在培养德智体美劳全面发展的社会主义合格接班人方面,有着不可低估的作用。在专业教育方面,图书馆又是教师备课的后盾和学生学习的第二课堂。教师只有全面掌握了有关专业的广泛信息资料和最新进展,才能使教学和教材具有较高的质量,而这就必须依赖于图书馆的帮助;学生所学课程内容的巩固和扩展,以及科学文化素养与独立研究能力的提高也有赖于利用文献信息资料。总之,在高等学校培养人才的过程中,图书馆具有多方面的职能作用。其中包括对学生进行思想品德教育的职能;直接配合教学进行专业教育的职能;扩大学生的知识面,进行素质教育的职能;对用户利用文献和现代化技术手段提供方法指导,进行书目教育、信息教育的职能。

高等学校,特别是作为教学中心和科研中心的重点院校,承担着大量的科学研究任务。马克思说过,科学工作,发现、发明"部分地以今人的协作为条件,部分地以对前人劳动的利用为条件"。实现这两个条件的重要途径就是通过文献资料来传递知识信息。现代图书馆正具有这种传递和交流信息的职能,信息工作是科研工作必不可少的前期劳动。现代科学迅速发展,信息资料急剧增加,从事科研工作的人员,光靠个人搜集和研究资料已经很困难了,必须要有图书情报人员的配合。我国的高等学校里的信息工作开展得很不均衡,很多学校没有全面开展起来,这对科学研究是很不利的。我们的教学、科研人员往往要花很多时间查阅资料,而且由于资料不全、信息不灵,不少研究项目是重复他人的劳动。因此,做好文献信息工作,充分发挥图书馆的信息职能,就能够减少科研人员查阅资料的时间,避免一些重复劳动,实际上就是增加了第一线科研人员的力量。通过以上分析,我们可以清楚地看出,高等学校图书馆工作是高等学校教学和科学研究工作的重要组成部分,高等学校图书馆的工作水平是学校教学科研水平的一个重要标志。

三、高等学校图书馆的任务和特点

根据我国高等学校图书馆的性质、地位和作用,高等学校图书馆所担负的任务必须服从于高等学校的基本任务。高等学校的基本任务是贯彻执行党所规定的教育方针,为社会主义现代化培养又红又专、德智体全面发展的各种专门人才。为了适应从传统图书馆向现代化图书馆过渡的新形势,要求图书馆工作在原有基础上提高服务水平、管理水平、协作水平和学术水平。

2015年教育部颁布的修订后的《普通高等学校图书馆规程》规定高等学校图书馆的主要任务是:

(1)建设全校的文献信息资源体系,为教学、科研和学科建设提供文献信息保障;

(2)建立健全全校的文献信息服务体系,方便全校师生获取各类信息;

(3)不断拓展和深化服务,积极参与学校人才培养、信息化建设和校园文化建设;

(4)积极参与各种资源共建共享,发挥信息资源优势和专业服务优势,为社会服务。

传统上,高等学校可划分为综合性大学、多科理工科大学和专科性大学。随着高等教育的发展,对高等学校的类型的认识和划分有所调整,主要分为学术性研究型的综合大学或多科性大学、应用性教学型大学、高等专业学校(高等职业专科学校)。不同类型高校的图书馆在读者服务工作和其他方面当然会有所差异,但它们也具有一些共同的特点。

高等学校图书馆服务的对象,主要是教师和学生。他们对文献资料的需要是由人才培养和学科建设目标所决定的。高等学校人才培养的主要任务是向学生系统地传授学科专业知识及实用技能,教学内容具有相对的稳定性。教学内容的稳定性,不仅表现在课程内容体系的相对稳定上,而且还表现在高等学校专业设置和教学计划的相对稳定上,这就决定了读者需要的相对稳定性。

读者需要的稳定性,主要表现在师生对教学用书,特别是专业核心课程教学主要参考书的稳定、经常的需要上。

教学工作的另一个特点,在于它是按教学计划、教学大纲进行的,有统一的进度,这就造成了读者用书的集中性。高等学校图书馆读者用书的集中性主要表现在两个方面:一是用书的品种集中于正在进行教学的有关课程的主要参考书刊上,另一个是读者对教学参考书的用书时间也是集中的。用书的集中性,就必然会造成高校图书馆紧张的供求关系。供求关系紧张并不完全是由于文献保障率过低,应具体情况具体分析,针对原因寻找出缓和供求矛盾的办法。

教学工作是分阶段的,开学、上课、考试、放假,一个阶段接着一个阶段有节奏地进行,每一学期都要重复一次。表现在高校图书馆读者在使用图书馆空间、服务及文献资料的需要方面,也有很明显的阶段性。在各个不同的阶段,读者对所需文献资料的种类、范围和深浅程度都有显著的差别。

高校图书馆读者需要的阶段性,给读者服务工作带来一定的影响。随着各个阶段读者需要的变化,读者服务工作的重点及其工作量在不同的阶段也相应地有所变化。

为了满足教学和科学研究的需要,高等学校图书馆的馆藏文献不仅要有一定的数量,而且必须保证质量。数量与质量两者比较起来,质量应放在首要的地位。高等学校图书馆保证文献质量的关键,在于抓好馆藏文献的补充工作,建立一个好的专业的馆藏体系。馆藏文献的补充应以学校专业设置、专业教学计划、教学大纲、科学研究计划、师资培养计划为依据,坚持以学科专业文献为主,适当照顾全面的原则。具体地说,就是对于学科专业文献全面系统地收藏,与专业有关的文献重点收藏,一般文献适当收藏,要注意数字化文献馆藏建设,逐步建立起专业的馆藏文献体系,使馆藏文献具有特色。

有了一定规模的馆藏文献,还必须加以科学的整理和组织管理。高等学校图书馆馆藏文献体系组织的共同点是要考虑学校的性质与专业设置的特点。综合性院校,基本书库往往划分为文科专藏与理科专藏;专科性院校,有些馆把专业文献组成基本书库,成为基藏。阅览室的设置会直接影响到书库组织,高等学校图书馆的阅览室或研究室一般都配有辅助藏书。

在高等学校中,还有一个共性的问题,就是图书馆与系(所)资料室的关系问题。图书馆是学校的文献资料信息中心,服务对象是全校师生及工作人员。在馆藏文献内容上,除了主要应该搜集为师生服务的专业文献外,还应该适当地补充一般工作人员所需要的普通文献。规模大、设有二级学院、系科多或校园分散的学校,根据需要与可能,可设立专业分馆或学生分馆。分馆是总馆的分支机构,受总馆直接领导;根据需要与可能,也可设立院(系、所)资料室。院(系、所)资料室是全校文献资料信息系统的组成部分,接受院(系、所)和校图书馆双重领导,但也有的仍归院系,不归校图书馆领导。它的服务对象主要是本院(系、所)教师与学生(以本科高年级学生和研究生为主)。它的职责是负责相关学科、专业文献的保管和借阅,并着重进行学科专业资料的收集、整理和研究,开展信息服务。校图书馆与院(系、所)资料室在为本校教学与科学研究服务的总任务指导下,互相配合,各司其职,各负其责。

第五节　科学、专业图书馆和信息中心

一、概况

科学、专业图书馆属于专门性图书馆,它们往往同时是专业领域的信息中心,即图书馆与信息中心一体化。这种专门图书馆,是依靠专门人才及其所掌握的专

业知识,用科学的方法搜集、整理、保存、提供信息资料的文献信息机构。

在我国,科学、专业图书馆种类多,数量大,馆藏文献专深,是直接为科学研究和生产技术服务的图书馆。它是按专业和系统组织起来的,在一个专业或系统内,形成了一个上下沟通、联系紧密的图书馆体系。

科学、专业图书馆的类型很多,有综合性的,也有专科性的。在我国,科学专业图书馆主要包括中国科学院系统图书馆、中国社会科学院系统图书馆、中国农业科学院系统图书馆、中国医学科学院系统图书馆、中国地质科学院系统图书馆、中国中医研究院系统图书馆、政府部门所属研究院(所)图书馆、大型厂矿企业的技术图书馆以及其他专业性图书馆。

在科学、专业图书馆中,历史较久、规模较大的中国科学院文献情报中心、中国农业科学院文献信息中心、中国医学科学院医学情报研究所、中国中医研究院中医药信息研究所等,都是本系统的中心图书馆,在外文书刊采购、文献调拨、编制联合目录、馆际协作、图书馆自动化、干部培训等方面,起着组织和推动的作用。

中国科学院文献情报中心主要为自然科学、边缘交叉科学和高技术领域的科技自主创新提供文献信息保障、战略情报研究服务、公共信息服务平台支撑和科学交流与传播服务,同时通过国家科技文献平台和开展共建共享为国家创新体系其他领域的科研机构提供信息服务。

2000年6月12日,经国务院领导批准,国家科技图书文献中心(National Science and Technology Library,NSTL)正式成立。中心是一个基于网络环境的科技文献信息资源服务机构,由中国科学院文献情报中心、中国科学技术信息研究所、机械工业信息研究院、冶金工业信息标准研究院、中国化工信息中心、中国农业科学院农业信息研究所、中国医学科学院医学信息研究所、中国标准化研究院标准馆和中国计量科学研究院文献馆九个文献信息机构组成。

国家科技图书文献中心以构建数字时代的国家科技文献资源战略保障服务体系为宗旨,按照"统一采购、规范加工、联合上网、资源共享"的机制,采集、收藏和开发理、工、农、医各学科领域的科技文献资源,面向全国提供公益的、普惠的科技文献信息服务。其发展目标是建设成数字时代的国家科技文献信息资源的保障基地、国家科技文献信息服务的集成枢纽、国家科技文献信息服务发展的支持中心。

历经十多年建设,国家科技图书文献中心已经发展成为国家科技文献资源的战略保障基地,大幅度提升了对全国科技界和产业界的文献服务能力,创新和开拓了多样化、个性化、专业化服务,成为文献服务共建共享的国家枢纽,引领了国家科技文献事业的发展,被誉为我国科技服务业服务科技创新和社会发展的重要典范。

二、科学、专业图书馆的性质和任务

国外的一些科学图书馆是公共性质的专业图书馆,其主要任务是为科学研究服务,广泛开展科学信息活动,搜集和提供最新信息资料。在我国,科学、专业图书馆都不是公共性质的,而是隶属于各类科学研究机构。

科学、专业图书馆是交流科学信息的机构,是我国图书馆体系的一个重要组成部分。它在为科学研究服务方面,起着"耳目""尖兵"和"参谋"的作用。它所担负的主要任务是:

(1)紧密结合本系统、本单位的科研方向与任务,搜集、整理、保管和提供国内外科技文献,为科学研究和生产技术服务;

(2)积极开展信息的调研和分析,摸清各研究课题的国内外发展水平和趋势以及有关的指标、参数,不断向科研人员和领导部门提供分析报告和有科学价值的信息资料;

(3)组织本系统科技信息交流,协调本系统文献信息刊物的编译出版,宣传报道国内外的最新科学理论和技术;

(4)加强文献信息工作协作的组织工作和业务辅导,做好本系统的文献信息资料调剂、工作经验交流和干部培训等工作;

(5)开展文献信息理论、方法和现代化手段的研究。

三、科学、专业图书馆的特点

科学、专业图书馆在规模上有大中小的不同,在馆藏文献范围上有综合性和专科性的区别。但是从类型上考察,它们具有一些共同的特点。

文献信息一体化是科学、专业图书馆的特点之一。文献与信息本来都共存于图书馆之中,二者存在着密切的内在联系。图书馆是收藏、管理和传播书刊文献资料的知识宝库,科技信息机构是提取、研究和加工书刊文献资料所含信息的服务中心。二者都是以文献信息为工作对象,都是采用从搜集到利用的技术方法,都服务于同一的对象——读者或用户,都是为了达到继承人类知识成果这个共同的目的。尽管图书馆工作与科技信息工作在为科学研究服务的广度、深度、方式和手段等方面还存在着某些差异,但是它们在工作内容和工作方法上具有相似的程序,即重视科技文献信息的搜集、加工、分析、报道、检索和提供。

服务是一切图书馆的共性,而服务方式多样化则是科学、专业图书馆的特点。科学、专业图书馆的服务方式早已突破单一的借阅形式,重点在于各种信息服务项目,如开展文献信息定题跟踪报道、受理大宗的专题回溯检索、科技查新、编制各种推荐性和参考性的书目索引等。

科学、专业图书馆的馆藏文献大都反映出学科专业性。学科的基本理论著作,特别是最新科学著作是收藏的重点。所藏国外文献占有较大的比重,其中又以国外期刊为重点。凡与本单位科研方向和任务有关的文献信息资料均力求系统搜集,本门科学的相关学科的文献信息资料也根据需要予以搜集。对于能够成为信息源的文献资料很重视,入藏量也较大。由于这部分文献资料老化周期短,因而馆藏新陈代谢较快。

科学、专业图书馆的服务对象,主要是本系统、本单位的科研和工程技术人员。根据科研工作的特点,文献信息工作必须走在科研工作的前面,要求广、快、精、准地提供文献信息资料。为此,要求文献信息人员加强信息分析研究,掌握国内外的专业研究水平和动向,以及科研人员的实际需要,紧密配合科研任务,采取多种方式提供有效的服务。

第六节 其他类型图书馆

一、少年儿童图书馆

1. 少年儿童图书馆发展状况

少年儿童图书馆是为少年儿童服务的图书馆。广义上包括独立设置的儿童图书馆和在一些公共图书馆设立的少年儿童分馆或少年儿童阅览室及服务部。其宗旨是提供图书资料,满足少年儿童学习文化知识和促进智力发展的需求。在有些国家,如俄罗斯,儿童图书馆是独立的,日本和美国等国家则在公共图书馆设立儿童部,馆址可能单独设置,但由相应的公共图书馆管理。

少年儿童图书馆是一个国家图书馆事业的重要组成部分,是以广大未成年人为对象的重要的社会教育机构,是未成年人的第二课堂。加强少年儿童图书馆建设,是保护广大未成年人的文化权益、建立健全公共文化服务体系的重要举措,对于满足广大未成年人日益增长的精神文化需求、全面提高未成年人的素质具有十分重要的意义。

中华人民共和国成立以后,党和政府非常重视少年儿童图书馆的建设。特别是改革开放以来,我国的少年儿童图书馆事业有了长足的发展,成绩显著,在构建公共文化服务体系、丰富未成年人精神文化生活、促进未成年人健康成长方面发挥了重要作用。许多大城市都创办了专门的少年儿童图书馆;许多省、市、县图书馆都附设有儿童阅览室。

但是,与广大未成年人日益增长的精神文化需求相比,与我国经济社会协调发展的要求相比,与发达国家相比,我国少年儿童图书馆事业还存在着较大的差距。主要表现在投入不足、设施落后、文献资源总量少、品种单调、服务网络不健全等。在儿童图书馆的数量与规模、儿童读物的供应、儿童图书馆所需专门人才的培养等方面,我们同先进国家的差距是明显的。为此,2010年,文化部社会文化司发布《文化部关于进一步加强少年儿童图书馆建设工作的意见》(文社文发〔2010〕42号),专门就少年儿童图书馆的发展提出具体的建设思路。自1994年起,文化部组织开展的6次公共图书馆评估定级工作中,也对省、市、县级少年儿童图书馆评估标准分别做出了规定。

2. 少年儿童图书馆的特点

(1)收集和提供适合少年儿童读者的文献,如儿童读物、音像资料、图片、动画片、幻灯片等。

(2)根据少年儿童的年龄和文化程度,考虑少年儿童利用图书的特点,注意根据其兴趣、爱好和愿望,开展灵活多样的服务。例如可开展故事会、朗诵会、书评会、图书与艺术品展览、读书读报征文、智力竞赛、游戏、游艺会等多种形式的活动，吸引少年儿童读书和利用图书馆。

（3）重视对少年儿童进行阅读指导，帮助他们掌握利用图书和图书馆获取科学文化知识的能力，养成良好的阅读习惯，培养利用图书馆自学和进行终身学习的能力。

（4）图书馆的全部工作都是围绕着组织、引导小读者多读书、读好书这个中心开展，重视对图书的评价、推荐和介绍等。

（5）加强对少年儿童进行利用计算机、网络等现代化手段获取信息能力的培养，利用电子出版物和网络信息文、图、音、像生动形象的特点，吸引少年儿童使用图书馆。

（6）少年儿童图书馆在建筑空间的设计和装饰方面，书架和家具的选型等方面，都应充分考虑少年儿童的身体、心智的发展阶段特点。

二、中小学图书馆

中小学图书馆亦称学校图书馆，在有些国家称为"学校媒体中心"或"学校图书馆电教中心"。中小学图书馆是中小学的有机组成部分，学校教育和教学必不可少的条件。中小学图书馆的宗旨是：为教师教学、学生学习、提高教育质量和培养人才服务。中小学图书馆是学生的第二课堂。

教育部2018年印发的再次修订的《中小学图书馆（室）规程（修订）》，明确规定了中小学图书馆（室）的作用、任务和性质：

图书馆是中小学校的文献信息中心，是学校教育教学和教育科学研究的重要场所，是学校文化建设和课程资源建设的重要载体，是促进学生全面发展和推动教师专业成长的重要平台，是基础教育现代化的重要体现，也是社会主义公共文化服务体系的有机组成部分。

图书馆的主要任务是：贯彻党的教育方针，培育社会主义核心价值观，弘扬中华优秀传统文化，促进学生德智体美全面发展；建立健全学校文献信息和服务体系，协助教师开展教学教研活动，指导学生掌握检索与利用文献信息的知识与技能；组织学生阅读活动，培养学生的阅读兴趣和阅读习惯。

1980年,国际图书馆协会联合会在菲律宾首都马尼拉召开了有关中小学图书馆的会议,会上通过了《中小学图书馆宣言》,1980年12月由联合国教科文组织正式发布。宣言论述了中小学图书馆的办馆宗旨、地位和职责、办馆条件、服务内容、资源共享等问题。宣言着重提出:"中小学图书馆是保证学校对青少年和儿童进行卓有成效的教育的一项必不可少的事业,是保证学校取得教育成就的基本条件,也是整个图书馆事业的不可缺少的组成部分。"它的发布,对世界各国中小学图书馆工作起到一定的指导作用。

1999年,联合国教科文组织颁布的《全民教育中的中小学图书馆——中小学图书馆宣言》在内容上做了重大修改,以适应信息时代中小学图书馆发展的新形势,其主要内容包括中小学图书馆的任务、经费、法规和网络、中小学图书馆的目标、馆员、运作与管理等。宣言指出:"中小学图书馆为全体学校成员提供学习服务、图书和信息资源,这些能使他们成为有批判精神的思想者和各种形式、媒介的信息的有效用户。""图书馆工作人员提供图书和其他信息资源的使用,包括从虚构的到现实的,从印刷的到电子的,从本馆的到异地的。这些资料能够丰富教科书、教学材料和方法。事实证明,图书馆与教师共同合作,可以使学生们在识字、阅读、学习、解决问题、信息和交流技能方面达到更高的水平。"

中小学图书馆可以在许多方面发挥作用。它在培养学生的思想品德、进行科学文化知识教育、自学方法教育、图书馆知识教育以及自学能力、分析鉴别能力的培养等方面,均可发挥重要的作用。

中小学图书馆主要有如下特点:

(1)中小学图书馆要根据学校教学工作的需要,有目的、有计划地搜集有关各科课程的教学参考资料,向学生和教师提供配合课程、辅助教学的文献资料。

(2)向学生推荐和提供优秀课外读物,扩大学生的知识面和视野,进行综合教育;有条件的学校图书馆要为学校开展STEAM教育(集科学、技术、工程、艺术、数学为一体的综合教育)提供文献、空间等支持。

(3)开展阅读辅导活动,对学生进行阅读指导,组织适合青少年和儿童的兴趣和年龄特点的各种读书活动、征文活动,提高少年儿童的阅读兴趣。

(4)通过建立"图书角"或"班级文库"等形式,使图书能够被学生广泛接触和利用,让中小学生参与管理图书。

(5)对学生读者进行文献知识和图书馆知识的教育,介绍各种工具书的使用方法、计算机信息检索的技能等,从而提高读者利用图书馆的意识和检索各种文献信息的能力,引导学生从小即会正确地阅读,善于利用图书馆自学,逐步掌握从文献资料中获取各种知识和信息的方法。

(6)积极推进图书馆现代化的进程,要收藏各种新型载体文献,如视听资料、多媒体出版物、增强现实(AR)图书等,要利用计算机信息系统管理图书馆各项业务工作,同时也要向青少年提供通过网络获取信息的方便条件。

(7)中小学图书馆应有一定的空间为学生使用,图书馆的设备、书架、阅览桌椅等要适合青少年的身体情况。

世界上许多重视基础教育和普通教育的国家,都很重视中小学图书馆事业,一些国家通过立法和颁布标准来保证中小学图书馆的发展。在我国,国家教育委员会于1991年颁发的《中小学图书馆(室)规程》及教育部2018年颁发的《中小学图书馆(室)规程(修订)》中,除规定了中小学图书馆的方针、任务外,还对图书馆的工作、管理机构和工作人员、条件保障等做出了明确的规定。我国中小学图书馆的读者群是中小学生及其教师,但全国中小学图书馆的发展是不均衡的,除了少数条件较好的学校建立了较为正规的图书馆,正常开展服务外,我国许多农村中小学尚未建立图书馆(室),城市中的许多中小学图书馆由于经费、人员等原因,文献建设及读者服务也不能正常开展,限制了中小学图书馆功能的发挥。

三、民办图书馆

1. 民办图书馆的概念

民办图书馆,是指由非政府组织、社会团体、其他社会组织和公民个人利用非国家财政性经费兴办、依法自行管理并面向公众提供有偿或无偿文献信息服务的机构,是所有民间社会力量创办的一切图书馆的统称。

在美国,民办图书馆包括:私人图书馆、私立图书馆、会员图书馆、捐赠图书馆、团体专业图书馆和总统图书馆(总统图书馆采用私人筹建、政府管理的运行模式)。

在英国,民办图书馆是指那些创办主体和资金来源为非政府财政支持的图书馆,主要包括私人开放藏书室、个人图书馆、会员图书馆、流通图书馆、工人图书馆和机械学校图书馆等。

日本明确民办图书馆是指私立图书馆,并且在现行《图书馆法》中专门规定私立图书馆主要包括:私人文库、私立公共图书馆、私立学校图书馆、私立专门图书馆等。

2. 民办图书馆的分类

民办图书馆可分为公益性民办图书馆和经营型民办图书馆。按照办馆资金来源和图书馆的管理人员的不同,公益性民办图书馆又可以分为个体公民公益图书馆和捐赠援建型民办图书馆。

(1)个体公民公益图书馆:是指那些由个人出资兴办,免费为公众提供图书借阅等文化服务的图书馆。

(2)捐赠援建型民办图书馆:是指办馆的资金及馆藏资源大部分来自个人、企业、社会团体、基金会等的捐赠,办馆的场地由图书馆所在地提供,由志愿者和当地人员进行管理的民办图书馆。

(3)经营型民办图书馆:主要指那些主要靠向读者收取微量费用以维持图书馆日常运营、不以营利为目的的民办图书馆。

3. 民办图书馆的发展趋势

在我国,随着经济的发展,民办图书馆数量不断增加,并从沿海发达地区逐步扩展至中西部地区;民办图书馆中,中小型、多功能的图书馆是发展主流;民办图书馆的壮大和类型的多样化,有利于其融入我国公共图书馆服务网络,成为图书馆事业体系的不可忽视的组成部分。

参考文献

1. 图书馆学百科全书[M]. 北京:中国大百科全书出版社,1993.
2. 北京大学图书馆学情报学系,武汉大学图书情报学院. 图书馆学基础[M]. 北京:商务印书馆,1991.
3. 吴建中. 21世纪图书馆新论[M]. 上海:上海科学技术文献出版社,1998.
4. 张树华,董焱,蔡金钟. 中小学图书馆工作导论[M]. 北京:北京图书馆出版社,1998.

5. 孙光成.世界图书馆与情报服务百科全书[M].成都:四川民族出版社,1991.

6. UNESCO Public Library Manifesto 1994[J]. IFLA Journal,1995,21(1).

7. 邢素丽.全民教育中的中小学图书馆:国际图联/联合国教科文组织中小学图书馆宣言[J].中小学图书情报世界,2001(1).

8. 肖东发.中国图书馆年鉴:1999[M].北京:北京图书馆出版社,1999.

9. 郑千里.虚拟国家工程技术图书馆成立[N].科技日报,2000-07-31.

10. 鲍林涛,徐光复.试论公共图书馆改革的宏观调控[J].图书馆建设,1993(6).

11. 刘喜申.公共图书馆:繁荣与危机[J].图书馆学通讯,1990(2).

12. 潘寅生.省级公共图书馆建设管见[J].中国图书馆学报,1991(3).

13. 郑莉莉.中国儿童图书馆的现状与展望[J].儿童图书馆,1998(3).

14. 霍国庆,金高尚.论社区图书馆[J].中国图书馆学报,1995(4).

15. 马艳霞.民办图书馆的概念界定与类型[J].图书情报知识,2015(2).

16. 张广钦.民营图书馆的界定、类型与研究现状[J].图书情报工作,2007(1).

17. 王波,吴汉华,宋姬芳,等.2016年高校图书馆发展概况[J].大学图书馆工作,2017,37(6).

18. 明均仁,张俊,郭财强.国内高校移动图书馆用户感知行为研究综述[J].大学图书馆学研究,2017(6).

第五章 图书馆事业

第一节 图书馆事业建设的原则

一、图书馆事业的一般含义

图书馆事业这个概念,大约在 19 世纪末到 20 世纪初已为人们所通用,在当时,人们往往把图书馆与图书馆事业这两个概念等同起来,但却没有认识到,那些孤立地行使其职能的单个图书馆,从社会意义上说还不能算是已经构成了图书馆事业。图书馆事业这一概念的诞生和发展,是与图书馆在社会结构中所处的地位及其所起的社会作用密切相关的。图书馆是随着社会的需要而产生和发展的,它受着社会经济、政治、科学、文化的制约,随着社会经济、政治、文化的发展而发展。在各个历史时期中,社会总是根据本身的需要,赋予图书馆某种不同的具体的任务。图书馆的全部活动,它所完成的一切任务,无不真实地反映了当时社会的需要。在任何时候,都必须把图书馆的全部活动看作是社会需要的体现,看作是完成社会给它的任务的实践过程。它的全部实践活动和社会的需要是紧紧地联系在一起的。只有当社会上各种图书馆的数量、质量、规模、发展速度和组织形式发展成为联系紧密的图书馆整体时,才能构成社会的图书馆事业。因此,图书馆事业这个概念代表的是一个体系,即社会共同使用文献的体系。

图书馆事业是社会结构中不可缺少的事业,是社会的科学、文化、教育事业的重要组成部分。它作为社会使用文献信息的一种组织形式,有助于继承和发展人类的知识成果。它的存在价值在于能帮助解决社会所面临的各项经济任务和文化任务。经济、科学、文化的各项成就与文献信息在社会成员中间被利用的程度和图书馆事业的发展水平有着直接的关系。因此,图书馆事业的状况及其发展水平,是整个社会的经济、文化水平的标志之一。

二、图书馆事业建设的原则

图书馆事业是一种文化现象,图书馆事业建设不能不受社会制度、社会结构和经济发展水平的制约。在各国图书馆事业建设中,有共性,也有各自的特殊性。七十年来,中华人民共和国图书馆事业的建设中,既有成功的经验,也有失误的教训。从正反两方面的经验中总结出来的我国图书馆事业的建设原则主要有以下四点:

1. 图书馆事业建设应与国民经济和科学文化教育事业的发展水平相适应

根据经济基础和上层建筑相互关系的原理,图书馆事业的发展水平是由经济发展的水平所制约的,经济的发展水平是影响图书馆事业发展的决定性条件,经济发展为图书馆事业的发展提供物质条件。另外,图书馆事业作为科学文化教育事业的一个组成部分,它又由整个科学文化教育事业的发展水平所决定,整个科学文化教育事业的发展促进图书馆事业的进一步发展。

为了使图书馆事业与经济和科学文化教育事业的发展水平相适应,我们必须根据发展的需要和客观的条件来安排图书馆事业的建设规划,正确处理需要与实际的关系,反对冒进和保守两种倾向。历史证明,不顾客观的冒进和保守倾向,都会给图书馆事业的发展带来不应有的损失。在1958年"大跃进"前后,由于对客观条件缺乏正确的估计,基层图书馆的发展过于迅猛,超越了经济发展的实际,数量上增长过快,经费、人员、文献建设等方面却难以为继,因而出现了大起大落的现象。1962年以后,经过调整,适应了经济发展的状况,图书馆事业进入稳步发展时期。"文化大革命"期间,我国的国民经济濒临崩溃,科学文化教育事业遭到严重的破坏,图书馆事业也同样遭到极大的破坏。20世纪80年代之后,随着国民经济的恢复和发展,以及改革开放政策的确立,图书馆事业进入了稳定持续发展时期。但在社会对于信息服务的需求日益增强的今天,在我国某些地区也出现了图书馆事业不能适应经济、文化发展的现象,如各地区图书馆事业发展不均衡,中西部地区公共图书馆事业发展相对迟缓,图书馆工作中的某些做法和措施与图书馆的社会职能背道而驰,图书馆的工作不能满足用户的信息需求,这些现象反过来又使得社会对于图书馆的评价较低,从而限制了图书馆事业的发展。

我国图书馆事业走过的道路说明,图书馆事业的发展为社会政治、经济所制约,并随着经济、文化的发展而发展。每当与经济、文化发展相适应时,图书馆事业就得到发展、前进;反之,当图书馆事业的发展超越或落后于经济发展的需要时,图书馆事业就会受到挫折。

2. 国家办馆和社会办馆相结合

这条原则就是要发挥国家和社会两方面积极性来促进图书馆事业的发展。国家办馆是公共图书馆事业的重要组成部分,在全国图书馆事业中起核心和骨干作用。但由于我国地域辽阔,人口众多,部分地区经济基础还比较薄弱,要完全依靠国家办馆来满足广大群众文化生活上的需要是难以做到的,也是不符合文化发展的实际情况的。因此,依靠社会团体、个人等的积极性,举办类型多样的、方便群众的基层图书馆(室),是发展图书馆事业、适应社会成员信息需要的重要原则和措施。这些图书馆(室)应包括街道图书馆(室)、农村图书馆(室)、私人图书馆(室)、社团图书馆(室)、基金会图书馆(室)等。

国家办馆和社会办馆相结合,要求国家创办的图书馆,特别是县以上的公共图书馆对民办图书馆给予各方面的支持,尤其是要加强业务辅导,扶持民办图书馆的发展。从长远来看,国家应制定相应的激励政策,如合理的税收政策、社会文化发展政策等,鼓励个人和社会团体投资于社会公益事业和文化事业,以使社会图书馆事业获得稳定的经费支持和发展动力。

在大力发展数字图书馆、开展图书馆文献数字化工作时,也应当采取国家与社会相结合的办法。

3. 全面规划,统筹安排,分工协作,密切联系

要贯彻这条原则,一是要统筹安排、合理布局、平衡发展,应妥善安排沿海地区、边疆和少数民族地区以及农村、牧区图书馆事业的发展;二是一方面要大、中、小型相结合,另一方面要保证重点图书馆的建设,使重点图书馆在馆藏、设备和专业干部等方面都达到先进水平,发挥它们对图书馆现代化建设的促进作用和示范作用;三是要搞好协作、协调工作及业务辅导工作,以便逐步地建立一个分工协作的社会图书馆网络体系。

4. 发展图书馆学教育，加强图书馆学研究

现代化技术在图书馆工作中应用的日益普及，文献信息数量的急剧增长和类型的发展变化及其管理方法的不断改变，对图书馆工作人员在业务知识、业务技能及管理操作能力等方面都提出了更高的要求。图书馆的发展需要培养大批具有合理知识结构的图书馆专业人才。图书馆学教育对图书馆事业的发展有着深远的影响，我们要提高图书馆的管理水平，就必须培养懂得管理科学的专门人才；我们着手图书馆工作的现代化，也必须培养懂得图书馆现代技术的专门人才。离开专门人才，图书馆事业的发展是不可能实现的。专门人才的培养要依靠图书馆学教育。

图书馆事业建设，也需要加强图书馆学研究。应注意发挥理论研究对图书馆事业建设和图书馆实际工作的指导作用，不断总结图书馆从业者的实践经验，不断提高我国图书馆工作的水平和服务质量，这是开展图书馆学研究工作的出发点和归宿。当代图书馆工作的特点是：一方面，图书馆工作与科学信息工作、文献工作相互渗透、相互交叉的趋势十分明显；另一方面，图书馆工作与自然科学和工程技术，特别是与信息技术等应用技术的关系日益密切。现代科学技术的高度发展，促使图书馆事业建设向着自动化、网络化、虚拟化的方向发展，推动图书馆采用一系列新的工作方式和服务手段。因此，加强图书馆现代化问题的研究，如图书馆自动化、网络信息与图书馆服务、数字图书馆、数字化信息长期保存等问题的研究，有利于推动图书馆自身的现代化，以适应科学技术与社会发展的需要。同时，还要加强图书馆学基础理论的研究。

第二节　我国图书馆事业建设的成就

一、我国图书馆事业发展历史分期

中华人民共和国成立以来的 60 余年，我国图书馆事业的发展大体上经历了以下 6 个阶段：

1. 从 1949 年到 1957 年为第一个阶段，这是我国图书馆事业健康发展、稳步前进的阶段

中华人民共和国成立后，党和政府就着手对中华人民共和国成立前遗留下来

的图书馆进行整顿和改造:将原国立图书馆变为广大人民所有,把私立图书馆纳入国家计划的轨道;清理了反动、淫秽、荒诞的书刊;出版了大量马列主义经典著作和革命书刊,改变了图书馆的藏书成分;改革了不合理的规章制度,调整了图书馆干部队伍,加强了党对图书馆事业的领导,使全国图书馆事业走上了社会主义道路。在短短的几年内,科学、文化、教育、工作系统的图书馆都有较大的发展,图书馆数量和类型较1949年前都有显著的变化。从1949年到1956年底,全国公共图书馆达到375个,文化馆附设图书室达到2332个,农村图书室182960个,中小学图书馆约10000个,高校图书馆225个,科学院图书馆67个,此外还有大量的机关、团体所属的专业图书馆(室)和部队图书馆(室)。发展最快的工会图书馆(室),从1949年的44所发展到1957年底的35000所。

1956年,中共中央发出了"向科学进军"的伟大号召。同年7月,文化部召开全国图书馆工作会议,明确规定图书馆承担着为科学研究和全国人民大众服务的双重任务;同年12月,高等教育部也召开了全国高等学校图书馆工作会议,进一步明确了高校图书馆的性质和任务。这两个会议对我国公共图书馆和高校图书馆的发展起了很大的促进作用。

2. 从1958年到1962年为第二个阶段,是图书馆事业受"大跃进"影响,盲目冒进,发展大起大落的阶段

在这个阶段的前期,我国图书馆事业仍然在原来的基础上继续向前发展。但是后来由于受到极"左"思潮的影响,产生了脱离实际的主观主义和浮夸作风,因而造成了我国图书馆事业在20世纪50年代末至60年代初的失误和挫折。其主要表现是:在图书馆事业发展速度和规模方面,盲目地追求高速度、高指标,基层图书馆的发展数量过于迅猛,超越了经济发展的实际,因而图书馆数量出现了大起大落的现象;在图书馆服务方面,只注意普及,而忽视提高,强调了为广大群众服务,忽视了为科学研究服务;在图书馆规章制度方面,由于强调"大破大立""先破后立",致使图书馆某些工作环节无章可循;在图书馆学研究方面,没有认真贯彻"百家争鸣"的方针,对所谓"资产阶级图书馆学"的批判缺乏科学的、实事求是的态度,混淆了学术思想与政治问题的界线,将阶级斗争、大批判的做法引入图书馆学研究领域,用哲学、政治性的词汇取代图书馆学专业概念,这对以后的图书馆学研

究产生了长期的不良影响。

1962年以后,中国图书馆事业建设执行"调整、巩固、充实、提高"八字方针,在总结经验教训的基础上,对各项业务工作进行整顿,其中着重抓了内部工作的整顿,如藏书的整顿、目录的整顿、规章制度的整顿等。经过整顿,图书馆事业在新的基础上又得到了巩固和发展。

3. 从1966年到1976为第三个阶段,是我国图书馆事业遭到严重的破坏的阶段

"文化大革命"对于图书馆事业的破坏,波及图书馆领域的各个方面,概括起来主要是:图书馆的性质和社会职能受到严重歪曲,把阶级性当作图书馆基本的甚至是唯一的属性,取消图书馆为科研、生产、教学服务的职能和传递科学情报、保存文化遗产的职能;图书馆的方针任务遭到严重曲解,把图书馆为工农兵服务与为知识分子服务对立起来,把为无产阶级政治服务与为生产、科研、教学服务对立起来,否定两者的一致性;否定"洋为中用"方针对图书馆工作的指导作用,把引进外文书刊诬为"洋奴哲学""爬行主义",使许多图书馆外文书刊的采购被迫中断,破坏了图书馆藏书的系统性和完整性;反对建立必要的规章制度和科学管理,使图书馆工作无章可循、管理混乱,大批藏书被毁,业务工作不能很好地开展;使图书馆学教育和图书馆学研究处于中断、停滞状态。总之,在这一阶段,我国图书馆事业遭到了极大的破坏,出现了严重的倒退。

4. 第四个阶段是从1976年10月到1984年,这是图书馆事业获得迅速而全面发展的阶段

从1976年10月中共中央粉碎"四人帮"反党集团到1978年底,图书馆界主要是端正办馆思想,整顿内部工作,加强基础业务建设,尚未纠正"文革"的错误路线,图书馆事业在徘徊中前进。1978年12月中国共产党第十一届三中全会的召开,是中国历史上具有深远历史意义的伟大转折,也为图书情报事业的改革提供了理论依据和良好的社会环境。从1979年起,在深入批判极"左"路线、拨乱反正的基础上,经过调整、改革、整顿、提高,我国图书馆事业建设逐步回到正确的轨道上。图书馆的性质、职能、方针、任务和服务对象得到进一步明确,整顿内部、清理馆藏、健全目录等基础工作取得显著成绩,各地区图书馆协作组织相继恢复活动。

1979年7月,中国图书馆学会成立并召开第一次科学讨论会,学会的成立标志

着中国图书馆学研究走向正规化发展的道路。

1980年5月,中共中央书记处举行第23次会议,通过《图书馆工作汇报提纲》,决定在文化部设立图书馆事业管理局,统一管理全国的图书馆事业,要求加速专业人才的培养,解决图书馆工作人员的待遇和职称,健全领导体制,进行统一规划和协调,加强各系统图书馆间的合作,促进全国图书馆的网络化和现代化。

1981年9月,教育部召开全国高校图书馆工作会议,会议讨论修订了《中华人民共和国高等学校图书馆工作条例》,决定成立全国高校图工委。

1982年12月,文化部颁发《省(自治区、市)图书馆工作条例》,全国高校图工委颁发《高等学校图书、资料、情报工作人员守则》。它们的颁布实施,促进了我国图书馆事业走向正规化和科学化。

1984年,我国图书馆事业管理开始深入改革,以适应在新技术革命影响下的自身发展的需要。

这一阶段,图书馆的改革开放主要是从观念上的变革开始的,第一是改重藏轻用的封闭型图书馆为开放型图书馆;第二是改"单纯公益型的社会服务事业机构"为"无偿服务"与"有偿服务"兼有型图书馆;第三是改传统借阅服务格局为提倡开发文献信息,提高服务质量;第四是改"单一功能的文化教育机构"为多功能的综合文献信息系统;第五是由独馆经营为多馆合作。

5. 第五阶段从1985年到1991年,这是各类型图书馆全面进行改革,探索办馆模式的阶段

1987年10月,中宣部、文化部、国家教委、中国科学院联合下发《关于改进和加强图书馆工作的报告》。这个文件被认为是继1980年中共中央书记处颁发的《图书馆工作汇报提纲》以后的又一个关于图书馆工作的重要文件,对图书馆深化改革具有重要的指导作用。同月,国家科委和文化部发起,由11个部、委、局共同组织了部际图书情报工作协调委员会。

在这个阶段,我国图书馆改变观念,调整结构,改善管理,提高读者服务工作水平,强化情报职能,探索图书馆自动化技术,扩大横向联合,走上了现代化图书馆发展道路。图书馆作为社会公益事业要实行国家办馆与社会办馆相结合,多渠道解决经费问题,"有偿服务、以文补文"的观念被普遍接受,一些图书馆开始探索开发文献信

息,探索信息产业的路子取得了可喜的成绩。但也有一些图书馆的创收活动由于没有结合专业、充分利用图书馆自身的优势,仅限于短期行为,也由于管理体制上宏观指导不力,微观措施不活的弊端,尽管取得一定经济效益,仍无力扭转图书馆的困境。

6. 第六阶段,从1992年至今,这是图书馆进一步深化改革,建设现代化图书馆的阶段

中国共产党十四大之后,贯彻邓小平南方讲话精神,我国改革开放不断深入,计划经济逐步向市场经济体制转变,图书馆界思想更加解放。

1992年9月,全国信息产业理论研讨会在北京召开,对信息产业的概念、理论以及我国信息产业发展方向进行了全面探讨。之后,全国各类型图书馆先后以深化改革为中心议题召开了讨论会、工作会。各省也先后召开了以"社会主义市场经济与图书馆事业"或"市场经济与图书馆改革"为主题的学术研讨会。

1993年9月,中国图书馆学会主持召开的"2000年中国信息政策与发展战略研讨会"在北京召开。会议就国际图书馆发展趋势,21世纪图书馆事业的发展政策,图书馆工作的自动化、网络化及组织管理等方面进行了探讨。

1996年8月,第62届国际图联大会在北京召开,中外代表围绕"变革的挑战:图书馆与经济发展"这一主题,共同探讨图书馆在世纪之交所面临的机遇与挑战,研究图书馆在促进各国经济发展中的作用与前景。本届大会在既拥有古老文化,又正在大力从事现代化建设的中国召开,充分表明我国图书馆事业的成就受到世界的瞩目,也反映了我国在国际图书馆活动中的作用日益增强。

进入21世纪以来,随着我国各行业改革的深入,全球信息高速公路建设的迅猛发展,图书馆事业面临着前所未有的冲击和挑战。在全体从业人员的共同努力下,我国图书馆事业不仅在数量上快速扩展,而且在图书馆的内涵与效益上也不断充实、完善。特别是近年来,关于网络环境下图书馆的发展方向与道路,图书馆自动化、网络化,数字图书馆建设,文献数字化等成为图书馆事业和图书馆学研究的重点和热点,表明中国的图书馆事业正以现代化的姿态走向世界,走向未来。

二、我国图书馆事业成就概述

中华人民共和国建立之后,特别是贯彻改革开放政策40年以来,经过中国图

书馆工作者的不懈努力,已把一个基础薄弱、水平低下的图书馆事业,建设成为初具中国社会主义特色,拥有相当规模并在稳步持续发展的图书馆事业体系,取得了令人瞩目的成就。

1. 图书馆数量稳定增加,办馆条件得到明显改善

以公共图书馆为例,2016年,全国县以上公共图书馆共计3153个,其中,国家级图书馆1个,省级图书馆39个,市级图书馆369个(比上一年增加4个),县级图书馆2744个(比上一年增加10个),财政拨款1415668万元(比上一年增加11.44%),总藏量为90163万册(比上一年增长7.54%),图书馆建筑面积为1424万平方米(比上一年增长8.16%)。各级各类图书馆的馆舍条件都有了明显的改善。

2. 业务基础建设不断加强

40年来,我国加强与图书馆工作相关的文献工作国家标准的制定与发布,仅在"十二五"时期,全国图书馆标准化技术委员会申请立项国家标准23项、文化行业标准33项,申请国家级和部级标准化研究项目11项;实行了图书在版编目;编制了《中国图书馆图书分类法》第三版、第四版、第五版,《中国分类主题词表》《中国文献编目规则》《中国古籍善本书目》《中国国家书目》等业务工作必备工具书和大型书目;成立了全国图书馆文献缩微复制中心,大批珍贵的历史文献得到抢救整理、开发利用;开展了全国图书馆文献资源调研,文献资源布局、资源共享保障体系的研究与建立普遍受到社会各方面及各级、各类图书馆的重视。

3. 读者服务工作水平逐步提高

各类图书馆坚持开放服务,开拓新的服务领域,深化服务内容,共享馆藏和服务设施,传统的单一、封闭的服务局面有所改观。

4. 强化了现代技术在图书馆工作中的应用

图书馆界积极引进、研制图书馆自动化管理集成系统,各种文献复制、计算机网络、音像、光盘、多媒体、统一编目及联合编目等技术服务在各类型图书馆逐步得到推广。

5. 图书馆管理水平日益提高

图书馆事业宏观管理体制和个体图书馆微观管理水平不断提高;全国图书馆工作评估的开展,有效地推动了各级各类图书馆工作建设;图书馆人员队伍结构为

适应图书馆管理正规化、科学化、自动化的需要加速调整,图书馆员工整体素质有所改善。

6.图书馆学教育空前繁荣

全国图书馆学情报学专业办学点由1978年前的2个增加到当前的50多个。进入21世纪以来,图书馆本专科教育专业办学点数量下降,但办学层次提高,形成完整的"学士—硕士—博士—博士后"的图书馆学教育体系。2011年,图书馆学本科、硕士、博士、博士后办学点数量分别为26个、59个、10个与5个。为适应新技术革命对图书馆事业的影响和人才市场的需求,各校图书馆学专业在培养目标、培养模式、课程设置、师资建设等方面进行了积极的探索。

7.图书馆学研究繁荣,国际交流影响扩大

我国图书馆学研究日益繁荣,各种学术刊物数量达80多种,质量都有较大提高,研究课题、研究范式、研究方法日益与国际接轨;图书馆的国际交往与学术交流逐渐增多。

8.图书馆内涵不断充实

传统图书馆正在向复合型图书馆、数字图书馆、移动图书馆等新形态图书馆转型;图书馆着力进行文献资源数字化、数据管理及数字资源的长期保存;延伸图书馆社会职能,积极开展群众性宣传、教育活动,如"知识工程""书香社会""全民阅读工程""农村书屋工程"等。

第三节　我国图书馆事业的结构

一、我国的图书馆系统

我国图书馆事业是多层次的,由各个独立的图书馆系统构成。各个独立的图书馆系统在性质、任务、馆藏范围、读者对象及工作内容和工作方法等方面有着许多共同点。具有共同点的各个独立的图书馆系统的组合,反映着我国图书馆事业结构的基本面貌。构成我国图书馆事业的图书馆系统如图6所示。

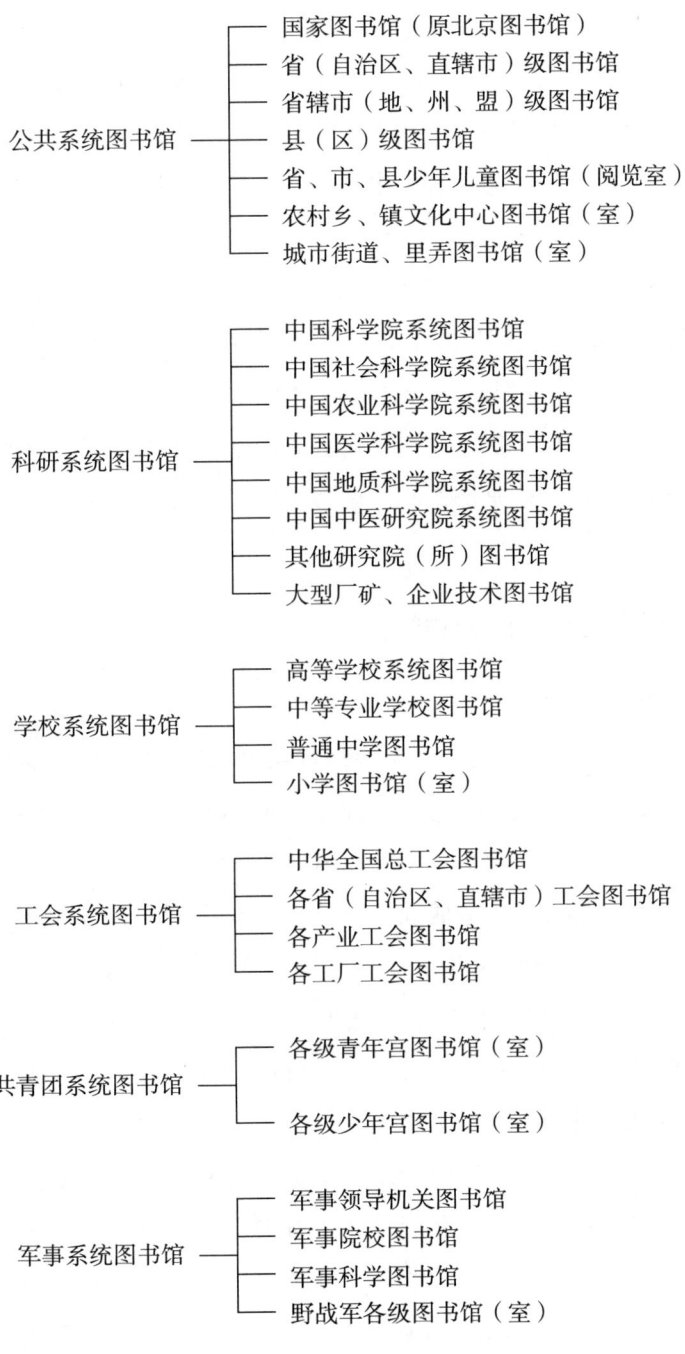

图 6 我国图书馆事业的结构

从图6可以看出,我国图书馆系统的划分主要是以图书馆主管机关的性质作为依据的。这种按领导系统组合成图书馆序列的结构,被称为纵向结构。我国图书馆事业基本上属于纵向结构,各种类型的图书馆分属文化、教育、科研、工会、军事等系统的主管部门领导,各系统图书馆之间虽然也有横向联系,但相对较少。

1957年,国务院科学规划委员会领导下的图书组成立,建立了北京和上海两个全国性的中心图书馆委员会和武汉、沈阳、南京、广州、成都、西安、兰州、天津、哈尔滨等9个地区性的中心图书馆委员会,它们在外文书刊采购、图书集中编目、编制联合目录和图书互借等方面进行过一些协作,使各系统图书馆之间发生过一些横向联系,1987年由11个部、委、局共同组成的部际图书情报工作协调委员会成立,但上述机构的基本职能是协作和协调,并没有改变我国图书馆事业纵向结构的实质。

二、我国图书馆事业结构的特点

我国图书馆事业结构是以行政关系为基础,按图书馆领导系统组合而成的。这种结构表现在纵向联系上的特点是隶属等级制,即在本系统内的相互联系是借助于行政管理来实现的。这是一种自上而下的纵向联系,各系统的中心图书馆,对本系统所属的各级图书馆起组织、协调和辅导的作用。

图书馆事业的纵向结构,造成同级各馆领导与决策上各自为政、相互分割、多头领导的特点。由此而来的是各馆"单干"倾向严重,"小而全""大而全"的情况普遍存在,造成人力、财力和图书馆资源的重复和浪费。为了克服这些弊端,应当在纵向联系的指导下,加强各系统、各地区之间的横向联系,并且与纵向联系有机地结合起来,有效地促进图书馆事业的发展。

加强横向联系,必须把各系统、各地区的图书馆业务工作按专业化原则组织起来,逐步实现业务活动的统一化和规范化。所谓专业化原则是以图书馆工作的专业性质为基础,对具有内在联系的业务活动加以统一的组织和管理。其内容涉及图书馆业务工作的诸多方面,例如实现统一编目(共享编目)、文献资源布局与协作采购、馆藏文献数字化、数据库资源共享、对外合作交换等。这样可以使社会图书馆整体的文献资源品种比较齐全,复本数量比较恰当,补漏和征集文献资料比较及时,分类编目标准比较统一,避免在图书馆自动化和文献数字化、数字图书馆建设中的重复建设,既能提高工作效率与质量,又能节省人力和物力。在服务工作方面,也可以实行服务分工:有的馆可以将为科学研究服务作为工作重点,其服务对象主要是科研人员;有的馆则可将普及科学文化知识、提高全民族科学文化水平作为重点,其主要服务对象是社会大众和青年学生。前者侧重提高,后者侧重普及,形成既有分工又有配合、相辅相成的服务整体,从而满足不同用户群的各种需要。

在加强横向联系的过程中,各地区、各系统的中心图书馆必须充分发挥协作中心、检索中心的作用。各地区、各系统的中心图书馆一般是馆藏基础较好、业务力量比较雄厚、科学管理水平比较高的大型图书馆。这些大型图书馆与本地区、本系统的各类型图书馆有着一定的交往和联系,具备作为协作中心和检索中心的基本条件。各中心图书馆在加强横向联系方面所承担的主要工作是:根据国家制定的方针政策和规划,组织跨系统的业务协作活动,完成文献采购与交换、集中编目、专题书目和联合目录编制、科学研究与人员培训、馆际互借、文献复制、文献数字化、图书馆自动化系统研制等方面的协作任务。

以上是加强横向联系的主要内容。这些内容归结起来,是以各个中心图书馆为主体,赋予它们独立活动的能力和权力,通过按专业化原则组织业务活动的途径,逐步地把图书馆办成一种社会事业,使各类型图书馆的社会职能得到最大限度的发挥。

第四节 馆际合作与资源共享

一、馆际合作与资源共享的必然性

资源共享是现代图书馆事业的一个重要课题。为了实现这个目标,图书馆之间的合作是一个重要途径。也可以说,馆际合作是资源共享的前提之一,资源共享范围的扩大和发展,必然要求图书馆之间开展多种多样的合作。此外,互联网络的普及,成为推动信息资源共享的技术条件。

如果从统一编目算起,图书馆之间的合作迄今已有一百多年的历史了。最初,馆际合作是从统一编目、出版联合目录、馆际互借开始的,后来逐步发展到更广泛的范围。

早在19世纪,在欧美一些国家,当资本主义的生产方式要求图书馆从王宫、教会、经院和私人藏书家的羁绊中解放出来,成为为社会公众服务的文化教育设施以后,西方图书馆界的有识之士就提出了用"合作""联合"的方式来共同从事图书馆业务工作的意见。例如,美国图书馆学家朱厄特在1850年提出了编制图书馆联合目录的设想;1876年罗杰斯和杜威先后提出了集中编目的意见;1893年德国柏林皇家图书馆开始同各大学图书馆互借图书;1896年美国芝加哥公共图书馆、纽贝里图书馆与克里勒图书馆就藏书专业分工问题达成协议;1901年美国国会图书馆开始了馆际服务,并于1902年正式向委托馆发行印刷卡片目录;1909年,曾任美国图书馆协会主席的古尔德博士比较完整地提出了关于建立图书馆体系的观点。总之,在19世纪末至20世纪初,图书馆事业在这些国家得到了进一步的发展,加强图书馆之间的协作,已经成为近代图书馆事业发展中的重要特征和共同趋势。

大约在20世纪50至60年代,图书馆界的有识之士正式提出了图书馆资源共享的概念。资源共享最初含义指的是图书馆与图书馆之间的关系,即图书馆之间相互分享资源,为读者或用户提供更多的服务。后来,这个概念在原有基础上又有延伸和扩展,例如美国匹兹堡大学教授肯特(A. Kanter)提出:资源共享是图书馆的一种工作方式,即图书馆的全部或部分功能为许多图书馆所共享。而图书馆的功能又可分为文献采集、加工、存贮和流通服务等。他还认为,图书馆资源不仅是藏书,图书馆所拥有的人员、设备、工作成果等都是资源,因而也可以某种方式为许多图书馆所共享。关于共享的目的,肯特认为有两个方面:一是使图书馆的用户获得更多的文献资料;另一个是为图书馆的用户提供更多的服务,而且这种服务比向单个图书馆所支付的费用要少得多。

图书馆资源共享,既是科学文化发展的要求,又是图书馆事业自身发展的必然结果。第一,人类知识总量不断增长,随之而来的是文献按指数比率激增,这使得任何一个图书馆都不可能将全部出版物收集齐全,必须依靠图书馆界各种形式的合作,才能满足读者或用户的不同需要。第二,知识的发展不只是量的积累,而且发展的形式呈现出复杂的情况。科学领域不断扩大,产生许多分支学科和专业;与此同时,各门学科又相互交叉、相互渗透,产生许多边缘学科和综合学科。学科分得越细,各学科就越是需要运用其他学科的研究方法和研究成果。当代科学发展的这个特点,对图书馆的各个工作环节,对用户利用文献信息的行为,都产生了深刻的影响。第三,科研劳动社会化,科研活动中划分出文献信息工作,促使图书馆的社会职能发生变化。这个变化就是图书馆从一般的文化教育机构,扩大成为科研劳动不可缺少的一部分。科研人员在获取和利用文献信息方面,对图书馆和科技信息部门的依赖性日益增大。他们利用图书馆的要求更迫切,专指性更强。第四,互联网技术在全球的日益普及,使得人们获取信息的途径变得多样化,获取信息更加容易,对图书馆的依赖有所减少。但是,图书馆积累了丰富的文献资源,如果这些文献资源能够得到开发、数字化,在网上传播,必将发挥极大的作用,而这就需要图书馆之间的合作。图书馆事业发展与当代科学文化发展的这些特点,要求图书馆界消除分散单干的状态,朝着馆际合作的方向发展。

资源共享概念的出现,还有两个不可忽视的因素:其一是科学专业图书馆的发展。科学专业图书馆是随着科学研究从个体单干向集体的有组织的方向发展的,是伴随着科研机构的兴起而建立起来的,它直接服务于科学技术工作。但随着科学技术的发展,它要完全依靠自己的馆藏文献来满足用户各种各样的信息需求是不可能的,因而更迫切需要资源共享。其二是计算机技术、网络技术等新技术在图书馆工作中的应用。采用新技术,一方面使图书馆之间的联系、文献信息的利用等减少了地理障碍,使图书馆资源共享有了更好的技术条件;另一方面,由于新的技术装备费用昂贵,这种高额费用只有在资源共享的情况下才能得到补偿,才能充分体现新技术的优越性。

从以上的分析可以看出,实行图书馆资源共享是当代科学技术的发展所要求的,是发展社会化图书馆事业所应采取的对策。

二、馆际合作与资源共享的内容

从广泛的意义上讲,图书馆的各种功能,包括文献采集、加工、存贮、参考咨询和流通服务、文献数字化等都可以实行馆与馆之间的合作,达到资源共享。在许多国家中,占主导地位的资源共享业务包括以下几个方面:

1. 文献集中编目

为了解决全国信息文献资源的共享问题,美国国会图书馆从 1901 年就开始组织全国文献信息资源卡片目录中心,组织全国统一编目,发行印刷卡片及书本式联合目录。由于卡片目录中心采用手工检索,因此在发展中遇到了很多困难。一直到 20 世纪 60 年代末,美国国会图书馆成功研制了 MARC II 机读目录系统后,电子计算机管理的书目数据库才逐步代替了手工检索的卡片目录中心,在实现文献信息资源共享计划道路上向前迈出了一大步。美国在 1974 年又成立了一个"全国书目控制委员会"(CCNBC),进一步加强美国各种类型图书馆业务的标准化工作,并力图在"连续出版物转换计划"(CONCER)和"协作性机读目录"(COMARC)基础上建立全国统一的书目数据库。

20 世纪 70 年代末,为了进一步加速文献信息资源的交流,在联合国教科文组织(UNESCO)的大力支持下,"国际图书馆协会和机构联合会"(International Federation of library Associations and Institutions,简称 IFLA)、"国际文献工作联合会"(Federation Internation de Documenta,简称 FID)、"国际档案理事会"(International Council on Archives,简称 ICA)、国际科协理事会(International Council of Scientific Unions,简称 ICSU)也都致力于实现国际文献信息资源共享计划,如 1977 年 8 月在比利时召开的"发展中国家资源共享会议的预备会议",1977 年 9 月在巴黎召开的"国际书目控制(Universal Bibliographical Control,简称 UBC)协调会议",1977 年 10 月在保加利亚召开的"第二次苏联东欧国家图书馆会议",都把文献信息资源计划列为重要议题。特别是 1977 年 10 月在巴黎召开的"综合性信息计划第一次政府间理事会议",把国际两项规模很大的计划——促进国际文献信息交流的"科学技术信息系统"(Universal System for Information in Science and Technology,简称 UNISIST)计划与促进各国国内图书馆、文献馆和档案馆合作的"国家信息系统"(National Information System,简称 NATIS)计划合并为"综合性信息计划"(Project of General Information,简称 PGI),改变了多年来社会科学与科学技术的文献信息资源分管分藏和图书馆、档案馆及信息研究单位各自为战、自成体系的局面,为建立国际书目数据库、实现国际文献信息资源共享创造了十分有利的条件。

在我国,国家图书馆图新技术开发公司成立了以机读目录数据生产发行为目的的图新书目数据中心,从1990年开始向全国图书馆发行机读书目数据。1997年10月,全国图书馆联合编目中心在国家图书馆成立,承担起了在全国范围内组织和管理图书馆联合编目工作,实现书目数据资源共建共享的职能。中国国家版权局也编制有《中国在版书目(CIP)数据》。

除了全国性的文献集中编目和以此为基础的国际文献信息的交流,在一些国家还出现了地区性的分工编目与分工输入,如美国的俄亥俄学院图书馆中心(Ohio College Library Center,简称OCLC,后更名为图书馆计算机联机中心——On-line Computer Library Center)和伯明翰图书馆机械化合作计划(Birmingham Libraries Co-operative Mechanization Project,简称BLCMP)等。

2. 馆际互借

馆际互借是图书馆资源共享的一种方式。所谓馆际互借是图书馆代表其读者和用户向其他馆免费借入文献资料,同时以互惠方式将本馆的文献资料借给其他图书馆。目前,在世界各国广泛地运用了这种资源共享的方式,例如,美国从1875起就开始开展馆际互借,1917年第一次颁布了《全国馆际互借法》,之后又对该法进行了多次修订,使之不断完善。

馆际互借是图书馆之间平等互惠、互通有无的好办法,但也存在着一些实际问题,如互借量大、互借速度慢、时间长、各馆互借量及费用不平衡、大型馆负担过重等。因此,有的国家研究建立集中型馆际互借中心,如英国不列颠图书馆的科学技术和工业部下设的文献供应中心,并且探索利用互联网改进馆际互借的模式。

3. 合作发展馆藏与文献资源布局

这是一种更密切的协作方式,为实现资源共享创造了更好的条件。馆与馆之间在文献资源建设方面既有明确的分工,又有紧密的协作,才能有利于合理使用经费,保证书刊的补充和合理的分配,形成各馆藏书的系统性和各地区、各系统以至全国的文献收藏系统和利用系统,促进全国乃至国际文献资源的整体化建设。

合作发展藏书,是国外对于文献资源建设合作与协调的称谓,亦称"分工入藏",指藏书建设中,不同图书馆为了满足读者的共同需要而协同补充文献资料的活动。参加协调的每个图书馆,其馆藏都纳入统一的藏书系统之中,各馆按照事先商定的内容范围、文献类型或其他特征,负责收藏共同藏书中属于自己承担的部分。通过分工协调,使各级各类图书馆建立有特色的专门化藏书体系。在此基础上,使地区、系统乃至全国范围内的图书馆整体形成学科齐全、类型多样的综合性藏书体系。

第二次世界大战以来,各国在合作发展藏书方面进行了许多探索和实践,有了大量的经验和成功的先例,也建立了一定的理论。其中,较有影响的合作项目有:美国1942—1972年实行的"法明顿计划"(Farmington Plan),它首创在全国范围内有组织地大规模地进行藏书建设合作的模式,目标是解决美国最大的99所图书馆的馆际藏书补充协调问题;美国根据"公共法83—480"制订的书刊采购计划;北美藏书编目计划(NCIP);1965年美国国会图书馆开始拟制的旨在协调藏书与编目工作的"美国全国图书采编计划"(National Program for Acquisitions and Cataloging,简称NPAC);西德的超地区文献提供计划;北欧四国的"斯堪的亚计划"。

我国于1984年9月由全国高等学校图书馆工作委员会主持召开了"藏书建设研讨会"(大连),明确提出了文献资源建设的概念,正式提出文献资源共建共享的问题。此后,关于建立一个全国范围内的文献保障体系和全国文献资源的合理布局体系便成为我国图书情报界的研究热点。1986年11月中国图书馆学会学术工作委员会在南宁召开全国文献资源布局学术研讨会,将这一研究推向了高潮。根据这次会议的倡议,1987年10月"部际图书情报协调委员会"成立,1988年组建了"全国文献资源调查"课题组,开展了一次跨部门、跨系统的全国文献资源调查。到1990年底,全国和各地区、各系统的文献资源调研工作基本结束,准备转入文献建设协调的实践阶段。由于当时中国社会由计划体制向市场经济体制转型的进程加快,在新旧体制过渡阶段各种矛盾的冲击下,文献资源共建共享事业暂时进入低潮期。

所谓文献资源布局,指在一个地区、一个系统,乃至一个国家甚至国际上,通过合理安排文献资源的分布,达到资源共享的目的。它包含两层含义:一是指文献资源在空间上的客观分布状态;二是指人们为改变文献资源在空间上的客观分布状态而对文献资源进行合理配置,有计划、有步骤地使全国文献资源形成统一的整体,建立起能满足整个社会信息需求的文献保障体制。

文献资源布局的作用在于,协调与共享能够增加参加协作的各文献信息机构所收集的文献的完备性和信息容量,改善每一个机构所藏文献的成分与结构,克服不必要的增长与重复,保证购书经费的最优化使用,提高文献利用率。

4.建立藏书贮存系统(贮存图书馆)

为了提高馆藏文献利用率,解决藏书迅速增长与书库空间紧张的矛盾,许多国家建立了藏书贮存系统,以贮存各馆中陈旧过时的"呆滞书刊",或流通率极低,但仍具有一定参考价值的文献品种。这种藏书贮存系统包括附属馆形式贮存书库、地区合作贮存及向所有图书馆开放的国家贮存图书馆等。

关于贮存图书馆的建立,不同国家采取不同的方式。例如,苏联的贮存图书馆是分四级建立的,即地区、地区间、加盟共和国和全苏四级。各馆贮存的内容也不完全相同,有些是综合性的,有些则是专科性的。美国采取合作建立贮存中心的形式,例如美国芝加哥的"研究图书馆中心"(Center for Research Libraries,原名中西部地区图书馆馆际中心——Midwest Inter-Library Center,简称 MILC)、罕布什尔馆际中心(Hampshire Inter-Library Center,简称 HILC)等,都担负着贮存图书馆的职能。

21世纪以来,文献逐步成为国家战略储备的重要内容之一,许多国家都把文献信息资源安全作为国家安全的重要组成部分。建设国家文献战略储备库,进行异地备份,是公认的、最安全的文献资源保护方式,被誉为保证文献与数据安全的最后一道防线。世界主要国家图书馆界纷纷加强文献战略储备库建设。

2010年,中国国家图书馆率先在国内提出文献战略储备的概念,结合我国文献分级分布式布局的现状,建议国家层面采取"国家—地区—专业"三级储备模式建设国家文献战略储备体系,优先推进国家文献战略储备库建设。

作为"十三五"期间国家级重大文化设施建设项目的国家图书馆国家文献战略储备库建设于2015年底由国务院批准立项,在河北承德市承德县选址建设,预计于2020年基本完成主要建设任务。

国家文献战略储备库承担对中国重要文献异地备份储藏和数字资源灾备存储的战略责任,是保障我国基本文献资源长期安全有效保藏的重要基础,是保障国家文化安全和长远发展,全面保护和传承民族文化遗产的国家重点文化工程。作为国家文献战略储备体系建设的核心内容,项目的实施有利于降低国家图书馆馆藏珍贵资料集中一处存放带来的风险,具有重要的文化战略意义。

国家文献战略储备库主要功能为存储库区、数据资源存储及灾备中心、业务加工区和配套用房等。项目建成后,国家图书馆将会形成北京白石桥馆区、文津街馆区和承德国家文献战略储备库"两地三馆"的格局。

5. 图书馆自动化与文献信息网络建设中的合作与共享

图书馆自动化、网络化是图书馆事业发展的趋势。我国开展了范围广泛的"中国图书馆信息网络"建设(即"金图工程"),包括:教育部的"中国教育与科研计算机网"(CERNET)和"'211工程'高等教育文献保障系统"、中国科学院的"百所联网"工程、国家科委的"中国科技信息服务网"等。文化部开展的"中国图书馆信息网络"建设,即利用现代信息技术和通信技术,将我国的国家图书馆、各省、市、县图书馆连接起来,将其丰富的文献资源逐步转变为数字化信息,实现网络环境下的文献查询、检索、联合编目、馆际互借等,与国家的教育、科研网络协调发展,并能与国内外信息网络互联,为全社会公众提供各种综合信息服务,共享信息资源。

6. 数字图书馆建设与图书馆文献数字化工作中的合作与共享

数字图书馆推广工程作为国家重大文化惠民工程,自 2013 年始,面向全国省市级公共图书馆广泛开展数字资源联合建设工作,不断提高数字资源规模效应和整合优势。

三、我国实行图书馆资源共享的障碍

馆际合作与资源共享是图书馆事业发展的趋势,但在实行馆际合作与资源共享过程中还需要克服许多障碍,主要是传统的管理思想和管理制度的障碍,物质和地理的障碍,法律和行政的障碍等。

在我国,实行图书馆资源共享的必要性和迫切性是不言而喻的。但是由于多种因素的制约,我国图书馆的合作与资源共享处于较低水平,其主要障碍概括起来有如下几点:

(1)我国曾长期实行计划经济体制,在图书馆事业体系中的影响表现为:我国图书馆事业分成公共、科研、学校、工会等系统,各自隶属于不同的行政管理部门,至今尚未建立跨系统的、有权威的职能机构去规划和组织图书馆界的合作,促进资源共享体系的形成。

(2)国有体制的管理模式,造成图书馆界的依赖心理,总是希望能够首先建立一种完善的管理体制,有充足的经费;国有体制管理模式的另一个后果,是经费的浪费和对于预期成果的缺少约束。由于未能引入市场机制,不能形成服务、收益的良性循环,使得资源共享活动始终难以启动。

(3)互联网技术的应用呈现不平衡态势。文献资源共享、文献资源整体化建设的思想很早就被引入中国,也出现了不少文献资源合理布局的方案。近年来,由于网络技术的普及,我国已经实现了馆际书目信息共享,图书馆将所藏文献转换为数字化文献,可以在网络上方便地传递,进行文献信息的资源共享。但文献资源整体建设与资源共享的推进,在不同区域、不同类型图书馆之间呈现不平衡局面,其主要障碍在于东西部地区之间、发达地区与不发达地区之间、城乡之间互联网技术的应用呈现不平衡态势,从而影响到资源共享的全面开展。

(4)标准化是资源共享的必要条件,没有标准化就没有信息化,难以实现资源共享。为了实现图书馆的合作,达到资源共享的目的,国际上制定了专业标准、国家标准、国际标准,为图书馆合作和资源共享创造了有利条件。近年来,我国的数字图书馆事业有了快速的发展,数字资源建设成果丰硕,但也存在一定问题。首先,统一的资源共享和服务平台还处在初级阶段,有待改进;其次,各图书馆系统兼容性差,难以形成规模化服务,影响了服务范围的拓展和效益的提高;再次,不同图书馆采用的数字资源建设标准不统一,导致资源元数据、保存格式互不兼容,不利于资源的整合、发现与检索。

(5)对资源共享的相关理论和方法研究缺乏深度。长期以来,我国有关研究总是将资源共享的障碍归结为思想观念、管理体制、经费紧张三点,认为要克服资源共享的障碍,应当用集中化原则对全国图书馆事业的组织进行根本的改革,要建立一个有权威的、跨系统的领导机构,确定发展全国图书馆事业的基本方针和远景规划,加强图书馆法制建设,制定协作条例和工作细则,统筹全国图书馆资源的布局、分配和使用,建立跨系统的合作网络,提高协作和协调工作的水平。多年来,这些问题一直未得到解决,说明在此问题上的结论并未触及我国文献资源共享障碍的实质问题,由于互联网技术普及而形成的信息资源共享在全球迅速发展的现实也从反面证明上述归因的误区。

因此,可以说,我国图书馆界在文献资源共享问题上缺乏深入的研究,所以有关理论和方法研究长期未有实质性突破。对于这个问题的研究,应当引入经济学、信息经济学等理论和方法来研究。如利用博弈论中的"囚徒困境"博弈模型可以解释图书馆之间的互借等共享协议无法得到执行的原因;利用"智猪博弈"模型可以说明在共享活动中大型馆应担负信息提供的主要责任,而小型馆主要扮演受益者的角色;利用博弈论还可以研究文献共享活动中的"激励机制";应研究文献建设与共享活动中的成本和收益问题;应从信息文化学角度研究信息文化环境对于信息资源建设与共享的促进与制约机制。

1999年1月14—15日,由国家图书馆发起并主办的全国文献信息资源共建共享会议在北京召开,来自各系统的124个图书情报单位签署了《全国文献信息资源共建共享协议书》,向全国图书情报单位发出倡议:按照"资源共享,优势互补,互利互惠,自愿参加"的原则,建立以国家级文献信息资源网络为主导,地区级文献信息资源为基础的全国图书馆文献信息资源共建共享网络,开展以下方面的文献信息资源共建共享工作:①建立各具特色的馆藏体系;②协调外文书刊文献的订购;③实施全国网上联合编目;④合作开发数字化资源;⑤充分利用网络开展服务;⑥加强并完善馆际互借;⑦扩大业务交流和培训;⑧建立协调机构。

全国图书情报界在上述原则指导下,积极探索文献信息资源共建共享的具体的、可行的措施,稳步推进全国文献信息资源共建共享工作的开展。

进入21世纪以来,随着信息化技术的进步,图书馆数字信息资源生产技术日益丰富,资源来源渠道多样,数量增长迅速,同时也为图书馆文献信息资源共享提供了有力的支持,因而图书馆资源共享的重点转向研究如何通过联盟合作的方式、依托现代信息技术手段实现资源共享等专题研究。

第五节 图书馆合作与图书馆联盟

一、图书馆合作与图书馆联合

图书馆合作,主要是指两个或两个以上的图书馆之间改进馆际协作、促进馆藏的利用、提高用户服务水平的活动。一般说来,这种合作是松散的,合作的内容单一,仅限于图书馆某一项或某几项业务工作。

图书馆联合是图书馆合作的扩大和发展。它是馆际协作的一种形式,通常限于一定地区、一定数量、一些类型或一些专业系统的图书馆。它需要参加协作的各个图书馆之间签订相应的合作协定,并根据协定的要求制定出正规的管理制度,一般要有适当的经费预算。一个图书馆联合体一般不要求正式编制的工作人员,如果需要的话,通常也是为数很少的。图书馆联合最为人所熟知的形式是图书馆联盟。

二、图书馆联盟的概念

图书馆联盟(library consortia),指为了实现资源共享、利益互惠的目的而组织起来的,受共同认可的协议和合同制约的图书馆联合体。它既可以理解为馆际合作,也可以理解为传统图书馆与数字和虚拟图书馆、纸型资源与电子资源的互补共存。如美国的 GALILEO(Georgia Library Learning Online)、Ohiolink(The Ohio Library and Information Network),我国的中国高等教育文献保障系统(China Academic Library & Information System,简称 CALIS)等。

目前,国际图书馆联盟组织(The International Coalition of Library Consortia,ICOLC)的成员已经超过 150 个。还有众多的图书馆联盟并未加入该组织,仅在美国这样的联盟就达 200 多个。

三、图书馆联盟的主要任务

图书馆联盟的基本任务包括:借阅特许(给予成员馆的读者借阅权,并在借阅的数量上予以优惠);馆际互借服务;联合目录或资源目录共享;复印优惠;参考咨询服务协作;原文传递服务。

网络环境下新增任务:通过联盟增强购买力,尤其是增强购买电子资源的能力,分摊费用,共同拥有电子数据库的使用权;通过联盟给信息源提供商施加影响以降低电子资源的价格;自动化服务方面的协作,如系统操作和维护方面的协作、联合编目等;馆员培训和继续教育;以联盟这一名义寻求资金赞助,寻求社会各界的理解和帮助,以利于发展和扩大联盟的服务项目;联盟内各成员馆在分享利益的同时也共担风险。

四、中国高等教育文献保障系统

20世纪90年代末我国高校系统开始启动的中国高等教育文献保障系统(CALIS)项目是图书馆联盟的典范性项目,它也可以看作图书馆网络建设的一个重要尝试,可以为全国统一的图书馆网建设积累经验。

1993年底,国家教委有关部门委托北京大学草拟《高等学校文献信息服务系统建设方案》。中国高等学校文献信息服务系统的目标是建设一个文献共享服务系统,该方案于1995年4月正式报批。该项目后更名为"中国高等教育文献保障体系"(China Academic Library and Information System,简称CALIS),经国家发展计划委员会正式批准,作为"211工程"高等教育公共服务体系项目,在"九五"期间进行建设。

"九五"期间CALIS项目以中国教育和科研计算机网为依托,建成中国高等教育文献保障体系的基本框架,以此推进我国高等教育资源的合理优化配置,实现信息资源共建、共知、共享,深化资源的有效开发和利用,提高学校教育和科研的文献保障水平,并与中国教育和科研计算机网共同构筑我国高等教育公共服务体系,使之成为国家重要的信息基础设施之一。

CALIS项目的主要建设任务是,通过文献信息服务网络和文献信息资源及数字化建设,实现系统的公共检索、馆际互借、文献传递、协调采购、联机合作编目等功能,基本建成中国现代高等教育文献保障体系的基本框架。具体内容为:①建设文献信息服务网络;②文献信息资源建设及数字化建设;③建立适合我国高校情况的文献信息保障体系的管理体制和运行机制。

"九五"期间,设在北京大学的CALIS项目管理中心联合各参建单位,建设了文理、工程、农学、医学四个全国文献信息中心,华东北、华东南、华中、华南、西北、西南、东北七个地区中心和一个东北地区国防信息中心,发展了152个高校成员馆,建立了一系列国内外文献数据库,包括联合目录数据库、博硕论文数据库等自建数据库和引进的国外数据库,采用独立自主开发与引用消化相结合的道路,开发了联机合作编目系统、联机公共检索(OPAC)系统、馆际互借与文献传递系统等,形成了较为完整的 CALIS 文献信息资源服务网络。在此基础上开展了公共目录查询、信息检索、馆际互借、文献传递、网络导航等网络化、数字化文献信息服务。

2002 年 5 月 21 日,CALIS 管理中心正式发表《中国高等学校数字图书馆联盟成立宣言》,成立中国高等学校数字图书馆联盟。联盟宗旨为"整体规划、统一标准、联合建设、共享资源",并据此宗旨制定了《中国高等学校数字图书馆联盟章程》。联盟发起单位包括中国高等教育文献保障系统管理中心和北京大学图书馆、北京大学医学部图书馆、北京师范大学图书馆、电子科技大学图书馆、东南大学图书馆、复旦大学图书馆等 20 多所高校图书馆。

五、国家科技图书文献中心(科学图书馆联盟)

1999 年科技部、财政部等部委启动跨系统的科技文献共建共享项目——中国科技文献资源网络服务系统。为了更有效地推进网络服务系统的建设,进而促进我国科技信息界更加广泛深入地开展资源共建共享工作,根据国务院的批复,科技部联合财政部、国家经贸委、农业部、卫生部和中国科学院等有关部委,于 2000 年 6 月 12 日成立了国家科技图书文献中心(National Science and Technology Library,简称 NSTL)。

中心的宗旨是:集中体现国家利益,根据国家发展需要,收集和开发理、工、农、医等学科领域的科技文献信息资源,面向全国提供文献信息服务,为促进政府科学决策、科学技术研究、人才培养、高新技术产业发展提供服务。中心按照理、工、农、医四大支柱组建,由中国科学院图书馆、国家工程技术图书馆(中国科学技术信息研究所、机械工业信息研究所、冶金工业信息标准研究所、中国化工信息中心)、中国农业科学院图书馆和中国医学科学院图书馆等文献情报单位组成。这是我国第一个打破条条与块块限制建立起来的科学图书馆联盟。

六、数字图书馆联盟

1. 中国数字图书馆工程

中国数字图书馆工程是跨地区、跨部门、跨行业的宏大系统工程。经国家图书馆倡议,在中国数字图书馆联席会议办公室组织下,本着"资源共建、联合建设、优势互补、互惠互利、自愿参加"的原则,于2000年4月5日,建立中国数字图书馆联盟。

数字图书馆联盟围绕技术研究开发、资源建设以及服务推广建立联盟体系。各联盟单位之间实现全面合作,充分交流。例如,成员单位积极建设数字资源库,主动与中国数字图书馆工程实现连接,同时,国家图书馆可以为图书馆界盟友提供数字图书建设相关技术的培训、免费的资源加工系统软件、服务器的托管、数字化资源内容的托管、资源内容的查重等多方面的服务。中国数字图书馆联盟以国家图书馆为核心单位,联盟伙伴主要为国内具有代表性的图书馆、研究所、情报机构等相关单位。

2. 中国教育科技数字图书馆

2002年3月29日,由浙江大学等单位承担的"中美百万册数字图书馆"建设项目正式启动,中美百万册数字图书馆在浙江大学技术中心挂牌。中美百万册数字图书馆全称为"中国教育科技数字图书馆"(China Education and Research Digital Library,简称 CERDLIB)。这一合作项目旨在建设面向教育和科研的包含100万册图书的数字图书馆,由教育部"211"工程建设办公室归口管理,浙江大学和中国科学院研究生院等单位共同承担建设任务和运行管理。通过4年的时间,建成2个数字图书馆技术中心(浙江大学、中国科学院研究生院)和12个数字资源中心(北京大学、清华大学、吉林大学、武汉大学、西安交通大学、中国科学院研究生院、浙江大学、复旦大学、南京大学、中山大学、四川大学、上海交通大学)。

七、地区性图书馆联盟

1. 北京地区高校图书馆文献资源保障体系

北京地区高校图书馆文献资源保障体系(Beijing Academic Library & Information System,简称 BALIS),是经北京市教委批准的、北京高校图工委领导下的北京地区高等教育公共服务体系之一。其宗旨是:在北京市教委的领导下,把国家的投资、现代图书馆理念、先进的技术手段、高校丰富的文献资源和人力资源整合起来,建设北京高等教育文献联合保障体系,依托中国高等教育文献保障系统(CALIS),

实现文献信息资源的共建、共知、共享,以发挥最大的社会效益和经济效益,为北京的高等教育服务,为北京的经济建设和社会发展服务。

成立北京地区高校图书馆文献资源保障体系(BALIS)管理中心,设在中国人民大学图书馆,由北京高校图工委秘书处代行,负责 BALIS 项目的实施和管理。2007 年根据工作需要和项目进行情况,先行成立 4 个中心,其中:①文献传递管理中心,由中国人民大学图书馆负责;②馆际互借管理中心,由北京邮电大学图书馆负责;③资源协调中心,由首都师范大学图书馆负责;④培训中心,由北京师范大学图书馆负责。2009 年 12 月成立联合信息咨询中心。

BALIS 提供中文电子化资源联合目录、英文电子化资源联合目录、OPAC 联合目录和 CCC 西文期刊目次数据库(CALIS Current Contents of Western Journals)四个联合目录。

2. 其他地区性高校图书馆联盟

(1)上海高校网络图书馆

由上海交通大学、复旦大学等高校共同创办。目前,上海高校网络图书馆已建成了全市高校图书馆简介数据库、书目查询数据库、期刊查询系统、资源导航、特色数据库以及期刊全文数据库等,用户可通过因特网获得所需的各类文献信息及服务。该网络图书馆在整合文献信息资源优势的基础上,重点放在电子文献和全文数据库的网上服务,电子信息资源已成为上海高校网络图书馆虚拟馆藏资源的重要组成部分。

(2)湖北省高校图书馆通借通阅与文献传递协议

湖北省 50 多所高校图书馆馆长共同签署"通借通阅与文献传递协议",自 2001 年 1 月 1 日起,湖北省数十万高校师生可以凭学生证、工作证到省内任一高校图书馆借阅书刊资料,还可以通过所在院校图书馆向其他馆发出文献查询、图书外借和文献传递的请求,而被请求馆有义务向需求发出馆以传真、电子邮件或邮寄的方式传递所需文献。

2007 年,湖北省高校数字图书馆服务工作组制定《湖北省高校数字图书馆文献传递服务规范》,成立湖北省高校数字图书馆馆际互借与文献传递网,进一步推动湖北省高校文献传递服务,促进各高校图书馆文献传递工作的规范化运行。

第六节　图书馆业务辅导工作

一、业务辅导工作的意义和任务

图书馆业务辅导工作,也称方法研究工作。它指的是在一个地区或一个系统内,大型馆或中心馆对本地区、本系统的中小型图书馆进行业务上的帮助和辅导,组织各馆相互学习,交流工作经验,研究业务问题,更好地发挥所有图书馆的作用。

在图书馆中辅导工作有两种不同的含义和内容:一种是阅读辅导,其对象是各种不同的读者群,这属于读者工作的范畴;另一种是业务辅导,其对象是各种类型图书馆,这属于业务联系和交流的范畴。

在一个省(自治区、直辖市)的范围内,省图书馆一般是规模较大的综合性的公共图书馆,具有更为广泛的社会活动基础,便于把各个系统的图书馆联系起来,自然容易成为该地区的图书馆联络中心。一般情况下,省中心图书馆委员会和省图书馆学会的办事机构,大都设立在省图书馆内,这样更便于省图书馆与各个系统的图书馆和从事图书馆业务研究的个人产生多渠道的联系。因此,从一个地区来讲,省图书馆处于上下贯通、纵横连接的枢纽位置上,起着业务交流中心的作用。这一作用的发挥,主要是依靠业务辅导工作来实现的。

几十年来,我国图书馆事业有了较大的发展,各种类型图书馆数量不断增加。图书馆中的相当一部分工作人员来自非图书馆学专业,他们在文献搜集、文献整序、文献保管以及用户服务的组织等方面,需要进行基本的图书馆知识与技能培训;即使是图书馆学专业的毕业生,也面临着知识更新的问题。因此,技术条件相对落后的各种类型图书馆迫切需要通过业务辅导工作,帮助它们建立起正常的工作秩序和工作制度,提高这些图书馆工作人员的业务水平和工作能力。从这个意义上来说,业务辅导工作是培养图书馆专门人才、推动图书馆事业发展的一项重要工作。

开展业务辅导工作,必然要与辅导对象加强联系,以便掌握本地区图书馆工作的情况和动态。但是,业务辅导工作不能停留在业务联系的水平上,要在掌握本地区图书馆工作动态的基础上，对情况进行综合分析，开展业务研究，从中找出规律性的东西，以指导和推动图书馆工作。业务辅导工作不仅仅是行政事务工作，而且是一项业务性很强的工作。业务辅导工作的开展，可以促进图书馆学的理论研究，进一步丰富图书馆学的内容，发展图书馆学。

开展业务辅导工作，是社会主义图书馆事业的特征之一。在社会主义国家里，在国家的集中统一领导下，全国的图书馆有条件组成一个有机整体，为图书馆开展业务辅导工作创造有利的条件。我们国家对图书馆业务辅导工作一向是很重视的。1955年文化部在"关于加强与改进公共图书馆工作的指示"中，就把业务辅导工作规定为图书馆的一项主要任务。1956年召开的全国图书馆工作会议再次强调了业务辅导工作应是图书馆的主要任务。1958年召开的一次全国性图书馆工作会议明确指出社会主义图书馆要做到辅导基层，并要求有关的图书馆立即组成辅导网。

20世纪80年代以后，全国公共图书馆业务辅导机构日趋健全，辅导干部的专业素质有所提高，许多省、市还召开了图书馆工作会议，对业务辅导工作进行了专门研究，明确要求省、市公共图书馆要切实加强对基层馆（室）的业务辅导工作。

根据历次图书馆工作会议的精神和我国图书馆事业的实际情况，业务辅导工作的任务是：

（1）协助有关领导部门制订本地区、本系统图书馆事业的发展规划，有计划地发展各种类型图书馆，组建为科学研究和社会大众服务的图书馆网。

（2）对本地区、本系统图书馆进行业务辅导，总结、交流图书馆工作经验，促进图书馆事业的发展。

（3）搜集、整理并保管图书馆学专业书刊资料，办理图书馆学会的日常性工作，组织并推动图书馆业务研究，推动图书馆学的发展。

（4）培训图书馆在职干部。为了有效地完成上述任务，各省、市、自治区应建立一个上下沟通的业务辅导网。业务辅导网应以公共图书馆为中心，这样，便于深入开展业务辅导工作，提高业务辅导水平。

二、业务辅导网的组织

业务辅导网的组织形式有以下三种：

(1)分系统辅导，按专业分工。我国图书馆业务辅导网，大都是按系统建立的。在同一系统内，采取层层辅导的原则。例如在公共图书馆系统内，省图书馆在业务上辅导本省的市、县图书馆；市、县图书馆辅导所在地区的基层图书馆(室)。这样就形成了一个上下贯通、分级辅导的公共图书馆系统的业务辅导网。

在同一地区内，可以按各馆的专业性质，分系统进行辅导。各级公共图书馆不但是本系统的辅导中心，而且要协助其他专业系统，如工业系统、医药系统、学校系统、工会系统等，建立起各自的辅导网，并按系统开展业务辅导工作。

(2)分层辅导，分片包干。在一省、一市(县)范围内，除贯彻执行层层辅导的原则外，还可将本地区各类型图书馆分成若干个辅导片。在每个片内，指定地点适中、基础较好、干部力量较强的图书馆为核心馆，负责本片内同级的各馆的业务辅导工作。省图书馆或市、县图书馆只直接辅导各核心馆。此种方式较多地用于市、县图书馆对基层图书馆(室)的业务辅导。但有的省图书馆也采用这种办法，以省辖各市(地区)为单位，划分为若干个辅导区，并以市(地区)馆为核心馆，通过核心馆辅导其他系统的图书馆。

(3)分专业与分片相结合。根据实际需要，在一个省(自治区、直辖市)的范围，可把前两种方法结合起来使用。在各类型图书馆较集中的大城市，采用按专业分工，分系统辅导；在基层馆较多、分布面较广的市、县中，采用分层分片辅导的办法。在某些大城市还可以把二者交叉并用，各级公共图书馆仍在其中起核心作用。

上述的第一种方法既可发挥各系统图书馆的积极性，密切各系统图书馆之间的关系，也能解决公共图书馆辅导其他专业图书馆可能遇到的实际困难；第二种方法可以避免一馆负担过重的现象，又能使各系统、各级图书馆都可以得到业务上的辅导，可克服因公共图书馆力量不足而造成的空白点；第三种方法集中了前两种方法的优点，加强了各系统、各级图书馆之间的联系，从而使业务辅导工作的质量不断提高。

业务辅导网的各种组织形式，都是在开展业务辅导工作的过程中创造出来的。

它有利于开展大面积辅导,使业务辅导工作经常化、制度化。

三、业务辅导活动的特点

就一个具体的图书馆来说,业务辅导是一种对外联系业务交流的工作。它与图书馆内部的业务工作不同,是有其特殊性的。正是这些特殊性,决定了业务辅导活动在人才培养过程中的特殊作用。业务辅导活动的特点是:

(1)业务辅导活动的知识性。业务辅导活动实质上是一种图书馆专业知识的传递活动,辅导人员通过多种形式的辅导活动,向被辅导对象传授和介绍图书馆基本业务知识,使他们掌握从事图书馆工作的技能和方法。通过业务辅导活动的知识性内容的传授,会缩短一大批中小型图书馆工作者掌握图书馆工作方法的进程,为做好图书馆各项业务工作打好基础。

(2)业务辅导活动的实践性。由于业务辅导是一种发展智力、培养能力的培训活动,所以不仅涉及知识的积累,还涉及实际能力即操作技能的训练。因此,在传播图书馆基本业务知识的基础上,必须扩大和加强辅导活动中的实践环节。社会的进步和新技术的发展,要求大型图书馆或中心图书馆为中小型图书馆培养出既具有一定专业知识,又具有开创能力的智能型干部。而培养这种智能型干部仅仅依靠传授一般的专业知识是不行的,一定要结合图书馆工作实践,进行具体指导才能实现。业务辅导活动的实践性特点,决定了它必须致力于实际工作能力的培养。只有这样,才能使业务辅导取得好的效果。

(3)业务辅导活动的针对性。在业务辅导工作中,必须从实际出发、因地制宜,根据不同情况采取不同的辅导方法,切忌一成不变。如果老是使用一套固定的方法,难以有好的效果;或者把甲地的经验,生搬硬套,用在乙地,不但行不通,反而会产生副作用。对外地的经验,要善于学习使用,但一定要和当地情况结合起来,加以改进和发展,才会得到一定的促进作用。要针对被辅导对象的不同要求,进行有的放矢的辅导。

四、业务辅导工作的方法

文化部颁布的《省(自治区、市)图书馆工作条例》规定,图书馆业务辅导部门的名称为"研究辅导部"。顾名思义,它除了担负业务辅导的任务外,还担负着业务研究的任务。这两项任务是不可分割、密切联系的。为了不断提高业务辅导工作的水平,就必须认真地开展业务研究,缺乏研究的力量和水平,就说不上高质量的业务辅导;而业务辅导工作的实践又是开展业务研究课题的源泉,它不断地给研究工作提供迫切需要解决的研究课题。把业务研究工作的成果及时运用到业务辅导工作中去,又能促进整个图书馆工作水平的提高。因此,业务辅导与业务研究是相互依存、相互促进的。这样,业务辅导部门所承担的业务辅导工作的内容也就相应的包含了两个基本方面:一个是开展业务辅导工作,另一个是开展业务研究工作。这二者不能偏废,必须有机地结合起来。但是,业务研究不能仅由业务辅导部门的人来承担,更为重要的是应当组织广大图书馆工作者来进行研究。这是因为图书馆业务工作有许多工序和环节,在各个工序和环节从事业务实践的人最了解问题的症结所在,他们参加研究就能够有的放矢地提出解决问题的理论和方法。

业务辅导工作的对象是本地区、本系统所属的图书馆,由于各馆的性质、任务、工作条件不同,因而对各馆的辅导必须依据各馆的具体情况采取不同的方法。

调查研究是业务辅导工作的起点,是开展辅导工作的依据。调查研究必须贯穿于业务辅导工作的全过程。要在调查研究的基础上,抓好典型、突破一点、取得经验,然后利用这种经验去指导其他单位,这是图书馆开展业务辅导工作的重要方法。要抓好典型,就必须深入实际,在全面了解情况的基础上,发现问题、提出问题,又带着问题深入实际,找出解决问题的办法,使典型经验具有普遍的指导意义。只有推广这样的经验,才能起到带动全局的作用。

为了及时推广总结出来的经验,各图书馆大都采用书面辅导和实地辅导的方法。所谓书面辅导,就是将那些具有普遍指导意义的经验,编印成定期或不定期刊物,分发给本地区、本系统的图书馆,供学习参考。当然,编印业务参考资料要有针对性,做到有的放矢。还应注意材料的来源和它的真实性,对于典型经验的报道,要有事实、有分析,言简意赅、具体实在;反对浮夸,说假话、空话、大话。每一典型经验,都应是对实际工作的科学概括,能对实际工作起指导作用。办刊物、印发业务参考资料,是进行大面积辅导的一种方式。这样做,有时还不能解决某个图书馆的具体问题,必须通过实地辅导深入到一馆中去进行指导,帮助其解决具体问题。

为了摸索一套同类型馆能够适用的工作方法，或是为了解决各类型馆普遍存在的共性问题，在业务辅导工作中通常还采用重点辅导的方法。所谓重点辅导，是指辅导馆在本地区或本系统的许多图书馆中选择一两个馆作重点辅导，辅导人员深入现场用较长的时间参加其具体工作，了解他们贯彻方针任务和开展业务活动的情况，总结出带有普遍性的经验，及时推广，指导同一类型馆的工作。在选择重点辅导对象时，既要抓先进的馆，树立榜样，也要抓基础较差的馆，进行重点帮助；既要抓近处的点，也要抓远处的点。近处的点，便于组织参观，远处的点可以培养成为该地区的辅导核心。对重点辅导对象的培养，既不能放任自流，也不要包办代替，辅导人员要与基层图书馆员密切合作、共同研究，使他们在实际工作中提高独立工作能力。

为了更好地实现点面结合、以点带面，保证大面积业务辅导的质量，很多图书馆的做法是在辅导工作全面铺开之后，及时地继之以巡回辅导，使重点辅导与巡回辅导相结合。所谓巡回辅导，是指辅导馆有计划、有步骤地派出人员深入基层，分批分期、依次进行的实地辅导方式。采取这种辅导方式，要有明确的目的性。去哪些图书馆，主要解决哪些问题，在事前应有充分的准备并做好工作计划。要注意薄弱环节，给予他们更多的帮助。对边远地区或少数民族地区图书馆，应加强巡回辅导以便发现问题并及时帮助解决。在巡回辅导过程中，还可以发现典型并及时推广其经验以带动全面。

选择工作较好的图书馆召开现场会议是推广先进经验、开展大面积辅导的好办法。参加现场会的图书馆代表，不仅能听到先进馆的经验介绍，还可以通过参观、讨论使理论与实践结合起来，这对各馆会有更大的帮助。

辅导馆采用短期培训班、专题业务讲座等方式，是一种集中辅导的办法。这种办法可以普遍提高各馆馆员的业务水平，解决各馆的一般问题。但是对于各馆的特殊问题则不易得到解决。因为学员们在短期训练之后，所获得的知识不一定都能消化，而且随着事物的发展变化，又可能产生新的问题。所以在集中培训之后，还应该根据具体情况对他们进行个别辅导。在个别辅导的过程中，所发现的具有普遍性的问题，可以为以后集中培训做参考。

解答业务咨询也是业务辅导工作常用的方法。各个被辅导馆归纳他们在业务工作中遇到的问题,向辅导馆提出口头的或书面的询问,由业务辅导人员予以解答。解答业务咨询以后,要做好记录以便事后综合分析研究,从中发现存在着的问题,特别是具有普遍性的问题,再采取相应的措施集中解决。

为了做好业务辅导工作,有必要建立业务辅导工作档案以便积累资料,为分析研究工作提供必要的依据。业务辅导工作档案内容应包括:综合的和专题的调查报告,各种基本情况的调查表、统计表,各馆全年的或单项的工作计划和工作总结,各种图书馆工作会议、图书馆干部培训班的计划和总结,开展竞赛评比的计划、总结、先进馆、先进个人事迹的材料,其他各种典型材料等。

作为重点辅导对象的图书馆(室),应该建立专门档案。这种专门档案所搜集、保存的材料要比较全面、系统,这有利于对各种不同的典型进行分析研究,总结成功的经验以求有效地指导全面。对存档的材料要进行选择,保留那些对说明某一个问题有价值的、对今后业务辅导工作有参考意义的材料。

业务辅导工作是一项政策性、群众性、业务性都比较强的工作。从工作方法上看,并没有一个固定的模式,一般是先抓重点、培养典型、取得经验;再召开专业会议或举办短训班,推广典型经验;之后再组织力量开展巡回辅导以避免"回生"现象;然后再抓重点、再集中、再巡回。这样有目的地反复进行,就可以使业务辅导工作逐步深入、不断提高。

五、移动新媒体时代业务辅导的新进展

在今天的移动新媒体时代,图书馆的环境和工作手段均发生了根本性的变化,图书馆业务辅导部门应该适应形势要求,利用数字化技术改进服务方式与内容,提高基层业务辅导成效。

随着移动互联技术的广泛使用,探索多元化的基层业务辅导方式是现代图书馆发展的必然要求。业务辅导人员应该顺应信息传播渠道多样化的趋势,开辟实地业务辅导与在线辅导相结合的方式,创新基层业务辅导思路,改变传统业务辅导单一的模式。他们可以借助微信群、网络社区等,提供多元化在线辅导路径,解决基层图书馆运营中存在的业务问题,保障信息的及时反馈。

第七节 图书馆法

一、图书馆法的意义和作用

图书馆法是由国家立法机关依据一定的法律程序制定或认可的有关图书馆事业和图书馆活动的专门法规。它是建立与管理图书馆、制定图书馆行政法规和规章制度的总依据。图书馆法是调节国家与图书馆之间、图书馆与其他组织之间以及图书馆与用户之间等在图书馆活动中所产生的各种关系的法律规范，是国家领导、组织和发展图书馆事业的重要手段，用以维护图书馆事业所必需的正常秩序，抑制图书馆事业发展中所产生的各种弊端。图书馆法具有强制性、规范性、概括性、稳定性等特点。

早在19世纪下半叶，许多国家为了促进图书馆更好地为公众服务，保证图书馆经费的固定来源，加强图书馆管理，都采取立法手段来促进国家的图书馆事业建设。进入20世纪以后，根据建立图书馆网络体系的情况和社会对图书馆工作的要求的变化，一些国家又制定和颁布了新的图书馆法规。凡是图书馆事业比较发达的国家都通过颁布有关图书馆的法令来保障图书馆事业的发展。

英国于1850年颁布了《公共图书馆法》，这是世界第一部全国性公共图书馆法，之后经过数次修改，于1964颁布了新的《公共图书馆和博物馆法》，1972年又颁布了《不列颠图书馆法》。

美国是先有各州的图书馆法。1848年，美国马萨诸塞州议会通过在波士顿建立公共图书馆的法案是世界上第一部公共图书馆法。目前美国各州均有公共图书馆法。1956年美国颁布全国性的《图书馆服务法》，1964年将其修订为《图书馆服务与建设法》。1965年美国国会通过了几项与图书馆有关的重要法令，如《初等和中等教育法》《高等教育法》《医学图书馆资助法》等。

日本于1899年颁布了《图书馆令》，1906年颁布了《图书馆规程》。第二次世界大战后，制定并颁布了一系列图书馆法规，如《国会图书馆法》(1947)、《图书馆法》(1950)、《图书馆法实施规则》(1950)、《国立大学图书馆要项》(1951)、《学校图书馆法》(1953)。

苏联在 1920 年 11 月 3 日颁布了《人民委员会关于集中管理俄罗斯苏维埃社会主义共和国图书馆事业的命令》。这个法令是列宁亲自领导并直接参与拟订的,所以它体现了列宁对图书馆事业的基本观点。这个法令规定所有的图书馆一律交由教育人民委员会(中央政治教育委员会)管辖,宣布人人都能利用图书馆,所有的图书馆必须加入统一的图书馆网。1934 年,苏联中央执行委员会通过了《关于苏维埃社会主义共和国联盟的图书馆事业》的决议,这是苏联第二个综合性质的图书馆法律。它对苏联图书馆实现普及性原则,建立图书馆新类型,建立图书馆事业领导机关及改进图书馆藏书办法和干部培养工作都做出了明确而具体的规定。

此外,世界其他国家也相继制定了图书馆法。

图书馆法的主要作用是保证、监督和规范图书馆事业的发展,其作用是:①保证国家与各级政府部门对图书馆事业的领导和图书馆事业发展的正确方向;②保证全体社会成员享用图书馆的权利和对图书馆的监督;③保证图书馆的社会地位和发展图书馆事业所必需的经费、人力、建筑设备及其合法权益;④保证图书馆收藏民族文化遗产的完整性;⑤调节图书馆的内外关系,加强图书馆的统一管理,保证图书馆的正常秩序,推动图书馆事业的发展。

二、图书馆法的内容

明确图书馆法的内容,是制定图书馆法的基础。对图书馆法各部分内容的深入研究则是制定出高质量图书馆法的保证。图书馆法的内容直接体现国家的图书馆政策,因此,不同国家的图书馆法,其法律条文会有所不同,但国外成熟的图书馆法律精神及条文可供我国制定图书馆法借鉴。欧美等国的图书馆法的内容一般包括以下诸方面:

(1)关于图书馆性质、地位和社会职能的规定;

(2)关于图书馆经费及其来源的规定;

(3)关于图书馆各项服务标准的规定;

(4)关于文献资源建设与布局的规定;

(5)关于图书馆各类人员编制与任职资格、素质的规定;

(6)关于图书馆机构和建筑设备的规定；

(7)关于各类型图书馆发展和布局的规定；

(8)关于图书馆业务技术标准的规定；

(9)关于图书馆事业管理体制的规定；

(10)关于馆际协作与资源共享的规定。

三、我国图书馆立法进程

我国是世界上较早制定图书馆法的国家之一。清末宣统元年(1909)，学部曾奏拟图书馆章程共19条，宣统二年(1910)颁布的《京师图书馆及各省图书馆通行章程》是我国历史上以政府名义颁布的第一部图书馆法。民国4年(1915)北洋政府教育部颁布《通俗图书馆规程》11条和《图书馆规程》14条。1949年以前，中华民国政府曾颁布过多部有关图书馆组织条例、呈缴本等方面的规程、条例、办法等法规性文件，如《图书馆条例》(1927)、《图书馆规程》(1930、1939)、《国立中央图书馆组织条例》(1940)等。

中华人民共和国成立后，国家及有关政府部门多次颁布了关于图书馆事业的文件、条例和行政法规。如1950年政务院《关于禁止珍贵文物图书出口暂行办法》，1955年国务院《关于处理反动的、淫秽的、荒诞的书刊图画的指示》，中华全国总工会《关于工会图书馆工作的规定》，文化部《关于加强与改进公共图书馆工作的指示》，1956年教育部颁布的《高等学校图书馆试行条例(草案)》，1957年国务院批准的《全国图书协调方案》，1978年教育部《关于加强高等学校图书资料工作的意见》，1978年国家文物事业管理局颁布的《省(自治区、市)图书馆工作条例(试行草案)》，1978年中国科学院《关于图书情报工作暂行条例(试行草案)》，1980年中共中央书记处通过的《图书馆工作汇报提纲》，1981年教育部重新颁布的《中华人民共和国高等学校图书馆工作条例》(1987年国家教育委员会修订后更名《普通高等学校图书馆规程》)，1982年文化部颁布的《省(自治区、市)图书馆工作条例》，1987年中宣部、文化部、国家教委与中科院联合下达的《关于改进和加强图书馆工作的报告》，1988年文化部起草的《公共图书馆条例(草案)》，以及地方性的图书馆条例，如2002年7月18日由北京市第十一届人民代表大会常务委员会第三十五次会议通过并公布的《北京市图书馆条例》等。这些指示、办法、规定、方案和条例,体现了国家的图书馆政策,为制定我国的图书馆法规奠定了基础。

2001年4月到2004年6月,《中华人民共和国图书馆法》的制定工作在文化部的领导下实质性展开。这是中华人民共和国图书馆立法的第一次真正启动。法律草案在全国范围内征求意见,形成了送审稿草案。但随后图书馆立法工作陷于停顿。虽然最终未能继续推进,但发现了问题,积累了经验,为今后的工作奠定了基础。

2008年底,图书馆立法工作重新启动,根据现实情况与急需程度,重新启动的立法工作决定先行制定《中华人民共和国公共图书馆法》。经过近十年的艰苦努力,《中华人民共和国公共图书馆法》于2017年11月4日经十二届全国人大常委会第三十次会议表决通过,于2018年1月1日起正式施行。

四、《中华人民共和国公共图书馆法》

《中华人民共和国公共图书馆法》(以下简称《公共图书馆法》)包括总则、设立、运行、服务、法律责任和附则共6章55条,对我国公共图书馆事业发展的各方面进行了详细的规定。该法是我国第一部图书馆专门法,也是中国共产党十九大之后我国颁布的第一部文化立法,体现了公共图书馆在新时代满足人民日益增长的美好生活的需要,是载入我国文化发展史册的一件大事,成为我国历经百余年的公共图书馆事业跨入新时代的标志,在我国公共图书馆事业发展和图书馆立法工作中必将产生深远的影响。

《公共图书馆法》的主要内容及特点是:

(1)对公共图书馆基本性质、功能做出了既体现国际一般规律又具有中国特色的法律界定。首先,既遵从了国际通行的公共图书馆向所有人开放的原则,又明确宣示了"免费开放",体现了对公众基本阅读权益的彻底保障,体现了公共图书馆服务以人民为中心的思想(第二条),规定了公共图书馆的核心任务是收集、整理、保存文献信息并提供查询、借阅服务;其次,突出强调了公共图书馆"社会教育"功能,拓展了公共图书馆的服务范围,强化了公共图书馆以形式多样的社会教育方式提高公民素质的职能,根本改变了公共图书馆只是"借书还书"阵地的传统观念；再次，明确了公共图书馆"公共文化设施"的属性，与我国《公共文化服务保障法》紧密衔接，从而为全社会理解和认识公共图书馆，为各级政府设置和保障公共图书馆，提供了可遵循的原则和基准。

(2)强化了政府责任，从根本上解决公共图书馆事业保障和持续发展问题。按照《公共图书馆法》，公共图书馆事业发展的首要责任在政府，规定了县级以上人民政府对公共图书馆的规划、建设、运行、服务、管理、保障承担最终责任，将政府责任落到实处。

(3)鼓励和引导社会力量参与公共图书馆建设、服务与管理，推动我国公共图书馆事业的社会化。长期以来，我国公共图书馆只能由政府兴办和管理，建设与管理主体统一且单一，这种状态制约了公共图书馆事业的发展，也影响了社会力量参与公共图书馆事业的积极性。《公共图书馆法》突破了传统观念，国家鼓励公民、法人和其他组织自筹资金设立公共图书馆，要求县级以上人民政府要积极调动社会力量参与公共图书馆建设。这就改变了我国公共图书馆事业政府单一主体的格局，给社会力量参与建设公共图书馆以更大的空间和激励，支持民办图书馆参与到公共图书馆服务行列，有利于形成公共图书馆建设多元主体共同发展的新面貌。此外，国家还支持公共图书馆加强与学校、科研机构以及其他类型图书馆的交流与合作，开展联合服务，支持学校、科研机构以及其他类型图书馆向社会公众开放，这就拓展了公共图书馆服务的范围，形成全社会共同参与公共图书馆服务的局面，有利于公共图书馆服务体系建设与发展，从而推动我国公共图书馆事业的社会化。

(4)强调加强图书馆数字化，建设应用新技术的现代化图书馆。《公共图书馆法》鼓励和支持发挥科技在公共图书馆建设、管理和服务中的作用，推动运用现代信息技术和传播技术，提高公共图书馆的服务效能和图书馆转型。在数字化方面，强调国家构建标准统一、互联互通的公共图书馆数字服务网络，支持数字阅读产品开发和数字资源保存技术研究，推动公共图书馆利用数字化、网络化技术向社会公众提供便捷服务，从而指明了公共图书馆的发展方向。

(5)强调图书馆业务的规范化、标准化，凸显图书馆专业化。《公共图书馆法》针对公共图书馆资源建设、图书馆服务、图书馆管理、图书馆研究等各个业务领域做出了具体规定，突出了公共图书馆数字资源建设和古籍保护的重要性，强调了少儿服务和弱势群体服务的重要性。在立法中体现了人文关怀和公平正义,体现了文化惠民和服务的温暖。对于图书馆从业人员也有相应的能力要求,公共图书馆工作人员要具备相应的专业知识与技能,政府设立的公共图书馆馆长要具备相应的文化水平、专业知识和组织管理能力。《公共图书馆法》还强调了服务和管理规范化,要求国务院文化主管部门和省、自治区、直辖市人民政府文化主管部门制定公共图书馆服务规范。

(6)将国家图书馆作为公共图书馆事业的重要组成部分,写入《公共图书馆法》。强调了国家图书馆的基本职能,包括承担国家文献信息战略保存、国家书目和联合目录编制、为国家立法和决策服务、组织全国古籍保护、开展图书馆发展研究和国际交流、为其他图书馆提供业务指导和技术支持等职能。既明确了国家图书馆兼有公共图书馆的功能,又明确了国家图书馆和一般公共图书馆的区别,使我国的国家图书馆具有双重性质,体现了中国特色。

(7)要求加强基层公共图书馆建设,解决公共图书馆事业发展不均等的突出矛盾和问题。《公共图书馆法》将基层总分馆制写入法律,要求县级人民政府因地制宜建立符合当地特点的以县级公共图书馆为总馆,乡镇(街道)综合文化站、村(社区)图书室等为分馆或者基层服务点的总分馆制,完善数字化、网络化服务体系和配送体系,实现通借通还,促进公共图书馆服务向城乡基层延伸。总馆应当加强对分馆和基层服务点的业务指导。从而为我国基层图书馆体系化发展指明了方向。为解决我国基层图书馆规模大、发展不平衡的实际问题,特别是解决区域不平衡的问题,由国家扶持革命老区、民族地区、边疆地区和贫困地区公共图书馆事业的发展,为公共图书馆服务标准化和均等化提供了基本保障。

(8)在保障公民权益的同时,同时规定了公共图书馆使用者的义务。《公共图书馆法》从读者的角度出发,将服务公告、意见反馈、投诉渠道、质量考核等日常服务规范上升到"法"的层面,强调了网络环境下读者个人信息的保护;同时也对公共图书馆使用者不按时归还文献、破坏文献信息或设施设备、扰乱公共图书馆秩序等不文明阅读行为做出限制性规定,体现了权利与义务的一致性和对等性。

《公共图书馆法》的实施,标志着中国公共图书馆事业走上法治轨道,迈上一个新的台阶,使得公共图书馆全面体系化建设有了政策和法律依据,公共图书馆的可持续发展有了新的动力和根本保障。

五、我国图书馆立法工作中存在的问题及设想

(1)已经颁布实施的有关图书馆工作的文件大多数是行政规章,图书馆法规较少。截至2017年底,我国宪法和现行有效法律共257部,而文化领域只有6部法律,《公共图书馆法》是唯一的图书馆领域的成文法,但其调控范围也仅覆盖了公共图书馆一种类型的图书馆。

(2)已经颁布实施的图书馆法规、规章也不够完善。现行法规和规章多是由图书馆各系统的主管部门制定的,用于规范各自系统图书馆的行为,维护本系统内部的正常秩序。一些规章受其立法主体的权力限制,将目光集中在本地区或本系统图书馆合作的关系上,缺乏参与图书情报事业整体建设的规定,也缺乏开展多方面的协作、推动全国图书馆间的合作与发展的规定。

(3)现有法规和规章不完整,只有行为模式,没有后果模式,使人无法兑现这些规范中的授权性、鼓励性的规定,也无法处罚违反这些规范中的命令性、禁止性规定的行为。滞后的图书馆立法使我国图书馆事业发展未能得到法律上的充分保障。广大图书馆从业人员迫切要求及早制定一部较为完善的图书馆法及其他相关法规。

因而,我国制定图书馆法,必须从我国现有的经济文化水平和图书馆事业的实际情况出发,尽可能汲取国外图书馆立法的有益经验,由国家立法机关依据相应的法律程序制定。最终制定出来的图书馆法应该是一部反映我国的图书馆政策,符合我国国情,揭示我国图书馆事业发展方向,具有强制力和约束力的法规。

参考文献

1. 吴慰慈,罗志勇.中国图书馆事业发展战略研究[J].中国图书馆学报,1997(5).

2. 黄俊贵,彭俊玲.我国图书馆事业改革与发展研究综述[M]//中国图书馆事业二十年.北京:北京图书馆出版社,1999.

3. 王世博,王六长.国外文献战略储备库建设及借鉴[J].国家图书馆学刊,2018(3).

4. 高淑莲.承德建设国家文献战略储备库研究[J].河南图书馆学刊,2015(11).

5. 应妮.中国国家图书馆将在承德建国家文献战略储备库[EB/OL].中国新闻网.[2017 -

05-22]. http://www.chinanews.com/cul/2017/05-22/8230837.shtml.

6. 戴龙基,张红扬.图书馆联盟:实现资源共享和互利互惠的组织形式[J].大学图书馆学报,2000(3).

7. 杨文祥.文献信息资源共建共享的历史回顾与现实任务[J].大学图书馆学报,2000(2).

8. 满达人.试论加强图书馆立法工作的重要意义[J].大学图书馆通讯,1983(7).

9. 孟扬.我国图书馆立法的基本状况[M]//肖东发.中国图书馆年鉴:1999.北京:北京图书馆出版社,1999.

10. 陈荔京.全国文献信息资源共建共享协作会议在京召开[J].中国图书馆学会工作通讯,1999(1).

11. 李国新.中国图书馆立法:思路、基础与对策[J].山东图书馆季刊,2001(4).

12. 时琴,王云珍.对制定《中华人民共和国图书馆法》的几点思考[J].图书情报工作,2005(S1).

13. 詹福瑞.巩固六大根基 推进图书馆发展步伐[EB/OL].[2008-12-13]. http://blog.sina.com.cn/s/blog_4b04e39701000dmm.Html/20080131.

14. 申晓娟,胡洁,李丹.关于"十二五"时期我国公共图书馆事业发展的战略思考——《全国公共图书馆事业发展"十二五"规划》解读[J].中国图书馆学报,2012(4).

15. 李国新.公共图书馆事业发展思考[J].国家图书馆学刊,2015(5).

16. 李超平.图书馆学理论视野中的图书馆事业[J].中国图书馆学报,2017(5).

17. 程焕文.百年沧桑 世纪华章——20世纪中国图书馆事业回顾与展望(续)[J].图书馆建设,2005(1).

18. 龚蛟腾.改革开放后图书馆事业的复兴与开拓[J].图书馆,2015(2).

19. 徐文哲,郑建明.中国图书馆事业和城市化发展的历史分期及其关联分析[J].图书馆学研究,2014(7).

20. 黄宗忠.新世纪10年中国图书馆事业的发展与展望[J].高校图书馆工作,2010(4).

21. 李国新.新时代公共图书馆事业发展的新航标[J].图书馆杂志,2017(11).

22. 周亚,孙健,刘敏.未来图书馆的新形态与新功能——2016年中国图书馆年会基础理论分会场综述[J].图书馆,2017(1).

23. 汪东波,张若冰.《公共图书馆法》与国家图书馆[J].国家图书馆学刊,2017(6).

24. 胡娟.中国文化立法的一座丰碑:柯平教授谈《中华人民共和国公共图书馆法》[J].图书馆工作与研究,2018(1).

第六章 图书馆业务工作

第一节 图书馆业务机构的设置

图书馆是社会信息传递装置之一,其结构和功能可以用现代通讯理论——信息论创始人申农的通信框图加以描述。

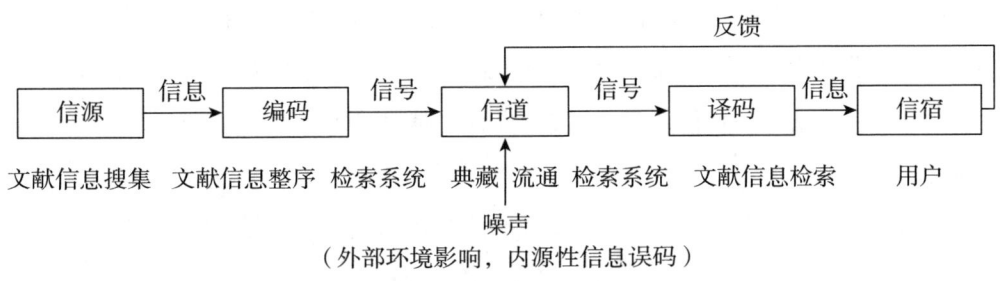

图7 图书馆结构与功能框图

该框图可以很好地反映出图书馆的基本工作流程。

概括来讲,图书馆工作可以分为两大类,一类是信息输入工作,即文献的搜集、整理和组织典藏工作,如文献的采集、登录、分类和主题标引、编目、文献的组织和保管等,也称文献资源建设工作;一类是信息输出工作,即文献的使用和服务工作,如文献的外借、阅览、文献宣传、阅读辅导、参考咨询、文献检索及方法指导、网络信息导航等,也称用户服务工作(读者服务工作)。这两部分工作都是完成图书馆任务所不可缺少的,共同构成了图书馆的业务工作体系的主体。

图书馆工作是一种工序很多、前后衔接、连续性强的工作。怎样把图书馆业务工作的许多工序合理地组织起来,设置一些什么样的业务机构把它统管起来,是搞好图书馆工作的一个重要条件。

图书馆需要设立哪些业务机构一般没有统一的标准和规定。各图书馆应根据自己的任务、馆藏、人员、设备等因素,统一考虑、统筹安排。

业务机构设置首先应该考虑有利于管理,各部门之间既有明确的分工,体现各个部门的工作范围、职责;又便于相应的协作,互相补充,发挥整体的作用。机构的上下之间分级管理能充分调动全馆工作人员的积极性。要把那些性质相近的工序组织在一起,减少往返传递,避免重复劳动,节省人力和时间,提高各项工作的速度和质量。

一般来说,工序是图书馆设置业务部门的主要依据。按工序设置业务部门,有利于组织业务工作,便于业务部门之间的互相联系。传统的图书馆通常设立下列部门:

(1)采编部门。主要负责文献资料的采访、征集、验收、登录及注销;文献资料的分类、编目和主题标引;文献采购的协调和馆际交换;编制新书通报等。

(2)外借阅览部门。主要负责用户登记、发放借阅证件;办理馆藏文献的外借和阅览;管理并指导用户使用目录;宣传推荐文献,指导用户阅读;帮助用户复印复制资料等。

(3)参考咨询部门。主要负责编制各种专题书目索引;指导用户使用书目索引、文摘、题录及其他各种工具书;解答用户咨询等。

(4)文献典藏部门。主要负责基本书库和保存本书库的组织管理;办理文献的出库和归架;做好文献保护工作。

(5)业务研究辅导部门。主要负责本地区、本系统图书馆的业务辅导工作;组织本地区、本系统图书馆工作经验的交流和图书馆业务的研究;收集、整理并保管图书馆学专业文献资料;有些图书馆业务研究辅导部门,还负责办理本地区中心图书馆委员会和图书馆学会的日常工作。

(6)特藏部门。负责珍本善本文献和其他特藏资料的管理和流通。

(7)自动化部门。负责本馆自动化管理系统(包括图书馆网站、微信公众号、移动 APP 等)的开发、管理与维护工作。

由于影响图书馆业务机构设置的因素很多,所以各个图书馆的机构设置并不是完全一致的。例如规模较大的图书馆可以分别设立采访部和编目部。规模较小的图书馆,经常把采访与编目合并,设立采编部;把阅览与典藏合并,设立典阅部;把参考咨询合并到阅览部,不另立参考咨询部。我国的省、市、公共图书馆普遍设立有业务研究辅导部,有些大型的科学图书馆也设立了业务研究辅导部。有些大型图书馆按出版物类型把图书与期刊分开,单独设立期刊部。有些科学和高等院校图书馆按学科设置业务部门;也有许多图书馆先按工序、再按语种组织业务工作,采访部下面分设中文采访组和外文采访组,编目部下面分设中文编目组和外文编目组,典藏部下面分设中文书库和外文书库。有的图书馆为便于对不同类型文献的搜集、整理和利用,专设了古籍或地方文献部门,形成了一个从采访、典藏到流通的独立系统。为了加强信息服务工作,有些图书馆设立了信息服务部。

以上这些业务部门,依据图书馆规模的大小,可以称部,也可以称组,但部和组的工作性质和范围是相同的。

图书馆的全部业务工作是由上述各个业务部门分别完成的。各个业务部门既有明确分工和职责范围,又是相互联系的。在图书馆的全部业务工作中,用户服务工作是其中最重要的工作,文献搜集、馆藏管理、文献保管等各项工作都应以方便用户利用文献作为出发点。因此,图书馆业务机构都应以用户工作为中心来组建,抓住了这一点,业务机构的设置就有了明确的方向。

在网络虚拟环境下,图书馆的工作环节和程序将发生变化,相应的传统图书馆职能部门,如采购、典藏、服务等部门的职能将扩展,可按任务组成信息搜集部、信息转换部、数据描述部、数字化服务部、技术支持部等部门。为适应市场经济对图书馆的要求,有些图书馆还设立了文献开发部门,负责数字化产品和文化产品的制作与营销推广工作。当然,传统型出版物的典藏、服务部门等还将继续存在。中小型图书馆可以利用云平台上的SaaS(软件即服务)的应用解决方案开展业务工作,不需要在本馆建立和维护图书馆自动化管理系统,在这种情况下,也可以不单设信息服务部。

第二节 文献资源建设

文献资源建设,广义上包括两个方面的内容:一是各个具体的文献收藏机构对文献的采集、贮存和协调,即传统上所称的"藏书建设"(馆藏建设);二是指一个地区、一个国家乃至国际众多文献收藏机构在采访、贮存和利用方面的协调、规划和资源共享。这里,我们主要讨论个体图书馆的馆藏文献建设。

馆藏建设指文献的搜集、整理和组织典藏工作,如文献的采集、登录、分类和主题标引、编目、文献的组织和保管等。

一、文献信息搜集

无论哪一个图书馆,其业务工作都是从文献信息搜集工作开始的。文献信息搜集是整个图书馆工作的基础。

这里所讲的文献是广义的,是目前国际上通用的定义。《文献信息术语国际标准(草案)》(ISO/DIS5127)对文献所下的定义为:"在存贮、检索、利用或传递记录信息的过程中,可作为一个单元处理的,在载体内、载体上或依附载体而存贮有信息或数据的载体。"用比较通俗的话来讲,文献就是记录一切人类知识信息的载体。因此文献按载体的形式来分,有金石、甲骨、简策、纸张、胶片、胶卷、磁带、磁盘、光盘等。从出版形式来分,有图书、期刊、报纸、科技报告、专利文献、标准文献、政府出版物、学位论文、产品样本、档案等。这些不同形式的文献,都是图书馆收藏的对象。

20世纪后半叶,电子出版物出现了。

电子出版物首先起源于美国。20世纪60年代,美国化学文摘社将计算机用于编排索引和期刊,揭示了电子载体的存贮功能,产生了电子文本的副产品形式。60年代末期,又建立了以磁带为基础的批处理系统,从而开辟了以电子出版物提供文献服务的先河。到80年代,电子出版物在国外进入了高速发展时期,各种电子版期刊、报纸、图书进入市场。

关于电子出版物,至今还没有形成统一的认识,国际上也还没有一个公认的定义。由于电子出版技术仍处于发展之中,人们对电子出版物的认识也在不断地深化,因而在不同的国家和地区,对电子出版物定义的描述也各有不同。

2008年,国家新闻出版总署在其颁布的《电子出版物出版管理规定》中将电子出版物定义为:"以数字代码方式,将有知识性、思想性内容的信息编辑加工后存储在固定物理形态的磁、光、电等介质上,通过电子阅读、显示、播放设备读取使用的大众传播媒体,包括只读光盘(CD-ROM、DVD-ROM等)、一次写入光盘(CD-R、DVD-R等)、可擦写光盘(CD-RW、DVD-RW等)、软磁盘、硬磁盘、集成电路卡等,以及新闻出版总署认定的其他媒体形态。"

电子出版物的形式多样、种类繁多,可以根据不同的标准划分出不同的类型。

(1)按载体形态划分。包括:磁性媒体出版物:指信息存贮在磁带、软盘上的出版物;网络媒体出版物:指信息存贮、处理、出版、发行等环节均在通信网络上实现的出版物,包括联机数据库、网络型电子出版物(如e-book)等;光媒体出版物:指以光盘为载体的出版物,包括一般的CD产品和多媒体光盘,如只读光盘(CD-ROM)、高密度只读光盘(DVD-ROM)、交互式光盘(CD-I)、图文光盘(CD-G)、视频光盘(Video-CD)、照片光盘(Photo-CD)等。

(2)按文献类型划分。包括电子图书、电子期刊、电子报纸、全文数据库、电子游戏软件、音乐唱盘、激光视盘、交互式教学软件等。

(3)按信息的记录方式划分。包括文本式,图像式(包括静态图像和动态图像)。

(4)按信息的存储格式划分。包括纯文本格式(TXT)、静态图像格式(JPEG、GIF、BMP)、动态图像格式(MPEG、WMV等)、可执行文件格式(EXE)、超文本标识语言格式(HTML、XML)、PDF格式及其他各种专用数字化文献信息格式(如中国知网的CAJ格式等)。

在网络环境下,图书馆所搜集的信息还应当包括对网络信息资源及其他图书馆的上网信息所进行的虚拟连接(作为本馆的虚拟馆藏)。

网络信息资源可以有多种划分方式,例如:

1.按照是否出版,可分为:

(1)非正式(出版信息)。主要包括:电子邮件、电子新闻、电子会议及网络论坛等。

(2)半正式(出版信息)。主要包括:各种报告、会议文集、产品介绍等。

(3)正式(出版信息)。主要包括:一次出版的电子书刊、电子报纸、电子期刊、搜索引擎等;二次出版的网络评述、网络导航、检索数据库等;三次出版的网站推荐、参考数据库等。

2.按照数据存储方式,可分为:

(1)结构化数据。简单来说,是以关系数据库形式存储的文字、图像、视频等数据和信息。结构化数据是由二维表结构来逻辑表达和实现的数据,严格地遵循数据格式与长度规范,主要通过关系型数据库进行存储和管理。

(2)非结构化数据。数据结构不规则或不完整,没有预定义的数据模型,不方便用数据库二维逻辑表来表现的数据。包括:所有格式的办公文档、文本、图片、HTML、XML、各类报表、图像和音频、视频信息等。其中,有大量以自然语言等形式存在的网络数据和信息,如门户网站、微博、微信等社交媒体发布的信息。

传统上,人们比较重视正式出版物和网络上以关系数据库存储的结构化的数据和信息。在大数据时代,利用数据挖掘和分析技术,人们可以从非结构化的数据和信息中得到可对决策和行动进行实时支持的有用信息。例如:利用微博、微信等社交媒体发布的信息,可以开展舆情监测、金融风险预测等工作。

3.按照信息载体的数量,可分为:

(1)单一媒体信息。或称传统媒体信息,是指单一信息载体组成的载体,如图书、报刊、广播、电视、音频等。

(2)多媒体信息。多媒体是一种把文本(Text)、图形(Graphics)、图像(Images)、动画(Animation)和声音(Sound)等形式的信息结合在一起,并通过计算机进行综合处理和控制,能支持完成一系列交互式操作的信息技术。多媒体信息是网络信息的基本存在形态。

(3)富媒体信息。富媒体是英文Rich Media的直译。富媒体本身并不是一种具体的互联网媒体形式,而是指具有动画、声音、视频和/或交互性的信息传播方法。富媒体包含流媒体、声音、Flash,以及Java、Javascript、DHTML等程序设计语言的形式之一或者几种的组合。富媒体可应用于各种网络服务中,如网站设计、电子邮件、广告、在线教材等。

在泛在信息时代,移动互联网和物联网的兴起,极大地拓展了网络信息资源的构成,不仅上述信息是图书馆资源建设需要关注的对象,此外,像应用软件、娱乐游戏、电子邮件、教育培训以及由智慧城市、智能制造、智能家居等产生的数据资源,也是未来图书馆应当关注并纳入服务范围的信息资源。

做好文献信息搜集工作,首先要确定本馆的收藏原则、收藏范围、收藏重点和采购标准;其次要了解本馆文献收藏情况、文献建设总的动态、文献的种类与复本数、各类文献的利用率等,以及哪些文献应剔除,哪些文献要补缺等。另外,还要了解并掌握各类型出版机构的性质、出版计划、书店的发行计划等。在此基础上,采取选购、订购、邮购、委托代购、交换、接收、征集、复制、网络信息下载等方式源源不断地补充馆藏文献信息。

二、文献登录

图书馆通过上述方式获得各种文献以后,紧接着的工作是文献登录。文献登录有两种,即个别登录和总括登录。

个别登录一般是按每册图书(或每个光盘、录像带单元)进行的,每册图书给一个号码,作为该册图书的财产登录号。个别登录要将每册图书的书名、责任者、版本、书价、来源,以及登录号码等逐项记入"图书财产登录簿"。它是检查每一册书的入藏历史的重要依据,根据它可以查清每一册书的入藏日期、来源、价格及它何时被注销和注销的原因等。

总括登录是按照每批收入图书的验收凭证(如收据、拨交或赠送图书的目录等)或者每批注销图书的批准文据,分别将每批图书的总册数、总价值、各类图书的种数、册数等登入"图书馆藏书总括登录簿"。通过总括登录,可以了解和掌握全馆藏书的总册数、总价值、来源和去向,实际藏书量及各类图书的入藏情况等。

两种登录制度,虽然对图书做的是双重登记,但工作并不重复。总括登录回答图书馆收进、注销和实存图书的总数和总价,起藏书总账的作用;个别登录只具体反映收进和注销的个别图书,它起明细账的作用,也就是图书馆藏书的清册。相应的,光盘、音像资料等都应当按照不同的载体形式分别进行总括登录和个别登录。

三、文献加工整理

经过登录的各种文献,还需要进行加工整理。文献的整理包括分类、主题标引、著录和目录组织等环节。

1. 文献分类

所谓文献分类(传统上称为图书分类),就是把登录过的各种文献,根据文献的学科主题与内容范围,利用文献资料分类法,将文献分门别类地组织起来,使每种文献在本馆所采用的分类法体系中占有一个适当的位置和号码。这样就可把内容相同的文献集中在一起,把内容不同的文献区别开来,在内容上构成一个有条理的逻辑体系。

文献分类的作用是多方面的,它既可作为排列组织文献、编制分类目录和各种书目的依据,也可供图书馆工作统计、新书宣传、参考咨询、文献检索工作使用。所以,文献分类是图书馆业务工作中的一项很重要的工作。

文献分类的主要工具是文献资料分类法。它通常由类目、号码、正表、附表、说明和索引等组成。目前,我国使用较为广泛的分类法是《中国图书馆分类法》,此外,《中国科学院图书馆图书分类法》《中国人民大学图书馆图书分类法》也都在一定范围内使用。国外较著名的分类法有《杜威十进分类法》《国际十进分类法》等。

在分类工作过程中,分类人员要对文献的内容、文献的实际用途等进行综合判别,然后将其纳入图书馆所采用的分类法体系中,这是一项具有较强科学性的业务工作。做好这项工作,要求分类人员熟悉和掌握所采用的分类法,并且要有一定广度和深度的学科知识。

2. 主题标引工作

文献主题标引工作,是从文献主题,即文献资料研究、论述的对象的主题概念角度来揭示文献的内容。主题标引的方法,也被称作主题法。

主题法是图书馆中揭示和组织文献资料的一种手段。它和文献分类法一样,都是从文献资料的内容出发,去揭示图书馆的文献资料,但二者角度不同。文献分类法主要根据文献内容的学科性质,以类目名称和分类号来揭示和组织文献资料,分类法体系是建立在科学分类的基础之上的。主题法是根据文献内容所涉及的主题概念,以主题词来揭示和组织文献资料的。主题是文献资料所阐明的主要问题和对象,用规范化的自然语言词汇把主题概念表达出来,这种规范化的词汇就称之为主题词。由此可见,主题法体系是建立在规范化的自然语言基础上的。

主题法有 4 种类型:标题词法、元词法、叙词法和关键词法。在标题词法和叙词法中,规范化的主题词被按照一定的方式排列成表(主题词表),前者称标题表,如《美国国会图书馆标题表》,后者称叙词表,如《汉语主题词表》《艺术科学叙词表》等。关键词法是采用自然语言的语词标引和检索,即采用从文献标题、文摘、正文等处抽取的、能够反映文献内容的关键词做主题词,这种方法不用编制主题词表,但要将不能用作检索依据的介词、连词、代词、叹词等编制成禁用词表,关键词法可以采用计算机自动抽词标引和检索。

主题标引的一般方法,是根据文献资料所涉及的主题,在主题表上找出适合于这个主题概念的主题词(标题法或叙词法),或者从文献的标题等处抽取反映文献主题概念的词汇(关键词法),作为文献标识和检索的依据。

3. 文献著录

分类和主题标引是揭示文献内容的主要手段,文献著录则是揭示文献形式的主要手段。所谓著录,就是将文献的外部形式特征做最必要的记录,要求能够依据该形式特征准确无误地确认该种文献,以提供查找文献的准确线索。文献的形式特征主要包括文献题名、资料类型、责任者、出版地、出版者、出版日期、版刻、版次、载体形态项(页数、图表、尺寸等)、装帧、价格、国际标准书号(ISBN)、国际标准连续出版物编号(ISSN)等。其中,从资料类型、载体形态项的记录中可以判别出文献属于何种类型(如录像制品、录音制品、计算机文档等)。把这些著录事项按照一定规则和形式组织成的一条文献记录,就称之为一条款目。

文献著录的重要国际标准为《国际标准书目著录》(International Standard Biliographic Description,简称 ISBD),它针对不同文献的著录,共包括 10 种;2011 年出版 ISBD 统一版(Consolidated Edition),将各种类型 ISBD 的各个著录单元的相关内容合并到同一个文本中。

4. 文献编目

图书馆目录是揭示馆藏文献,从不同角度进行记录并按照一定的次序编制而成的,用以揭示和报道馆藏文献的工具。

图书馆目录是揭示藏书、指引用户检索文献资料的工具,通过它,图书馆的用户可以了解馆藏,并检索到所需的文献;图书馆目录是宣传文献,是指导用户阅读的工具;图书馆目录是图书馆有效管理的基础。

目录是由一条条的款目组成的。款目是组成目录的单位。没有著录便没有款目,没有款目便不可能有目录;有了款目,如不加以组织,仍然起不到目录的作用。因此,图书馆编目工作的基本过程是:先对文献进行著录,即制作各种款目,然后对各种款目进行组织,即把款目联结成一个整体。

传统上,图书馆的目录是手工编制而成的,采用的是卡片目录或书本式目录。目前,图书馆广泛采用了计算机进行文献的编目工作。用计算机编制的机读目录与传统的手工编目有很多不同之处。

在计算机编目中,文献目录是通过目录数据库中的一条条题录记录来体现的,每一条题录记录反映一种文献。在每一条记录中,反映该种文献内外部特征的是记录中的各个字段,如"题名"字段、"责任者"字段、"分类"字段等。按照不同的字段可以组织成"题名"索引、"责任者"索引、"分类"索引等。所以,这种目录数据库经过计算机的加工处理,可以输出多种目录或索引,是一个内涵功能很强的目录体系。

国际书目信息交换,要求标准化,为了协调各国的编目条例,根据1961年巴黎国际编目原则会议确定的"巴黎原则"的精神,1967年《英美编目条例》(Anglo-American Cataloguing Rules,简称AACR)发布;为解决存在的各版本不统一、不能适应计算机编目要求以及无法适应不断增多的非书资料的著录要求,1978年,经修订和完善,《英美编目条例》第二版(简称AACR2)发布,它积极采用国际标准ISBD(International Standard Biliographic Description,《国际标准书目著录》),反映了国际编目事业的发展水平。

2005年,经修订发布的AACR第三版改称《资源描述与检索》(Resource Description and Access,简称RDA)。RDA反映了1997年IFLA《书目记录的功能需求》(Functional Requirements of Bibliographic Records,简称 FRBR)体现的编目原则,兼容其他编目标准、以网络为基础、适用范围广等特点,得到世界主要发达国家的广泛关注和实施。

1996 年,我国以 AACR2 和相关国际标准为参照,编撰出版了《中国文献编目规则》,它既适于手工编目需要,同时兼顾计算机编目需求,2005 年,出版了《中国文献编目规则》第二版。

在西文文献编目方面,1961 年全国西文图书目录卡片联合编辑组编辑的《西文普通图书著录条例》出版发行;1985 年,根据 ISBD 和 AACR2 的原则,北京图书馆等单位的专家学者共同编辑出版了《西文文献著录条例》;2003 年,《西文文献著录条例(修订扩大版)》发布。

随着 RDA 的普及与实施,在我国无论是中文编目还是西文编目,基于 RDA 修订现有的编目规则已是大势所趋。

计算机编目是图书馆工作自动化的重要内容。为使目录数据库记录中的各个字段的著录质量得到保证,人们对机读目录的格式制定了各种标准。机读目录的文献著录格式称作 MARC(Machine-Readable Catalogue),在我国曾译作"马克"。1966 年,美国国会图书馆开始实施 MARC Ⅰ试验计划,1968 年 7 月开始了正式的 MARC 计划,并于次年向全国发行 MARC Ⅱ格式的文献机读目录磁带。1976 年国际图联推出了通用机读目录格式(UNIMARC),目的是为了达到国际书目机构数据兼容、书目记录的交换和使用,实现书目资源共享。1996 年中华人民共和国文化部颁布了部颁标准《中国机读目录通讯格式》(CNMARC)。

目前,图书馆自动化集成管理系统中的编目子系统一般采用窗口形式向编目人员提供有关著录字段的标识,编目人员将待编文献的信息著录在相关字段的空格中,每一种文献的信息构成目录数据库中的一条目录记录,众多的文献目录信息记录就构成图书馆的文献目录数据库。

5. 元数据

随着万维网的不断发展,网络上信息资源正呈不断增多的趋势。但随之而来的问题是,人们发现在海量的信息环境中,信息的查找和检索变得越来越困难。网络上充斥着各种各样的信息,但人们却不知道究竟该怎样才能找到自己所需要的信息。

为了有效地解决查找网络资源这一问题,元数据(metadata)这一概念被提了出来。元数据也被称为是关于数据的数据,它是专门用来描述数据的特征和属性的,它包含的数据元素集就是用来描述一个信息对象的内容和位置,以便能在网络中方便地查找和检索。创立一个简单的并且在网络中为各个用户团体所接受的标准化元数据元素集,成了网络发展的迫切需要。1995年3月在美国俄亥俄州的都柏林召开的第一届元数据研讨会上,经过与会代表的商讨和辩论,终于产生了一个精简的包含13个元素的元数据集——都柏林核心元素集(Dublin Core Element Set),简称为都柏林核心(DC)。由于它的简练、易于理解、可扩展及能与其他元数据形式进行桥接等特性,它成了一个良好的网络资源描述元数据集。

都柏林核心是在网络环境如因特网中,帮助发现文件类对象所需要的最小元数据元素集。这13个元素包括:

Subject	主题:作品所属的学术领域;
Title	题名:作品名称;
Author	作者:作品的创作者;
Publisher	出版者:负责作品出版发行的组织;
Other Agent	相关责任者:对作品创作有贡献的相关人员或组织;
Date	出版日期:作品公开发表的日期;
Object Type	对象类型:作品的类型或所属的抽象范畴;
Form	格式:告知检索者使用此作品时所需的硬件设备和软件;
Identifier	标识:可用来唯一标识作品的字符串或代码;
Relation	关联:与其他作品(不同内容范畴)的关联,或所属的系列和文档库;
Source	来源:作品从何处衍生而来;
Language	语种:作品所使用的语言;
Coverage	覆盖范围:作品所涵盖的时间和地理区域。

其后,在原来13个元素的基础上又新增加了两个元素:Description和Rights Management。

描述(Description):与 Subject 不同,Subject 包括关键字、控制词条和正式分类指定标准,而 Description 则用于图像方面的描述性文字或内容描述,并包括文本文件下的摘要。

权限管理字段(Rights Management):权限管理字段被认为是一个核心描述记录的必要组成部分。它对于图像描述极其重要,因此如果缺少这一元素将阻碍 DC 在图像领域的广泛应用。

DC 的这 15 个元素依据其所描述内容的类别和范围可分为三组:①对资源内容的描述;②对知识产权的描述;③对外部属性的描述。

在图书馆界,美国国会图书馆的 Rebecca Guenther 提出把 DC 元素和 MARC 字段进行桥接;中国国家实验型数字式图书馆项目所采用的最小元数据集合就是 Dublin Core。

6. 书目框架格式(BIBFRAME)

2012 年底,美国国会图书馆发布基于网络资源规范控制的书目框架的关联数据模型草案,正式推出书目框架格式(简称 BIBFRAME),发布了基于知识本体的 BIBFRAME 词表,同时发布功能需求与用例。

书目框架格式(BIBFRAME),是一种可以取代 MARC 的新模型草案,将成为未来网络化世界(不仅限于图书馆界)书目描述的基础。涉及元数据、知识本体、资源描述框架(Resource Description Framework,简称 RDF)等语义网相关技术。

书目框架格式(BIBFRAME)的三个目标:①清晰区分概念内容及其物理表现,如:作品和实例;②专注于明白识别信息实体,如:规范;③平衡与揭示实体间关系。

书目框架格式(BIBFRAME)由 4 个主要类(class)组成:

(1)创作作品(Creative Work):反映编目单件概念实质的资源;

(2)实例(Instance):反映作品的个体资料体现的资源;

(3)规范(Authority):反映定义作品和实例中关系的关键规范概念的资源,如人、地点、论题、组织等;

(4)注释(Annotation):它直接继承了 W3C 的开放注释本体,定义了书签、评论、描述、提问、回答、标注等注释行为,定义了适合于书目数据的子类和属性,以及如何与作品、实体和规范建立关联的方法。以附加信息与其他 BIBFRAME 资源建立关联,如馆藏信息、封面、出版者介绍、作者传记信息、作品评论等。

作为一个解决方案,BIBFRAME 有自己的词表、命名空间、表示方式和支持工具。

书目框架格式(BIBFRAME)在功能需求上着重支持语义网技术的利用,以适应新的网络环境,同时支持国际化和本地扩展,这相对于 MARC 来说,是一个革命性的进步,同时完全容纳已有的 MARC 数据,将对图书馆的用户服务和编目工作带来根本性的变革,为封闭的书目数据仓储向开放互联的语义网转变打下坚实的基础,为图书馆融入万维网,成为语义网的组成部分,发挥图书馆已有的高质量数据的潜在价值,提供了方法和路径。

7. 文献加工

文献加工是图书馆中文献加工整理工作的最后工序,包括制书袋卡、贴书标、加装防盗磁条、条码、RFID 电子标签等。

四、文献组织

文献资料搜集到馆,经过登录、分类、主题标引和著录之后,一方面要将各种款目组织成目录,另一方面还要将各种文献分别加以组织。文献组织包括馆藏文献布局(书库划分)、文献排列和文献保护。

1. 馆藏文献布局

馆藏文献布局,又称"书库划分",它与馆藏文献的划分是密切相关的。大型图书馆总是把所藏的全部文献资料划分为几个不同的部分,例如,图书与期刊、缩微文献与光盘文献、普通书与善本书、常用书与不常用书等。在馆藏文献划分的基础上,组织成不同用途的书库。

大型图书馆一般都设有基本书库,这是全馆的总书库。另外还设有与服务机构相适应的辅助书库。有些大型图书馆,还根据出版物类型的特点和特殊用途单独设立特藏书库。为了保存馆藏文献和满足用户的急需,有些馆还将每一种图书抽出一册作为保存本,并设置保存本书库。保存本除特殊需要外,一般不外借,供特殊需要者在馆内查阅。

2. 文献排列

文献进入书库之后,无论是文献管理还是服务工作,都要求把文献按照科学的方法排列起来。文献排列的方法很多。对于图书,主要采用分类排架法,即把图书先按分类号排序,同类号的图书再依书次号排列,书次号有分类种次号、著者号等。对于期刊,可采用分类排架法,或采用刊名字顺排架法。对于专利、标准等特种文献,可采用文献号排架法,如专利号、标准号排架法。通常,不同的文献要保存在不同的书库中,并且每种文献类型单独排列。

采用不同的排列法,文献就具有不同的排架号。排架号是排列文献的依据,它告诉人们文献在书架上的准确位置。用户借阅文献要利用排架号提出索要文献的要求,所以排架号又被称作索书号。排架索书号要打印在书标上,将书标贴在书脊的根部,供排架和索取文献使用。以物联网技术为基础的智能图书馆,要在书架上贴层架签,通过图书标签、图书层架标签及相应的读写器模块,可读取图书标签信息,包括图书名称、图书编号、图书类型及借阅情况等,可进行精确整架盘点,查询图书、识别图书资料速度增快,方便书籍管理。

3. 文献保护

文献保护是图书馆馆藏文献管理的基本任务之一。文献保护是一项专门技术。对于纸质的图书报刊来讲,包括书刊装订、修补、防火、防潮、防光、防霉、防虫及防止机械性损伤等;对于缩微文献、音像文献、光盘文献,其保管条件要求更为苛刻,通常要求在恒温、恒湿的条件下精心保存,才能有效地延长其使用寿命。此外,文献保护工作还包括馆藏清点。清点的过程也就是检查馆藏文献保护情况的过程。

第三节　用户服务工作

用户服务工作,也称读者服务工作,是指图书馆文献的使用和服务工作,如文献的外借、阅览、文献宣传、阅读辅导、参考咨询、文献检索、网络信息导航等,以及用户发展、用户研究、用户培训工作。此外,还包括各类信息工作,如科技查新、专利查新、定题信息服务等。

一、用户发展

图书馆要根据本馆具体任务的要求,或按用户(读者)的工作性质,或按居住区域,或按文化水平和年龄,分期分批地进行用户登记,发放借阅证。在发证过程中,应保证重点,使本馆的主要服务对象优先取得借阅的权利,同时,还要满足一般用户的需求。

用户登记(读者登记),即填写用户(读者)登记卡,并可输入计算机建立用户数据库,它包括了用户详细的个人信息。这是图书馆建立的一种用户档案,它是了解用户情况的有效措施,可备必要时查考,同时也便于利用用户信息结合服务数据等做各类统计分析。

二、用户研究

对用户的调查研究,主要是了解用户的阅读倾向和对文献信息需求的规律和特点。这样做的目的是解决用户需要的多样性与文献信息内容的复杂性之间的矛盾和用户分散使用文献与图书馆集中收藏文献之间的矛盾,以便最大限度地满足用户所需的文献信息。

三、流通推广

用户对于文献信息的需求是无限的,而馆藏文献的内容与数量则是有限的。图书馆流通推广工作就是要解决或调整有限馆藏与无限需求之间的矛盾。文献的流通推广包括外借、阅览、复制、馆际互借、馆外流通等多种方式。建立各种类型阅览室,吸引用户来馆借阅;开辟各种类型借书处,方便用户外借文献;建立分馆、文献流通站、巡回书车等,便利不能来馆的用户使用图书馆的馆藏;建立馆际互借制度,使本馆用户能够利用国内或国外其他图书馆的馆藏;通过文献复制工作,为用户获得文献资料提供重要的辅助手段。

利用大数据、人工智能、深度学习等技术,可以快捷地从用户检索、借阅和虚拟社交等行为中分析相应的行为习惯模式,并开展预期式服务(如推送服务)。

四、宣传辅导

为了充分发挥馆藏文献的作用,扩大图书馆的社会影响,提高服务质量,图书馆在做好文献流通推广工作的同时,还应做好宣传辅导工作。宣传辅导工作的目的,在于向用户揭示馆藏,让用户更好地利用馆藏,提高文献利用率,降低文献拒借率。

宣传文献的常用方式有新书通报、书刊展览、报告会、书评活动等。阅读辅导包括读书内容的辅导和读书方法的辅导两个方面。读书内容的辅导主要是向用户推荐优秀的书刊,辅导用户正确地理解图书的内容,帮助用户从优秀的书刊中汲取有益的营养;读书方法的辅导主要是引导用户有目的地阅读书刊,克服某些用户阅读中存在的盲目性或不健康倾向。

宣传文献和辅导阅读两者是紧密结合在一起的。宣传文献能够巩固和扩大阅读辅导的效果,阅读辅导则又直接影响文献宣传的范围和文献的利用。

五、参考咨询

这是用户服务工作的重要组成部分。图书馆的参考咨询工作一般是围绕着文献资料进行的。用户要求解答的问题,图书馆一般是通过提供文献资料的途径使其获得知识或信息来得以解决的。参考咨询工作包括书目工作和咨询工作等方面。书目工作主要是根据用户学习、科学研究的课题,搜集、编制各种通报性和专题性的书目、索引、文摘等检索工具,供用户参考;咨询工作主要是通过口头或书面形式解答用户提出的问题。书目工作和咨询工作两者是紧密联系、互相配合的,书目工作要适应咨询工作的需要,咨询工作也要利用书目工作的成果。近年来,随着网络技术的发展,虚拟参考咨询、网络用户社区"共笔"解决咨询问题成为新的趋势。

六、文献检索

这项工作也属于用户工作的范畴。开展文献检索工作的目的,是为了广、快、精、准地向用户提供他们所需要的文献信息资料,以节省用户查找文献信息的时间和精力。文献检索工作包括两个部分：一是检索系统的建立和检索工具的组织与积累；一是根据具体课题的需要，利用书目、索引、文摘、快报、手册、词典、名录、指南、百科全书等检索工具，查找出与课题有关的文献资料。

检索工具是开展文献检索工作的必要条件，它包括传统的检索工具和数字化的检索工具。传统的检索工具主要是书目、索引、文摘等；数字化的检索工具包括利用计算机技术进行存贮和检索的光盘数据库、网络数据库、全文数据库等检索工具。在整个检索过程中，选择适当的检索工具是很重要的。要完成特定的检索任务，就得选择必要的检索工具。检索工具，无论是手工检索工具还是计算机化的检索工具，都具有存贮功能和检索功能。存贮是检索的基础，检索是存贮的目的。

七、网络信息导航与服务

图书馆不仅要利用本馆馆藏文献对用户开展服务，而且要通过互联网使用户获取网上信息。网上信息的特点是内容庞杂、分布广泛分散、质量良莠不齐，尚未形成统一的信息存储标准，信息检索效果难以控制。电子信息并没有给我们带来预想中的方便，相反，由于网络信息生成、复制、流通的特殊性，造成了网上信息资源的无序化现象。图书馆应当设法为用户提供网络信息导航系统，把常用数据库的网址或者相关主题的网上资料汇集起来，或者为用户查询网络资源提供各种咨询服务。

八、用户教育与培训

这是图书馆和其他文献信息机构开展的培养用户（包括潜在用户）利用文献信息的意识和能力的教育，其目的是帮助用户了解文献信息知识、图书馆馆藏和图书馆服务的内容，掌握文献检索和利用的方法，增强用户利用文献信息解决实际问题的信息意识。用户教育可采用多种方式，如在学校开设课程，举办培训班、讲座、个别辅导、参观、展览、讨论会、知识竞赛，提供宣传品和指南、触摸屏指南、网上课件等。教学内容主要是文献学和信息学基础知识、文献类型、文献信息检索语言、检索工具、检索方法、各类型工具书使用法、专业文献检索与利用、计算机信息检索、网络信息检索与利用、图书馆使用法等。

第四节　图书馆特藏工作与特色馆藏建设

一、图书馆特藏工作

1. 图书馆特藏的概念

"特藏"(special collections),亦称"特藏文献",在国外图书馆界是指特殊的、专用的、专门的、重要的收集、采集、收藏品以及募集的捐赠。将募集的捐赠作为特藏是国外图书馆的传统,在我国则将此扩展为由特殊渠道获得的特藏。

图书馆特藏工作最早起源于20世纪的美国。1929年,中华图书馆协会会刊、民国图书馆学权威杂志《图书馆学季刊》发表译文《特藏之搜罗与管理》(The Acquisition and Cane of Special Collections),译自1929年3月号的《图书馆杂志》,作者为玛丽·鲁德尔·科克伦(Many Rudel Cochran)。这表明中外图书馆特藏工作几乎同时起步。

科克伦给"特藏"下的定义为:"乃指专搜集关于某一项事物之图书而定。其价值在:(一)能搜罗宏富,无所不备;(二)所藏者稀有难得。"该定义包含了特藏的两个本质属性,一是文献搜集的专项性;二是藏品的稀有性。

美国研究图书馆协会(Association of Research Libraries,简称ARL)对特藏的定义是:以多种格式存在的馆藏(如古籍、手稿、照片、档案等),具有加工或经济价值、独特性或珍稀性,有长期保存和获取的必要,通常置于单独的馆藏空间中以保证安全和开展用户服务。

《中国大百科全书·图书馆学、情报学、档案学卷》一书的"图书馆馆藏"条目中对专门藏书(也称特藏)做了说明,它是为了收集、保存和利用某一形式的文献(如缩微文献、声像资料、线装古籍、专利文献、学位论文等)、某一专题领域的文献(如东亚资料)、某一时代的文献(如中华民国时期出版物)、某一地域的文献(地方文献)、有关某一个人的文献(如鲁迅研究资料)、珍贵文献(如善本)、易损坏的文献、有某种价值的文献等而专门建立起来的。

2.图书馆特藏的特征

特藏文献是具有区别于图书馆其他馆藏资料特征的文献,有研究者将其归纳为:稀有性、差异性、全面性。

(1)稀有性。特藏文献一般是年代久远、稀少或独特的图书、手稿及其他资料。

(2)差异性。指特藏文献类型在格式上与一般文献的差异性,如图片、幻灯片、胶卷、录音影像资料、地图、艺术作品、手工制品及其他需要特别收藏的物件。

(3)全面性。指某类主题文献收藏的全面性。一般是指特藏文献不仅独特而且是围绕某一特殊主题、学科或个人而累积起来的重要的全面性的文献集合。

图书馆特藏文献具有独特历史文物价值、学术价值、艺术价值,它不仅彰显了一个图书馆的特色,也是提升图书馆核心竞争力、社会影响力的重要资源。

3.图书馆特藏的管理与使用

1939年7月22日,国民政府教育部颁布《修正图书馆规程》,规定省市立图书馆设置总务、采编、阅览等部门,包括"特藏部"。这是"特藏"在我国图书馆法规中首次出现。7月24日,国民政府教育部颁布《图书馆工作大纲》,对"特藏部"的工作职责做明确规定:①办理各种特藏专室,设立各专室讲座;②办理各特藏专室之阅览事宜;③办理各专室参考咨询事项;④编制各专室阅览统计;⑤编制各种特藏文献物品提要说明等事项(如金石拓片、善本图书、地方文献、音乐谱及各种专书)等;⑥办理其他关于特藏事项。

1956年,《中华人民共和国高等学校图书馆试行条例(草案)》由高教部颁布,条例明确并扩大特藏的范围为"善本、稿本、精抄精校本图书或地图、乐谱、金石拓片、档案、图片、照片、显微书影等",并且强调了对于特藏"管理与使用"方法的特殊性。

在我国,各类型图书馆特别是高校图书馆,通常设特藏部开展特藏文献的管理与服务工作。

二、图书馆特色馆藏建设

1.图书馆特色馆藏

近年来,随着图书馆特藏建设力度的不断加大,特藏概念在建设实践中呈现出扩大化的趋势,被赋予了新的内容,人们在研究中普遍使用"特色馆藏"一词,并逐步取代了"特藏"概念。

从文献的存储形式来看,特色馆藏主要包含两类:一类是传统意义上的文献,如某些专题文献、地方文献、硕博论文等,这些文献以纸质介质为载体,遵循传统方式阅读;一类是数字资源,如学科专题数据库、网站、课件、视频、学科专业门户等,这些资源内容丰富、数据量大,便于检索和保存。

例如,我国某高校规定其特色馆藏主要包括:①教职工在各大刊物公开发表的论文、科研成果、调查报告、实验指导以及公开出版的著作(包括教材、译作等);②学生的毕业论文、毕业设计、专利以及公开发表的论文、科研成果,公开出版的著作;③有关本校及本校教职工和学生的公开出版物;④有关本校重点学科的文献、信息、动态、发展;⑤珍本、善本、手稿以及地方文献;⑥科技成果或者学术研究的获奖证书;⑦非书资料(录音制品、录像制品、投影制品、电影制品、缩微制品、全息图片、模型制品及多载体非书资料)等。

2. 图书馆特色馆藏的建设原则

作为图书馆文献资源建设的重要组成部分,图书馆特色馆藏建设与一般文献资源建设既有相同点,也有其特殊性。

图书馆特色馆藏建设应遵循的主要原则为:

(1)特色性原则。特色馆藏文献收集必须突出特色性原则,这是特色馆藏文献区别于常规性文献的根本所在,是其存在的前提和关键。图书馆应注重加强特色文献资源个性化选择,拥有独具特色的文献信息资源体系,提高特色馆藏资源利用率,为馆际间优势互补提供保障平台。

(2)实用性原则。特色馆藏文献资源收集目的是为了开发利用,图书馆应从实际使用需要出发,以用户需求为导向,规划、选择和收集特色馆藏文献资源,充分满足不同层次用户对特定文献信息资源的需求,改变"重藏轻用"的传统藏书理念,提高服务质量。

(3)系统性原则。特色馆藏文献的收集,尤其要注意馆藏文献体系系统各要素间的相互关系,保持重要文献及特色资源的完整性,系统收集相关文献信息资源,尽可能收集全连续出版物、丛书和多卷书,确保重点学科特色馆藏文献收藏的连续性,建立系统、完整的特色文献资源保障体系。

三、图书馆特色馆藏服务

由于特色馆藏文献兼具独特性、珍贵性和历史性的特色,是最能体现图书馆特色化和个性化的资源,在数字资源趋于同质化的时代,以特色馆藏资源为依托的服务模式,可以通过向用户传递特色藏馆以实现其独特的价值,不仅能凸显图书馆自身特色和个性,还有助于实现图书馆的社会功能,使图书馆在激烈的社会信息竞争中获得比较优势,维护图书馆知识中心的地位。

1. 在特色馆藏服务中引入 IC 理念,改善图书馆服务性能

IC 为 Information Commons(信息共享空间)的缩写,是 20 世纪 90 年代后期在美国兴起的一种新的信息服务模式。信息共享空间(IC)是一个由物理空间和虚拟空间共同构成的、拥有新型技术设备、提供一站式专业信息服务、培养用户信息能力、供用户共享信息资源、交流学术的崭新的空间和平台。

图书馆在特色馆藏服务中融入 IC 空间服务理念,以用户需求为导向,调整和优化空间设计,将传统的物理特色馆藏资源与虚拟资源相结合,提供学习、讨论和休闲等功能,实现特色馆藏信息服务的学科化、专业化和个性化,将特色馆藏空间从储存空间演变为文化共享空间,有利于吸引专业读者到馆阅览,提高图书馆特色馆藏的利用率。

2. 在特色馆藏服务中应用新型技术方法,提升用户体验

采用富媒体技术,在图书馆网页上以图文、视频、超链接等综合展示方式,提供特色馆藏数字化展览的新方式,满足用户需要图书馆提供展览展示、教育培训和游戏娱乐等服务需求,同时提升用户的使用体验。

应用 Web2.0 等技术,可以调动用户开展图书馆特色馆藏资源共建,以微博、微信等社群方式向图书馆和朋友推荐特色馆藏信息资料,拓展特色馆藏来源。

通过语义技术、智能挖掘等技术,可以有效改变以往数字特色馆藏服务以网站和资源为中心、用户被动地去浏览特色馆藏的状况,根据用户的网上行为,自动推荐其感兴趣的特色馆藏资源,减少用户寻找特色馆藏资源的时间,开展知识挖掘和知识重构。

利用虚拟现实(VR)、增强现实(AR)技术,强化用户虚拟仿真体验。如对于古籍善本、珍贵手稿等珍稀特色馆藏采用 VR、AR 虚拟仿真重现,既可突破保护原稿的障碍,又可让用户与虚拟情境交互,激发出丰富的想象,最大限度地提升用户体验,满足个性需求。

3. 深化特色馆藏的网络数字化服务,提高资源的可及性

特色馆藏网络数字化服务,包括基于图书馆本馆物理特色馆藏资源的特色资源网页或数据库,以及基于开发购买或引进的具有学科特色、专业特色的数据库。

通过网络数字化服务,将数字化特色馆藏资源整合到统一检索平台或知识发现系统中,为用户提供浏览、检索利用功能,采用本馆服务方式和馆际联合方式,提高特色馆藏的可及性(accessibility),把资源和服务以方便和有效的方式提供给用户,摆脱传统特色馆藏保护所必需的建筑、阅览时间等条件束缚,打破时间与空间限制,实现特色馆藏资源的开放共享,充分发挥特色馆藏专业性和学术性的功能。今后,包括图书馆、档案馆、博物馆等在内的特色馆藏资源的开放共享是发展的趋势,将最大限度地提高特色馆藏的可及性。

4. 开发基于内容的特色馆藏服务,提高特色馆藏资源的可用性

特色馆藏的可用性(usability)是指特色馆藏资源能得到更好的利用,创造出自身的价值。可用性更多依赖对特色馆藏资源的开发来实现。

特色馆藏增值的初级方式包括:特色馆藏数字化检索、特色馆藏目录和索引的出版。

特色馆藏的深层次增值开发是基于特色馆藏内容的开发,能更有效提高特色馆藏可用性。例如:①开发基于全文、图片等的智能检索系统;②建立特色馆藏知识门户;③实现特色馆藏信息和相关知识点的知识链接,采用数据挖掘、语义本体、云计算等技术实现源信息和相关知识的超链接;④提供科学的信息分析和统计数据等服务。

第五节　信息环境下图书馆服务的拓展

进入信息时代,图书馆面临着巨大的挑战和新的发展机遇。网络技术、多媒体技术、移动互联技术等信息技术的应用,不仅为图书馆改进传统服务提供了有效的手段,而且极大地拓展了图书馆信息服务的范围,一些新型服务项目出现。

一、馆外延伸服务

馆外延伸服务(outreach service),可分为机构内的馆外服务和机构外的馆外服务两种。机构内的馆外服务指为图书馆所隶属的母机构的各个部门和工作人员开展的信息服务。在这种服务中,图书馆员常常参与各部门的工作,并针对工作中遇到的问题及时提供适用信息,因此又可称为"参与式信息服务"。机构外的馆外服务指为那些没有图书馆而又需要图书馆信息服务的机构所提供的信息服务,一般采用馆员巡回服务的方式,可称为"巡回式信息服务"。

二、网络环境下的馆际互借服务

利用互联网改进馆际互借的操作流程,用户可在网上获取文献及其收藏地址(如图书馆或数据库)等信息,并可通过 E-mail 等方式向本地图书馆提出借阅申请,由本地图书馆代为完成纸质图书或复印件的互借。现在通常也称作原文传递服务。

三、图书馆环境下的联机服务

互联网的发展促进了联机服务业的广泛开展,不仅网络服务商的数量增加迅速,而且网上可供利用的信息资源也日益增加,为图书馆开展联机信息服务创造了良好的条件。图书馆可以为用户提供尽可能充分的电子信息资源获取途径,同时图书馆在信息管理方面积累的经验和有效的方法可以帮助用户克服网上信息交叉重叠的问题。

四、互动式多媒体用户教育

利用多媒体技术直观性、交互性强等特点,制作多媒体用户教育课件(包括可单机使用的课件和可通过网络使用的课件,例如慕课、微课形式的课件),未来还可以考虑采用虚拟仿真教学系统,开展生动形象的图书馆用户教育,它不仅可以提供相关知识,而且可以提供模拟的图书馆环境方便用户实习。互动式多媒体用户教育可辅助开展图书馆参观、用户的个别指导、宣传手册的编印与修订等用户教育工作,从而大大减轻了图书馆员的工作负担。

五、学习服务

现代化信息技术环境下,公共图书馆和大学图书馆在学生与居民的学习过程中发挥着更为重要的作用。图书馆学习服务的方式主要包括校园学习服务、学习空间服务、远程教育服务和终身教育服务等。

六、阅读推广

阅读推广亦称"阅读促进",系图书馆等机构和个人开展的旨在培养民众阅读兴趣、阅读习惯,提高民众的阅读质量、阅读能力、阅读效果的活动。阅读推广是在"阅读辅导""导读""读书指导""阅读宣传""阅读营销"等概念基础上发展深化而来的。对于图书馆而言,是通过有创意的精心策划,吸引读者利用馆藏,参与阅读活动。在"互联网+"图书馆环境下,阅读推广的方式可以包括:(1)信息交互与推送系统。通过手机、电子邮件、APP提醒等方式向读者推送信息,实现图书馆与读者的交互。(2)图书馆任务系统。读者完成"图书馆成长任务"获得阅读积分以激励阅读。(3)书评系统。以优化借阅流程、读者参加书友会、撰写发布书评等方式促进阅读。(4)共享型读书社区。鼓励读者共享读书心得体会,通过社群互动推动阅读。(5)智能化推送。根据读者的门户搜索记忆,通过智能化搜索引擎的数据挖掘与分析,自动推送读者感兴趣的文献。

七、新型网络信息服务

指图书馆开展的新型网络信息内容与技术服务,如网上资源开发利用、信息上网服务、网络教育服务、多媒体资源服务以及基于Web2.0技术的图书馆2.0服务等。

八、个性化定制服务

个性化定制服务(personalized customization and service)是按用户要求制定特殊用户界面的技术,是为用户个人搜集和组织数字化资源提供的一种工具,利用这种工具,可以方便地搜集、组织和维护数字图书馆网站提供的资源以及万维网上的各种资源的链接,将个人所需要的资源组织在自己专门的个性化界面中。例如美国开发的个性化定制服务系统MyGateway和康奈尔大学的Mylibrary系统等。

九、开放存取服务

开放存取(Open Access,简称OA),是指某文献在Internet公共领域里可以被免费获取,允许任何用户阅读、下载、拷贝、传递、打印、检索、超级链接该文献,并为之建立索引,用作软件的输入数据或其他任何合法用途。用户在使用该文献时不受财力、法律或技术的限制,而只需在存取时保持文献的完整性。对其复制和传递的唯一限制(或者说版权的唯一作用)是使作者有权控制其作品的完整性及作品被准确接受和引用。开放存取是不同于传统学术传播的一种全新机制,其核心特征是在尊重作者权益的前提下,利用互联网为用户免费提供学术信息和研究成果的全文服务,目的是将网络信息资源用于科研教育及其他活动,从而促进科学信息的广泛传播、学术信息的交流与出版,提升科学研究的共利用程度,保障科学信息的长期保存。

十、自助图书馆服务

在人口相对密集、经济较为发达的城镇街道,借鉴银行网点分布特点,设置24

小时自助图书馆,利用RFID(无线射频系统)实现全天候无人值守智能化管理。读者凭有效证件即可在家门口进行自助办证、资源查询、图书借阅与归还,突破时间、空间、界别和资源等因素的制约,通过网上借阅、社区投递方式实现公共图书馆服务的全覆盖和高效率。

第六节　图书馆免费服务与信息增值服务

一、图书馆免费服务

2011年初,文化部、财政部联合出台了《关于推进全国美术馆、公共图书馆、文化馆(站)免费开放工作的意见》。该《意见》以免费开放为旗帜,以无障碍、零门槛为目标,全面开启了公共图书馆免费服务的新时代。

2018年1月1日实施的《中华人民共和国公共图书馆法》要求:公共图书馆应当按照平等、开放、共享的要求向社会公众提供服务。公共图书馆应当免费向社会公众提供下列服务:文献信息查询、借阅;阅览室、自习室等公共空间设施场地开放;公益性讲座、阅读推广、培训、展览;国家规定的其他免费服务项目。《中华人民共和国公共图书馆法》同时规定:公共图书馆及其工作人员对应当免费提供的服务收费或者变相收费的,由价格主管部门依照前款规定给予处罚。

公共图书馆免费服务的内容:

1. 基本服务项目应提供免费服务。无论何种类型的读者,入馆后都可以无障碍地在图书馆规定的时间内接受图书馆的各种服务。具体包括:文献信息资源的浏览、检索、阅读、外借、信息咨询、公益讲座、展览等,均应免费服务。

2. 辅助性服务项目不应收费。包括:电子阅览室上网、借阅证办理、存包、停车等,不应收费。

3. 公共空间设施场地应全面开放。包括:一般阅览室、电子阅览室、自修室、报告厅、多功能厅等。公共图书馆的设施设备场地不得用于与公共图书馆服务无关的商业经营活动。

此外,非基本服务项目收费应合理,包括:文献复制费、图书押金等约束性收费及违规处理费等。

除公共图书馆外,大学图书馆等也应努力扩大基本服务范围,为更多读者提供更加人性化的免费便捷服务。

二、图书馆信息增值服务

关于图书馆的免费开放范围存在一定争议。

20世纪80年代起,由于经费投入不足,我国的公共图书馆普遍陷入运营困境,有的馆长期缺乏购书经费,甚至连日常维持费用都难以为继,严重影响到公共图书馆的生存和服务水平的提高。在这种背景下,各地公共图书馆探索"以馆养馆"及"以文养文",推出了各种图书馆服务收费项目,也引发了图书馆学界针对"图书馆有偿服务""一馆两业""多业助文""图书馆经营"等论题的激烈争论。

随着我国改革开放的不断深入,公共文化服务受到重视。公共图书馆全面免费开放以后,由于停止了"以馆养馆"的各种有偿收费,一些地方可能会出现政府资金链接不及时,导致公共图书馆资金紧缺。图书馆应当做好预算管理,对未来可能出现的服务、扩容、管理等要素进行科学预测与周密计算,及时完成免费开放后保持图书馆运转的资金计划;通过预算、报告、申请、洽谈等多种方式争取政府部门的理解和支持;还应积极拓展社会支持的渠道,多方筹措资金。

同时,图书馆仍应积极探索信息增值服务。

图书馆除了提供借阅等基本服务外,还可以提供诸如科技查新、查收查引、文献传递等增值服务,这些竞争性信息资源具有更强的情报功能。

有研究者调查美国的大学图书馆,发现这些图书馆几乎都在实行以基本服务免费、增值服务收费相结合的服务模式。

调查发现,各大学图书馆图书卡的办理属于收费服务的一项重要内容,通常采取校内读者免费,校外读者收费的制度。此外,各图书馆的收费服务基本集中在复印、打印、扫描、传真、馆际互借、文献传递、文献装订等项目,这些费用产生的原因是其涉及文献传输、材料使用、知识产权等较高成本的投入。

三、数字化信息产品与文创产品开发

数字化信息产品与文创产品开发及其市场化,是图书馆信息增值服务范畴的高级形式。

1. 图书馆数字化信息产品开发与市场化

图书馆数字化信息产品,包括图书馆自建或主导生产销售的数字信息产品、由外部购置的数字信息产品。主要类型包括:电子期刊、各类数据库、新媒体数字资源等。

其中,图书馆主导的数字信息产品可以理解为,以图书馆为核心组织借助图书馆信息资源、网络基础设施和信息技术开发形成的数字信息产品(如馆藏文献的数字化产品)。

图书馆主导的数字信息产品的价值增值来源于数字内容产品的生产、推送、检索、呈现、使用、反馈、回收等各个环节。其中,数字信息产品的生产、呈现和使用是主要的价值增值环节,必然涉及成本与收益,这是图书馆数字信息产品产品研发与销售必须考虑的因素。

2. 图书馆文创产品开发

2016年5月16日,国务院办公厅转发了文化部等部门《关于推动文化文物单位文化创意产品开发的若干意见》,要求各级各类博物馆、美术馆、图书馆、文化馆、群众艺术馆、纪念馆、非物质文化遗产保护中心及其他文博单位依托文化文物单位馆藏文化资源,开发各类文化创意产品。

图书馆文化创意开发的成功案例:如国家图书馆古籍、甲骨和金石拓片、敦煌遗书、舆图、名家手稿等为主的复制仿制品开发以及生肖福袋、书签、公交卡包、舆图领带、文献瓦当杯垫、甲骨形制的手工皂等周边产品,并与淘宝网合作,开设淘宝"国图旺店"在线展销平台,实现了线上线下相结合的推广销售模式。

图书馆可联合其他文博部门成立文创公司,积极申报各类对口扶持资金,包括动漫开发、文创、特色文化产业、PPP(政府和社会资本合作)文化相关项目等;鼓励众创、众包、众扶、众筹,以创新创意为动力,以文化创意设计企业为主体,开发文化创意产品,打造文化创意品牌。

图书馆等开发文化创意产品时,要把社会效益放在首位,实现社会效益和经济效益相统一;要在履行好公益服务职能、确保文化资源保护传承的前提下,调动文化文物单位积极性,加强文化资源系统梳理和合理开发利用;要鼓励和引导社会力量参与,促进优秀文化资源实现传承、传播和共享;要充分运用创意和科技手段,注意与产业发展相结合,推动文化资源与现代生产生活相融合,既传播文化,又发展产业、增加效益,实现文化价值和实用价值的有机统一。

第七节 图书馆自动化

一、图书馆自动化的概念

图书馆自动化,主要是指以计算机为主体,利用通信技术和高密度存储技术,对图书馆工作的各个环节(采访、编目、流通阅览、信息检索、图书馆管理等)实行程序控制下的自动管理,从而提高图书馆的工作效率,减轻工作人员的劳动量,加速文献流通速度,向用户提供更多信息。

广义的图书馆自动化系统,是图书馆使用的软件系统、硬件系统和网络的集合。一个完整的图书馆自动化系统一般由3部分组成:一是图书馆业务自动化,二是图书馆办公自动化,三是数字图书馆。

图书馆自动化是一门涉及学科范围很广的综合性技术,主要包括几个方面:

1. 数据处理自动化和智能化

对图书馆采购、分编、流通、检索、行政事务、用户行为等数据进行统计、分析、可视化呈现,有助于归纳出运营管理和各类行为模式,便于开展推送服务、个性化定制等智能化服务。

2. 输入、输出的标准化

实现高速数据处理、数据输入和输出,是实现图书馆自动化的可靠保证,因此自动化系统设计的各种格式都以标准化为依据,便于数据应用和资源共享。

3. 业务管理自动化

通过自动控制,将采购、分编、流通、检索服务等环节所涉及的数据,一次输入,多次利用,减少了图书馆中的一些重复工作,提高了工作效率和服务水平。

4. 文献信息数字化

文献信息不再局限于传统的印刷型文献,而是包括光盘出版物、网络信息等各种数字化、虚拟化文献信息。

5. 文献信息传播网络化

图书馆的文献资源,通过网络,使连接在网络中任何一台联机终端的用户不论在哪个国家或地区,不论何时都可以获取网络中的各类资源,充分利用人类的文明成果;同时,也可以利用电脑、手机等信息终端,通过社交网络,实现图书馆用户、工作人员与社会的广泛链接,扩大图书馆的服务触角。

二、图书馆自动化发展阶段

图书馆自动化经历了3个发展阶段,即图书馆自动化集成管理系统发展阶段,图书馆在网上进行全球性、整体化的电子文献信息服务的阶段,以及数字化图书馆阶段。

1. 图书馆自动化集成管理系统发展阶段

美国最早在图书馆应用计算机始于1954年,美国海军兵器中心图书馆用IBM-701计算机建立了世界上第一个文献检索系统。20世纪60年代初,为了提供一个机器可读目录资料格式,美国国会图书馆创制了MARC方案,1969年,美国国会图书馆正式发行了LCMARC机读目录,1974年将其更名为美国机读目录格式(USMARC)。

MARC即机读目录,它是图书馆馆藏目录(或传统图书馆提供的卡片目录)的数字化,构成公共联机目录查询服务OPAC(Online Public Access Catalog)。它在北美得到广泛应用,开创了文献机读目录在世界上正式使用的新时期,使图书馆正式步入了图书馆自动化的阶段。20世纪70年代北美有数百个图书馆利用MARC机读目录进行自动化的编目作业,大大节省了人们的重复劳动,而且大大提高了书目的编目质量。

MARC方案可以应用在任何型号的计算机系统中。方案的成功,为美国图书馆自动化进展奠定了基础。这个方案得到了国际图联的承认,1972年,国际图联

"内容标识符工作组"制定了国际机读目录格式(UNIMARC—Universal MARC Format),各国也相应推出了本国的机读目录格式,如 UKMARC(英国)、JMARC(日本)、CNMARC(中国)等。

20 世纪 70 年代起,图书馆自动化取得了很大的进展:

1971 年,世界上第一个图书馆联合编目系统 OCLC(Ohio College Library Center)正式运行;

1972 年,世界上第一个商业性联网信息服务供应商 DIALOG 创建;

1973 年,世界上第一个提供联网全文本法律信息的 LEXIS-NEXIS 创立;

1974 年,由美国哥伦比亚大学、耶鲁大学、斯坦福大学等一批研究图书馆组成了美国研究图书馆信息网络(Research Libraries Information Network,简称 RLIN);

1977 年,在世界上第一个图书馆联合编目系统基础上,成立了联网计算机图书馆中心(Online Computer Library Center,简称 OCLC);

1982—1987 年,美国国会图书馆开展"光碟试点项目"(Optical Disk Pilot Project),把国会图书馆许多部门的馆藏文献和图片数字化;

20 世纪 80 年代,美国国家医学图书馆(NLM)和美国国家档案馆(NARA)推出世界上首批电子图像系统。

本阶段图书馆自动化的另一项重要工作是建设图书馆计算机集成管理系统。图书馆计算机集成管理系统的基本模块包括文献采购、文献编目、文献流通、期刊管理、公共查询(OPAC)等,初步实现了图书馆工作各环节的计算机化。用户可以利用联机检索的方式查找所需文献的信息,又可用脱机方式共享其他图书馆的文献资料。

中国图书馆自动化从两个层面上展开:一是图书馆信息管理自动化,主要实现图书采访、编目、流通、期刊等作业的计算机管理;二是图书馆信息检索自动化,主要是通过自身的信息数据,与国内外的数据库系统联机或购买 CD-ROM 开展信息检索服务。早期主要集中在信息检索方面。

20 世纪 80 年代初,由北京大学图书馆、北京图书馆、清华大学图书馆等图书馆联合发起 MARC 协作组,引进 LCMARC(美国国会图书馆发行的机读目录)磁带,并在西文图书编目中试用,开始掌握机读格式和计算机编目知识,中国图书馆自动化由此起步。到了90年代中期,中国图书馆自动化由80年代中期分离式的试验系统发展成为集成化的实用系统,并涌现出一批成功的、高质量的优秀系统。这些系统在国内的推广,促进了我国图书馆自动化的发展。

20世纪90年代之后,几乎所有高校图书馆和科技图书馆以及一部分公共图书馆都拥有计算机和专职从事计算机应用和维护的技术人员,而且各图书馆大都设有自动化部门,以组织和规划建立自动化系统;各种自己开发或购买的图书馆软件投入运转;若干书目数据供应中心的业务形成规模;图书馆间的系统互联在一些发达地区积极地展开。

2. 图书馆在网上进行全球性、整体化的电子文献信息服务的阶段

20世纪90年代因特网在世界的迅速普及,将图书馆网上电子信息服务推向了全球性服务的新阶段。在此阶段,人们对信息数字化技术做了大量的研究开发工作,如因特网上的许多万维网(WWW)服务器已可以提供文本、图形、声音、运动图像和多媒体资料查询,出现了数字图书馆的雏形。

3. 数字化图书馆阶段

21世纪起,数字图书馆的概念和实践在争论中发展,其基本特征日渐清晰。

这个阶段的图书馆将传统图书馆与图书馆数字化紧密结合,更加重视组织数字信息及其技术进入图书馆并提供有效服务,图书馆的各类信息均可转化为数字化的形式,并通过信息设备获得;图书馆用户获得的不仅仅是本地图书馆的信息,还包括网上虚拟链接的数字图书馆。

目前,基于物联网、云计算、大数据、移动互联和人工智能的智慧图书馆技术,成为图书馆自动化的研究热点。

三、图书馆自动化集成管理系统

一般来讲,图书馆应用计算机主要是进行书目数据自动化和图书馆事务处理两个方面。对图书馆工作进行系统分析,一般可将图书馆工作这个大系统划分为以下几个基本子系统:①文献采访子系统;②文献编目子系统;③联机检索子系统;④流通子系统;⑤连续出版物管理子系统;⑥图书馆管理信息子系统等等。建立能完成这些子系统功能的计算机集成管理系统是图书馆自动化的主要内容。广义

上,应当将图书馆网站、微信公众号等用户服务子系统视作图书馆自动化最主要的组成部分。

我国各图书馆所采用的自动化集成管理系统的来源主要有三:自行研制;购买信息技术公司开发的成型产品;引进国外系统。

图书馆自行研制的系统主要有 ILAS(深圳图书馆)、MILIS(上海交通大学西汉文兼容图书馆联机管理集成系统)、PULAIS(北京大学图书馆自动化集成系统)等。

由信息技术公司开发的系统主要有:GLIS(北京息洋电子信息技术研究所通用图书馆集成系统)、博菲特文献管理集成系统(大连博菲特信息技术开发中心)、DATATRANS—1000(北京丹诚软件有限责任公司图书馆集成系统)等。

清华大学、北京大学等在系统升级时引进了美国的图书馆集成系统并进行了汉化。

下面分述图书馆集成管理系统各个子系统的结构与功能。

1. 文献采访管理子系统

文献采访管理子系统是由计算机参与处理图书馆的采访事务,系统功能是:订购文献业务处理,如查重、建立订单文档、打印催书单等;文献账目的打印及各种经费使用报告单等。它包括订购管理、验收登记、经费管理、赠送交换、统计及报表生成等功能模块。

采访管理子系统对于印刷图书、录音带、录像带、电子出版物等的处理方法大致相同,根据图书馆的习惯,可按文献类型分别处理。

2. 文献编目管理子系统

编目管理子系统是依照机读目录标准及有关规范,建立图书馆中央书目数据库和预编库,提供编目过程中有关查重、数据输入、卡片输出等功能环境。

3. 流通管理子系统

流通子系统的功能为处理图书馆的文献外借业务,使用条形码、RFID 电子标签等作为文献与用户的识别符号,用光笔、RFID 阅读器等识别仪器快速处理借、还等文献流通业务。流通子系统由于直接与读者接触,因而它在图书馆中的地位十分重要,它处于图书馆的第一线,它的运转情况直接反映出馆藏建设的质量,满足读者需求的程度,服务质量和科学管理水平等。所以,实现流通工作的计算机化,建立一个高效、稳定的流通管理自动化系统至关重要。

流通子系统包括文献流通事务管理、流通管理查询、用户管理、统计报表生成与打印等。

4.联机书目检索子系统(公共查询)

联机检索子系统由用户或工作人员所使用的计算机终端与图书馆的主机中的书目数据库相连,通过一个一致的用户查询界面,为用户提供查询方式多样、功能齐全、技术先进、操作简便的公共联机查询系统(OPAC),查询整个集成系统中的书目数据。工作人员或用户可通过计算机终端查询书目数据库中的书目信息,检索时,可根据计算机屏幕上显示的有关提示信息,从文献的题名、责任者、分类号、主题词等途径检索,也可以对上述途径进行联合检索、逻辑检索。

联机检索子系统提供的书目检索查询手段取代了图书馆原有的笨重、检索不便、查检速度慢且不准确的卡片目录或书本式目录。一次输入目录信息,可以提供多种检索途径,并且可同时满足图书馆工作人员和用户检索目录的需要,检索查询方便、快速、准确。

利用OPAC,用户还可以通过网络查询网上其他图书馆的公共目录。

5.连续出版物管理子系统

连续出版物管理子系统包括从订刊到入藏、流通的整个连续出版物处理过程的自动化管理。图书馆中最主要的连续出版物包括期刊、报纸等。其流程包括订购、登到、催询、装订、编目、入藏、检索、流通等。一般来讲,图书馆期刊管理是系统中比较复杂的工作,因为期刊出版周期的变更、刊名的变化以及增刊、附刊、期刊索引出版等具有不规律性,所以,在管理中有别于图书等文献的管理。

6.参考咨询子系统

为完成图书馆参考咨询工作而设计的自动化子系统,它提供给用户一种咨询手段,使之通过此系统,了解所需的各种信息资料。参考咨询子系统利用所管理的工具书库、各种数据库、电子出版物、参考咨询档案库以及互联网获取信息,来满足用户提出的咨询课题。

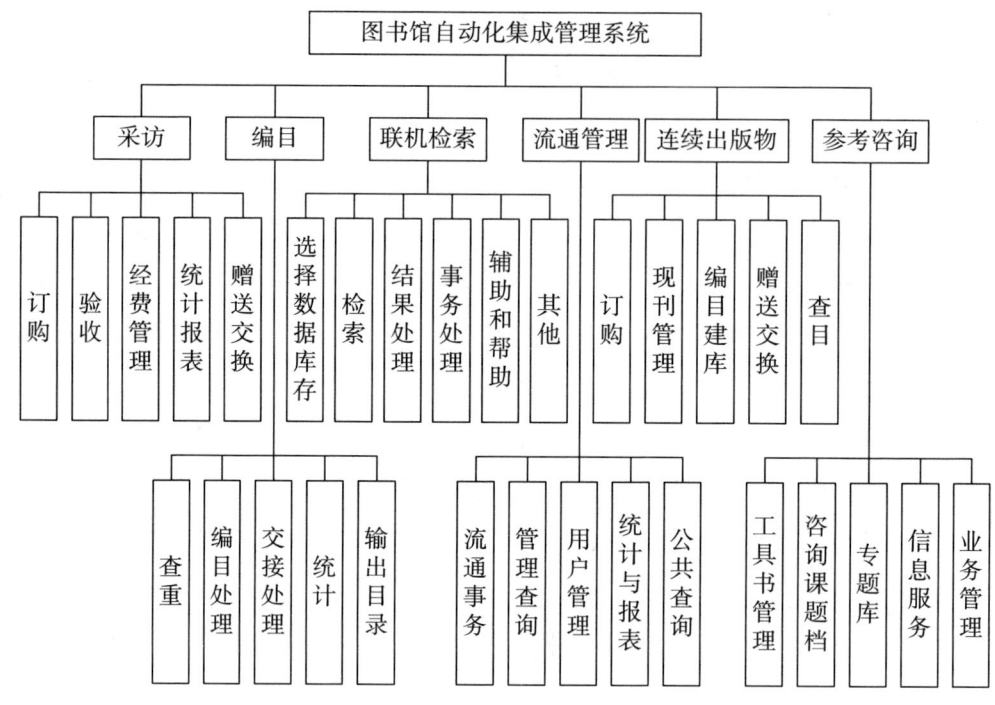

图8　图书馆自动化集成管理系统结构示意图

四、基于云计算技术的 SaaS 自动化实施模式

在云计算时代,不同的图书馆可考虑不同的自动化实施方案。

对于技术能力较强、规模较大的图书馆,可采用本地部署自动化系统的模式。其图书馆自动化集成管理系统通常采用的是 C/S(客户机/服务器)、B/S(浏览器/服务器)架构或者是二者结合的架构。

对于中小型图书馆,也可考虑使用专业公司提供的基于云计算技术的 B/S 应用模式的远程图书馆集成管理系统解决方案(如江苏汇文软件有限公司的 LibsysBS 图书馆集群管理系统)。

云计算是一种形象的说法,指在广域网或局域网内将硬件、软件、网络等系列资源统一起来,实现数据的远程计算、储存、处理和共享的一种托管技术。它是分布式处理、并行处理和网格计算的发展,或者说是这些计算机科学概念的商业实现。打一个比方,云计算是一台可以远程调用资源的大型分布式计算机。

在云计算环境中,用户可以像使用水、电等公共资源一样按需要调用云端的计算资源(包括基础设施、管理平台、应用软件等服务)来完成自己的工作任务,而无需关心这些操作是怎样实现的。

按照云计算系统的权属等特性,可以分为私有云、公有云和混合云三类。私有云是由机构(如图书馆)单独创建的专有云资源,公有云是第三方公司(或机构)创建、运营并向社会用户提供服务的云资源,混合云则是机构在不同业务中综合使用私有云和公有云的运营管理模式。

在基于云计算技术的 SaaS(软件即服务)的自动化实施模式中,图书馆不需要在内部部署服务器和处理设备,只要有网络和浏览器就可以按需使用已购买的远程云服务,业务处理和各类数据都在云端的远程图书馆集成管理系统中处理。

与传统的本地部署的图书馆自动化方案相比,这种方案运行更加灵活,花费的成本更低,对本馆技术维护人员的技术要求更低。来自图书馆的担心主要在于这种远程处理模式所涉及的数据安全、网络速度、稳定性等问题,提供服务的公司的实力也是应考虑的重要因素。

大型图书馆可考虑采用混合云方式作为未来自动化实施模式。

参考文献

1. 辛希孟等. 二十年来我国文献信息服务述要[M]//中国图书馆学会编译出版委员会,北京图书馆出版社. 中国图书馆事业二十年:1979—1999. 北京:北京图书馆出版社,1999.

2. 吴建中. 21 世纪图书馆新论[M]. 上海:上海科学技术文献出版社,1998.

3. 孟广均,徐引篪. 国外图书馆学情报学研究进展[M]. 北京:北京图书馆出版社,1999.

4. Stuart Weibel, Eric Miller. Image Description on the Internet: A Summary of the CNI/OCLC Image Metadata Workshop[EB/OL]. [1998 - 08 - 11]. http://www.dlib.org/dlib/january97/oclc/01weibel.html.

5. 刘炜,赵亮. 元数据方案实施意见[EB/OL]. [1998 - 11 - 15]. http://www.istis.sh.cn/istis/dlib/report/metadata.html.

6. 陈幼华. 论阅读推广的概念类型与范畴界定[J]. 图书馆杂志,2017(4).

7. 丁冬,张长秀. 图书馆阅读推广概念的多维度辨析与研究[J]. 图书馆,2019(1).

8. 王波. 图书馆阅读推广的定义、类型、方法:在"图书馆阅读推广理论与实践"专题研讨会上的演讲[J].图书馆,2017,27(1).

9. 王一心.从图书馆特藏到特色馆藏的演变考析[J].图书馆研究,2016,46(3).

10. 费愉庆.高校图书馆特藏部文献的开放与利用[J].苏州大学学报(工科版),2008,28(5).

11. 傅敏.IC理念下的高校特色馆藏服务探讨[J].山东图书馆学刊,2011(6).

12. 朱小梅,刘扬,闫桂梅,宋魏巍等.图书馆特藏服务模式研究:服务策略和价值创新[J].图书与情报,2014(1).

13. 董焱.图书馆信息产品的商品化与市场开拓[J].图书馆理论与实践,1995(2).

14. 周心慧.对图书馆公益性与有偿服务的思考[J].国家图书馆学刊,2006(1).

15. 陈光祚,刘荣.二十年来我国图书馆自动化发展综述[M]//中国图书馆学会编译出版委员会,北京图书馆出版社.中国图书馆事业二十年:1979—1999.北京:北京图书馆出版社,1999.

16. 沈迪飞.图书馆自动化应用基础[M].武昌:湖北科学技术出版社,1992.

17. 沈迪飞.论当前我国图书馆自动化的发展路向[J].中国图书馆学报,2000(5).

18. 刘嘉.元数据:理念与应用[J].中国图书馆学报,2001(5).

19. 赵继海.论数字图书馆个性化定制服务[J].中国图书馆学报,2001(3).

20. 潘秀琴.国内外图书馆自动化系统比较分析[J].现代情报,2007(7).

21. 刘炜,葛秋妍.Web2.0技术图书馆应用分析[EB/OL].[2008-12-13].http://www.lib-net.sh.cn/sztsg/fulltext/reports/2006/libraryTech20.pdf/20080201.

22. 初景利.嵌入式图书馆服务的理论突破[J].大学图书馆学报,2013(6).

23. 王捷.基于用户行为数据分析的高校图书馆信息服务平台研究[J].现代情报,2017(1).

24. 赵洋,何梦婷,张沫,等.信息服务的研究进展及热点:模式、评估与教育[J].图书情报知识,2017(4).

25. 李法运,吴俊.基于微信平台的图书馆信息服务研究[J].图书馆工作与研究,2017(1).

26. Zurkowsk.信息服务环境:关系与重点[J].何乃东,译.张晓娟,程璐,校.图书情报知识,2017(1).

27. 崔伟,杨嘉伟,徐恺英,等.移动图书馆信息服务国内外研究进展的比较分析[J].情报理论与实践,2017(9).

28. 王晓辉.浅谈我国图书馆自动化建设现状与发展趋势[J].现代情报,2017(7).

29. 刘军军.大数据时代高校图书馆信息服务模式创新研究[J].图书馆学刊,2017(11).

30. 崔海兰,梁明星.基于移动互联网的高校图书馆移动信息服务创新探索[J].图书馆学刊,2017(8).

第七章　图书馆管理

第一节　图书馆管理原理

我们认为,图书馆管理是对图书馆的文献信息、人力、财金、物质资源,通过计划和决策、组织、领导、控制、协调等一系列过程,来有效地达成图书馆的目标的活动。

一、图书馆管理的意义

图书馆管理是图书馆工作和图书馆事业发展所提出的要求,其重要意义在于:

(1)图书馆管理是图书馆工作的整体性和图书馆事业具有全国规模的需要。图书馆工作是在科学发展和社会进步的推动下不断向前发展的,它自身同样经历着又分化又综合的过程。在科学文化信息交流系统中分化出图书馆系统,图书馆系统又分化成各种子系统和二级子系统;这些子系统和二级子系统又互相依赖、互相制约、不可分割,共存于图书馆系统的统一体中,共同完成向社会提供文献信息的任务。

当今,图书馆工作结构日趋复杂化,这使得图书馆的管理问题显得特别重要。科学有效的管理是图书馆工作顺利开展的基础。没有科学有效的管理,必然导致图书馆的分散、重复、混乱和浪费。图书馆工作的水平,说到底,就是科学有效管理图书馆工作的水平。

随着人类社会的进步和科学文化的发展,图书馆的数量不断增多,类型不断增加,同用户的联系面更加广泛。这说明图书馆已不是孤立的单个的存在,而是一个社会化的有机的整体。因此,需要通过管理密切图书馆与图书馆之间、图书馆与用户之间的联系。

图书馆事业是由各种不同类型的图书馆组成的。要使具有全国规模的图书馆事业布局合理，使之协调而又有计划地发展，必须对全国图书馆事业实行科学有效的管理，以便把文献信息资源当作全社会的共同财富，有效地加以开发和利用。

(2) 图书馆管理是有效利用信息资源的需要。信息广泛存在于自然界和人类社会，包括自然信息、生命信息、社会信息和机器信息。对于人类来讲，每时每刻都在传递和接受着大量的信息，其核心是知识。信息是动态的概念，它只有在流通中才能发挥作用。只有运用科学的方法加以管理，信息的价值才能得到有效的体现。

当前社会中，文献是主要的信息来源，是信息存在的一种物质状态。在文献量激增的当代社会里，要求图书馆对数量庞大、内容复杂的文献资料进行准确的挑选和科学的整理加工，以便及时将信息传递到用户手中，没有对文献信息资源科学有效的管理是根本不可能做到的。所以，科学有效的管理是有效利用信息资源的前提。

(3) 科学有效的管理是实现图书馆工作现代化的需要。图书馆组织管理的有效性和科学性，既是图书馆工作现代化的需要，也是实现图书馆工作现代化的基础，没有图书馆组织管理的科学化，也就无法实现图书馆工作的现代化。例如，要建立起拥有先进的技术和设备、能够迅速准确地将文献信息资料传递到用户手中的信息网络，就必须加强对图书馆工作和图书馆事业的科学有效的管理。没有科学有效的管理，不提高图书馆管理的水平，即使有了先进技术和设备，也不能充分发挥作用。现代化信息网络的建设及其作用的发挥，不仅取决于现代化的技术和设备，而且取决于图书馆管理的水平。

二、现代图书馆管理的基本要求

现代图书馆管理的基本要求是管理规范化，劳动组织合理化，业务工作计量化，工作人员专业化。

(1) 管理规范化。所谓规范化，就是要有完善的规章条例和业务标准。所以，图书馆管理的规章条例化和业务技术标准化是规范化的两大内容。

规章条例是管理的依据，图书馆没有一套科学的规章条例就无法组织各项业务工作。业务技术标准化是管理的重要手段，没有统一的业务技术标准，就谈不上科学有效的管理。

（2）劳动组织合理化。以最经济的人力取得最佳的工作效果，是图书馆合理的劳动组织所要达到的主要目标，为了实现这个目标，必须：

①根据本馆的性质和具体任务，以节约人力、方便管理、减少层次、提高效率为原则，合理设立业务机构。

②根据本馆收藏的文献资料的类型和用户需要的特点，科学地划分工序和工作范围。工序和工作范围的划分，要做到既避免工作脱节，又减少人力的浪费，力求科学和合理。

③建立岗位责任制。所谓岗位责任制，就是规定明确的职责范围，让每一个部门和每一个工作人员都承担起应负的责任，做到各负其责、各尽其力。严格的责任制是提高工作质量的重要保证。

（3）业务工作计量化。数据分析是管理的一种手段。要进行数据分析，就必须建立系统的统计制度。有了完整系统的统计数据，才能分析出数与质的关系。统计数据能够反映图书馆的基本情况，是改进工作、提高服务质量的重要依据，对于图书馆实行科学有效的管理可以起到"耳目"和"参谋"的作用。例如，当图书馆统计了一天中哪段时间里用户来馆比较集中，掌握了一周内哪些天来馆用户比较多等数据，就可以用排队论方法，科学地安排工作人员的上班时间，合理地组织劳动力。同样，在掌握一定数据的基础上，可以运用库存论研究现有书库空间的合理使用，运用线性规划科学地安排开馆时间、干部配备和经费的使用等。因此可以说，在图书馆管理中，有了统计数据就可以适时掌握图书馆工作的运行状态；没有真实可靠的统计数据就无法进行数据分析，当然也就很难为改善管理提供准确的依据。

（4）工作人员专业化。培养一支合格的专业化队伍，是实现图书馆管理目标的必要措施。图书馆工作人员的专业化包括两个方面：一是必须具备图书馆学、信息学的基本知识和图书馆工作的基本技能，另一个是向文献信息工作专门化的方向发展。这就要求图书馆工作人员在熟悉图书馆业务的基础上，在某一学科知识的范围内，以文献信息为研究对象，深入学习该学科知识，熟悉该学科的各种文献，能够担负起该学科的专题文献和信息服务工作。

三、图书馆管理的对象

概括地说,现代图书馆管理的对象就是图书馆系统。根据系统论的观点,世界上一切事物都可视为系统。在一个系统内可有若干个子系统,只有每个子系统都达到最佳效果,整个系统的管理才处于最佳状态。图书馆管理包括微观管理和宏观管理两个部分。微观管理是对于个体图书馆的管理。宏观管理则是对社会图书馆事业体系的管理。

现代图书馆系统是由人员、文献信息、建筑、设备、经费、技术方法等要素构成的。这些构成图书馆系统的要素就是现代图书馆管理的具体对象。现代图书馆管理的目的就是根据图书馆的既定目标合理地组织这些要素并择其最优的组合方法,使之成为一个互相联系、互相制约、互相促进的有机整体,最大限度地提高图书馆系统的功能,为广大用户服务。

图书馆系统,是图书馆工作作为一种社会分工而独立存在之后,人工构成的社会的一个子系统。它是一个开放系统,与外界不断有物质、能量和信息的交换。人类增长的信息知识以及大批人力、物力、财力的投入是系统的输入;对外提供的各种文献信息和服务是系统的输出。正是由于图书馆系统的开放性,它才有可能形成有序结构而为社会所利用。

第二节 图书馆规章制度

一、图书馆规章制度的意义

图书馆规章制度是指图书馆工作人员或用户必须遵守的工作条例、章程、规则、细则和办法。它是图书馆实行科学有效管理的依据和准绳,是整个图书馆工作正常而有秩序地进行的保证。

各种类型的图书馆,特别是工作内容比较复杂的大型图书馆,必须建立一套严密的、科学的规章制度。一个图书馆工作效益的大小、工作秩序的好坏,都与是否认真建立或严格执行各种规章制度有着直接关系。

严密的、科学的规章制度不仅要正确地反映图书馆业务工作和技术操作的特点和规律,成为进行业务技术工作的准绳,而且要正确地解决图书馆内各个部门、各个工序和各个环节的业务技术问题、工作人员之间的关系问题以及图书馆与用户、一部分用户与另一部分用户之间的关系问题。

严密的、科学的规章制度应体现出人们在实践中积累起来的成功经验,也可以说是经验的法定化、条例化、规范化。它应当揭示出图书馆提倡什么、反对什么、约束什么,使图书馆的管理者和使用者都按照规章制度办事,保证工作正常地和有秩序地进行下去。

图书馆规章制度是图书馆工作实践经验的总结和概括,但随着图书馆工作的开展和人们认识的深化,它并不是一成不变的。人们应当根据客观情况的变化及时地检查规章制度,发现确实有不合理的或者是有弊病的,就得坚决地加以改革。在改革规章制度时,要严格划分合理的制度与不合理的制度、正确的制度与错误的制度、必要的制度与"清规戒律"之间的界限。图书馆业务工作具有很强的积累性、持续性和连锁性,尤其是属于业务操作技术方面的规章制度,更要保持最大限度的稳定性和规格化,应尽量减少和避免不是十分必要的变动。对于必须要改的规章制度,破了必须要立,最好是先立后破、边立边破,以防青黄不接、难以为继,使工作发生混乱。

二、图书馆规章制度的建立和执行

图书馆在建立规章制度的时候,一定要严肃认真,本着"凡事慎于始"的精神,力求新订的规章制度符合实际、科学严密。建立规章制度时,需要考虑以下四方面的关系:

(1)图书馆与用户的关系。图书馆制定各种规章制度,既要以便利用户为出发点,又要建立在管理科学化的基础上,两者必须统一起来。所谓对用户的便利,是指对全体用户的便利,不能是便利一部分用户而妨害了另一部分用户的利益。而且,这种便利是长远的便利,不是称便于一时而遗患于未来。因此,需要以科学有效的管理来保证。

(2)用户与用户的关系。制定规章制度时要体现在保证重点用户需要的前提下,满足一般用户文献信息需求的原则。从整体上看,图书馆要保护用户的合理利益,所以要限制部分用户做出的损害其他用户利益的不当行为。例如,图书馆为了严防丢失损坏文献资料而订立的某些制度,目的就是要保护全体用户的共同利益。

(3)利用馆藏文献与保管文献的关系。图书馆的各种规章制度应当从便利用户利用馆藏文献出发,但同时也要考虑到保护图书馆财产的完整。利用文献是图书馆工作的目的,保管文献是为了更好地利用馆藏。图书馆工作人员应从健全规章制度和掌握规章制度方面来调整利用馆藏文献与保管文献的关系。在一般情况下,图书馆的馆藏以满足借阅为主,但在某些情况下,某一种文献或某一类文献在一定时间内也可以仅供用户在馆阅览,不能在馆外流通。某些文献只借给科学研究用户,不借给一般用户。

(4)图书馆内部各部门的关系。图书馆内各部门的工作是一个有机的整体。只有保持各项工作的平衡,才能保证图书馆工作的正常开展,否则就会形成工作被动,甚至混乱。全馆工作的平衡主要指的是文献资料的收集、整理工作与流通推广工作之间要保持平衡,应加强收集、整理、典藏等基础工作,为流通推广工作创造更为有利的条件。

建立、健全严密科学的规章制度,既是图书馆管理工作中的重要环节,又是一种极为重要的管理手段。凡所制定的各种规章制度,一旦批准生效,就应当坚决执行。图书馆的全体工作人员和全体用户,都有权监督和保证规章制度的执行。为了保证各种规章制度的贯彻执行,还要建立监督检查制度,把贯彻执行规章制度与干部考核、奖惩工作结合起来。

三、图书馆规章制度的内容

图书馆应当有一套既包括行政工作方面的也包括业务工作方面的制度。行政工作方面的制度主要是组织管理制度。它是图书馆开展工作的总纲领,应该对本馆的性质、方针、任务、领导分工、业务工作、会议、学习等问题做出明确的规定。其中,业务工作方面的制度最基本的有以下几种:

(1)文献采集工作制度。包括文献采集的标准和办法、文献采集工作细则。在文献采集的标准和办法中,必须明确规定采集原则、收藏范围、复本标准、传统文献与数字信息资源的比例、采集计划、文献经费使用方法、审批手续和订购办法等。文献采集工作细则是采访人员进行工作的具体守则,它的内容包括采集工作过程的操作技术、质量要求及有关的注意事项,例如文献及用户需求的调查研究、补充、交换、登记、盖章、移交、注销和文献统计分析等工作的细则。

(2)编目工作制度。它包括编目工作细则、文献分类规则、文献著录条例、目录组织规则等。编目工作细则是对编目工作的总规定,它指出编目工作的整个流程、方法依据、操作技术和质量要求等。由于编目的对象既有图书、期刊、报纸,又有音像资料、计算机文档等,它们的工作流程、方法依据以及操作技术等,多少有些不同,所以也应分别加以规定。文献分类规则的内容主要是对分类法的选择和增删以及对文献进行辨类和归类方法的一些规定。因为文献分类规则牵涉到分类目录组织和文献的分类排架等问题,所以制定时应充分考虑本馆的专业特点、馆藏文献成分和用户需要等情况。文献著录条例是关于各种类型文献著录方法的规定。目录组织规则包括对目录体系和目录组织办法的规定。

(3)借阅工作制度。包括用户借阅规则、阅览工作组织。用户借阅规则主要是面向用户的。在用户借阅规则中,又可分为用户登记、借书证和阅览证的发放原则和办法、借阅办法、阅览室规则、文献复制规则、赔偿规定等。阅览工作细则除对用户提出一些守则性的要求外,还要明确馆员如何接待用户和如何保管文献,规定服务范围、对象、标准等。

(4)书库管理规则。包括保存本书库、基藏书库、辅助书库及特藏书库的划分和管理。书库管理规则要对文献排架、出入库登记、馆藏文献动态统计、书刊出纳人员的职责、文献装订修补、剔旧、安全防范、清点等工作做出明确具体的规定。

(5)自动化工作管理规则。包括机房管理、数据保存、访问权限、数据安全、设备更新等方面的规定。

除上述几种规章制度外,为了加强图书馆的管理,还必须制定其他一些必要的规章制度,如经费使用和管理条例、设备管理和维修条例、岗位责任制和奖惩条例等。

所有这些规章制度,都不是孤立地制定的。在这套规章制度中,既要对馆员和用户提出明确要求,也要对馆藏文献资料做出一些保护性的规定;既要注意处理与馆外有关方面的关系,也要注意处理馆内各部门之间的关系,还要注意规章制度的整体与部分之间、一项制度与另一项制度之间、同一制度的一条规则与另一条规则之间的前后呼应、互相衔接。

第三节 图书馆统计

一、图书馆统计的意义与作用

图书馆统计有几种不同的含义:一种是指图书馆的统计工作,即图书馆所做的资料搜集、整理、分析统计等全部工作;一种是指图书馆统计资料,包括统计数字和文字资料,即图书馆统计工作的成果;一种是指图书馆统计学,它是在图书馆统计工作实践的基础上发展起来的图书馆学的分支学科,是图书馆统计工作的理论概括和经验总结,并用以指导图书馆统计工作的实践。我们这里所说的图书馆统计,是指图书馆的统计工作,并且着重介绍与图书馆管理有关的部分内容。因此,从管理的角度来看,图书馆统计就是用数字来定量反映图书馆工作的实际情况,以便对图书馆实行计量化管理。它是图书馆的重要的管理制度和管理方法之一。

图书馆统计的作用,主要体现在以下几个方面:

(1)图书馆统计是认识图书馆活动规律的有力工具。统计就是一种调查研究。统计是从事物的数量方面来反映、说明和认识事物,它是用数字来说话的,没有数字就不是统计。人们可以通过大量的综合的统计数字与统计分析去研究社会现象和自然现象,从而发现其发展变化的规律。图书馆统计也不例外,它也是通过大量的图书馆活动中的统计数字及其统计分析,去认识图书馆活动的规律性的。例如,对图书馆馆藏文献增长的规律,对用户的阅读规律等都要建立在精确的图书馆统计的基础之上才能进行科学研究的。

(2)图书馆统计是开展图书馆业务工作的客观依据。图书馆业务工作的开展,包括工作量的规定,采购、流通等部门工作任务完成的情况,文献复本量的确定,用户人数,借阅量的情况等,都离不开图书馆统计所提供的数据。而图书馆的业务工作本身,又是图书馆存在的基础。离开了图书馆业务工作,也就没有图书馆统计;反过来,离开了图书馆统计,图书馆业务工作的计量及其分析也就失去了依据。

(3)图书馆统计是图书馆科学有效管理的重要手段之一。它在管理图书馆的过程中的作用有两个不可分割的方面:一方面是统计服务,一方面是统计监督。统计服务指的是图书馆统计要为图书馆管理决策服务,一切统计数据和统计分析都要从管理的需要出发,没有孤立的图书馆统计。统计监督指的是图书馆统计要及时地为图书馆管理提供反馈信息,全面、准确地反映图书馆运转的情况,以便管理者制定新的决策,排除运转过程中的偏差和故障。

(4)图书馆统计是图书馆学研究的重要方法之一。图书馆学研究的定量分析就是建立在图书馆统计基础之上的。因此,深入开展图书馆学研究离不开图书馆统计。图书馆学研究中的布拉德福定律、普赖斯指数等都与图书馆统计有着极为密切的关系。

二、图书馆统计的指标体系

图书馆统计必须对图书馆工作的动态及成果(如馆藏情况、用户情况和文献流通情况)进行科学的分析研究,也就是说,图书馆馆藏、用户以及流通的数量、质量、增长速度以及工作过程是否均衡,都必须在图书馆统计中反映出来。因此,在图书馆统计的指标体系中包括以下几种基本的指标:

(1)馆藏文献量指标包括图书、期刊、音像资料、计算机文档等的数量、品种、质量、价格指标等。一个完善的馆藏文献量统计必须反映出文献的入藏数量、入藏时间、价格、文种、来源和入藏文献按内容分类的类别数量等。

(2)用户量指标。包括当地的、外地的用户数量及其构成,本馆固定用户与临时用户的数量及其构成等。一个完善的用户统计必须反映出用户的构成及其数量、用户数量的动态、用户与馆藏文献的比例关系等。

(3)借阅量指标。包括文献借阅的分类数量及其与用户数量的比例关系等。一个完整的借阅统计必须反映出借阅文献动向的数量指标和质量指标。它是衡量图书馆工作好坏的重要指标。

(4)图书馆深化服务指标。指参考咨询、文献开发与数据库建设等方面的指标。

三、图书馆统计分析及其方法

1. 图书馆统计分析的内容

图书馆统计分析,就是对统计数字根据一定的要求进行比较分析和综合研究,从而掌握反映图书馆各项工作特点、联系与规律的统计比率,形成智力型统计产品,以总结经验,指导和改进工作的一种工作方法。这些比率中最基本的有六种,即文献利用率、文献流通率、用户到馆率、用户阅读率、文献拒借率和文献保障率。它们反映了图书馆工作的实际状况和业务水平。在图书馆管理的过程中,一定要掌握这些比率的数据,从中研究提高或降低这些比率的措施,以便加强管理,提高服务水平。

2. 六种比率及其计算方法

(1) 文献利用率

指馆藏中被用户借阅的文献数量占全部馆藏文献总数的百分比。其计算方法是:用一定时间内用户借阅的总数除以馆藏总数。公式为:

用户借阅文献总件数÷全馆馆藏文献总件数×100%

(2) 文献流通率

指用于公开借阅的书库和阅览室的文献被用户借阅的数量所占的百分比。其计算方法是:用某库、某室在一定时间内用户借阅文献的总件数除以该库、该室所藏文献总件数。公式为:

某库、某室在一定时间内用户借阅文献总件数÷某库、某室所藏文献总件数×100%

(3) 用户到馆率

指平均一个用户全年到馆的次数。其计算方法是:用全年到馆的用户人次除以读者的实际人数。公式为:

全年到馆用户人次÷用户实际人数×100%

(4) 用户阅读率

指平均每个用户所借的文献资料的数量。其计算方法是:用全年文献资料借阅件数除以实际借阅的用户人数。公式为：

全年借阅文献总件数÷用户实际借阅人数×100%

（5）文献拒借率

指用户在图书馆未借到的文献的数量占用户所要借的文献数量的百分比。其计算方法是：将一定时间内用户未借到的文献总数除以用户所要借的文献总数。公式为：

未借到的文献的总件数÷用户所要借的文献的总件数×100%

（6）文献保障率

指图书馆的馆藏文献量对居民需要保障程度的指标。这种指标，主要是说明馆藏文献量与居民人数之间的比例关系及馆藏文献量与用户人数之间的比例关系。馆藏量越大，对居民需要的保障程度就越高。其计算方法有两种：一是用馆藏文献总件数除以学龄以上的居民总人数。公式为：

馆藏文献总件数÷学龄以上的居民总人数×100%

另一种计算方法是：用馆藏文献总件数除以用户人数。公式为：

馆藏文献总件数÷用户人数×100%

3. 图书馆统计分析的方法与步骤

统计分析要求通过因果性的途径对统计资料进行分析研究，掌握引起数量变化的条件和原因，掌握数量变化带来的影响和效果。

图书馆统计分析的方法，常用的主要有以下几种：

（1）分类分析法

指经过统计，在获得大量资料和数据以后，根据统计分析的目的、要求，把统计资料按某些变动标志进行分类（分组），再对各类进行分析、比较，掌握它们之间的内在联系。

（2）对比分析法

它主要通过纵向对比、横向对比来研究事物发展的规律。纵向对比主要是对研究对象在不同时间的数量关系的对比；横向对比主要是部门之间、馆与馆之间、系统与系统之间、地区与地区之间及一国与他国之间的对比。对比分析对数学的要求不高且属静态的简单比较，因而适用面广，为研究者所常用。

(3) 动态分析法

反映图书馆某种现象在时间上变化与发展的一系列指标数值,按时间先后顺序排列,形成一个动态数列(即时间序列),分析动态数列的发展速度和增减速度,研究图书馆工作的发展变化以及这种变化的趋势。它是建立在定量基础上的一种统计方法,常用方法有移动平均法、指数平滑法、季节系数法等。

(4) 相关分析法

是一种处理变量和变量之间关系的数学方法,即运用数学方法来分析图书馆活动中的各种统计量之间以及各统计量与某一外部指标之间的相关性,从而确定各种统计量之间的相互作用的程度之大小。该方法的核心是寻求两个或多个变量的内在联系,常用方法有一元线性回归、多元线性回归、非线性回归等。

(5) 结构分析法

是计算某一事物的各部分在总体中所占比重的分析方法。该方法以分组法为基础,要求首先掌握总体事物的基本统计数据,然后对总体中各个部分的数据进行分解分析,从而计算出各个部分的数值与总体数值的百分比。

图书馆统计分析的步骤:

①确定分析的目的,弄清楚统计所要解决的问题。

②收集统计数据。统计分析是建立在大量统计资料基础之上的。没有大量的、典型的统计资料,统计分析是不可能的。

③审查统计资料。

④建立数学模型。

⑤进行分析与预测。

⑥提出分析意见和改进工作的方法和措施。

采用图书馆自动化管理集成系统的图书馆可以利用系统和子系统自动采集动态数据,并利用统计软件自动生成统计分析结果以辅助决策。现存的问题是,很多图书馆自动化管理集成系统对于统计分析功能的设计考虑不够充分。

在大数据时代,利用图书馆管理系统积累的运行数据和日志,可以做如下分析:①借阅情况分析。包括每日的借还情况、借阅、还书册数、借阅时段、不同类目借阅情况、人均借阅量等。②图书价格分析。包括图书经费分析、不同类目借阅情况与经费占比情况分析等。③读者分析。包括新增读者、周活跃、月活跃读者分析,读者性别占比、不同性别借阅量情况分析等。④图书分析。现有图书总量、未被借阅书籍、新书入库分析、部分书籍损补情况等。通过建立分析模型和可视化显示,大数据分析可以实时、准确、形象地反映图书馆的运行状态,有效克服传统图书馆业务统计的不足,为管理与决策提供可靠依据。

第四节 图书馆工作评价与图书馆评估

一、图书馆工作评价的意义

随着科学技术的发展,文献信息已成为人类最重要的资源。开发和利用这一资源的图书馆工作日益引起人们的注意。但如何加强图书馆的管理,提高其工作效率,尚需各方面的重视和研究。建立评价图书馆工作的标准,开展对图书馆工作的评价问题,是加强图书馆管理的重要一环。

图书馆工作的评价,实质上是图书馆工作效益的评价。所谓图书馆工作效益,就是图书馆工作的劳动成果和资金占用、劳动消耗之间的比较关系。在图书馆工作过程中,用最少的资金和劳动消耗获取最大的社会收益,充分满足社会成员的信息需要,这就是图书馆工作效益的基本内容。围绕着必须满足社会信息需要这个中心内容,正确处理资金占用、劳动消耗和最终劳动成果二者之间的关系,把它们有机地联系起来,使之更好地为社会服务,这就是研究图书馆工作效益的目的。图书馆运用科学有效的管理方法,用最少的资金和劳动消耗换取文献的高速流通并正确处理二者之间的关系,达到既有良好的社会效果、又有高速度的流通的状态,这就是图书馆所追求的工作效果。

衡量图书馆工作效益的大小,就必须进行效益分析。所谓效益分析,就是对影响图书馆工作效益的诸因素进行分析比较,区别利弊,指导工作。

根据价值工程原理,效益是可以运用数学方法计算的,其公式如下:

$$效益 = \frac{输出}{输入} = \frac{功能}{成本}$$

这里所说的功能包括两个方面的含义:对物来说,它表明物的用途;对人来说,它表示人所起的作用。成本指的是寿命周期成本,包括制造成本和使用成本。

从上面的公式可以看出,效益与功能成正比,与成本成反比。所以我们必须尽量增大图书馆工作的功能,降低成本,以取得良好的效益。对于图书馆来说,它的功能的大小,是考察图书馆工作效益的关键所在。众所周知,图书馆主要是根据本身馆藏的多少、人力和设备的实际情况,采用包括馆际互借、网络信息资源共享等在内的共享手段来满足用户需求的。这种满足用户需求的能力,就是图书馆的功能。这个功能愈大、成本愈低,则效益愈显著。功能和成本是两项综合性的指标,在图书馆整个工作过程中,它们以各种不同的方式影响着图书馆工作效益的大小。我们应经常从图书馆工作过程的各个环节来分析、考察图书馆工作的成果与资金占用、劳动消耗之间的关系,把效益分析同图书馆具体工作联系起来,不能只看文献流通量的大小,更重要的是要看它对于用户需求的满足程度。

二、图书馆工作的评价标准

从以上分析可以看出,评价一个图书馆工作的优劣,就是看它完成任务的社会效益。图书馆工作效益,是由它所收藏的文献中所含的信息量、信息质、信息效果3个方面来衡量的。因此,评价图书馆工作的标准就是衡量上述3个方面的数量分析和质量要求。

1. 信息量和信息价值

图书馆在社会中的作用大小,在很大程度上取决于它是否掌握一定数量和一定价值的文献信息。图书馆的首要任务,就是适应科学技术发展的需要,根据自己的方针任务,以最快的速度,通过多种途径搜集国内外的文献资料并传播于社会。丰富而有价值的文献资料是图书馆工作的物质基础。信息价值是由信息准确程度、新颖程度和实用程度确定的。有价值的文献信息量愈大,对社会的贡献就愈大,从而也就证明图书馆工作效益好。因此,信息量和信息价值是评价图书馆工作的一个重要标准。

2. 信息利用率

对于图书馆来说,就是要使它搜集和存贮的文献信息为更多的人所用。图书馆是通过它所拥有的文献信息来为社会提供服务的。文献信息利用者越多,文献信息利用率就越高,社会受益也就越大。因此,图书馆应重视文献信息的传递和使用。

文献信息利用率的高低是衡量信息价值和评价图书馆工作最具体的标准,它既有数量分析,又有质量要求。只要图书馆建立起文献信息利用率的统计制度,就可以定期进行系统分析,及时检验图书馆各工序的薄弱环节和存在的问题,不断改进自己的工作。提高文献信息利用率是扩大和提高图书馆工作效益的重要一环,图书馆应采取多种服务形式,加速文献信息的传递和利用,充分发挥文献信息资源的作用。

3. 信息效果

文献信息作为一种资源,必须通过开发和利用才能充分发挥它的作用,也才能显现出它的效果。提高信息效果是图书馆工作的中心环节。所谓信息效果,应当包括三项内容:①信息在经济交流和技术引进中所起的作用;②信息在生产和技术革新中的作用;③信息活化为生产力后的经济效益。评价图书馆工作的优劣,就是看它所提供的文献信息在上述三个方面所起的作用的大小。

在这里简要介绍图书馆工作的经济效益问题。所谓经济效益,是指生产中花费的劳动和生产资料同取得的社会产品的比较。在生产中,如果能用少量的劳动和生产资料取得较多的产品,经济效益就大,反之经济效益就小。

什么是图书馆工作的经济效益?图书馆工作本身一般不直接产生科技成果和经济收益,科技成果是科技人员创造的,经济收益则是企业生产经营的结果,但图书馆工作效果却渗透在科技成果和企业的经济收益之中,两者不能截然分开。因此,图书馆工作的经济效益就反映在科技成果之中和企业的经济收益中。关于经济效益的概念可以用下述公式来表示:

$$经济效益 = \frac{使用价值}{消耗的劳动 + 生产资料}$$

这个公式中,无论是增大分子或是减小分母都会带来经济效益的增值。而图书馆工作的作用是减少消耗的劳动。比如,一项科研项目,如果不利用文献信息资料需要一年才能完成,利用了文献信息资料只要3个月便取得了成果,图书馆工作为这项科研项目节省了9个月的时间,也就是节省了9个月的科研劳动,从而也避免了人力和财力等的浪费。企业利用文献信息进行新产品的开发也会节省自行研制产品的时间和投入,赢得竞争的优势,从而获得较高的经济收益。这就是图书馆工作的经济效益。因此,图书馆工作能否取得经济效益是评价图书馆工作优劣的标准之一。

三、图书馆评估

1. 图书馆评估的意义

图书馆评估是对图书馆工作全面、系统地进行定量或定性的考核和评价的过程,是图书馆管理的重要组成部分。

评估的作用表现为:①从宏观来看,图书馆评估可以客观地反映图书馆事业和图书馆工作的现状,加强对图书馆事业整体建设的宏观调控,促进图书馆事业的健康发展。评估中的情况搜集、分析、评价、反馈的过程就是进行宏观指导和有效管理的过程。评估发现的一些带有普遍性的问题是决策部门进行宏观改革和调整的依据。②从微观来看,对于一个具体的图书馆来说,评估可使图书馆负责人和馆员了解本馆的业务水平、特点和工作差距,为以后制定本馆的发展计划和工作目标提出改进工作的重点和措施提供科学依据。

近年来,文化部组织了对全国公共图书馆的评估工作,各地高等院校图书馆也开展了评估工作,评估活动有效地促进了公共图书馆和高等院校图书馆的建设与业务工作水平的提高。

2. 图书馆评估标准

在进行图书馆评估时,必须确定评估项目、评估标准和评分标准,将定性评价与定量评价有机地结合起来。概括来讲,评估项目和标准主要包括以下几个方面:

(1) 领导体制。包括领导重视程度、馆长负责制的建立等。

(2) 队伍建设。包括人员数量、人才结构、人员任职资格等。

(3) 馆舍和设备。如书库布局、馆舍条件、设备条件等。

(4) 经费。包括事业经费、购书经费、其他经费来源等。

(5) 馆藏文献数量和质量。

（6）文献管理水平。

（7）用户服务。包括开馆时间、文献流通率、用户到馆率、宣传辅导活动、信息资源开发水平等。

（8）图书馆管理水平。包括规章制度的建立、工作计划等管理文件是否齐全等。

（9）现代化水平。包括图书馆管理集成系统的应用、互联网技术的应用、文献数字化工作等。

3. 工作评估中应注意的问题

（1）组织评估小组。评估工作一般由有关行政领导部门主持进行，由有关行政部门领导干部、图书馆专家和各图书馆代表组成检查、评估小组到各图书馆进行调查、评估。

（2）要将评估与指导结合起来。评估小组在发现某个图书馆在管理上或业务上存在某些问题时，应及时提出建议或给予指导。

（3）评分要认真、公正、客观，避免走过场或敷衍了事。

（4）要将评估与奖励先进、带动后进结合起来。要及时表彰先进的图书馆和优秀工作人员；对工作开展较差的图书馆要提出改进工作的建议或办法。

（5）在调查评估工作中发现的行之有效的管理办法、业务工作的先进经验及现代化手段的应用成果等，应及时进行总结，并向地区内的其他图书馆推广。

4. 公共图书馆评估定级工作

文化部于1994年、1998年、2003年、2009年、2013年、2017年共组织进行过6次公共图书馆评估定级工作。通过"以评促建、以评促管、以评促用"，推进了国家公共文化服务标准化与均等化工作。公共图书馆评估定级标准作为历次图书馆评估的依据，已经成为衡量各级公共图书馆服务能力和建设水平方面的重要尺度，不断引导和推动图书馆事业发展。

2017年第六次公共图书馆评估标准，包括图书馆和少年儿童图书馆两类共6个文件，分别为省级（副省级）、地市级和县级图书馆，以及省级（副省级）、地市级和县级少年儿童图书馆等级必备条件和评估标准。第六次全国县级以上公共图书馆评估定级工作以效能为导向，构建了"服务效能—业务建设—保障条件"三位一体的标准体系。

其中,省级(副省级)图书馆必备条件中,服务效能包括年文献外借量、年阅读推广活动次数、读者满意率;业务建设包括本区域服务体系规划与共建共享、业务统计分析;保障条件包括年财政拨款总额、普通文献馆藏量、建筑面积。

具体来说,评估标准分为一级指标和二级指标,并赋予其一定的分值。

服务效能的一级指标包括:基本服务、未成年人及其他特殊群体服务、阅读推广及社会教育、信息咨询服务、网络资源服务、新媒体服务、服务管理与创新、读者评价。各一级指标又分为二级指标,如基本服务又分为:周开馆时间(小时)、年文献外借量(万册次)、馆际互借与文献传递、年馆外流动服务点文献借阅量(万册次)、政府公开信息服务。

业务建设的一级指标包括:馆藏发展政策与馆藏结构,编目与馆藏组织管理,数字资源建设,地方文献工作,本区域公共图书馆服务体系建设,图书馆行业协作协调与社会合作,重点文化工程,基层辅导与学会工作,行政与人力资源管理,财务、资产与档案管理,安全与环境管理,业务管理,业务研究,组织文化与表彰奖励,社会化和管理创新。

保障条件的一级指标包括:政策与法制保障、章程与规划、经费保障、文献资源保障、图书馆建筑设施保障、信息基础设施保障、人员保障、普通文献馆藏量、建筑面积。

在第六次公共图书馆评估定级中,系列标准发挥了重要的作用,总体上实现了评估的目标,也将成为我国公共图书馆发展的重要指导性文件,引导公共图书馆朝着更科学化、规范化、制度化的路径发展。

5.高等学校图书馆评估指标体系

2015年教育部印发的修订后的《普通高等学校图书馆规程》第四十五条规定:"高等学校应鼓励图书馆积极开展业务评估评价活动,不断提高办馆效益和水平。"

而早在2003年,教育部高等学校图书情报工作指导委员会即拟定并发布了《普通高等学校图书馆评估指标(征求意见稿)》(以下简称"全国评估指标")。

"全国评估指标"包含5个一级指标:A办馆条件;B文献资源建设;C自动化网络化数字化建设;D读者服务;E科学管理。

北京市自20世纪80年代起,多次开展高等学校图书馆的全面评估或专项评估,2006年发布《北京地区高校图书馆评估指标体系》则包含了7个一级指标:A 体制与管理;B 办馆条件;C 信息资源建设;D 自动化网络化数字化建设;E 读者服务;F 学术研究;G 特色与优势。

教育部及地方的高等学校图书馆评估指标体系反映了图书馆发展环境及工作内涵的变化,并对高校图书馆的建设和发展提出了更高的要求,包括对馆藏实体资源和网络虚拟资源在内的数字化信息资源建设的规定,对图书馆加强自动化、网络化、数字化建设并随着新技术的应用调整作业流程、改变管理方法的规定,对工作人员素质提高的有关规定等。

相关评估指标的制定及评估工作的开展对图书馆业务工作的开展具有重要的指导作用,有助于正确引导和促进高校图书馆确定更高、更现代化的目标,向更高、更广的层次发展,对提高图书馆信息服务地位、促进文献信息资源建设、提高读者服务水平、加强科学化管理、提高专业人员素质和加大办馆经费投入力度等具有十分积极的现实意义。

第五节　图书馆工作标准化

一、图书馆工作标准化的意义

图书馆工作标准是指图书馆工作、技术、设备等的数量和质量的规格和要求,这种标准是经过国际标准组织、国家标准机构或有关部门鉴定和认可并予以颁布的。

所谓图书馆工作标准化就是对图书馆业务工作的技术方法及设备等实行统一的原则和规范。

图书馆工作标准化是现代图书馆的一项重要的基础工作,是图书馆管理的重要组成部分,是实现图书馆现代化的必要条件。没有图书馆工作标准化,各馆各搞一套,各行其是,图书馆工作只能停留在手工方式的个体的落后的操作水平上;没有图书馆工作标准化,图书馆现代技术就不能充分发挥作用;没有图书馆工作标准化,图书馆的协调与协作就要受到限制;没有图书馆工作标准化,图书馆管理也就难以达到高水平,更不能实现集中统一的领导。

当今,计算机和互联网技术已广泛应用于图书馆工作的很多领域,没有全国范围内统一的文献信息分类法、主题标引规则、文献著录条例,统一的机读目录格式、图书馆业务通用技术规格,以及图书馆现代化设备和现代化技术的统一标准、统一的网络数据传输协议、信息存储和处理标准,会给使用计算机系统带来很大障碍,图书馆工作的自动化和现代化的图书馆网络也难以实现。由此可见,图书馆事业的现代化必然要求相应地发展图书馆工作的标准化,而图书馆工作的标准化又将促进图书馆事业的现代化。

二、图书馆工作标准化的原则

图书馆工作的标准化同各行各业的标准化一样,存在于自身的一切业务活动中,是图书馆事业发展的必然产物。实践证明,图书馆工作的标准化,就是揭示图书馆各项业务工作的客观规律,使之上升为具有普遍意义的准绳,用来指导和推动各项业务工作的开展。各项工作的各个环节原则明确,规格划一,有了统一的标准尺度,就能够保证图书馆各项工作的顺利进行。

在图书馆工作标准化过程中一般应注意遵循以下原则:

(1)科学性原则。图书馆工作标准是开展图书馆工作的依据和准绳,它揭示了图书馆工作的内在联系,因而它具有科学性。不科学的标准就不能统一大家的思想,也就不能指导大家的行动。

(2)简化原则。这是标准化工作中必须重视的一项原则。现代图书馆工作时刻都受到文献量不断增加及文献内容和形式日趋复杂的冲击。这种情况不但会造成人力财力的浪费,而且还会延误知识财富的有效使用。控制这种日趋复杂的现象,使文献处理走向简单化的重要方法之一,就是实现文献工作标准化。在标准化工作中,贯彻简化原则,一定要从标准化的整体出发,从全局来衡量,不能只注意局部而忽视整体。

(3)统一原则。这也是标准化工作必须贯彻的一条重要原则,因此有人把标准化称为统一化。但标准化工作中的统一,并不是简单的统一,这主要是由于任何事物都存在质和量及不同运动规律的差别。标准化不是人为的,不能把毫无联系的事物拼凑起来强行统一。这种不符合客观规律的统一,不但不能促进标准化的发展,反而成为标准化的阻力。

图书馆工作标准化本身就意味着用规范化的标准来统一图书馆工作,没有统一,标准就没有普遍意义。因此,图书馆工作标准在制定过程中大都在统一化上下功夫,但也有些标准没有很好地贯彻统一化原则。因此,在标准化工作贯彻统一原则时,必须经过充分调查研究,进行全面的科学分析,多从全局考虑,慎重从事,不能简单地理解统一化就是标准化。

(4) 协调原则。协调原则是实现标准化的一项十分重要的组织原则。因为任何一个标准的制定、修订、推广都必须在有关部门的紧密协作下才能做到。这是协调原则的一个方面。另一个方面是任何一个标准都必须与其他一切有关的标准协调一致,否则就无法制定出高水平的标准。例如,制定有关文献自动化方面的标准时,必须与有关目录著录、出版格式、分类主题标引等标准协调一致,还要与信息处理、各种编码系统、硬件设备等有关标准协调一致。做不到这一点,就必然会破坏统一化原则,使制订出的标准无法推广。

(5) 稳定继承原则。有意识地控制混乱是标准化的重要目标之一。在制定任何一种标准的过程中,为了减少可能引起混乱的因素,必须注意贯彻稳定继承原则。稳定是指在制定标准时,必须注意使其能在一定范围和一定条件下,有一个相对稳定的时期。不能只考虑标准的科学性与先进性,而忽视标准的稳定性。为了使制定的标准能保持稳定,在考虑其标准水平时,不宜盲目追求过高的标准参数,而是要注意使标准处于适当平衡状态。标准定得过高或过低都会影响标准的稳定性。继承是指在制定、修订标准时,不能忽视图书馆的一些传统惯例,修订标准不能忽视原标准的一些规定。在制定标准过程中不注意贯彻继承原则,常常会使新的标准无法实行。

三、图书馆工作标准化的内容

图书馆工作的标准化,自 19 世纪 50 年代美国实行统一编目开始,到 20 世纪 70 年代初期《国际标准书目著录(初稿)》的出版和美国图书"在版编目"的出现,在国际上经历了100余年的发展过程;在我国,20世纪50年代后期开始了中文、西文、俄文图书的统一编目工作,70年代初期出版了《中国图书馆图书分类法》。1979年12月2日,全国信息和文献工作标准化技术委员会成立,到目前已陆续起草、上报、批准了超过100种信息化管理标准,主要包括著录总则、著录规则、标引规则、磁带格式、各种代码等标准,对我国信息交流、文献利用、工作标准化、联机、联网、资源共享都起到了十分重要的作用。国内外所颁布的各种图书馆工作标准内容丰富、种类繁多,涉及图书馆工作领域的很多方面。

1. 按使用范围划分,图书馆工作标准有以下5种:

(1)国际标准。经国际标准化组织通过、适用于国际的标准。例如,1971年国际图书馆协会联合会编目委员会在英国伦敦发表的《国际标准书目著录格式(ISBD)(初稿)》及后来出版的著录总则(ISBD(G))、专著的著录规则(ISBD(M))、连续出版物著录规则(ISBD(S))、图谱资料著录规则(ISBD(CM))等,对目录著录格式做了国际性的标准化规定,构成了目前世界各国所接受的统一著录规则,也为编制统一的国际机读目录创造了条件。

(2)区域性标准。经区域性标准化组织通过、适用于世界某一区域的标准。例如,20世纪20年代和30年代欧洲大陆各国大多数图书馆采用的《普鲁士规则》和英、美等国家采用的《英美编目条例》(AACR),对著录方法主要是著录标目的选择做了区域性的标准化规定。

(3)国家标准。经过国家标准化组织批准的适用于某一国家的标准。例如,经我国国家标准局批准并颁布实施的《文献著录总则》(GB 3792.1—83)、《检索期刊条目著录规则》(GB 3793—83)、文献主题标引规则(GB 3860—83)、《文献类型与文献载体代码》(GB 3469—83)、《中国标准书号(ISBN)》(GB 5795—86)、《图书在版编目数据》(GB 12451—90)等文献工作国家标准。这些国家标准基本上都是参照了国际标准而制定的。

(4)行业标准。由某一行业部门颁布的适用于某一行业的标准,如文化部发布的行业标准《中国机读目录格式》《公共图书馆建筑防火安全技术标准》等。

(5)馆标准。经馆长或馆务委员会批准,仅适用于某一馆的标准。我国许多图书馆的工作条例、规则、细则大都属于这一类。

2.按内容划分,图书馆工作标准有以下 6 种:

(1)图书馆工作的基础标准,包括名词、术语、符号、标志和定义等方面的标准。

(2)图书馆工作的方法标准,包括图书馆各个工作环节操作过程中的条例、规则或规程等方面的标准。

(3)信息描述及其格式的标准。如文献著录标准、元数据标准等。

(4)文献组织与交换的标准。如分类、主题标引标准等。

(5)图书馆的设备标准,包括有关各种设备的形状、尺寸、质量、性能等方面的标准。

(6)图书馆技术标准,如数字图书馆建设标准、数字资源格式标准、图书馆 RFID 技术应用标准等。

四、我国文献工作标准化的现状

我国是一个历史悠久的国家,在文献的出版、管理等方面有着很丰富的经验。但从文献工作标准化来看,早期基础薄弱,与国际有一定的差距。1979 年,经国家标准局和国家科委批准,全国文献工作标准化技术委员会成立大会在江苏无锡召开。这个技术委员会是制定、复审与修订文献工作国家标准和专业标准的技术性组织,也是宣传、推广文献工作国家标准和专业标准及组织有关科学研究与学术活动的学术性机构。它直接接受国家标准局的领导。其工作范围包括:图书、情报、档案等传统的和自动化实践中的标准化工作,并参与国际标准化组织的文献工作标准化技术委员会(ISO/TC—46)和缩微工作标准化技术委员会(ISO/TC—171)的国际活动。

全国文献工作标准化技术委员会现在下设缩微工作、文字音译、专业术语、自动化、词表、分类法和标引、目录著录,出版物规格化等 7 个分技术委员会以及设备用品工作组,使我国文献工作标准化进入了稳步发展的崭新阶段。

40 年来,在中国标准化综合研究所指导下,全国文献工作标准化技术委员会的各个分委员会主要归口单位——国家图书馆、中国科学技术信息研究所、中国科学院文献信息中心、中国语言文字改革委员会等,通力合作,相互支持,主动承担了归口范围内的标准化工作,制定了一批文献信息工作国家标准。这些标准经国家标准局批准并公布实施。

采用国际标准和国外先进标准是我国的一项重要的技术经济政策,是技术引进的重要组成部分。已经公布实施的文献工作国家标准,大多数项目都是参照国际标准的内容,通过分析研究,结合我国国情制定的,使我国标准的水平和国际水平之间的差距消除或大大缩小。目前,国际上从事标准化活动的组织除国际标准化组织(ISO)、国际电工组织(IEC)外,还有 IFLA、FID、UNISIST 等。在深入分析了 ISBD(G)、ISBD(S)、ISBD(M)、ISBD(NBM)、ISBD(CM)之后,我国也逐步建立起自己的文献著录标准体系。

为了提高文献信息工作的效率,并为实现自动化做好准备工作,必须尽快实现文献信息工作标准化。为此,在文献工作标准化活动中必须正确处理传统工作方法与标准化的关系,国家标准与国际标准的关系,手工操作与自动化的关系,文献信息、档案及出版系统之间的关系。相信我国文献工作标准化也会像其他事业一样,不断地向前发展。

参考文献

1. 吴慰慈,罗志勇.论我国图书馆事业管理[J].图书情报知识,1997(3).

2. 李万健,霍国庆.图书馆管理研究二十年[M]//中国图书馆学会编译出版委员会,北京图书馆出版社.中国图书馆事业二十年:1979—1999.北京:北京图书馆出版社,1999.

3. 杨婷,葛敏.新世纪图书馆管理学研究综述[J].高校图书馆工作,2007(6).

4. 刘兹恒.图书馆管理思想与模式的变革[J].中国图书馆学报,2008(3).

5. 徐玉兰."责权利"理论视角下的公共图书馆理事会理事管理机制探索[J].图书馆建设,2017(12).

6. 王宝荣.关于以人为本理念下高校图书馆管理创新[J].河南图书馆学刊,2017(12).

7. 陈天琪.网络环境下高校图书馆管理创新研究[J].中国管理信息化,2017(1).

8. 崔雪茹.高校图书馆人力资源管理存在的问题及其对策分析[J].图书馆研究与工作,2017(3).

9. 周健临等.管理学教程[M].上海:上海财经大学出版社,1999.

10. 黄宗忠.图书馆管理学[M].武汉:武汉大学出版社,1992.

11. 希克斯,蒂林.现代图书馆管理[M].北京:书目文献出版社,1989.

12. 卢子博.今日馆长:面对90年代的思考[J].北京图书馆刊,1993(1/2).

13. 李致忠.图书馆的定额管理与目标管理[J].中国图书馆学报,1993(1).

14. 谭祥金,郑朝辉,陈天文.论图书馆岗位责任制和目标管理[J].图书馆,1996(4).

15. 黄宗忠.试论图书馆统计[J].图书情报工作,1992(2).

16. 李华.图书馆统计分析:从理论到实践[J].图书情报工作,1994(5).

17. 张伟.图书馆评估机理及其制衡因素分析[J].图书与情报,1992(3).

18. 张凤楼.全国信息文献标准化第四届技术委员会工作报告[J].现代图书情报技术,1998(2).

19. 黄俊贵,彭俊玲.我国图书馆事业改革与发展研究综述[M]//中国图书馆学会编译出版委员会,北京图书馆出版社.中国图书馆事业二十年:1979—1999.北京:北京图书馆出版社,1999.

20. 周海旭.图书馆市场经营探索[J].图书馆理论与实践,1994(3).

21. 罗志勇.图书情报机构的经营管理理论[J].图书馆建设,1994(5).

22. 张喜军.试论图书馆的情报化趋势[J].图书馆理论与实践,1989(4).

23. 常林.特色公共图书馆建设[J].中国图书馆学报,1995(6).

24. 文化部图书馆司,湖北省文化厅,特色图书馆研究课题组.特色图书馆论[M].北京:北京图书馆出版社,1998.

25. 李鸿翔.整合纺织信息资源,共建区域特色馆藏:关于构建绍兴县图书馆"国际纺织信息中心"的设想[J].图书情报工作,2007,51(4).

26. 章祝巨."一馆两制"构想[J].图书馆杂志,1993(4).

27. 李华.图书馆统计分析:从理论到实践[J].图书情报工作,1994(5).

28. 吴建中.21世纪图书馆新论[M].上海:上海科学技术文献出版社,1998.

29. 孟广均,徐引篪.国外图书馆学情报学研究进展[M].北京:北京图书馆出版社,1999.

30. 国外图书馆全面质量管理的实施与进展[J].中国图书馆学报,1998(6).

31. 承欢.全品质管理、一体化服务与图书馆工作重组[J].大学图书馆学报,1998(3).

32. 王世伟.当代图书馆面临的新问题与图书馆的全员培训[EB/OL].[2001-12-21].http://stlib.stinfo.net/hxlw/wz/205.htm.

33. 王世伟.图书馆的整合管理及其思考[J].图书情报知识,2002(6).

34. 徐贵军.图书馆核心能力之构建:基于管理学观点的整合[J].中国图书馆学报,2005(1).

35. 谢元泰. 论我国信息化管理之沿革[EB/OL].[2008-12-14]. http://blog.vsharing.com/xyt3939/20080208.

36. 董焱. 图书馆情报工作职业认证初探——兼谈图书馆学情报学教育改革[J]. 情报理论与实践,2003(2).

37. 董焱,邢素丽. 数字时代的图书馆与图书馆员[M]. 北京:北京图书馆出版社,2006.

38. 詹福瑞. 巩固六大根基 推进图书馆发展步伐[EB/OL].[2008-12-14]. http://blog.sina.com.cn/s/blog_4b04e39701000dmm.Html/20180131.

39. 初景利,吴冬曼. 图书馆发展趋势调研报告(四):图书馆管理、人员发展及结论[J]. 国家图书馆学刊,2010(4).

40. 胡晓梅. 我国图书馆管理研究现状的知识图谱分析[J]. 图书馆,2011(6).

41. 彭飞,盛兴军. 上海大学图书馆关键绩效指标(KPI)管理实践[J]. 图书馆论坛,2016(11).

42. 朱明. 高校图书馆管理制度有效性的概念及其关键维度识别——基于内容分析法的探索性研究[J]. 图书馆建设,2016(3).

43. 张彦静. 图书馆"职能—项目"复合管理模式构建[J]. 图书馆建设,2013(8).

44. 王冬阳. 机构法定·理事会治理·岗位管理——基于公共图书馆推行法人治理的理性思考[J]. 图书馆,2014(1).

45. 王丙炎,王鳐. 全国公共图书馆评估定级标准完善刍议:基于《第六次全国公共图书馆评估定级标准》县级成人馆部分[J]. 图书馆学研究,2018(7).

46. 柯平,刘旭青,柴赟. 省级公共图书馆评估标准解读[J]. 图书馆,2017(6).

47. 代根兴.《北京地区高校图书馆评估指标体系》的研制及其与《普通高等学校图书馆评估指标(征求意见稿)》的区别[J]. 大学图书馆学报,2006(6).

48. 周瑞华,张鹏翔.《普通高等学校图书馆评估指标》对图书馆资源建设的促进[J]. 图书馆学刊,2010(9).

第八章 数字图书馆与虚拟图书馆

第一节 数字图书馆

一、数字图书馆概念的起源

数字图书馆的概念首先是从技术的角度提出的。

1993年,美国克林顿政府提出的信息高速公路计划中,将数字图书馆规划作为"试点"建设的重要项目。1994年9月,美国国家科学基金会、美国国防部高级研究计划署、美国国家航空与太空总署联合发起了"数字图书馆创始工程"(Digital Library Initiative,简称DLI)。

该计划为期4年,耗资2440万美元,旨在探索数字图书馆的基础构架,寻求最佳的信息资源提供模式,研究数字图书馆间交互操作的协议,测试最有效的用户界面,并寻找数字图书馆更经济的运作方式及知识产权保护的管理制度,最终达到高度的资源共享和获得良好的经济效益。1998年该计划的第二期工程启动,目前已全部完成,建成的大规模文献库、空间影像库、地理图像库和声像资源库已投入使用。

1993年,英国图书馆电子化贝奥伍夫项目(BL)开始创建,目的是要借助网络技术和图像来提高对馆藏数字化文献的存取。

目前,世界许多国家都积极开展了数字化图书馆的建设。像法国、日本以及其他一些国家的国家图书馆都制订实施了各自国家的数字图书馆计划。如日本国会图书馆实施了"关西图书馆工程"计划,国家投资4亿美元,2002年完成第一期工程。

一些著名的信息技术公司也介入数字图书馆试验中来,如1995年初IBM公司推出"全球数字图书馆计划"。

由此,数字图书馆一词被计算机科学界、图书馆界以及其他各界所采纳。

二、数字图书馆定义

关于数字图书馆的定义,可分为两种观点:

一种观点是从技术角度、资源库、信息空间去认识数字图书馆概念,这种观点指出:数字图书馆一词是从英文 digital library 翻译过来的,digital 的意思很明确,即"数字化的",在英文中 library 有两个基本解释,一个含义是"图书馆",另一个含义是"库"(文库或资料库)。digital library 的英文本意应该更强调的是"库",而不是"图书馆"。因此,digital library 最准确的翻译应该是数字资料库。该派观点认为:数字式图书馆为国家信息基础设施提供关键性的信息管理技术,同时提供主要的信息源和资源库。换言之,数字式图书馆是国家信息基础设施的核心。

第二种观点则是将定义的重心置于"图书馆"概念之上,从狭义图书馆或广义图书馆的角度去理解"数字图书馆"概念。该派观点认为:数字图书馆就是运用当代信息技术,对数字信息资源进行采集、整理和贮存,并向所有连接网络的用户提供,为一定的社会政治、经济服务的文化教育机构以及这种机构的组合。前者称之为狭义数字图书馆,后者为广义数字图书馆。

第二种观点是图书馆界人士较为认可的概念,这一看法强调以下几个方面:

(1)数字图书馆是对传统图书馆结构和功能的继承和进一步发展。

(2)数字图书馆仍然是一个图书馆,它具有收集、加工、整理、保存数字化信息与提供数字信息服务的功能。

(3)数字图书馆以计算机可处理的数字化形式存贮和处理信息。

(4)数字图书馆数字化信息的收藏范围从广泛性和深入性上要远远超出传统图书馆,它收藏的数字化信息不仅仅局限于本馆的馆藏,而是可以将全球网络上经过筛选、整理的任何数字化信息资源都整合、集成在一个数字图书馆中;对于信息,不再局限于信息的整体,而是更注意信息内容的深加工,更加关注信息内容的传递,而不特别关注信息的载体。

(5)数字图书馆要依托因特网等网络手段,为全球用户提供远程信息服务,使信息的传递更广泛、迅捷、便利,更加形式多样。

从数字图书馆的长远发展来看,笔者倾向于数字图书馆是基于网络的信息环境这一提法。但是,数字图书馆建设可以从传统图书馆的数字化开始入手。我们宁可把由图书馆主持的数字图书馆建设看作是整个数字图书馆这个大概念的一个基础和它的一个不可缺少的重要组成部分。因此,我们可以将现阶段的数字图书馆定义为:保存数字格式存储的电子文献并通过计算机和网络传递所藏数字化信息,同时对网上信息进行虚拟链接并提供服务的实体性或虚拟性的信息机构或信息机构群。

三、数字图书馆的功能、要素与特征

1. 数字图书馆的功能

数字图书馆是国家信息基础的重要的核心组成部分,是搜集、整理、存储和传递数字化知识信息的重要社会设施。

(1) 各种传统载体文献的数字化

数字图书馆要将传统图书馆的传统载体的文献数字化,包括各种印刷型文献、缩微资料、视听资料、电影片等文献信息,但同时也要生产和保存新的数字形式的信息。因而,数字图书馆不是传统图书馆简单意义上的数字化,实质内涵与存在方式诸多方面与纸介质为主、相对封闭和注重收藏的传统图书馆相比有很大的区别。

(2) 数据的存储和管理

在技术上,数字图书馆集成了计算机技术、网络技术、通信技术、数据库技术和多媒体技术、流媒体等多种技术,以计算机为主的各种硬件设备作为管理信息资源的基本手段,拥有一整套先进的制作、存储、发布和维护数字化信息资源、数字化信息资源安全的软件系统。

数字图书馆拥有分布式的信息资源库群,具有有序化组织和结构化存储信息的能力,通过网络系统有效地连接用户与各个图书馆、信息服务中心和数据库及各类网络信息资源等,实现信息资源传递的网络化,存取不受时空的局限。

(3) 数字化资料的传送与发布

数字图书馆要通过国家骨干通信网和因特网,实施全方位、多元化和高效能的

数字化信息服务。

(4) 组织有效的访问和信息查询

数字图书馆要进行形象设计和宣传推广,组织用户接近和使用数字图书馆的信息,帮助用户实现对全球数字图书馆及网络信息资源的访问、查询、检索和利用。

2. 数字图书馆的必备要素

(1) 数字图书馆应当拥有独立的和宏大规模的馆藏数字化信息资源。

(2) 数字图书馆应当拥有高速、可靠和开放的网络资源,可全天 24 小时向社会提供电子信息服务。

(3) 数字图书馆应当拥有高效率和操作方便的搜索引擎和浏览器,可自动进行分布式信息检索,并通过网络远距离获得全文信息和各种超文本信息。

(4) 拥有数字化信息资源制作、存储、发布、维护系统和能力。

3. 数字图书馆的特征

数字图书馆的基本特征包括:数字化资源、网络化存取和分布式管理等。也有人认为包括以下 5 个特点:信息资源数字化、信息传递网络化、信息利用共享化、信息提供的知识化、信息实体虚拟化。

更进一步分析,可将数字图书馆的特征概括如下:

(1) 信息资源数字化。使用计算机技术将各种文献信息资源数字化,并提供网上服务。

(2) 信息内容多元化。数字图书馆囊括了图书馆、档案馆、博物馆以及其他广域范围的信息资源。

(3) 信息传递网络化。在信息资源数字化的基础上,通过各种电子通信手段和计算机网络,数字图书馆通过计算机网络系统将世界各国的数字化信息资料联为一体,在网络上传递、利用、开发与共享。

(4) 数字技术普及化。利用各种新技术,如光盘存储、超媒体技术、数据仓库、数据挖掘,组织较大数据库的管理与检索等。当用户在联机查找遇到问题时,能利用计算机手段进行干预,为读者解决问题。

(5) 信息揭示多维化。多角度地揭示数字化信息是提高信息检索和利用效率的基础。

（6）知识组织网络化。网络化的信息组织形式，从顺序的、线性的方式转变为直接的网状的非线性组织形式。

（7）资源存储分布化。数字图书馆是分布式信息资源库群，具有有序化信息组织和结构化存储，有统一检索机制，可支持跨仓储的、统一的、高效的访问和利用。

（8）信息提供智能化。智能化的功能适应网络环境要求，成为全球信息网络的交换站和节点。

（9）信息利用共享化。数字图书馆要充分利用网络提供的传递条件，在版权允许的范围内，组织有效的网上信息访问和信息查询，使网上资源得到最大限度的共享与利用。

（10）信息机构虚拟化。信息数字化和虚拟化，信息存储工作由众多的信息拥有者分散管理和提供，使信息机构进一步虚拟化，用户更多地面对计算机网络界面而非实体的信息机构和图书馆员。

（11）信息服务分散化。数字图书馆的建设与运作都要以用户为中心，用户不必亲自到图书馆查阅资料，只要通过计算机网络，在办公室或家里的终端前，就可以使用数字图书馆的信息；当用户在联机检索中遇到问题时，馆员可以提供信息导航服务，为用户答疑解惑；数字图书馆与用户之间的密切合作性和交互性，使信息共享的幅度大为提高；网络环境不存在开馆时间的限制、文献拒借等传统图书馆无法解决的问题。

（12）用户服务个性化。面向用户，主动服务，服务内容针对每一用户的独特需要，可以采用用户定制的方式提供所需信息。

四、中国数字图书馆建设进展

1. 中国数字图书馆工程

国家图书馆从1995年开始跟踪国际数字图书馆的发展，1997年，国家计委批准了由北京图书馆（组长单位）、上海图书馆、南京图书馆、广东省立中山图书馆、深圳图书馆和辽宁图书馆6个单位联合立项的"中国国家试验型数字图书馆计划"研究项目。

1998年7月20日,北京图书馆(1999年2月正式改称国家图书馆)向文化部提出申请,要求国家立项,实施"中国数字图书馆工程"。该计划模仿美国数字图书馆计划,侧重技术方案实现,兼顾资源数字化,建立一个在内容和技术上具有一定典型意义的数字图书馆原型,通过遍布全国的数字通信网,依托"金图工程",向全国乃至全球提供网络服务。

1998年北京图书馆已有300万页全文资料和500万条书目数据上网,1999年完成了3000万页全文资料和600万条数据上网任务。2000年4月18日,中国数字图书馆网站(www.d-Library.com)开通。截至2002年4月,中文数字图书资源储备达到5300万页并将全部陆续推送上网服务,同时保持以每天20万页数字化的速度增长,内容覆盖经济、文学、历史、医药卫生、工业、农业、军事、法律等各个门类。

2002年5月23日"数字图书馆与中国"研讨会在北京召开,标志着中国数字图书馆工程进入了实质性操作阶段。

国家图书馆开通了千兆位馆域网,并与CHINANET(中国公用计算机网)、CERNET(中国教育科研网)、CSTNET(中国科技网)、CNCNET(中国网通公用互联网)四大骨干网络以及有线电视网实现互联,信息基础设施逐步完善。与此同时,国家图书馆加快文献数字化进程,于1999年3月成立了"国家图书馆文献数字化中心",到2013年,国家图书馆数字资源总量达992.68TB,已初步成为网上信息资源的中心枢纽。

2. 教育部的数字化图书馆攻关计划

该计划由清华大学、华南理工大学、上海交通大学和北京大学承担。其研究内容包括:数字化图书馆的结构和检索机制及相应的标准规范;图书信息联合导读系统;数字化音乐图书馆雏形和一个小型的数字化视频数据库存储示范系统。

3. 辽宁图书馆与IBM数字图书馆合作项目

辽宁图书馆是全国公共图书馆中首家启动数字图书馆工程的图书馆,它采用IBM数字化图书馆解决方案,成为IBM数字图书馆软件方案在中国的首家商业用户。

4. 上海交通大学数字图书馆计划

承担高等学校中英文图书数字化国际合作计划(CADAL)项目,资源内容主要倾向于学术性文献。目前,CADAL 项目已完成了 40 万册中英文图书的扫描加工,并将以每月 3 万—4 万册的速度增长。CADAL 项目的目标是建设由 100 万册全文电子图书组成的数字图书馆,拥有 16.5TB 的数字化馆藏并提供网络服务。

五、中国数字图书馆发展中存在的问题

1. 观念落后,认识不足

"数字化"对多数图书馆来说仅是一个技术概念。对于国民甚至图书馆大部分职员来说,都是一个模糊不清的概念。各馆纷纷开展数字图书馆的建设,单纯地认为数字化文献就是数字图书馆,由此导致的结果只能是网上信息简单、重复。

2. 新型技术与新兴业态的挑战

数字图书馆建设面临大数据、人工智能和移动互联等新型技术与新兴业态的挑战,数字图书馆的部分功能被阅读公众号等新媒体承担,同时,新型技术不断涌现,既丰富了数字图书馆的建设和服务手段,同时也使得数字图书馆在资金、人员、标准等方面面临的困境更为突出。

3. 建设队伍人才培养不足

数字图书馆建设需综合应用诸多新技术,也就需要有各方面的人才参与其中。如计算机技术人才、网络技术人才、通信技术人才、信息管理人才、数据分析人才等。

4. 知识产权问题

数字化文献信息资源在网络环境下,其"复制"行为变得界限模糊。如何保护信息原作权利者的知识产权,同时兼顾信息用户与图书馆的利益均衡,已成为一个不可忽略的问题。

目前,中国数字图书馆有限责任公司在保护知识产权问题上采取了两方面措施:一方面,他们与出版社或出版集团直接协议解决对原著作权和版权的保护措施,同时委托中国版权代理中心统一办理公司在运营中涉及的版权问题,并由中心代公司向著作权人支付著作权使用费;另一方面,在数字图书馆技术体系中,密钥技术、网络安全技术是十分重要的组成部分。通过尖端信息技术实现对数字信息的保护,是知识产权保护在数字化环境中的延伸。为此,他们推出的"网上图书

馆"使用了具有版权保护功能的浏览器,具有防下载、防拷贝等功能。

国家应在图书馆立法中重视制定和完善数字图书馆在知识产权保护方面的立法。在网络化环境下,法律措施与技术手段相结合将是数字图书馆知识产权保护的显著特点和发展趋势。

5. 缺乏协调,重复建设现象严重

国内各地区、各系统以及各馆之间尚无权威的协调机构,也无规划布局和分工实施计划,数字图书馆建设缺乏全局性的统一规划和政府权威部门的协调,相当多的所谓数字图书馆建设仍处于各自为政、贪大求全和相对分散的无序状态,信息资源重复建设问题严重。

六、中国数字图书馆建设方案

1. 制订中国数字图书馆建设统一协调规划

中国数字图书馆建设是一项跨地区、跨行业、跨部门的系统工程,必须重视对中国数字图书馆建设模式与建设规划的研究与制订。

有观点认为,中国现阶段的数字图书馆建设可以依托传统图书馆"三大系统"的龙头单位进行建设,如国家图书馆、中国科学院文献情报中心、清华大学与北京大学图书馆等;或者有条件的大型图书馆先行建设,如国家图书馆、清华大学图书馆、上海图书馆、广东省立中山图书馆等;或者有计划地重点联合建设等。

由国家牵头制订一个全局性的、统一的数字图书馆建设规划,统一规划与协调,进行有效的分工合作和联合开发,可以在资金和政策上得到足够的支持与保障,从而避免各自为政和重复建设,保证数字图书馆建设顺利进行。

目前,政府有关部门应加强对数字图书馆建设的组织和领导,要在试验项目取得阶段性成果的基础上,紧跟国际信息技术和数字图书馆的发展,结合国内数字图书馆建设的实践,组织各方面的专家进行全面深入的调查研究和科学论证,制订中国数字图书馆的发展战略和宏观建设规划。其中也包括制订各地区和各级图书馆的规划,保持与大局协调一致。在全国整体建设规划下,加强各有关单位和机构的协作,统一开发和分工建设,实现资源共建共享。

图书馆之间可以合作,也可以与其他有经验的相关机构合作,如辽宁图书馆与东软公司的合作,上海交大图书馆与美国 IBM 公司的合作等都卓有成效。

2. 数字信息资源建设

图书馆数字信息资源建设包括两个方面:一是把图书馆的馆藏资源数字化,二是收集数字化信息资源。网络信息资源包括文字、图像、音频、视频等多媒体信息。数字信息资源建设包括对馆藏数字信息资源与网络信息资源统一的管理和存取。

数字化信息资源是数字图书馆建设的基础条件。加强数字化信息资源建设必须有目的和有计划地进行,并且要严格遵循社会需求优先的原则,应做到保障重点,突出特色,先易后难,逐步建设。同时,要打破条块、地区、系统和行业的界限,联合所有拥有文献信息资源的单位和部门,实现数字化信息资源联合共建。

为了快速高效地建设具有中国数字图书馆特色的高质量的数字化信息资源库,必须制订一个有法律效力的数字化信息资源建设规划,指导建立国家、地区和部门"三位一体"的数字化信息资源建设基地。各类型图书情报部门在国家统一规划下,按统一标准和分工开展工作。目前,数字化信息资源建设的主要内容:一是有计划、有重点地进行馆藏文献信息数字化处理,建设各种特色数据库,成为全国数字化信息资源的组成部分;二是建立和完善各种书目数据库,形成全国性和地区性联合目录;三是大量搜集各类电子出版物,充分利用各种全文数据库和多媒体数据库,建设丰富的数字化信息资源;四是加强网络信息资源的搜集、组织、加工和处理,形成虚拟信息资源库。

3. 相关技术研发

数字图书馆是一个以多种信息技术为支撑的超大规模的信息系统,在建设中必须大力研究、开发和运用大量的相关技术。例如:图像扫描技术、光学字符识别技术、图文全息数字化技术、数字水印技术、跨平台检索技术、元数据技术、智能检索代理技术和知识管理技术等;中文信息输入技术、中文信息模式自动识别和中文信息机器理解等,其中,中文信息机器理解的重点包括自动分词、自动翻译、自动分类和自动文摘等;前沿技术则有基于前沿信息技术的数据分析、数据挖掘与可视化技术、智慧图书馆技术、云计算技术、个性化服务技术、虚拟现实技术和增强现实技术等。

数字图书馆建设不仅需要立项研究和开发应用技术,而且还需要各种信息技术成果的及时转化和应用。

4. 网络安全

数字图书馆本身是一个局域网,同时又是广域网和因特网的重要组成部分。计算机网络具有不稳定性,随时都有可能遭受来自各方面的袭击和破坏,有些甚至是毁灭性的。因此,计算机网络的安全直接关系着数字图书馆的安全。目前威胁网络安全的因素主要有以下几个方面:一是忽视国家的有关标准,在防雷、防水、防震、防电磁干扰和防泄密等方面存在安全隐患;二是黑客对信息资源的恶毒攻击和对系统参数的篡改,以及有意破坏系统的信息处理功能和电子通信装置;三是非法窃取、盗用、增删和修改各种信息;四是偶然的人为事故,如误操作造成的故障、网络系统软件和硬件的故障、电子系统故障引发的系统问题等;五是数据的意外丢失;六是计算机病毒的袭击等。这些无疑都给网络的安全防范造成了威胁。

目前,一些发达国家如美、英、德、法、日等针对网络犯罪相继出台了详细的处罚法案。关于网络犯罪的法律探索在我国已有20多年时间,形成了十多部法律文件,初步构成了对网络犯罪防范与惩戒的法律体系。如:《中华人民共和国刑法》中的"侵犯著作权罪""销售侵权复制品罪""非法侵入计算机信息系统罪"和"破坏计算机信息系统罪";2009年《中华人民共和国刑法修正案(七)》中的"非法获取计算机信息系统数据、非法控制计算机信息系统罪"和"提供侵入、非法控制计算机信息系统程序、工具罪";2015年《中华人民共和国刑法修正案(九)》中的"非法利用信息网络罪""帮助信息网络犯罪活动罪""拒不履行信息网络安全管理义务罪"和"侵犯公民个人信息罪"。

国内在数字图书馆安全防范方面存在的问题主要有:第一,认识不足,重视不够,措施不力;第二,权限策略、安全策略的制订和实施存在漏洞;第三,设备的密级不高,限制了网络信息安全防范措施的实施;第四,项目仓促上马,不经系统论证,也未制订必要的措施。要保证数字图书馆和网络安全,一是要强化网络安全防范意识;二是要制订安全防范措施;三是要严格遵守工作制度和操作规程;四是要加强网络系统安全管理技术的研究与应用,如防火墙技术、防病毒技术等;五是要通过法律的手段,严厉惩治破坏公共网络系统的行为。

5. 建立一个公共平台

数字图书馆是一个开放式的硬件和软件的集成平台,通过对技术和产品的集成,把大量的各种文献载体数字化,将它们组织起来提供网上服务。由于狭义的数字图书馆系统是针对各类图书馆而制作的,在这种情况下,就需要与图书馆管理系统软件结合起来,把图书馆中拥有的物理性馆藏与数字图书馆系统的数字信息结合起来,而各应用系统不可能在同一时期开发,个体差异很大,这就需要建立一个基于云服务架构的公共平台为各个应用系统的集成提供一系列的基础服务,使得各应用系统之间能够实现数据共享、系统之间的应用访问以及向用户提供统一的访问接口。各个业务系统逻辑复杂,只要设计时考虑好预留接口,各个系统的边界和目标定在有限的范围内,则设计、开发可相对独立进行,可以根据需要与经济能力分阶段建设,并确保各种应用系统只需经过简单的修改就可集成进来,构成一个有机的总体,各个业务系统之间的数据交换、数据共享由公共平台承担并提供相应的应用访问接口,使本来相对独立的系统之间能够很好地实现信息交换和共享。

6. 制订规范统一的标准

数字图书馆是由图书馆自动化发展而来,而我国图书馆实施自动化缺乏完全统一的标准。图书馆自动化的根本目的是为实现全社会的资源共享,但目前为止仍未能建成一个真正的联合编目网络系统。目前,在建设数字图书馆过程中,由于缺乏统一标准和对信息资源的描述方式不统一、文献标引规则不统一、库结构内容不规范,缺乏规范的控制系统、检索端口和阅读平台,全国已建起的数百家数字图书馆互不兼容,读者使用起来非常困难。如此下去,随着数字图书馆发展速度日益加快,由于标准不统一带来的损失将越来越大。因此必须加强数字图书馆标准的建设,才能真正实现数字图书馆资源共享的目的。

7. 权限管理和版权保护问题

数字图书馆的安全性显得非常重要。在数字图书馆中,所有的数据、应用都在网上建立统一的电子身份管理与认证,保证它们的安全是安全管理的职责。安全管理必须保证数据的秘密性,防止对数据的非授权访问;保证数据的完整性,使数据在存储或传输过程中不被破坏、不丢失、不被未经授权地恶意或偶然修改;保证数据和应用的可用性,能够按照用户的需求提供有效服务,并且系统在发生灾难时能够快速完全地恢复；更重要的是，必须用适当的技术确保版权人的资源不被滥用。在实践中，数字图书馆经常面临一些棘手的问题，如汇编海外版权作品、出版汇编作品等，利用海外版权作品制作出版数字化制品、建设数字化图书馆或用于网上传播，如何解决众多著作权人的授权许可问题。这主要涉及著作权人的"汇编权""数字化制品权"和"网络传播权"等项权利。这个问题在数字图书馆的建设中已日渐突出。如何既保护作者的知识产权，同时又让各类文化、科技文明的成果纳入数字图书馆，以使其为更多的人服务，创造出更大的价值，这是一个十分急迫的任务。图书馆界要抓住机遇，主动参与网上法律规范的制定。

第二节 虚拟图书馆

一、虚拟图书馆概念

1980年，英国不列颠图书馆外借部计算机与数据通信工作负责人 A. J. Harley 在伦敦召开的 Aslib/IIS/LA 联席会议上发表了题为 Towards the virtual library（《走向虚拟图书馆》）的论文，在文章中他将虚拟图书馆描述为："The virtual library is one where the user, due to computerized information retrieval techniques, has the illusion of access to a much larger collection of information than is really present, immediately or simultaneously."（虚拟图书馆是这样一种图书馆，由于采用了计算机化的信息检索技术，用户在其中可以很快或同时虚拟地获取比现实所能提供的要更大量的信息集合。）

较早探讨"虚拟图书馆"（virtual library）这一概念的是美国人卡耶（Gapen D. Kaye），1992年他在一篇论文中将虚拟图书馆定义为"利用电子网络获取信息与知识的一种方式"。

虚拟图书馆与传统图书馆的不同在于，它没有馆舍和馆藏的现实空间，是一种虚拟空间。这个虚拟空间不依赖于馆舍、馆藏和馆员，而主要依附于网络。

虚拟图书馆实质上是一种 Internet 利用工具，它针对某一学科或领域的研究者的需要，将 Internet 上与之有关的各种资源线索，包括与该学科或领域有关的研究机构、实验室、电子书籍、学术期刊、会议论坛、专家学者等的URLs(统一资源定位符)，系统地组织起来存放于某一网页供用户浏览或者检索。用户在访问某一学科的虚拟图书馆的网页时，通过激活相关的网络线索即超级链接，就可以浏览到大量相关资料。由于虚拟图书馆按照学科领域为单位汇集了大量丰富的原本零散的网络信息，使人觉得它的功能就像一个图书馆一样，但这个"图书馆"存在于网络，没有实地的场所和馆藏，因而又是虚拟的。

虚拟图书馆是一种网络二次系统，是因特网上组织信息资源的一种有效而又经济的形式。具体说来，虚拟图书馆就是根据特定的目标，选定信息资源的学科领域，对有关的网站网页进行搜索和收集，加以鉴定核实，并对核实后的网址进行合理组织，使之能够提供检索、浏览和链接的信息集合。从这个界定出发，虚拟图书馆的本质特征可概括为下述三点：其一，从收录信息资源的学科属性来讲，虚拟图书馆都是学科专业或专题性的。一些著名的网络虚拟图书馆(如WWW虚拟图书馆)虽然可能包括数百个专题，但不同专题的数据库分布在全球不同的Web服务器上，每一个专题都是一个独立的虚拟图书馆，而WWW虚拟图书馆等只不过是将这些独立的虚拟图书馆集成起来，向用户提供一个集中的检索入口界面而已。其二，从对收集来的信息进行加工的方式方法来讲，虚拟图书馆对收集的信息均进行了分类组织，并且大多数也进行了关键词方式的词汇控制。其三，从指向原始网页网站的超级链接来讲，虚拟图书馆对链接进行鉴定核实，并不断维护，使其尽可能地不产生死链。

因此，虚拟图书馆是通过超文本技术在因特网上对分布于各个服务器上的相关信息资源进行动态搜寻链接，指向可调用的文件或其他形式的信息资源，以便人们能够通过网络远程方便地获取信息。其实质是一个"虚拟文库"。这种虚拟文库只是一个网络信息资源的网址信息、书目信息等信息的集合。因此，虚拟图书馆并不是传统意义上的图书馆的延伸。

虚拟图书馆与数字图书馆也是有区别的，表现在：数字图书馆是与传统图书馆相对应的概念，是伴随着计算机技术在图书馆中的应用而出现的，它是将原有馆藏数字化，以数字化形式存储之后，并在硬件条件具备的情况下，将原有馆藏挂于互联网之上，并通过互联网供远程用户检索、查询和利用(即网络化)。虚拟图书馆是伴随着Internet的产生而出现的概念，是将某一学科或领域的相关Internet资源的线索汇集之后,以主题树或数据库方式结合超文本链接提供给网页浏览者。两者相比,前者重点在于馆藏信息数字化、网络化;而后者则强调对相关 Internet 一次网络文献的网罗、搜集与组织。

二、虚拟图书馆的内涵

(1)虚拟图书馆的信息均为数字信息,是与物理载体文献完全不同的虚拟信息。

(2)多种媒体信息均以数字格式存储,在网络虚拟空间数字信息的维护、储存较为方便,因而图书馆占地面积和信息的物理存储空间可以大大缩小。

(3)利用数字技术,读者既可以使用 Telnet 查阅数据库,用 FTP 下载检索信息,用 E-mail 邮寄联机检索结果,也可以在线查阅电子书刊、商业信息、娱乐信息等。

(4)虚拟图书馆的信息来源不仅仅局限于图书馆的文献,而是整个社会,包括商业信息、地理信息等。

(5)虚拟图书馆的业务范围要大于传统图书馆,相当于传统图书馆与信息中心(所)的业务总和。

(6)虚拟图书馆馆藏信息的采集、整理、标引等采取联机并行方式进行,可以由虚拟图书馆独立进行,也可以在本地区、本国甚至世界范围内进行。

三、虚拟现实图书馆

在虚拟图书馆研究中,还有一个概念常常被提及,有时甚至与虚拟图书馆混同使用,这就是"虚拟现实图书馆"。

虚拟现实(Virtual Reality,简称 VR),是诞生于 20 世纪末期的一项新技术。它汇集了计算机图形学、计算机仿真技术、多媒体技术、人工智能、人机接口技术、传感器技术、高度并行的实时计算机技术和行为学研究等多项关键技术,它是以计算机为核心,综合使用了各种最新技术,融合视、听、触觉为一体的模仿现实的三维空间再现技术。将虚拟现实技术应用于计算机系统中,就形成了 VR 系统,即虚拟现实系统。

虚拟现实建模语言(Virtual Reality Modeling Language,简称 VRML)是一种描述三维形体和交互环境的文件格式,它也可和 WWW 一起使用,以实现一个通过全球互联网络和 WWW 的超链而成的虚拟世界。它不仅提供了构建新一代用户界面的可能性,而且也解决了实时三维图形在网络上传输所要解决的带宽问题。VRML 提供了 6+1 个自由度,可以沿着 3 个方向移动,也可以沿着 3 个方向旋转,同时还可以建立其他 3D 空间的超链接,所以 VRML 是超空间的。从概念上讲,每个 VRML 文件都是一个基于时间的三维空间。它包含了可通过多种机制动态修改的图形对象和听觉对象。VRML 文件的一个重要特征是可以通过包含关系把文件组织在一起,并能够通过超链接把文件联系在一起,利用层次性文件的包含关系可以创建任意大的动态境界。

VRML 的另一重要特征是它能够用在分布式环境中,因而可以内建支持多个分布式文件的多种对象和机制包括内联式(In-Lining)嵌入其他 VRML 文件,通过超链接指向其他文件,采用业已制定的针对其他文件格式的 Internet 和 ISO 标准等。

VRML 的访问方式是基于客户/服务器模式的。其中服务器提供 VRML 文件及支持资源(图像、视频、声音等),客户端主要通过网络下载希望访问的文件,并通过本地平台上的 VRML 浏览器交互式地访问该文件描述的虚拟境界。由于浏览器是本地平台提供的,从而实现了平台无关性。

虚拟现实技术在图书馆中的应用:

(1)设计、制作电子图文资料。借助 VR 技术,图书馆可以将出版社的纸质图书制成电子版图书,也可以将从世界各地采集的第一手资料根据需要制成各种栏目或专辑。这些产品既可以采取纯文字形式,也可以配以声音或者制成图像供各类用户选择。一般情况下,运用 VR 技术可先在计算机中创造一个虚拟成品,它相当于一个惟妙惟肖、可以进行任意操作修改的模型。用户在计算机的虚拟世界中借助某些辅助设备或者仅仅使用鼠标对模型进行操作,完全就像亲临其境一样自由和随意。对于任何不满意的地方,用户可以随时提出,然后设计者可以及时更改设计直至用户满意为止。

(2)远程管理与服务。VR 技术是继文本和二维图像相互流通的实现后网络界的第二次革命。网络实现了异地信息的传输,而 VR 技术则是利用网络实现三维空间的信息传输。虚拟图书馆的图书运用 VR 技术可以实现远程管理与远程服务这一特殊功能。图书馆资料的选择、设计、制作情况可随时在网上发布,由不同地区甚至不同国家的专家同行或用户相互磋商,以臻完善,读者对图书馆的要求与意见也可以通过网络传输给管理者,而不受地域与路程的限制。

(3)构建虚拟现实环境的图书馆。利用 VR 技术,可以构建仿真的图书馆环境,满足图书馆读者在一个类似物理世界图书馆的环境中漫步、查询图书、翻阅图书等幻想。

四、增强现实、混合现实在图书馆的应用

目前 VR 技术已衍生出增强现实(augmented reality,简称 AR)技术和混合现实(mixed reality,简称 MX)技术。

1. 增强现实(AR)

增强现实(AR)是一种实时地计算摄影机影像的位置及角度并加上相应图像、视频、3D 模型的技术,这种技术的目标是在屏幕上把虚拟世界套在现实世界并进行互动。

增强现实是真实世界和虚拟的信息集成,具有实时交互性,是在三维尺度空间中增添定位虚拟物体。增强现实与虚拟现实的区别在于,虚拟现实给予用户一种在虚拟世界中完全沉浸的效果,是另外创造一个世界;AR 技术则把计算机带入用户的真实世界中,通过听、看、摸、闻虚拟信息,来增强对现实世界的感知。

增强现实(AR)系统正常工作所需的组件包括:跟踪系统、头戴式显示器和移动计算能力。

增强现实(AR)应用于图画书,可以实现与纸书的互动,通过特定的客户端扫描图书时可以出现虚拟的场景辅助阅读,丰富图画书的内容呈现方式,增强读者的阅读体验,为读者提供更为全面的内容感官服务。

2. 混合现实(MR)

混合现实(MR)是增强现实技术的进一步发展。它通过计算机视觉方法(环境感知技术)感知周围自然环境中的几何信息,可以随意放置任意量的三维虚拟信息在真实环境之中,并且三维虚拟信息可以与真实世界发生物理交互,如果虚拟物体足够真实,用户很难辨别真实的与虚拟的事物。

混合现实取代增强现实通过标识物与定位放置虚拟信息做法的限制,用户可以根据自己的需要在真实世界随意放置虚拟信息,虚实融合效果更加真实,沉浸感更强。

混合现实的主要特征是虚实结合、实时交互、三维显示、情景交融、真实感强、沉浸感强。

混合现实环境中虚拟信息和真实环境自然融为一体,用户、真实世界和虚拟信息三者两两之间均可以产生交互,是沉浸感较强的一种数据展示方式。它可以为泛在学习提供技术支持。例如,在生物信息学习中,混合现实可以直接理解环境三维结构,不需要相关纸质媒介,可以直接将生物的三维模型或动画放置在用户学习的三维环境之中并响应用户的指令在真实世界中互动、漫游,同时还能够发生与真实环境的碰撞、遮挡等符合自然规律的现象。这种展示方式具有广阔的表达能力,沉浸感较强。

目前,混合现实技术在图书馆的应用尚在试验和探索中。

第三节 智慧图书馆

1. 智慧图书馆

智慧图书馆(smart library),是指通过物联网等智能感知技术,为用户提供智慧服务和管理的一种数字图书馆的高级发展形态。

2. 国内外智慧图书馆建设与研究进展

(1)国外

2003 年,芬兰奥卢大学图书馆正式提出"智慧图书馆"概念,并提供了一项名为 smart library 的服务。这是一项不受空间限制、可被感知的移动图书馆服务,在任何有互联网和浏览器的地方都可以使用。

国外先期的图书馆智慧化建设工作主要有以下模式:

模式一:基于 RFID 技术的物联网图书馆。1999 年始于新加坡国家图书馆、美国洛克菲勒大学图书馆等。2008 年,美国国家信息标准中心(NISO)正式发布了 NISO RP-6-2008(RFID in U. S. Libraries),建议美国图书馆为图书资料启用 RFID 技术。RFID 技术、传感器技术等建立起图书馆内部图书、书架等资源的 online(在线)模式,形成图书馆物联网,为用户提供无人式服务,实现自动借还书的图书馆初步智能化。

模式二:基于"图书馆+智能建筑"的智能图书馆。2003年,澳大利亚昆士兰州立图书馆确立了通过智慧图书馆建设智慧社区的未来发展政策,建立"智慧图书馆网络",集成物理和虚拟社区空间,在内涵上属于建筑智能化的图书馆。

模式三:面向用户提供更高层次知识服务的智慧图书馆雏形。2001年,加拿大首都渥太华地区的12所公共图书馆、大学图书馆、专业图书馆和博物馆建立了名为Smart Library的联盟,为读者提供一站式服务,使其利用一个搜索界面便可检索查看所有成员馆的资源,为用户提供更大空间范围和更加方便的知识共享服务。

(2)国内

国内智慧图书馆建设也是从RFID系统部署开始。2006年,厦门集美大学诚毅学院图书馆和深圳图书馆全面引入RFID图书馆物联网,实现了借还书的自助服务。同年底,国家图书馆立项研究RFID技术在图书馆应用的标准化问题,并向相关部门提交了草案。

"智慧图书馆"一词在国内最早出现于2009年,2010年严栋《基于物联网的智慧图书馆》一文是国内较早有关智慧图书馆的文献。

国内研究者提出的智慧图书馆定义主要有:

①感知型定义:智慧图书馆应该是感知智慧化和数字图书馆服务智慧化的综合。

②要素型定义:智慧图书馆的5大要素为资源(优质、多元、高效)、服务(慧能、泛在、感知)、技术(精准、便捷、智能)、馆员(敬业、专业、创新)、读者(乐用、协同、敏锐)。

③模式型定义:智慧图书馆的信息技术基础是数字化、网络化、智能化,主要特征是互联、高效、便利,本质追求是绿色发展和数字惠民,是现代图书馆快速和科学发展的理念与实践。

④人文型定义:智慧图书馆=图书馆员+智能建筑+信息资源+智能化设备+云计算。

3. 智慧图书馆的典型应用

(1)智慧图书馆依托技术

主要包括:基于移动互联网和无线传感器网络的感知型智慧、基于语义网和本体的图书馆知识的推理型智慧、基于云计算和大数据的有关图书馆规则和模式的涌现型智慧等技术。

(2)智慧图书馆的典型应用

主要包括:24小时自助图书馆、基于云计算的共享云服务、基于移动互联网的移动服务(如图书馆APP、微信公众号)、基于互联网的嵌入式服务(如图书馆MOOC教育、学科2.0服务)、基于数据挖掘的个性化服务模式(如掌上CNKI个人图书馆)等。

(3)智慧图书馆可提供服务的平台

主要包括:自助借还系统(包括24小时自助借还系统、手机/网络自助续借系统等)、智能清点/定位系统、智能座位预约系统、3D/AR/VR导航系统等。

图9 智慧图书馆系统结构与功能示意图

(4) 智慧图书馆服务案例

例如:上海交通大学图书馆的智慧泛在课堂、武汉大学图书馆的虚拟导航、清华大学图书馆的小机器人"小图"在线咨询、南京大学图书馆的 Find + 、上海图书馆的 libtalk、广州图书馆的智能荐书等典型案例。

随着自然语言处理、神经网络、机器学习、深度学习等人工智能专项技术的进步及广泛应用,智慧图书馆也将向智能图书馆转化。

参考文献

1. 董焱.21 世纪图书馆的主体形态——数字图书馆[J].图书馆杂志,2000(2).

2. 汪冰.电子图书馆及其相关概念辨析[J].图书馆,1997(3).

3. 汪冰.电子图书馆理论与实践研究[M].北京:北京图书馆出版社,1997.

4. 王咏梅.英国复合图书馆项目及贡献[J].情报杂志,2004(10).

5. 吴志荣.数字图书馆:从理念走向现实[M].上海:学林出版社,2000.

6. Bush. As we may think[J]. Atlantic Monthly,1945(176).

7. Fox,Hix,et al. Users,user interfaces,and objects:Envision,a digital library[J]. JASIS,1993,44(8).

8. Beiser. The virtual library[J]. Computers in Library,1992,12(6).

9. 陈玲.数字图书馆:信息时代的知识英雄[N].中华读书报,2000 – 05 – 10.

10. 刘兹恒.试论虚拟图书馆与传统图书馆的关系[J].图书情报工作,1997(4).

11. 王知津,李新华.论信息网络化对传统情报交流模式的影响[J].图书情报工作,1999(1).

12. 赵洗尘.数字图书馆及其建设[J].现代图书情报技术,1999(1).

13. 李东来.我国数字图书馆研究论文综述[J].图书馆学刊,1999(4).

14. 夏旭.我国光盘数据库发展的现状及对策[J].现代图书情报技术,1999(2).

15. Kaye. The virtual library:knowledge,society and the librarian[M]//Laverna M. Saunders ed. The Virtual Library:Visions and Realities. Westport,CT:Meckler,1992.

16. 李玉安.电子图书馆、数字图书馆研究与实践述评[J].中国图书馆学报,1999(6).

17. Marsterson. Information technology and the role of the librarian[M]. London:Croon Helm ltd.,1986.

18. Smith. The "golden triangle":users,librarians and suppliers in the electronic information era[J]. Information Service & Use,1993(13).

19. 我国数字图书馆技术取得重大突破[EB/OL]. [2000 – 12 – 18]. http://www.people.com.cn/GB/chanel1/15/20000816/189623.html.

20. 国家图书馆[EB/OL]. [2018 – 11 – 01]. http://www.nlc.gov/shuzi/20180818.

21. 王教清,曾晓珊. 浅谈中国数字图书馆[J]. 图书馆理论与实践,2003(1).

22. Lyman. What is a Digital Library? The social impact of information artifacts[C]//Proceedings of 2000 Kyoto International Conference on Digital Libraries:Research and Practice. Los Alamitos,California:IEEE Computer Society,2000.

23. 陈光祚,匡文波. 关于 Electronic Library 等名词译名的商榷[J]. 图书馆杂志,1998(5).

24. 李惠珍. 走向复合图书馆的21世纪图书馆[J]. 图书馆论坛,2004,24(5).

25. 袁海旺. 虚拟图书馆的昨天、今天和明天[M]. 北京:华艺出版社,2002.

26. 张维庆,陈秀丽. 论未来图书馆的主要形态[J]. 沈阳农业大学学报(社会科学版),2004,6(1).

27. 梁平. 我国数字图书馆建设中的几个问题[J]. 中华医学图书情报杂志,2004,13(3).

28. 王世伟. 论数字图书馆的特点及其对当代图书馆学教育的影响[J]. 图书情报工作,2001(3).

29. 方建平. 数字化是信息时代图书馆的发展方向[J]. 图书与情报,2003(1).

30. 樊萍华. 虚拟图书馆的概念辨析及建构中的挑战[J]. 龙岩师专学报,2003(5).

31. 窦玉洁. Internet 网上虚拟图书馆研究[J]. 绥化师专学报,2004,24(3).

32. 臧国全. 虚拟图书馆概念辨析[J]. 河南图书馆学刊,2004(3).

33. 罗一新,邹安全. 虚拟图书馆研究[J]. 技术经济,2003(2).

34. 温泉. 国家数字图书馆建设进展与展望[J]. 图书情报研究,2017(4).

35. 巫慧. 数字图书馆建设中的"避风港"规则[J]. 图书馆研究,2017(3).

36. 赵悦. 我国数字图书馆标准规范体系构建研究[J]. 数字图书馆论坛,2016(9).

37. 陈士君. 我国数字图书馆的发展现状分析[J]. 科技文献信息管理,2016(3).

38. 李凌. 高校3D虚拟图书馆建设思路[J]. 图书馆学研究,2013(5).

39. 周晓燕,崔然. 国外 VR 技术与虚拟图书馆研究综述[J]. 情报科学,2018(3).

40. 李晓行. 云计算环境下数字图书馆虚拟化安全问题与对策[J]. 图书馆学刊,2018(3).

41. 闵磊. 虚拟学习社区识别技术在图书馆领域的应用分析[J]. 才智,2018(13).

42. 苏冬华.基于虚拟现实(VR)应用的图书馆角色定位与创新服务研究[J].图书与情报,2017(2).

43. 胡国强,马来宏.虚拟现实和增强现实在智慧图书馆的应用[J].图书馆工作与研究,2017(9).

44. 陆颖隽.我国图书馆虚拟现实应用及研究述评[J].图书与情报,2017(5).

45. 郭璐,栾娟.基于虚拟机整合的图书馆云数据中心虚拟资源管理研究[J].图书情报导刊,2017(11).

46. 贺一航.虚拟化技术的数字图书馆云服务平台的构建[J].农业图书情报学刊,2017(8).

47. 刘炜,夏翠娟,张春景.大数据与关联数据:正在到来的数据技术革命[J].现代图书情报技术,2013(4).

第九章　图书馆现代化与电子版权问题

第一节　图书馆馆藏文献数字化工作

一、数字化文献信息的特征

数字化文献信息包括电子出版物及网络出版物。

如第六章第二节所述，电子出版物是指以数字代码方式，将有知识性、思想性内容的信息编辑加工后存储在固定物理形态的磁、光、电等介质上，通过电子阅读、显示、播放设备读取使用的大众传播媒体。类型有电子图书、电子期刊、电子报纸和软件读物等。随着网络的发展，数字化文献信息扩展到完全在网络环境下编辑、出版、传播的书刊报纸等出版物，即网络出版物。

数字化文献信息具有以下主要特征：

（1）数字化文献信息是以计算机可读数据的形式加以表示的。这种机读形式的数据，是计算机可以识别、理解、处理的数据。机读数据是电子出版物首要的特征，将传统的纸质信息、音频信息、视频信息等进行数字化，可以采用统一的方式来处理。

（2）数字化文献信息的载体是磁性或光学信息存储介质。

（3）数字化文献信息的生产和使用（包括检索或浏览等）必须借助于计算机、手机等信息处理设备进行。

（4）数字化文献信息的发行方式，既可以包括以封装型光盘出售给用户的电子出版物方式，也包括网页浏览、联机数据库查询、手机 APP、微信公众平台等在线服务形式。

数字化文献有着其他信息载体所无法比拟的显著优点：

（1）存储信息量大、体积小、密度高、节省空间。如一张普通的只读光盘（CD-ROM）直径仅12cm，但容量超过600MB以上，甚至可达1000MB，使用压缩技术，容量可达到GB级。而网络大数据目前已从TB级（万亿字节，太字节）达到PB级（拍字节，1PB=1024TB）。

（2）传播速度快。由于光盘等电子产品制作工艺不断提高，各种数字化文献的市场传播速度越来越快；网络在线服务被广泛采用以后，数字化文献的策划、写作、编辑、校对、出版、传播，都可以在线完成，更新换代快速，传统出版业的大部分制作环节被省略，信息载体的出版周期也因之缩短。

（3）价格便宜。由于数字产品采取批量生产方式且能为图书文献、音像资料的生产提供比较精确的拷贝，即可以重复利用，因此其价格相对来说更为便宜。

（4）信息资源利用频率高，使用范围广。用户可通过网络接触数字化文献，消除了信息利用的时空限制。

（5）方便快捷的检索功能，便于自动化管理。全文检索等手段的采用，使数字化文献的检索途径直观多样、检索方法简单易学、大大提高了信息的检索速度。

（6）种类形式多样化，并且可以由用户自行生产。数字产品的形式不仅包括上面提到的电子图书、电子期刊等，而且包括网络视频、网络音乐、网络游戏、博客、微信公众平台等形式。随着信息技术的进一步普及，用户更多地参与到数字化文献的生产制作中，数字化文献将日益普及到人们生产、生活的每一空间。

（7）节省自然资源，减少环境污染。数字化文献载体降低了对竹木、金属等自然资源的损耗，又可减轻对环境的污染。

目前数字化文献也具有某些缺陷：

（1）数字化文献的保存寿命有限。在适宜的保存条件下，纸张可以保存数百年甚至上千年，虫胶唱片可保存50年不变质，薄膜唱片可保存100年，录像带、盒式磁带等的寿命为15—20年，不同类型光盘的寿命约为20—30年（实际上，刻录光盘保存年限非常短），因此，电子载体并不一定是长期保存大量资料的合适载体。

（2）依赖软硬件设备，不能直接阅读。数字化文献必须借助计算机、影碟机、手持信息处理设备（如平板电脑、手机、电纸书）等阅读，缺少了设备支持，数字化文献就完全成为人们难以理解的废品。由于软件的更新换代,也会造成电子载体所储存的信息若干年后很难找到与之相匹配的硬件,使得很多数字化文献难以解读与使用。

(3)格式标准统一难。数字化文献为出版界带来了新的商业机会,众多厂商纷纷研究相关的技术和产品。为保证制作单位的利益,许多厂商发布数字化文献时,都要求用户使用专用的阅读软件,而没有统一的格式标准,这就为数字化文献的推广带来了一个巨大的难题。

(4)存储的信息易受到干扰和破坏。相对来说,数字化文献更容易受到外力的侵扰,如计算机病毒、磁场及操作失误的破坏、黑客入侵篡改和清除等。

二、我国文献数字化建设工作的进展

我国图书馆文献资源数字化工作可追溯到20世纪80年代对国外光盘数据库的引进。30多年来,我国文献数字化发展经历了光盘引进与初步利用、二次开发利用、自行研制、网络信息开发与建设等阶段。

1. 光盘引进与初步利用阶段

1986年国家海洋局情报所首先引进CD-ROM版《水科学和渔业文摘》(ASFA)及《生命科学文摘》(LSC)。其后,国内引进的光盘品种逐年增加,用户也不断增加。高校图书馆和情报机构在引进光盘数据库方面走在同行的前列,成为引进和利用光盘的主要用户。

本阶段光盘的主要利用方式:①课题检索;②辅助采购和进行西文编目;③作为国际联机检索预处理手段,用于人员培训和机检教学;④进行文献统计和计量学分析;⑤对光盘数据库收录的各国期刊及文献量进行调查;⑥用于了解某一专家的学术成就和跟踪某一学科的发展动态;⑦进行情报研究的重要工具。

2. 二次开发利用

主要利用方式:①套录数据建立专题数据库,进一步扩大光盘的利用率;②提示检出的文献的馆藏地址,实现检索一次文献的一条龙服务;③用于建立远程光盘网络,开发光盘检索软件的通信功能,研制仿光盘系统,将光盘技术与通信技术进行整合,实现光盘网络化。

3. 自行研制阶段

1991年我国开始生产CD-ROM数据库,主要产品有中国工商名录(英文版)、中国对外经济贸易法律库(英文版)、中文科技期刊篇名数据库、中国专利公报、中国生物医学文献光盘数据库等。

1992年,中国科技信息研究所重庆分所率先在国内推出《中文科技期刊CD-ROM光盘数据库》,标志我国光盘数据库进入自行研制阶段。

在自行研制光盘数据库的最初阶段,各单位开始独立地建立专题文献数据库,采用技术主要是利用现成的数据库工具,载体为计算机硬盘、软盘等,形式主要是题录型、索引型数据库。

本阶段我国相关图书情报机构、出版社、信息技术公司等单位纷纷研制各种类型的光盘出版物,如光盘图书、光盘报纸、光盘期刊、教学软件、游戏软件、音像制品以及图形、图像、数值和多媒体数据库等。其中,中文全文检索光盘数据库的研制与开发,使我国文献数字化工作进入一个新的历史阶段。

较早的全文光盘数据库有北辰公司的《人民日报》光盘等,而影响较大的有万方数据公司等单位开发的"中国科技文献数据库"CD-ROM、中科院的"中国计算机科学技术数据库""中国科学文献数据库"、中国国防科技信息中心的"中国国防科技文献数据库"等。1996年清华大学光盘国家工程研究中心与清华信息系统工程公司联合创办了我国第一部大规模集成化学术期刊全文电子检索系统"中国学术期刊(光盘版)"(CAJR),初期入编光盘的期刊超过3000种。此外,还有北京超星公司开发的扫描版中国现代期刊、档案光盘等。

部分图书馆也独立开发或与公司联合开发,用扫描版或全文版将馆藏文献加工成数字化文献,如上海图书馆将馆藏古籍善本制成数字化文献并上网流通,武汉大学图书馆等制作扫描版《四库全书》,北京大学未名科技文化发展公司与北京大学出版社联合开发"二十世纪中国思想史光盘资料库",以及上海人民出版社、香港迪志公司、北京书同文公司合作开发《四库全书》扫描版及全文版光盘等。

4. 网络信息开发与建设阶段

自20世纪90年代后期,我国的文献数字化工作已进入光盘版与网络版并存并且后者占优势的阶段,如国家图书馆的数字图书馆工程提供网上浏览馆藏文献的功能。

在数字期刊方面,万方数据公司的 ChinaInfo(中国信息)中文检索系统于 1997 年 8 月正式进入因特网;清华同方知网技术产业集团的"中国学术期刊"网络版于 1999 年正式开通,后更名为"中国知网",收录百年来出版的期刊论文,以及博硕士学位论文、会议论文、报纸文献、图书等;重庆维普资讯有限公司(前身是中国科技情报所重庆分所数据库研究中心)的主导产品"中文科技期刊数据库",其网站名为"维普资讯网"。

国内一些重要的报纸期刊也都同时开通网络版,如《人民日报》《光明日报》《广州日报》《计算机世界》等。

港台地区的文献数字化工作开展得较早,在台湾地区,"倚天"全文检索软件应用得较为广泛,台湾地区利用该软件制作了电子版的《二十四史》《全唐诗》等;香港中文大学也逐步将重要的中国古籍制作成电子版。

三、我国图书馆文献数字化中的关键性技术问题

1. 数字化文献生产的组织机构

随着对数字化文献的广阔市场和发展前景认识的深入,我国从事数字化文献生产的机构日益增多,主要包括各类型图书信息机构或其下属的经营开发性公司、出版社、报社和期刊社、信息技术公司等。图书信息机构多采用与专门的信息公司联合开发的方式,由图书信息机构提供文献底本,由信息公司负责技术实现。部分公司资金充裕,采用大工业生产方式制作数字化文献,如中国学术期刊中心、书同文公司等;有一些图书信息机构则采取事业单位管理体制来进行数字化文献生产。

2. 数字化文献的选题

数字化文献是否能有市场,是否可获得资金支持、长期发展,选题至关重要。在我国光盘文献生产的早期,以图像文献为主要内容的光盘,如各种美术、文物、摄影等体裁光盘占绝对地位。后来,各种主题和类型光盘的数量增加快速,并且逐步转为网上传播。在数字化信息建设中,图书馆馆藏文献的数字化是重要的组成

部分。

图书馆馆藏文献中有不少适合转化为数字化文献,但需注意:

(1)图书馆应注意将本馆所藏特色文献转化为数字化文献,如古籍善本、近现代重要期刊和图书、历代档案、非书资料和各种影音资料等;

(2)在文献数字化中,既要考虑文化保存和传播功能,又要考虑市场效益;

(3)要加强数字文献资源建设中的协调与合作,避免重复开发建设;

(4)在选题和进行总体规划时,要进行深入的国内外市场需求调查,避免在进行可行性分析时主观臆测所开发的数字文献的市场前景。

3. 数字化文献信息的主要类型

数字化文献信息主要有两种数据存储形式:

(1)采用扫描录入方式将文献或图片资料按原貌逐页存贮为图像文件,并为其编制题名、责任者、分类、主题词或关键词、名物等索引,利用索引可以检索并显示索引词所在页面的图像文件

图像文件的存储、处理、压缩、转换等可通过扫描软件来实现。每一图像文件赋予一个文件名作为该文件的地址,与对应的索引记录相连接。索引可以用数据库方式建立,以某条记录所揭示的对应页的图像文件名为地址与该页图像相连接。

该方式优点是可以保存文献的原貌;制作技术相对简单;可用于保真度要求较高的古籍、档案、手稿、照片等资料的数字化。缺点是占据存贮空间较大,即使采用较为完善的数据压缩技术,所能存贮的文献内容也远远小于用文本方式存贮的内容;标引工作量大且技术要求高;不能逐字、词检索到某字词所在的句、段。

(2)用文本方式存贮文献内容、辅之以全文检索系统构成的全文检索数据库

全文检索,可以通过对数据库内的全部字词编制索引(字的内码与地址相对应)的方式对数据库中的文字进行逐字词检索,这种方式的缺点是索引占据的存贮空间较大,中文全文数据库字词索引所占空间大约是原文本所占空间的 5 倍左右,但检索速度较快;也可不编字词索引而是采取逐字词遍历的方式从文库中查找相应的字词,这种方式可以节省编制索引所占据的空间,但检索速度慢一些。这就是人们所熟知的"以空间换时间,以时间换空间"的原则。

全文检索数据库除可以对全文库进行逐字词检索外,还可以配以题名、责任者

等索引辅助检索,也可以对文库中的人名、地名、关键词等编制规范文档,及进行后控,以提高查全率和查准率。全文检索系统还可以实现模糊检索和逻辑检索。

该方式的优点是可以逐字词快速检索到所检索字词所在句段,可以检索到文库中所有涉及该字词的句段。因此,全文检索方式是学术研究和信息检索的理想的查询方式,用文本格式存贮占用空间小也是其优点。该方式的缺点是不能保留文献原貌,原文献的字体、着重符号等编辑信息无法保存;如果缺少必要的规范和后控,全文检索的查全率和查准率都较低。

现在可将上述两种存贮方式结合起来,即全文版挂接图像扫描版。制作方式是先制作扫描版,然后利用 OCR 技术将其转换为文本格式。OCR 即光学字符识别技术,它是将文字扫描后生成的图像点阵信息转换为计算机内码表示的文本。利用 OCR 技术可以建立文本与页面的一一对应关系。使用时,用户可用全文版检索到特定字词所在句段,必要时可调阅该句段所对应的页面文件(扫描版),用以观看文献原貌或校对文字错误。

第二节 图书馆 2.0 技术及其应用

2004 年,出现了以强调用户体验和社会性为特色,具有很强的渗透力的"Web 2.0"技术。其核心是"网络作为平台"、用户控制数据以及"六项核心竞争力",其中,"六项核心竞争力"指的是:提供服务而不是软件、参与型架构、扩展的经济性、数据的可混合和转换、软件的设备独立性以及集体智能的应用。

Web2.0 是由于与互联网有关的一系列技术发展到一定阶段,应用门槛逐步降低,技术与需求得以方便地结合,从而产生的一次大规模的应用普及。Web2.0 大量采用与用户交互、收集用户行为、汇聚集体智慧的模式,并提供更为个性化的服务。而图书馆 2.0 则是 Web2.0 的理念和技术在图书馆行业中的应用。

图书馆 2.0 是建立在传统业务模式之上的,以图书馆书目数据、二次文献和其他数字资源库的服务为基础的结合了 Web 2.0 应用特点的一种整合模式。图书馆 2.0 技术强调与读者互动,强化图书馆读者的体验,直接作用于用户需求,将对图书馆自身的业务模式产生重要影响,诸如内容聚合、读者互动、社区营建、随需服务等。图书馆2.0实际是信息资源建设中用户众建众享的发端。

一、图书馆2.0常用技术

图书馆2.0广泛采用Web2.0的成熟技术,较常用的技术包括：

(1)RSS。即Really Simple Syndication,中文称甚简信息聚合,或称简易信息聚合。用于信息资源内容的聚合、共享、推送、订阅、发布的一种解决方案,可应用于各类新闻报道、服务推送、书目或其他数据的定题查询定制(类似传统的SDI服务)等,是目前图书馆2.0应用得最多的技术之一。

(2)Blog。中文称为博客、播客或网志,逐渐演变为一种个人媒体。可作为图书馆公告信息、与读者交流的一种手段,也可为读者提供博客空间,作为"读者俱乐部"或"我的图书馆"的辅助功能,帮助形成读者社区。

(3)Wiki。又称"维客""共笔",供多人编写、上载和发布内容的一种网络服务,可以构建知识网络系统,支持在一个社群内共享领域知识。例如OCLC的Open WorldCat采用开源软件开发的Wikid建立了允许用户对于书目记录进行评论的功能。此外还有网络用户共同建设的百科全书Wikipedia(《维基自由百科全书》),以及我国的"百度百科"。

(4)Instant Message(IM)。即"即时通信",例如MSN、QQ、微信等,可以包括文字、语音、视频等各种方式。许多图书馆很早就在使用IM进行虚拟参考服务,图书馆2.0时代需要更好地整合各类相关服务和数据,为网上参考工作、用户关系管理和服务提供更为方便的平台。

(5)SNS。全称Social Networking Service,即社交网络服务,包括了社交软件和社交网站,例如美国的脸书网(Facebook)、我国的人人网、豆瓣网等。社交网络服务的理论基础是"六度空间理论"——任何两人可由至多6个朋友结识。它可为用户提供创建人际关系网的网络服务,帮助用户通过个人的人际关系网络,满足各种需求。社交网络服务也可以应用于图书馆用户服务。

(6)Collective Intelligence。集体智慧,即通过用户提供信息或用户在使用服务时所创造的信息发现信息的内在规律或结构,应用于优化服务的方式。一般方法是:按照信息资源的个性特征,或动态地使用统计信息,将人群或资源聚类;或采用用户的相关反馈信息获取相应参数。图书馆2.0可进行图书和信息资源的推荐,或协助读者形成阅读/兴趣小组。

(7)Tagging。即对信息资源添加"标签"(tag),进而形成标签表(民间分类法)的过程。标引工作是图书馆最古老的核心业务之一,而"加标签"(tagging)看似杂乱无序,却能集合集体智慧,形成多种分类或聚类规则,往往更切合读者的需要。该方法是图书馆2.0重要的应用领域之一。

(8)浏览器插件。配合浏览器使用的一种辅助软件,以扩充一般浏览器不支持的功能,或响应服务器的特殊指令。传统上图书馆的许多应用都是C/S(客户端/服务器)结构的,客户端的功能做成浏览器插件的形式之后,就可以执行一些特殊的功能。由于插件都需要客户自行安装,用户往往不知道安装什么、如何安装插件,而且插件的安装数量也是有限的,所以随着Ajax技术的流行,插件技术有逐渐式微的趋势。

(9)Greasemonkey。滑猴子(Greasemonkey)是Firefox等浏览器的一种特殊的插件,并非支持某种单一的特定功能,而是通过对浏览器运行客户代码的支持,而使用户能够扩展自己对于某些网页或内容的处理功能,例如修改网页、添加特别标注、改变右键功能等。OCLC的Open WorldCat通过滑猴子支持对书目数据ISBN的"发现",从而能够进行xISBN扩展检索,并应用于揭示本地馆藏,以便读者就近借阅。

(10)Bookmarklet。即"小书签",可以自动发现某些指定的网页内容,运行特定的简单代码。对于图书馆2.0的用处类似于简单的浏览器插件或滑猴子用户代码。

(11)Rich Web Application。即富式万维网应用。如,Ajax技术、Macromedia的Flex技术、微软的Atlas技术等都属于富式万维网应用。由于应用强调用户体验而使此类技术成为Web2.0技术的核心内容。Ajax结合了Java技术、XML以及JavaScript等编程技术,使用客户端脚本与Web服务器交换数据的Web应用开发方法,打破了页面重载惯例,能够很好地优化用户体验并实现功能丰富的GUI(Graphical User Interface),即可提供屏幕产品的视觉体验和互动操作的图形界面。

(12) Open Source。免费开源软件。广义的开源软件包括开放源代码和开放内容等,是开放精神的体现。图书馆 2.0 经常包括开放应用程序接口(Open API)、开放资源内容(Open Content)和开放标准规范(如 Open URL 等 Open Link 标准、元数据及编码和协议标准规范等)。许多图书馆采用 Google、Amazon 以及 OCLC 的许多开放的 API 提供服务,这些开源内容对于图书馆 2.0 进行服务融合和资源融合有着非常重要的意义。

二、图书馆 2.0 可提供的服务

随着图书馆网络门户的开通,提供读者个性化定制的"我的图书馆"功能曾经风靡一时,但多数基本上成了摆设。究其原因,可能主要是仅靠一家图书馆难以满足所有读者多样化的信息需求,不论从信息源方面还是服务的质量、方便性、响应时间方面,都不足以与现在 2.0 时代的开放的网络资源以及读者"自服务"相比。

图书馆 2.0 可提供的服务主要包括:

1. 个性化门户(频道定制)

由读者自行设定的个性化门户入口,可定制。许多图书馆系统都有频道定制栏目,但是由于开放性和完整性的缺陷(频道设置无标准,不支持外部频道),只作为图书馆门户网站(或资源检索栏目)的一个功能,没有提高到读者个性化门户的地位。

图书馆利用开源软件提供读者开放的可定制入口页面,技术上不复杂,但是图书馆的重点应该在更多的灵活自动的频道资源的提供上。

2. 我的收藏夹

提供读者在线网摘、分类或主题词标注、建立知识库、搜索、共享等功能。作为个人知识管理的工具,同时具有社会化功能(推荐、评价、聚类等)。

今后主要应关注:共享功能的开发;分类体系的规范化;提供自动分类、自动摘要甚至自动翻译功能。

3. 我的藏书架

提供个性化藏书(包括 CD/DVD 收藏)目录,简便地获取书目信息,并提供书目、全文或网上书店的连接,进一步支持社区功能,显示推荐、群组信息。

4. 我的影集

提供读者上载照片的功能,作为本地文化的数字化保存或社区互动空间。

5. 我的音乐

提供音乐共享功能,支持 P2P(peer to peer,即伙伴对伙伴、点对点的对等联网)。

6. 我的订阅

RSS(简易内容聚合)频道发布以及新闻订阅、新到资料通知等(类似于传统的 SDI 服务)。

7. 我的好友/兴趣小组

进行兴趣聚类,推荐交友,支持兴趣小组活动,可与邮件列表、博客、Wiki 以及书评等组合使用。

8. 读者俱乐部

上述多项服务的组合可以形成读者俱乐部,例如书评、影迷等。

9. 空间提供

纯粹提供博客、共笔、网络存储、网页空间。

10. 虚拟参考工作

考虑采用桌面机器人方式解决常见问题。需要整合各种方式(E-mail、即时通讯、语音视频、推送),形成综合业务平台。

11. 推荐书目/推荐阅读

根据新到资料自动或人工地进行推送。可以作为剪报或专题信息服务的手段。

三、图书馆 2.0 的实施原则

(1)图书馆 2.0 是为用户而存在的,不是为图书馆员而存在,也绝不是为了挽救图书馆现有的业务模式而存在的。图书馆应该利用先进技术积极提供与传统服务不同的"额外"服务,不能因其不是"传统"业务而故步自封。

(2)图书馆 2.0 应保持最大限度的开放性和中立性。任何资源类型、技术、模式的发展都有可能,图书馆都可以而且应该进行试验,不为概念所束缚,也不为任何利益集团所左右。

(3) 图书馆 2.0 尽可能采用开放资源进行服务,包括开放内容和开放软件等。

(4) 图书馆 2.0 尽可能采用商用服务。例如 Google、Amazon、Yahoo!、OCLC 的许多开放的 API(应用编程接口)都可以为图书馆 2.0 所用,这些服务并非成本高昂,有许多甚至是免费的。

(5) 图书馆 2.0 的技术必须是模块化、组件化、具有很强的平台和设备独立性、符合各类协议标准、可以非常方便地进行组合搭配。不要幻想由一家软件公司提供一揽子解决方案。目前可以看到几乎每个 2.0 功能都是独立的,但是数据和应用程序接口又都是可以共享的、互操作的,为它们之间的融合提供了方便。

总之,图书馆 2.0 技术的开放性、广泛采用开源技术以及松散耦合的特点对于"图书馆自动化集成管理系统"是一场根本性的变革,将对图书馆信息技术的应用模式带来深远影响。

第三节 图书馆现代化中的电子版权问题

国内图书馆通过购买、自建和共享馆藏的方式,建设了丰富的电子文献和基于网络的数字化信息资源。这些电子文献信息资源极大地方便了读者,也使国内的信息数字化和信息资源共享迈上了一个新的台阶。但是,图书馆在采集、加工、传播数字化信息时,会涉及众多拥有版权的、以多种载体形式发行的作品的数字化、传播及共享,因而也不可避免地涉及知识产权保护的问题,处理不当就容易发生侵权事件。

由图书馆引发的知识产权纠纷随着图书馆现代化建设的发展而逐渐增多,代表性案例包括:1999 年以王蒙为首的 6 作家状告世纪互联侵犯著作权案,2002 年 1 月国家图书馆诉海洋出版社侵权案,2002 年 4 月北京大学陈兴良诉"中国数字图书馆"侵权案,2004 年 3 月中国社会科学院郑成思等七位学者诉书生之家数字图书馆侵权案,2000 年 10 月及 2004 年 12 月重庆维普资讯有限公司系列侵权案,2004 年 22 名专家状告清华同方学术期刊中心,2010 年肇庆数字文化网著作权纠纷案,2016 年,姜明安等诉北京书生数字图书馆软件技术有限公司著作权权属、侵权纠纷案等。由上述案例可见,数字资源产业遭遇的侵权诉案越来越密集。

上述每一次诉案都以原告的胜诉和被告的败诉结束,这为图书馆现代化建设者和图书馆员敲响了警钟,如何在新的网络和法制环境下保证图书馆现代化的顺利进行,使数字化信息得以有序高效地生产、传播和利用,已成为当今图书馆现代化建设过程中亟须重视的问题。

一、版权的相关概念

知识产权(Intellectual Property),又称精神产权,来源于 18 世纪德国人 Johann Rudolf Thmneysen 提出的"Intellectual Openy"。1967 年世界知识产权组织成立后,知识产权开始在世界范围内广泛使用,字面含义为"智力财产权"或"智慧财产权"。

知识产权作为一种财产权,是法律赋予知识产品所有人对其智力成果所享有的某种专有权。根据 1967 年 7 月 14 日在斯德哥尔摩签订的《建立世界知识产权组织公约》第二条第八款规定,知识产权包括有关下列项目的权利:文学、艺术和科学作品;表演艺术家的表演以及唱片和广播节目;人类一切活动领域内的发明;科学发现;工业品外观设计;商标、服务标记以及商业名称和标志;制止不正当竞争;以及在工业、科学、文学或艺术领域内由于智力活动而产生的一切其他权利。

我国《民法通则》将知识产权作为与所有权、债权、人身权并列的一项重要民事权利,其范围主要包括:著作权、专利权和商标权。著作权与版权在我国是同义语;专利权包括发明专利权、实用新型专利权和外观设计专利权;商标权包括商品标记权和服务标记权,这些构成了我国知识产权的 3 个核心内容。与图书馆现代化建设相关的知识产权主要有著作权即版权、计算机软件所有权和专利权。其中,版权与图书馆的现代化建设更是有着直接的关系。

在我国,《中华人民共和国著作权法》(2010 修订)对纸质图书的著作权做了明确规范,对其权利边界也做了明细划分,但未对电子图书等网络出版物的相关权利做出界定。随着我国电子图书行业的快速发展,作者、出版商和读者利益格局可能产生重大变化,需要关注并在法律上加以规定。

目前，与我国图书馆现代化建设相关的知识产权法主要有《中华人民共和国著作权法》（简称《著作权法》）、《中华人民共和国著作权法实施条例》（简称《著作权法实施条例》）、《实施著作权国际公约的规定》《信息网络传播权保护条例》《关于制作数字化制品的著作权规定》《计算机软件保护实施条例》及相关司法解释等。我国承认的国际知识产权法主要有《保护文学艺术作品伯尔尼公约》（简称《伯尔尼公约》）、《世界知识产权组织版权公约》（WCT）、《保护表演者、唱片制作者和广播组织国际公约》（罗马公约）、《世界知识产权组织表演和唱片公约》（WPPT）等。

二、数据库的版权问题

数据库是当前普遍使用的网络信息资源的组织方式，是数字图书馆的一个重要组成部分，数据库的数量和质量是衡量图书馆水平的标准。

狭义数据库指电子数据库，即"按照一定的数据模型在计算机系统中组织存储和使用的互相联系的数据组合"。伯尔尼公约议定书专家委员会的观点是对数据库的广义理解："所有的信息（数据事实等）的编纂物，不论其是以印刷形式、计算机存储单元形式，还是其他形式存在，都应视为'数据库'。"《欧洲议会与欧盟理事会关于数据库法律保护的指令》（简称《欧盟数据库指令》）对数据库的定义是："'数据库'一词的含义包括文学、艺术、音乐或其他形式作品的汇集，或者是其他资料，诸如文本、录音资料、图像、数字、事实和数据的汇集；数据库应包括经系统或有序地编排并能分别存取的独立的作品、数据或其他资料的汇集。"

因此，在数字图书馆中，可以将广义的数据库理解为创作者对已经存在的作品、作品片断、数据或其他资料，应用一定的技术手段进行选择、修改、汇编、整理、编排并通过电子形式表达出来的信息实体。

数据库作为信息的"仓库"，在信息社会中的作用是不言而喻的。如何加强对数据库的版权保护引起了国际社会的高度重视，对数据库及其内容给予保护的呼声日益高涨。

1. 数据库的版权保护

（1）具备独创性的数据库，受版权保护

独创性也称原创性（originality or intellectual creation），强调数据库必须是开发

者自己的智力创造物。数据库由版权作品选编、汇集而成时,属于汇编作品而受版权保护;有的数据库由不受版权保护的材料组合而成,但因在材料的选择和编排上具有独创性,而构成智力创作成果时,也可以作为版权法意义上的编辑作品加以保护。上述两种数据库所受的保护与一般文学艺术作品没有本质区别。

《伯尔尼公约》并未对数据库做专门规定,只是在公约第二条第五款中规定:"文学或艺术作品的汇集本,诸如百科全书和选集,由于对其内容的选择和整理而成为智力创作品,应得到与此类作品同等的保护,而不损害作者对这种汇集本内各件作品的权利。"此项规定仅限于文学艺术作品的具有独创性的汇编,但根据公约的精神,纯粹数据的汇编并未被排除。

世界贸易组织(WTO)的《与贸易有关的知识产权协定》(Agreement on Trade-Related Aspects of Intellectual Property Rights,简称 TRIPs),则对数据库做了专门的规定,其第十条"计算机程序与数据的汇编"第二款规定:"数据或其他材料的汇编,无论采用机器可读形式还是其他形式,只要其内容的选择或安排构成智力创作,即应予以保护。这类不延及数据或材料本身的保护,不得损害数据或材料本身已有的版权。"

TRIPs 与《伯尔尼公约》的规定相似,均将数据库看作汇编作品,只是 TRIPs 所指数据库的汇编内容不仅限于版权作品,还包括不受版权保护的数据或材料。

在 TRIPs 之前,一些区域性国际条约,如卡塔赫纳协定和北美自由贸易协定等,也以类似的语言对数据库的保护做了规定。

《欧盟数据库指令》规定"凡在其内容的选择与编排方面体现了作者自己的智力创作的数据库,均可据此获得版权保护,这种保护应包括数据库的结构",其保护期为 70 年。按照此项规定,只有在内容的选择与编排上相对于原有数据库具有创造性才可享有版权。

我国现行著作权法中没有明确列出对数据库的专门保护条款,也没有给数据库以法律上的定义,但也为数据库的保护提供了一定的法律依据。如果数据库的内容是由作品汇编而成,可以作为汇编作品适用《著作权法》第二章第十四条对编辑作品的规定:"汇编若干作品、作品的片段或者不构成作品的数据或者其他材料,对其内容的选择或者编排体现独创性的作品,为汇编作品,其著作权由汇编人享有,但行使著作权时,不得侵犯原作品的著作权。"

但是,如果数据库是由不受版权保护的数据或材料汇编而成,即使"内容的选择或安排构成智力创作",要作为汇编作品得到版权保护还有一定困难。《实施国际著作权条约的规定》第八条规定:"外国作品是由不受保护的材料编辑而成,但是在材料的选取或者编排上有独创性的,依照著作权法第十四条的规定予以保护。此种保护不排斥他人利用同样的材料进行编辑。"由此可见,对于中国以外的《伯尔尼公约》成员国国民的数据库,只要在材料的选取或者编排上表现出独创性,无论这些材料是文学、艺术、科学作品还是版权不保护的信息数据等其他材料,都受现行中国版权法的保护。对于中国国民的数据库,如果不是由文学、艺术、科学作品组合而成,但是表现出作者的独创性,可以按照《著作权法》第一章第三条(一)"文字作品"予以保护。

(2)不具备独创性的数据库也可受版权保护

辛勤采集原则(Industrious Collection)又称"额头出汗"原则(Sweat of the Brow)。根据该原则,在开发数据库时,只要开发者在收集、选择、组织资料时,确实付出了辛勤劳动,投入了一定的经费、时间,使用了一定的技术手段,则该数据库就应受到版权保护。

由于数据库的内容本身往往是一些不属于智力创作成果的事实或数据,如电话号码、火车运行时间等,而数据库内容的选择与编排又受到许多客观因素的限制,并不完全取决于数据库制作者的意愿,因为在计算机技术,尤其是软件技术和数据库技术不断发展的情况下,数据库制作中由于自动标引、自动分类、自动编排等技术的采用,传统的独创性将越来越少,而在数据采集、组织和整理过程中所付出的辛勤劳动,所投入的人力、物力和资金将相对增大,并会在用户使用过程中带来价值增值,因而有许多数据库不具有独创性,但确实有受到版权保护的必要。

辛勤采集原则虽忽视了"智力创作"这一版权的根本原则而一度被否认,但为了收集、验证、整理、编排此种数据库的信息需投入巨大的人力、财力、物力,只强调保护其具有独创性的层次而忽略其内容的实用性是不适当的。数据库的价值有时主要表现在其实用性,如使用方便(检索易懂易用)、数据库覆盖面广(全面覆盖各个领域)等。若完全不考虑辛勤采集原则,势必会挫伤一些有实用价值的数据库开发者的积极性,将不会再有人愿意做原始信息的采集供应工作。

为保护此类数据库,有些国家已突破了独创性原则,给予其版权保护,如丹麦、冰岛、芬兰、挪威、瑞典、墨西哥等。

(3)对数据库内容的特别保护

版权法对数据库的保护不及于构成数据库的数据或其他材料,这在有关国际条约和各国立法中均有明确的规定。虽然数据库的内容不具备版权法保护的资格,却存在受到保护的需要。

《欧盟数据库指令》(下称"《指令》")对数据库提供了一种混合保护——版权保护和特别保护。其第三章第七条第一款规定,数据库特别保护的对象并不是数据库,而是数据库的内容。数据库受特别保护的条件是,数据库的制作者在收集、核实或描述数据库的内容方面进行了相当数量或质量的实质投入,包括时间、金钱、智力、资源等投入。

根据《指令》的规定,欧盟各成员国提供的特别权利包括两项内容:提取权和再利用权。提取权(extraction)是指"采取任何方法或以任何形式,将数据库内容的全部或实质部分(substantial parts)永久性或暂时转载到另外的载体上";所谓再利用,是指那些使数据库的内容的全部或实质部分为公众所利用的任何形式,包括复制件的销售、出租、在线或其他形式的传播。数据库制作者有权制止对数据库的全部或体现其投资的实质部分的提取或再利用。

《指令》规定对数据库非实质部分的重复的有系统的提取或再利用,如果与该数据库的正常利用冲突,或不合理地减损数据库制作者的合法利益,也在禁止之列。《指令》规定的享受"非合理提取权(unfair extraction right)"的特别保护期为15年,自数据库制作完成之日起计算。在上述期限届满之前,如果数据库以某种形式可为公众利用,则保护期为从数据库可为公众利用之日起15年。

《指令》对于数据库的特别保护采取了封闭性的做法,只对欧盟成员国的国民或公司、企业制作的数据库提供保护,成员国以外的数据库只有在其本国对欧盟的数据库也给予特别保护的情况下才予以保护。由于欧盟将特别保护排除在版权法范围之外,这种封闭性做法并不违反《伯尔尼公约》。但这种做法对知识产权国际保护的负面影响,尤其考虑到TRIPs协定的国民待遇规定,是很值得注意的。

针对《欧盟数据库指令》所采取的封闭做法，美国决定采取与欧盟相应的措施来保护美国的信息产业。1996年5月23日，一个编号为HR3531的法案交由众议院讨论，即"1996年数据库投资与反对侵害知识产权法"。从其内容来看，该法案显然受到《欧盟数据库指令》的很大影响，主要表现在：①在保护对象上，该法案与欧盟指令仅在个别措辞上稍有差别；②在取得保护的条件上，二者基本相似，只是HR3531的规定更为严格一些；③在特别权利的内容上，二者均包括提取权和再利用权；④在特别权利的性质上，二者都将其排除在版权之外。二者的不同之处为：①HR3531只对在商业中使用或再使用的数据库，或数据库所有人意图在商业中使用或再使用的数据库，提供特别保护；②美国对数据库的保护期长达25年；③除了包括《欧盟数据库指令》禁止的行为外，HR3531还包括介绍、指导或者委托他人从事有关行为。HR3531出台后，美国各界反应不一。除信息产业界外，其余各界大都普遍反对，尤其是教育界、研究界、图书馆、消费者权利组织等表示了强烈的反对。

为了迎接信息技术对知识产权的挑战，根据欧盟和美国的建议，世界知识产权组织（WIPO）专家组提出了一个有关数据库知识产权问题的条约建议案，供外交会议讨论。该草案也意在建立一种完全独立于现有版权体系之外的特别保护体系，其内容实际上是《欧盟数据库指令》和HR3531的翻版，草案规定各国在保护数据库方面实行国民待遇。草案得到欧美的支持，但未得到大多数与会国家的支持。1997年9月17—19日，WIPO召开了有关数据库知识产权的信息会议，多数代表并不否认对数据库提供特别保护的必要性，但认为建立国际保护体系的条件并不具备。

给予数据库以有别于现有版权法的特别保护将是必然的发展趋势。目前，数据库特别保护体系的建立最大障碍表现为在保护数据库制作者利益的同时，如何实现个体利益与公共利益的平衡。国内有学者认为，消除数据库特别保护体系的障碍只是个时间问题。

2. 图书馆数据库的版权问题

图书馆数据库的版权问题，主要存在于数据库的建设和应用过程之中。

（1）数据库建设的版权问题

在数据库建设中，数字图书馆既是版权作品的使用者，又是版权作品的传播者和数据库制作者。

①书目数据库与文摘数据库

我国《著作权法》第三十三条规定,"作品刊登后,除著作权人声明不得转载、摘编的外,其他报刊可以转载或者作为文摘、资料刊登,但应按照规定向著作权人支付报酬"。据此,若版权人未声明不得转载、摘编,图书馆可将其作品摘编进数据库。对于是否应向版权人支付报酬,《著作权法》第二十二条第二款规定"为介绍、评论某一作品或说明某一问题,在作品中适当引用他人已经发表的作品",可不经著作权人许可,不向其支付报酬。图书馆若仅仅是开发二次文献报道型数据库且非为商业性目的,应无须取得版权人许可并向其支付报酬。

因此,书目数据库和文摘数据库(文摘字数不得超过原文三分之一)的开发制作过程中不涉及版权问题(主要是摘录、照录和选编),只是在收集、选取信息资料时必须注意尊重原作品版权人的发表权、署名权、修改权、保护作品完整权、使用权、获得报酬权等一切权利。

②全文数据库

由于全文数据库一般都是把文献全文输入计算机,因此除进入公有领域的作品外,在使用作品原文时,必须获得版权人的许可。

(2)数据库应用的版权问题

对于引进、购买已有版权的以营利为目的的商业性数据库,如篇名数据库、文摘库、联合目录库,以及全文数据库等,应按照合同约定取得权利人授权。

如果是在线数据库,通常在使用中会受到卖方的技术性限制,例如只允许在局域网如校园网供本校读者使用。

如果图书馆建立了本地镜像,则受到的技术性限制较少,此时图书馆必须遵守合同中约定"合理使用"数据库范围的规定,如用户的性质、复制的方式、复制内容的范围等,保证资源仅在限定条件下被使用,否则将会侵犯数据库出版商的权利并承担违约责任。

3. 数据库的合理使用

数据库的版权保护主要包括两个方面:一是对数据库本身的保护,即数据库创作者对数据库整体享有著作权;二是对数据库中信息的保护,即原作品的著作权不得侵犯。未经许可复制或实施其他侵权行为,将可能构成双重侵权,即既对数据库创作者侵权,又对数据库内原作品侵权。

数据库的制作者依法享有版权人的一切权利,在网络空间对数据库的非授权使用、非法套录、篡改、盗版等行为除了侵犯数据库的版权以外还可能触犯反不正当竞争法、商业秘密法等其他法律法规,甚至触犯刑律。国际上一些大型文摘检索工具如《化学文摘》(CA)、《科学引文索引》(SCI)等都拥有版权,不能随意复制。

数据库的存取取决于合同或协议中所规定的条件。从严格意义上来说,如果未经版权人许可,不允许将一部作品输入商业性的数据库,否则属于侵权行为,因为这种做法与《伯尔尼公约》第九条第二款中的"不损害作品的正常使用"相背。

多数情况下,用户只有经过数据库拥有者的许可(如签订某种合同)才能进行套录。一般来说,如果是一次买断的,那么套录可以纳入合理使用范围,但必须以不损害版权人的利益为前提;如果是租用的,则必须在租用合同中做出详细的规定。而以联机形式从对方的数据库中套录本身享有著作权的专有数据库,然后用于有偿服务,是一种典型的侵权行为。未经权利人许可或不以科研为目的,从数据库中套录内容以建立用户自己的数据库,并且大部分内容是从原数据库拷贝的,也是非法使用。

对于数据库中包含的程序,应作为单独的部分,依据有关软件版权的规定给予独立的保护。

数据库的合理使用可以参考《欧盟数据库指令》第六、七、八条对数据库版权人权利的限制:①本国法律允许,出于研究或个人学习目的的合理使用是允许的;②用户与数据库生产商签订的合同具有优先于版权法的效应;③如果信息来自公知领域,而且对信息的组织存在其他可选择的方式,则不得阻止第三方用同样的方式使用这些信息。

综合国内外研究成果,数据库的下列使用行为应为合理使用:

(1)图书馆为保存目的和损毁替代目的复制全部或部分数据库内容;

(2)图书馆为方便使用,修改、整理合法拥有的数据库;

(3)图书馆联机套录他人数据库用于教育和科研;

(4)研究者为分析储存的作品而使用数据库,如统计词频或其他类似的目的。

三、多媒体的版权问题

多媒体作品在一定程度上集文字作品、音乐作品、美术作品、摄影作品、影视作品于一身,突破了传统版权作品的种类,当其在网络环境下以数字化形式存储、传播时,各类作品之间的界限变得相当模糊。目前各国知识产权界一般认为,满足独创性要求的多媒体产品应该属于享有版权保护的作品,但目前各国及各种国际公约中所涉及的版权作品,从其构成媒体来看大多相对简单,没有一类可以包含多媒体作品中的全部媒体。多媒体作品的版权问题,目前还没有统一的意见。

1. 多媒体作品的归类

关于多媒体作品的归类,主要有以下几种意见:

(1) 多媒体作品属于视听作品

1993 年 2 月,美国克林顿政府批准成立的国家信息基础设施推进工作组(Information Infrastructure Task Force,简称 IITF),在其下属的信息政策委员会成立了知识产权工作组,1995 年 9 月 IITF 发表了《知识产权与国家信息基础设施》的最终报告(白皮书)。报告建议将多媒体归入视听作品:"虽然目前大多数情况下,将多媒体作品考虑成编辑作品,但这种分类并不能解决各类客体的问题。""总的来讲,多媒体作品包括下面所列出的两个以上的作品:文本、计算机程序、音乐、静态或动态图像。我们这里可将文字作品定义为:视听作品以外,以文字……表达的作品。因此,一个合理的解释可能是文本、计算机程序应归为文字作品,成为含有文字作品的视听作品的一部分。这同样适用于声音制品,静态图像——至少相关图像。因此,在许多情况下,一个多媒体作品可以被认为是——从整体而言,一个视听作品。"

(2) 多媒体作品属于数据库

有学者提出,从多媒体应用的角度看,将文本和图像、视频信息综合起来的多媒体数据库将成为其发展核心,因此应将多媒体作品和数据库二者综合起来考虑,避免出现二者归属的不同,使多媒体处于两难境地,产生新的矛盾。

《欧盟数据库指令》即将多媒体归入数据库一类,从而把多媒体作品的保护纳入其范围。因为许多多媒体服务,诸如点唱机服务或电子百科全书等,都是通过使用数据库进行操作的。

《欧盟数据库指令》可能不能直接用于多媒体的作品保护,至少不是在任何情况下可以直接用于多媒体作品的保护,但是将来对多媒体所提供的保护很可能按照该指令中所提供的原则去设计,一种可能的情况是,即使一个多媒体作品不具有版权性仍可能享有有限特别保护。

（3）将多媒体作品单列为一项作品

多媒体作品并非只是原有媒体形式的简单叠加,而是有许多独具的特点,尤以其友好的交互方式区别于传统作品,且一项多媒体创作工作较为复杂,涉及的人员和范围都与传统作品的创作有很大的差异,因此有学者提出应考虑将多媒体作品作为版权保护的独立客体类型,直接纳入版权法保护范围,以使之得到更为充分和完善的保护,即在版权法中增设新的作品类型——多媒体作品。

台湾资策会在其《多媒体节目"著作权法"修改建议》中提出在其原"著作权法"规定的十类作品之外另加一类"数位作品"（数字化的作品）,其中便包括多媒体作品。

但很多专家认为多媒体技术所依赖的信息处理和通信技术还有待进一步完善,多媒体尚未发展成熟到需要作为一类新的作品给予保护,因为《伯尔尼公约》对作品的分类是开放式的,有足够的弹性容纳这种新的作品。

（4）多媒体作品属于编辑作品

多媒体作品是在原作品基础上经过一系列再创作过程所形成的作品。它将一系列反映某一主题内容的版权作品或作品的某些片断收集起来,经过编排加工,组合成一部形式上独立的作品。这一编排过程包含了一个又一个创造性活动,即确定基本思路,编制脚本,进行文字改编和图形、图像、视频、音频、动画等方面的处理,同时还要根据阅读、检索和输出方式的需要编制程序。

鉴于作品的数字化过程包含了创造性,且多媒体作品是在原作品基础上经过二次创作而形成的作品,因此多媒体作品应视为一种演绎作品。同时,"二次创作"主要体现在对原作品或作品片断进行编排加工的过程中,因而多媒体作品应进一步归为演绎作品的编辑作品。

比较上述几种看法,将多媒体视为编辑作品并加以保护似为可行办法。

2. 多媒体作品版权的集体管理

一部多媒体作品往往作者人数众多,同时网络多媒体信息的交互性及处理、传输的高效率,使多媒体作品的创作可能由处于网络环境不同时空中的主体参与完成,而作品可能在不同的地方以不同的形式存在,因此使得多媒体作品权利的主体具有模糊性和不确定性。

多媒体作品是多种媒体作品的综合,其创作不可避免地要利用大量的在先作品,且每个作品可能只利用其中一部分,甚至很小的部分,而这些作品的版权人有可能多达上百个,也有可能分布在不同的国家,甚至无法确认谁是版权人。在这种情况下,如要求多媒体开发者逐一去取得版权人的许可是不现实的。

这一点是目前多媒体开发者最难解决的问题之一,也是阻碍多媒体发展的主要障碍。目前国内外法学界倾向于建立一个非营利的版权集体管理机构对版权进行统一管理,由这种机构代表版权人同包括多媒体作品制作者在内的作品版权使用者洽谈版权使用许可事宜。如日本知识产权协会下设"数字信息中心"来处理多媒体的版权问题,在该中心内,用户只要按规定交纳版税,就可以随意访问版权信息,并高效地获得使用许可。

美国和日本学者在集体管理基础上提出建立电子版权管理体系,以更好地解决多媒体版权许可获取困难问题,使使用者既能方便地查到作品,找到作者,又保证版权人的权利不受损失。电子版权管理体系目的是提供全天候的自动作品查询网络,通过网络取得授权并付酬,甚至可以直接从网上获得作品。这种无人介入的方法以其快速、简便的特点成为一种许可机器或许可超市,可以解决寻找作品和授权的问题,同时可以大大降低授权的费用。建立电子版权管理体系首先要求各国建立自己的作品信息网络,然后实现电子版权信息网络的联网,最终实现在网上授权和收取使用费。

在我国,为规范著作权集体管理活动,便于著作权人和与著作权有关的权利人行使权利和使用者使用作品,根据《中华人民共和国著作权法》,国务院于2004年12月22日颁布《著作权集体管理条例》。条例规定:著作权集体管理组织,是指为权利人的利益依法设立,根据权利人授权、对权利人的著作权或者与著作权有关的权利进行集体管理的社会团体。而著作权集体管理,是指著作权集体管理组织经权利人授权,集中行使权利人的有关权利并以自己的名义进行的下列活动:(一)与使用者订立著作权或者与著作权有关的权利许可使用合同;(二)向使用者收取使用费;(三)向权利人转付使用费;(四)进行涉及著作权或者与著作权有关的权利的诉讼、仲裁等。

四、用户服务的版权问题

数字图书馆用户服务的重要手段是网络导航服务和电子公告(BBS)服务,这类服务中涉及众多版权问题。

1. 网页的版权问题

网页是数字图书馆开展用户服务的窗口,是数字图书馆个性化服务和集成化服务的体现,是开展网络导航服务和电子公告服务的基础,起着引导读者浏览和访问图书馆数字资源的重要作用。

网页的法律性质在我国《著作权法》里面并没有明确的认定。在瑞得公司诉东方信息服务有限公司网页侵权案中,法院认为"主页具备独创性、可复制性、可传播性,应该受到著作权法保护"。由此可见,数字图书馆要想顺利开展用户服务工作,就应该拥有众多网页的知识产权,或至少获得了使用这些材料的充分的许可,即权利人在复制权、改编权、信息网络传播权及精神权利等方面的授权。

首先,数字图书馆需要的复制权主要包含以下几点:①将作品数字化的权利。作品只有数字化后才能在网络上使用,而作品的数字化属于复制。②将作品复制在网页所在的服务器上的权利。因为网页上的内容都在服务器上形成了复制件。③授权用户浏览、下载网页内容的权利。没有这种权利,用户访问相关网页就构成了侵权。

其次,数字图书馆进行网页设计,大多需对原作品加以改动后再使用,因此数字图书馆要获得版权人改编权的授权。

除此之外,数字图书馆不可能标出所有引用作品的出处及作者,因此数字图书馆不仅要获得版权人经济权利的授权,还要获得精神权利的授权。

2. 链接的版权问题

数字图书馆网站由许多网页组成,并通过超链接将各个网页连接起来而成为一个整体,如通过"首页链接""友情链接"等建立热门站点链接、网络专业信息指南系统和指引库等,从而使用户可以跳跃式访问存在于不同服务器中的信息。超链接涉及作品的复制权、网络传播权,一般是通过 E-mail 联系确认后进行。

关于未经许可的超链接的知识产权,目前有较明确规定的一是我国 2006 年 12 月 8 日起施行的《最高人民法院关于修改〈最高人民法院关于审理涉及计算机网络著作权纠纷案件适用法律若干问题的解释〉的决定(二)》,其第四条规定"提供内容服务的网络服务提供者,明知网络用户通过网络实施侵犯他人著作权的行为,或者经著作权人提出确有证据的警告,但仍不采取移除侵权内容等措施以消除侵权后果的,人民法院应当根据民法通则第一百三十条的规定,追究其与该网络用户的共同侵权责任",第八条规定"网络服务提供者经著作权人提出确有证据的警告而采取移除被控侵权内容等措施,被控侵权人要求网络服务提供者承担违约责任的,人民法院不予支持"。

二是《信息网络传播权保护条例》,该条例第二十三条规定:"网络服务提供者为服务对象提供搜索或者链接服务,在接到权利人的通知书后,根据本条例规定断开与侵权的作品、表演、录音录像制品的链接的,不承担赔偿责任;但是,明知或者应知所链接的作品、表演、录音录像制品侵权的,应当承担共同侵权责任。"

除上述司法依据外,关于未经许可的超链接的知识产权,相关著述较多,目前较一致的看法如下:

(1)内链

内链是指绕过被链网站的主页而直接链接其分页,有两种形式:①视框链接。也叫"加框链接",这种链接采用加框技术,即用网页设计技术将链接的内容加框后,链接至链接者的网页页面。②埋置链接。也叫"深埋链接",这种链接采用埋藏链接技术,使浏览者跳过被链接网站的主页直接链接到被链网站的某个分页。

这两种链接都使浏览者在设链者网页上点击被链信息时,绕过被链接方网站的主页和广告,直接访问该网站的具体内容,并且不改变用户地址栏设链者的网址,致使用户误以为是设链者网站本身提供的信息。视框链接侵犯了版权人的向公众传播权;埋置链接则是一种典型的不正当竞争行为。

(2)外链

外链是设链者链接被链者网址,即对其他网站主页的直接链接,用户通过点击该网址进入被链者下面所属的信息资源。即设链者仅仅提供有关信息的路径,用户访问的是该信息所在的网站。外链的常见形式是首页链接和友情链接。

目前对于外链较一致的看法是,"对于将其他网站的主页进行链接的行为,只要被链接网站没有在主页上明示不准,并以开新窗口的方式进行链接,就应当认为不是侵权"。因此,外链属于正常的链接。数字图书馆在组织和管理网上资源时,如果只是链接到被链接用户的首页网址上,即揭示信息的有效路径,而没有复制"被链接对象",则不存在对知识产权人作品的使用,不会涉及知识产权问题。需要注意的是,如果被链接的内容本身存在侵权行为,则为侵权。

总之,图书馆在使用信息链接时应充分考虑链接的合法性,对链接方式进行认真选择,要事先评估链接的知识产权风险,并通过有效的方式加强与被链者的沟通,取得许可,及时发现并断开侵权链接,规避知识产权风险。

3. 电子公告的版权问题

电子公告板系统,又称 BBS,具有交互性、异步性、自由开放性等特点。BBS 是网络环境下数字图书馆开展用户服务的重要形式,利用 BBS 可以开展信息咨询服务,扩大服务范围,延长服务时间,提高服务质量。BBS 的运作机制与传统的纸张出版发行系统和无线电传播系统有本质上的区别,它的产生和发展较多地涉及版权问题,特别是他人利用 BBS 侵犯版权人的精神权利问题及版权信息管理问题。

(1)BBS 与精神权利保护

在 BBS 中摘录、交叉引用他人的观点是非常普遍的现象,使信息的可靠性受到影响,对权利人造成精神损害。如果没有作者以个人名义向公众承诺其发布信息的可靠性,人们就会怀疑 BBS 上信息的真实性,进而对数字图书馆信息的可靠性产生怀疑。在网络环境下,对权利人进行精神保护有助于保证公众获得真实、可靠的信息。

(2)BBS 的管制

数字图书馆开展 BBS 服务,这种行为介于出版者和传播者之间。用户向数字图书馆所运营的 BBS 上传信息,并得以在网络上传播是完全自动的,数字图书馆无法对这些信息行使编辑控制权,这是数字图书馆与传统发布者的区别。虽然数字图书馆在用户发布信息前不能对其内容进行审查,但对于已经发表的信息却可以行使一定的编辑控制权。因此,数字图书馆与传统的传播者也有一定的区别。

根据 BBS 自身的运行机制及《因特网电子公告服务管理规定》的相关条款,数字图书馆应在信息发布后的一段合理时间内审查并行使编辑权利的义务。首先在信息发布前,数字图书馆由于不能审查信息内容,因此不承担法律责任。但是数字图书馆必须在信息发表后的一段合理时间内对信息内容进行审查,如发现有不当之处应给予删除。如果数字图书馆在信息内容发布后没有对信息进行审查或进行删除,则应当承担相应的法律责任。

五、电子复制的版权问题

复制是利用作品的最重要方式之一,也是最容易引起版权争议的方式。了解电子复制形式有益于防止不自觉的侵权行为。

1976 年美国的版权法、版权作品新技术应用全国委员会《最后报告》重申了构成复制的几种情况,除了有争议的暂时复制外,电子复制包括:

(1)当一个作品被固定在计算机内,不论是软盘、CD-ROM、其他的存储装置或内存,且并非是一个短暂期间,即构成复制;

(2)当一个作品被"扫描"成数字化文档时,该数字化文档本身就是一个复制品;

(3)当其他作品——包括照片、动画片、图片或者声音制品被数字化后,该数字化文件的材料是原作品的复制件;

(4)无论何时,数字化文件被使用计算机载入 BBS 或其他服务设施上,构成复制;

(5)无论何时,数字化文件是从 BBS 或其他服务设施上加载和下载的,构成复制;

(6)当一份文件从一个计算机网络用户转送到另一个计算机用户时,一般来说,多份拷贝已被制造出来。

国内学者认为电子复制主要包括7个方面,其中第一种与上述第一项相同,其余6个方面为:

(1)有版权的作品或出版物,从印刷体形式重新录入成电子文字处理格式;

(2)从商用数据库中直接将电子信息资料套录成印刷形式;

(3)从数据库中直接将受版权保护的信息资料套入计算机中加以存储以备今后使用;

(4)在局域网中发送有版权的电子信息资料;

(5)在电子邮件上发送受版权保护的作品或出版物;

(6)用电子传真发送受版权保护的作品或出版物。

总的来说,在版权法未针对电子信息资源做出修正之前,不论是联机服务还是因特网服务,也许最简单、最重要的准则是坚持脱机作品遵循的规则,即如果脱机使用不合法,那么联机使用也不可能合法。

对于并非是图书馆出于保存、陈列的目的,而是由读者引起的大量的网络复制行为,应该采取技术措施予以控制,以免图书馆承担连带侵权责任。例如,《1999年澳大利亚版权法修正案》就只允许图书馆将作品上传到网上供读者浏览,但不允许输出到打印机或软盘,其目的就在于制约读者的复制行为。图书馆可以考虑借鉴电子商务的做法,建立网上支付系统,供有下载需求的读者有偿使用。

六、电子信息资源的合法利用

数字图书馆作为一个数字资源库,包括历史资料在内的所有资料的数字化,另外还包括在线网上资料、广播及媒体资料、数字资源等的整理入库。国际图书馆协会和机构联合会(IFLA)于2000年8月发表的《数字化环境下的版权立场》强调:"信息是每个人的,无论何种形式的信息,均应被公共获取,版权不应当成为信息与思想获取的障碍,也不能仅为付得起费的人所获取。"同时声明,图书馆应该尊重版权,防止盗版或不合理使用、非许可使用,因此,图书馆应当掌握合法利用电子信息的方法。

电子信息资源,从是否受版权保护的角度大致可分为两类:一是公有信息;二是受版权法保护的信息。

1. 公有领域的信息

不受版权法保护的作品可视为进入公有领域,成为社会的共同财富,可以自由使用。

(1) 不适用版权法保护的作品

世界各国都有将某些作品排除在保护范围之外的制度。我国《著作权法》第五条规定了不适用版权法保护的作品:①法律、法规、国家机关的决议、决定、命令和其他具有立法、行政、司法性质的文件及其官方正式译本;②时事新闻;③历法、数表、通用表格和公式。美国有以下几类作品不受版权限制:①1909年的版权条例下,版权人无法"更新"版权的作品;②版权人未使用标记的1989年3月以前的作品,但是此后的作品,无论是否有版权标记,均受版权保护。

(2) 已到保护期限的作品

著作财产权的保护是有期限的,著作权法依据著作权主体和作品性质分别规定了不同的保护期限。我国《著作权法》对一般作品的作者署名权、修改权、保护作品完整权实行永久保护,第二十一条规定:公民作品的发表权、使用权和获得报酬权的保护期是作者终生及其死亡后五十年,截止于作者死亡后第五十年的12月31日;如果是合作作品,截止于最后死亡作者死亡后第五十年的12月31日;法人或者其他组织的作品、著作权(署名权除外)由法人或者其他组织享有的职务作品,其发表权,本法第十条第一款第(五)项至第(十七)项规定的权利的保护期为五十年,截止于作品首次发表后第五十年的12月31日,但作品自创作完成后五十年内未发表的,本法不再保护。

著作财产权保护期限届满的作品,其版权人便丧失对使用权的独占,而归于公有,使用者也不必向版权人支付使用该作品的费用。因此对外国古典作品的翻译,对中国古籍的整理、注释、汇编、复制等,任何单位和个人都可以进行。

(3) 超出地域制约的作品

1993年国家版权局发布《关于为特定目的使用外国作品特定复制本的通知》,严格限制对外国作品的复制,但这种限制仅及于《伯尔尼公约》成员国的文学、艺术和科学作品。

2. 受版权保护的信息

海量授权是不可能也不现实的。为此,版权法规定对作品非营利目的的使用若符合合理使用原则,则不需版权人授权,也不需支付许可使用费,否则需依法取得版权人授权并支付使用费;若符合法定许可或强制许可制度,则不需版权人授权但需支付费用。

(1)符合合理使用原则

合理使用指按规定的条件,不经作者或其他版权人的同意或许可,不向其支付报酬而自由使用已发表的作品,但应指明作者姓名、作品名称,并且不得侵犯版权人依照著作权法享有的其他权利的法律原则。

判别作品的合理使用标准有4项:

①使用的目的和性质。即是否为商业目的而使用,是否具有商业性质。为评论、新闻报道、教学或科学研究使用作品为合理使用。

②作品的性质。不同类型作品的版权利用形式不同,使用合理与否的界限也不同。若作品能带来巨大的经济效益,如畅销书或电影,那么对其使用的限制较严格。

③被使用部分的数量和性质。采用作品的非实质部分,且数量很少,才属合理使用。

④潜在的市场效果与作品的市场价值。即使用行为对作品的潜在市场价值有无重大不利影响,使用不能大幅度削减创作者或出版者对其作品在商业销售中的营利。

我国《著作权法》第二十二条列举了合理使用的12种情况,包括出于教学、学习或研究、新闻报道、公务使用、介绍、评论等非营利性目的的少量复制、少量引用、表演和广播,以下几种适用于图书情报机构:

①为个人学习、研究或者欣赏,使用他人已经发表的作品;

②为介绍、评论某一作品或者说明某一问题,在作品中适当引用他人已经发表的作品;

③为学校课堂教学或者科学研究,翻译或者少量复制已经发表的作品,供教学或者科研人员使用,但不得出版发行;

④图书馆、档案馆、纪念馆、博物馆、美术馆等为陈列或者保存版本的需要,复制本馆收藏的作品;

⑤对设置或陈列在室外公共场所的艺术作品进行临摹、绘画、摄影、录像。

图书馆学者主张传统的合理使用标准应延续到 IT 环境中,正如国际公共图书馆学会指出的那样,如果在数字环境下合理接触版权作品不被维持,那么那些承担不起费用的人们将不可能接触信息。美国的《数字千年版权法案》(Digital Millenium Copyright Act,简称 DMCA)明确规定,图书馆为保存版本需要可制作至多 3 份的数字化复制品,且这些复制件不得向图书馆建筑之外的公众传播。

据此,为保存版本需要而对作品进行复制属于著作权的合理使用范畴,但合理使用的有些细节问题难以把握,因此有学者提出了新的合理使用标准,如美国版权法学者 Sigmund Timberg 提出的"现代合理使用规则":①复制者是否属于致力于推动科学、技术和工业进步或处于美国宪法修正案保护的信息和思想传播者的范畴?如果是,则复制者享有合理使用的抗辩以及对抗版权人的复制禁止请求,剩下的问题是使用者应否支付报酬。②复制者的使用是否对有版权作品的潜在市场或商业价值产生不利的影响,是否给复制者带来实质性利益,是否应出于公平考虑而给予版权人以补偿。这些原则具有参考价值。

综上,图书馆的现代化建设应尽可能地控制在合理使用范围内。首先要控制传播范围,如仅控制在校园网、局域网内传播;其次要控制使用范围,如仅供教学科研及相关人员使用;再次要控制使用方式,如主要提供浏览服务,不提供下载及打印服务;最后不能以营利为目的。

(2)符合法定许可制度

法定许可是指使用者使用作品不需经版权人许可或同意,只需支付一定数额的法律认为合理的报酬的法律制度。

法定许可是著作权制度下的一种权利限制,其实质是将著作权中的某些权利从绝对权利降为可以获得合理使用费用的相对权利。在法定许可的情况下,版权人只享有报酬权而不享有禁止权。

法定许可减少了版权人的信息成本和谈判成本、减少了作品传播与利用中的阻滞,从而扩大了作品的潜在市场和权利人的受益机会,于国家、版权人以及社会公众都有益。同时,接受法定许可,更有利于平衡版权人与社会利益的冲突,在一定程度上防止权利的滥用和过度垄断,使更多的读者受益。

《伯尔尼公约》及我国《著作权法》都确立了法定许可制度,《信息网络传播权保护条例》第八条和第九条结合我国实际,规定了两种法定许可:其一,为发展教育设定的法定许可;其二,为扶助贫困设定的法定许可。据此可以认为网络传播作品可以全面适用法定许可制度,图书馆可以利用这一权利,即对于发表一段时间后的作品,只要版权人没有声明"未经许可不准使用",图书馆就可以进行不事先授权的数字化利用,但要按法律规定支付报酬。

需注意的是,法定许可仅适用于已发表的作品,且不得侵犯版权人的其他各项人身权与财产权;对于未发表的作品,使用者必须事先征得版权人许可。

(3)符合强制许可制度

强制许可又称许可证制度,是指版权人在一定时期内未许可他人使用已发表的作品时,使用人可向政府主管部门提出申请,经过一定程序获得强制许可证,可不经过版权人许可而使用其作品但应向其支付报酬。《伯尔尼公约》、WIPO公约规定了强制许可,我国版权法无强制许可的规定,但作为两大公约的成员国,也应适用强制许可。

就"翻译权强制许可证"而言,如果公约其他成员国以印刷形式或类似的复制形式出版的作品,从出版起1年后,其版权人没有授权将其作品译成中文出版,则可向国家版权局申请获得将该作品译成中文出版的强制许可证。但只限于教学、学习与研究之用。

就"复制权强制许可证"而言,作品自出版后满5年,仍旧没有在我国大陆发行,则可以向国家版权局申请复制的强制许可证,复制或出版该作品(包括印刷品,供教学用的视听资料),以供大中小学教学之用。如果使用的是教学、自然科学或技术领域的作品,则上述5年时间缩短为3年;如果使用的是小说、诗歌、戏剧、音乐、美术作品,则上述5年时间延长为7年。

(4)符合授权许可制度

"授权许可"即报刊转载外国作品(有关政治、经济等社会问题的时事文章除外),应该事先取得版权人的授权。

图书馆在使用他人作品时,要注意取得以下授权:

①复制权:指可将数字化的作品复制到本地服务器上供用户下载、浏览的权利;

②发行权:某些国家将网络传输视为作品发行,在此种情况下,如要将有该国版权的作品上网传输就应先取得发行权;

③演绎权:指获权可对作品进行编辑、整理、改编等制作成数据库或多媒体作品;

④传播权:可将已数字化的作品在网络上进行传播的权利。

可以通过传统版权交易、与出版社合作、著作权集体管理组织等途径获得著作权授权。

(5)符合作品传播范围限制

一般而言,作品的传播范围和受到侵权的可能性成正比。因此,1998年美国《数字千年版权法案》(DMCA)只允许图书馆将合法得来的数字化复制件限于馆内使用,而不得向图书馆建筑之外传播。2002年,美国《技术、教育与版权协调法案》(The Technology, Education, and Copyright Harmonization Act,简称 TEACH)也规定,允许学校的图书馆员非经授权地在数字教室内使用版权作品,但不得向教室外传播。现在有的图书馆除了在本馆局域网内使用作品外,还将数字资源(许多是他人享有版权的资源)挂在公共网、校园网上供读者使用,存在很大的风险性,因为图书馆对读者就作品的数字化利用方式很难监控,一旦发生纠纷,图书馆就可能要为读者利用图书馆设施而进行的侵权行为负责。

(6)符合并发读者人数限制

"同时使用者"或"并发用户"的概念在对涉及版权保护的图书馆服务进行分析时至关重要,应将"同时使用者"和"并发用户"的数量作为判断馆藏使用行为是否构成侵权的条件之一。首先,图书馆只能向正式注册的并与图书馆签订有版权保护协议的读者在线传递版权作品。其次,限定同时使用同一作品的读者数量。比如:实行读者一人一卡,同一时间一张读者卡只能供一位读者使用。中国版权保护中心曾与超星数字图书馆合作开发读书卡,持卡者下载图像格式的图书,不仅只能用超星阅读器阅读,而且最多只能由 10 台计算机阅读。

3.需注意的问题

明显的侵权是容易避免的,但有些是不易察觉的,利用电子信息资源时需注意以下几个问题。

(1)没有版权标记的,一定不受版权保护

(2)使用微量的版权作品,也有侵权风险

尽管使用极少量的版权作品不属于侵权,但有些国家,如美国对这种微量没有定量的规定。由于界限不明,即使使用微量的版权作品,也存在风险。如果将微量的版权作品用于其他作品的核心部分,即使再少也属侵权。

(3)付款不能替代许可

当复制享有版权的作品时,即使付了款但未经版权人同意,或未获得法定许可证或强制许可证,也不可使用其作品。因为这也涉嫌侵权。只有经许可或支付作品使用转让费,才可使用作品。

七、电子信息资源的侵权形式

1.未经许可通过网络传播版权作品

有人认为:向网上发布信息的目的就是希望人们去使用,所以可以利用网上信息做自己所要做的任何事。的确,向网上服务器发放信息的人都希望他人能接触到这些信息,但他们并不因此而放弃其版权;同时,在网络上发布信息的人也未必是版权人。使用者把仅限于个人使用的版权作品下载后,进行再利用(再散发、再传播或再销售),均可能构成侵权。

(1)将他人作品擅自上网传输以获利

在网络中免费为个人使用的作品,并不等于可以自由使用的作品。如果将他人的作品,或从网站上下载的作品,或者将书刊上的作品扫描后输入、重新编排制作后在网上传播,借以出售赚钱或者吸引众多访问者和广告商以赚取广告费,均属侵权行为。

(2)将版权作品放在免费网址上

有人将受版权保护的作品放在不需付费即可访问的网址上以供浏览、使用。但此种行为如果未经许可,且不属于合理使用,则侵犯了版权人的公开陈列权。在个人网址上使用和复制他人作品,必须得到版权人的允许。将受版权保护的作品发送至网上服务器,即使未做任何改动,也属于间接侵权,因为这样做为他人浏览和复制版权作品提供了方便。

(3)利用 BBS、博客、播客传播版权作品

因特网有许多分专题,供人自由上载文字、图片、游戏、音乐等内容的 BBS(电子公告板)、博客、播客等,其他人也可以从 BBS、博客、播客上自由下载自己喜欢的内容。将享有版权的为个人使用的不需付费的作品上载到 BBS、博客、播客上,也是一种侵权行为。

(4)利用电子邮件传播版权作品

利用电子邮件可以迅速地向许多人散布信息。如某些音乐和体育团体,利用电子邮件互相传递交换热门音乐和体育图片等。如果传递的作品受版权保护,则这种行为构成侵权。

2. 破坏版权管理信息

WIPO 版权条约规定版权人享有权利标示权,即版权人有禁止他人删除或篡改、伪造、更换由版权人合法施加于其作品之上的有关作品、作者、版权所有等版权管理信息事项的标示的权利,特别是以数字或代码显示的标志,也禁止对明知已被改动了权利信息的作品传播、复制等。美国白皮书也规定"未经授权删除或修改版权管理信息"是非法的。

3. 破坏技术保护措施

技术手段现已被纳入了版权保护的范畴,权利人可以通过技术措施控制自己的作品。WIPO 版权条例草案规定,缔约各方应将任何人未经许可从事破坏作品复制件上的技术性保护措施的行为规定为非法,即数字化作品版权人具有禁止未经许可对其作品进行解密这种反向行为的法定权利;同时规定,将未经许可的解密及提供或从事解密等反措施行为视为侵权,缔约时,该项规定简略为一句话,即由各成员国自己立法去规定以何种方式禁止反措施和保护权利人。在仅以刑法禁止反措施的国家,对"技术保护的保护"也将是版权人的一项"依刑法产生的民事权利"。

我国《著作权法》做出了关于技术措施与权利管理信息的规定,明确了以下行

为属侵权行为。第四十八条第六款,"未经著作人或者与著作权有关的权利人许可,故意避开或者破坏权利人为其作品、录音录像制品等采取的保护著作权或者与著作权有关的权利的技术措施的,法律、行政法规另有规定的除外";第七款"未经著作权人或者与著作权有关的权利人许可,故意删除或者改变作品、录音录像制品等的权利管理电子信息的,法律、行政法规另有规定的除外"。

4. 恶意使用

一些个人或集团用户对数字图书馆资源的恶意使用,或者会造成数字图书馆自主知识产权的损失,或者侵犯原作品的版权,从而迫使数字图书馆承担连带责任。恶意使用的方式主要有使用 P2P(peer to peer)软件进行大量的 P2P 传播、私设代理服务器、批量下载和复制数字图书馆资源、实施黑客攻击、恶意规避旨在保护数字资源版权的技术措施等。

八、自主知识产权信息资源的版权保护

图书馆在开发自主产权信息资源的过程中,需要付出大量的人力、物力和财力,对这些信息资源享有版权。图书馆一方面应注意依法尊重他人的著作权,避免侵权发生;另一方面,在建成自主知识产权信息资源后,应具有自我保护意识,要采取相应的技术手段与管理措施阻止其他单位或个人不合理的使用,依法保护自己的自主知识产权,维护自己的权益。

1. 版权保护的内容

我国《著作权法》第十二条规定:"改编、翻译、注释、整理已有作品而产生的作品,其著作权由改编、翻译、注释、整理人享有,但行使版权时不得侵犯原作品的著作权。"因此,图书馆自主开发的书目、文摘性的检索工具(或数据库)等信息资源,在编排方式上和内容上有创新的可以享有版权。

(1)本馆制作的书目、文摘、题录、索引、引文数据库,单条的不享有著作权,但如果集结成库,而且其选择或者编排具有独创性,就享有版权。

(2)馆藏作品数字化而产生的全文数据库。一种是用无版权资源汇编而成的数字特色馆藏;另一种主要是由版权作品构成,每部作品都单独享有版权。但无论如何,该数据库整体可以构成汇编作品,并依《著作权法》受到保护。

(3) 下载、汇编网上信息而构成的数字化参考资源,或者有价值的虚拟参考链接库。其行使版权的条件,是不触犯现有版权作品的版权。

(4) 自行加工制作形成的专题报道、消息快报、综述、评介等有价值的资料。

(5) 图书馆网页,包括内容和版式设计。每一个网页页面,实际上是一件具有独创性的数字化作品。网页具有信息载体和媒体多样化、集成化和互动化等特征,实质上是一种技术和艺术相结合的多媒体电子出版物,网页已有资源素材的特定组合体现了数字图书馆的独特构思,具有原创性而受到知识产权法的保护。

(6) 图书馆域名。域名具有标识性、唯一性和独占性,已经成为一种类似商标的无形资产,数字图书馆应该对其域名拥有完全的知识产权。数字图书馆同其他网站一样,也会面临域名抢注问题,目前在我国可以采取以下措施,对域名实施知识产权保护。①数字图书馆在建设过程中应注册多个域名,使用户可以通过不同的使用途径对其进行访问。②对已注册域名征收年费有助于减少那些不再使用的注册域名的数量。③扩大司法解释,有效制止域名抢注。针对恶意抢注且用来从事不正当竞争的行为,可以扩大对《反不正当竞争法》第五条的解释,将其中的市场交易扩大解释为"有形市场交易"和"虚拟市场交易"两种,这样抢注行为就违反了《反不正当竞争法》而应受到法律制裁。

2. 版权保护的技术措施

在数字版权立法尚不完善的情况下,国内外的普遍做法是采用新技术手段来保护版权,限制非授权传播。

(1) 访问控制技术

该技术是一种访问者对特定网络资源是否能访问或者访问的深度和广度的控制技术。访问控制借助账号、密码进行身份验证,也可通过地址设置限定某网段用户访问。根据用户身份的不同,可以对不同级别的用户赋予不同的操作权限。访问控制采用最小特权原则:即在给用户分配权限时,根据每个用户的任务特点使其获得完成自身任务的最低权限。

通过访问控制,可以使合法用户获得对计算机系统信息资源所享有的权限,使用授权范围的信息,并防止合法用户使用非授权范围的资源,限制随意删除、修改或拷贝信息文件。

最新的访问控制技术可以使用智能卡或生物特征识别技术来辅助认证,以弥补账号、密码经常容易泄露的不足。

(2)内容加密保护技术

在网络传输过程中,为防止网络信息传输被窃取和破坏,可以使用加密技术。发送者利用加密密匙将信息进行加密,然后将加密后的密文发给接收者,接收者收到密文后,再用解密密匙将密文恢复成原来的信息。

目前软件加密技术主要有对称加密、非对称加密(公钥技术)和单向加密。其中对称加密主要用于对大块文件内容本身的加密。非对称加密用于在公开信道中加密传递少量关键性信息,如对称密钥本身等。单向加密则用于对内容正确性进行校验,有防止内容被篡改的功能。运用内容加密保护技术可以实现对数据库、文档、网页、图像、音频及视频流等的加密,也可以对整个信道进行加密,或者信道加密与数据内容加密同时进行。

加密技术是一种主动安全防御策略,使未经授权的访问即使得到数据也难以解密。该技术在应用过程中,对数字化作品的浏览是免费的,但是对复制、修改、删除等操作则设置了相应的密级,读者若要对版权作品进一步操作,就必须缴纳版权费和通信费,由数字图书馆网络中心对作品进行解密供读者阅读和下载。

(3)数字水印技术

内容加密技术可以加密文本信息,保证其传输的安全,但如果要对图像、视频、声音等多媒体数字信息进行加密,密码加密技术就很难胜任了,于是出现了数字水印技术。

数字水印技术将特制的携带有作者姓名、创作时间、作品使用条件和要求等权利管理信息的不可见的标记,如加密水印、加密签名等,利用数字内嵌的方法隐藏在图像、声音、文档、图片、视频等数字产品中,这种标记通常是不可见的,不会因文本的修改、编辑、转化格式而改变,只有通过专用的检测器或阅读器才能提取。

数字水印并不妨碍对信息的正常使用,但它可以通过嵌入特定标识性信息来跟踪和保护版权。一旦该数字信息被复制,该水印会在被复制信息的中央明显地显示版本信息,要想正常阅读所复制的数字信息,用户只能向数字图书馆的拥有者申请合法使用。

由于数字水印具有几乎不可破译性,因此,偷换水印、去除水印的难度非常大。当作品被盗版或出现版权纠纷时,作者可利用从盗版作品或水印版作品中获取的水印信号作为鉴定、起诉非法侵权的依据,从而使作者的精神权利和经济利益得到了保障。

(4) DRM 技术

通常所指的 DRM(Digital Rights Management,数字版权管理)概念有狭义与广义之分。狭义的 DRM 仅涉及技术层面,它是指在网络及数字化环境下,借助加密与安全封装技术、PKI(公钥基础设施)认证,权限管理技术等,使数字内容的权利主体获得对其客体的控制权,从而防止非授权使用,保护权利所有人利益的一种综合性技术体制。广义的 DRM 是指在网络及数字化环境下,以权限管理技术为核心,旨在有效保护数字内容安全与支持数字版权贸易的新型商业模式。这种商业模式涉及技术、法律、人文等各方面的问题。

DRM 技术主要应用在电子文档、媒体播放两大领域。DRM 技术允许网络数字内容提供商控制浏览、阅读其数字内容的访问权限,通过 DRM 技术提供商可以随心所欲地自定义加密方式,只有获得合法授权的用户才能拥有相应的权利,并且这些授权可以细化到是否允许用户复制、打印或者设定他们复制、打印限度之类的问题。DRM 技术采用"多密匙"途径保护内容,未经授权都不得进入。第一代 DRM 技术主要致力于对数字化内容的安全性和加密技术的开发,以达到用技术手段解决对数字化内容的未授权复制问题;第二代 DRM 技术则扩展到对数字版权的描述、认证、交易、保护监控、跟踪以及版权持有人相互关系的管理上。

DRM 技术起到了版权保护"替代物"的作用,使权利人从被动转向主动,对资料的控制能力有了实质性的提高,使得一切资料利用行为,包括"合理使用"都可能在受监视之列,有效地遏制了盗版。

(5) 防复制技术

由于个人计算机联网容易造成数字化文件的扩散,因此只要防止文件在计算机上复制就足以预防许多潜在的侵权行为。部分 CD 采用了特殊文件格式,并附带了专门播放软件,使用户无法往计算机上进行简单拷贝。瑞星公司杀毒软件的钥匙软盘也采用了特殊格式的加密措施,无法进行简单复制,因而具有某种程度的软件防盗版功能。通过北大方正 Apabi 网络出版方案制作并发行的电子图书也采用了防复制技术,在下载到客户机后,将无法进行非法的打印和复制,更不能随意传播,从而使出版者的权益得到了有效保护。

(6)防火墙技术

防火墙技术是一种广泛使用的网络安全技术,是当前网络信息安全防范措施最重要的手段。其原理是在专用网络与公用网络之间建立一道屏障(即防火墙),检查进出被保护网络的信息是否被准许通过,或用户的服务请求是否被允许,从而阻止非授权用户的进入和对信息资源的非法访问。常见的有病毒防火墙、电子邮件防火墙、FTP 防火墙等。

在数字图书馆中运用防火墙技术,可以抵御来自公用网络的非授权用户的入侵,保障图书馆自身的利益以及合法用户对图书馆资源的有效访问。

(7)客户认证技术

客户认证技术(Client Authentication,CA)是网上信息传播安全的一项重要技术。对认证合法的信息使用者,可设计自动计费软件,将信息使用费自动计入使用者的账号里。

用户可以通过向版权控制机构申请而获得 CA 证书,从而确定该用户与作者建立信任关系,如果该用户利用 CA 证书进行非法复制,CA 机构将在计算机范畴外进行调查和起诉。

3. 版权保护的管理措施

(1)加强合同化管理

对读者的合同化管理不是简单的注册和登记,而是将读者利用作品中保护版权的规则、方法、责任等内容包括在图书馆与读者签订的合同条款之中。合同条款一方面必须是符合法律的,另一方面是透明的、为读者所完全理解的。这种合同对所有读者具有普遍效力,公众若拒绝签订合同,则不能成为图书馆的读者,不享受图书馆的各种服务。图书馆应要求读者以真实身份签订合同,并提供单位、家庭住址、联系方式等必要的信息。对于远程注册的读者,图书馆应按照电子合同的法律规定和操作程序同其签订合同。

（2）发布版权声明

在图书馆网站网页中,应该注重完善馆藏数字资源的版权说明,对站点内容的合理使用作出规定,说明网站专有信息未经书面同意,不得擅自复制、链接、非法使用或转载,不得以任何方式建立镜像站点,不得使用网络下载工具批量下载图书馆购买的电子资源;不得连续、系统、集中、批量地进行下载、浏览、检索全文数据库等操作;不得利用获得的文献资料进行非法牟利等,并对可能的违法行为提出警示。

还应在网站上声明网站所提供内容及其界面的版权归属,登载关于转载或链接他人网站的免责申明,按照知识产权相关法律法规,预防网络数字资源的侵权。要及时搜索、发现他人网站对馆藏资源的非法转载和链接,并通过法律手段制止他人通过网络侵犯图书馆数字资源版权行为的发生。

九、图书馆保护版权的自律性措施

在 IT 时代,作为版权人与信息用户之间中介的图书馆应在保持版权人与使用者之间利益均衡方面起到积极的作用。在信息服务的过程中,要正确处理版权人与使用者之间的关系,不仅要最大限度地为使用者做好信息服务,而且要让版权人相信,图书馆是他们出思路、出灵感的最好的书房。为此,图书馆要注意以下几方面的工作。

（1）密切关注版权立法动态,培养图书馆员的版权保护意识和素质。图书馆只有熟悉、关注版权法才能减少侵权行为,避免卷入版权纠纷。版权法一直在不断地发展与完善,担负着 IT 时代信息传播使命的图书馆,要时刻关注世界版权立法的发展动向,及时调整自己的工作方针和策略,使自己的行为符合法律规范。

（2）搜集国内外有关知识产权保护的重要或典型的案例,尤其是与科技成果保护有关的案例。由于这些案例都已经过国家有关行政、司法部门的仲裁或判决,具有法定的权威性,可作为今后认定知识产权权属关系和处理有关纠纷的参考和借鉴。

（3）分析电子信息资源的版权状况,充分利用公有信息和合理使用原则开展信息服务。IT 时代的图书馆员要学会掌握合理使用的尺度,要根据版权法的发展来不断调整合理使用的范围和限度,对传统文献信息与电子信息采取不同的使用形式,对于电子信息应慎重行事。

(4)教育和引导读者遵守版权法。作为传播使用知识信息的职能机构,图书馆应向广大读者宣传版权法的有关知识,要通过宣传示范,培养使用者合法利用现代化信息网络获取信息资源的意识,增强知识产权观念和信息价值观念,使其在正确行使自己权力的同时自觉守法。

(5)加强与版权人、出版者的沟通与协作,积极参与立法,维护公众利益。要在互利互惠的基础上制订保持平衡的版权法,行使自己的权利,承担自己的义务,提高出版者与版权人对文献信息的收藏、保存与利用意识。

(6)开展版权认证工作。版权认证是对图书馆保护版权状态的一种评价,取得认证的图书馆可以把认证标志在网站主页上张贴,其作用相当于商标,表明该图书馆在尊重版权、保护权利人利益方面达到了所要求的标准。获得版权认证的图书馆并不等于就获得了法律授权可以不经许可使用版权作品的权利,其对版权作品的使用仍然要依法行事。此外,还要关注版权评价的进展。

版权法旨在保护版权人利益,图书馆则是向公众广泛地传播作品,这在实质上并不矛盾。版权保护是宏观信息控制的组成部分,是信息资源开发的基础。科学创造的继承性必然加速图书馆馆藏信息资源的开发利用,这种脑力劳动所创造的精神成果正是图书馆赖以生存的信息源。

图书馆界应在建设安全、畅通、合理的信息传播渠道方面起到自己应有的作用,力争把图书馆办成保护版权人权益,有利于作者再创作,同时又方便使用者存取信息的场所。

十、电子图书版权、数字内容访问保护的未来趋势

2016年的IFLA大会发布《国际图联趋势报告——2016新进展》讨论了快速发展的电子环境下的版权、访问数字内容和电子书借阅问题。

电子书的快速发展对传统图书的借阅模式产生很大影响,如图书馆外借一本实体书在"首次销售"和"用尽"原则下实现,这使图书馆能够行使"不受限外借"或者"重新销售"的权利,但电子图书没有同样的"用尽"原则,这就导致图书馆被迫和版权所有者就电子书租借许可条款谈判,无形中增加了电子图书采购成本。

针对此类问题,各国法律法规也各有特色。在爱沙尼亚,其著作权法第13条规定,"只有获得版权所有人的许可,音像作品的电子借阅才能被保证",比如当美国电影没有许可爱沙尼亚的经销商时,除非图书馆有时间和资源可直接与美国独立的电影制片厂谈判,否则借出这些作品通常是不可行的。

在欧洲,2015年7月,欧洲议会通过了"版权例外"议案,允许图书馆"合法的向公众外借用于个人使用、有期限限制的、通过互联网或图书馆网络获得的数字作品"。

十一、区块链与数字版权保护

区块链,从狭义来讲,区块链技术是一种将数据区块按时间顺序连接的链式数据结构,并通过密码学保证数据不被篡改和无法伪造的分布式账本。从广义来讲,区块链技术是一种通过块链式数据结构来保存和校验数据,采用共识机制产生和修改数据,通过密码学保证数据访问和传输安全,并且由智能合约进行数据操作的分布式框架和计算范式。目前,区块链的典型应用是比特币。

区块链技术采用了数学方法解决了身份确定和相互信任的问题,并且基于一系列成熟的技术形成了一种去中心化的分布式账簿技术方案,具有可追溯、防篡改、公正透明等优点。

一旦区块链技术的应用场景取得较大突破,网上数字信息的发布不再需要中心化的平台(如网站、微信平台等);从理论上讲,网络信息具有防篡改、防删除和不可抵赖等特性,可以永存于网络虚拟空间;网络信息可以方便地追溯到其原创节点,每一位原创者的贡献能够得到承认,每一次的使用都会记录,并能按照一定机制向原创者付酬,这样人们就会更有创作与分享的动力;版权纠纷的证据留存成系列,可信度有保证。

区块链技术在大数据时代,具有良好的安全性和可靠性优点,可有效解决数字版权保护中存在的侵权、隐私泄露、数据安全和易受攻击等问题,为数字版权保护打下坚实的基础。

参考文献

1. 夏旭.我国光盘数据库发展的现状及对策[J].现代图书情报技术,1999(2).

2. 王能琴.携手前进,共建"中国科技文献数据库"[J].中国信息导报,1997(4).

3. 王明亮.资源化学术信息数据库的产业化开发(节选)[C]//知识工业在中国的起步:《中国学术期刊(光盘版)》论文集.北京:《中国学术期刊(光盘版)》电子杂志社,1999.

4. 董焱,刘兹恒.图书馆馆藏文献数字化:虚拟图书馆信息资源建设的重要内容[J].图书情报工作,2000(7).

5. 金甦.电子出版物刍议[J].闽江职业大学学报,2001(1).

6. 赵立允.电子出版物的特征和分类[J].邢台师范高专学报,2002,17(4).

7. 范并思,胡小菁.图书馆2.0:构建新的图书馆服务[J].大学图书馆学报,2006,24(1).

8. 刘炜,葛秋妍.Web2.0技术图书馆应用分析[EB/OL].[2018-11-01].http://www.libnet.sh.cn/sztsg/fulltext/reports/2006/libraryTech20.pdf/20180201.

9. 丁卫.数据库产业的有关法律问题[J].情报科学,1994,15(2).

10. 周六炎,叶建华.数据库产品的知识产权保护[J].情报探索,1995(4).

11. 刘志华.美国《1998数字千年版权法》有关版权保护的新规定[J].中国图书馆学报,2001(2).

12. 李星逸.网络时代我国数据库特殊权力保护构想[J].中国图书馆学报,2001(9).

13. 党跃臣,王韫华.数字图书馆建设中的版权问题[J].中国图书馆学报,2001(3).

14. 冉从敬.数字图书馆知识产权研究进展述评[J].图书馆论坛,2007,27(3).

15. 徐迈.数字图书馆信息资源建设中的知识产权问题综述[J].现代情报,2007(3).

16. 姚春杰.数字图书馆建设中面临的知识产权问题及对策[J].图书馆论坛,2007,27(2).

17. 张永军.图书馆信息资源数字化建设中知识产权保护问题探究[J].现代情报,2006(9).

18. 刘秀隆.数字图书馆建设中知识产权问题的解决路径[J].图书馆,2006(4).

19. 康丹枫.我国数字图书馆知识产权保护存在的问题及解决对策[J].现代情报,2006(6).

20. 魏力更.数字时代图书馆知识产权规避与自我保护[J].情报科学,2006,24(6).

21. 樊晓峰.论数字图书馆建设中的版权保护[J].知识产权保护,2006,27(2).

22. 刘琨珊.试论图书馆保护数字版权的特点和自律性措施[J].现代情报,2006(3).

23. 邱均平,朱少强.数字图书馆版权保护技术及其规避行为的法律对策[J].情报科学,2006,24(1).

24. 易新河.数字图书馆建设中的知识产权问题研究[J].湖南工业职业技术学院学报,2007,7(2).

25. 王根.网络环境下图书馆数字化建设中的知识产权问题探讨[J].东莞理工学院学报,

2007,14(4).

26. 黄晓菁.数字图书馆建设中知识产权问题研究[J].中华医学图书情报杂志,2007,16(4).

27. 徐路.图书馆发展面临的重要趋势和关键议题:《国际图联趋势报告——2016新进展》分析[J].图书馆论坛,2018(1).

28. 陈光.网络环境下图书馆电子图书数字版权保护的方法及策略研究[J].河南图书馆学刊,2017(2).

29. 秦珂.2006年以来我国图书馆合理使用数字版权立法研究综述——《信息网络传播权保护条例》颁布实施十周年纪念(一)[J].图书馆论坛,2016(8).

30. 孙昕.图书馆使用数字版权的默示许可制度建构分析[J].图书馆工作与研究,2016(5).

31. 栾瑞英.哥伦比亚大学图书馆版权信息服务调研与启示[J].图书馆杂志,2018(2).

32. 邱奉捷,韩新月,陈瑜.图书馆数字资源共建共享中的版权风险防范[J].新世纪图书馆,2018(2).

33. 崔汪卫.MOOC版权合理使用与图书馆应对策略研究[J].图书馆学研究,2018(7).

34. 李英珍.基于促进TDM技术应用的国际版权例外制度的变革——兼议对解决我国图书馆TDM版权问题的启示[J].图书馆学研究,2018(11).

35. 左慧杰.网络环境中图书馆版权合理使用制度建构管见[J].图书馆理论与实践,2017(5).

36. 刘阳.美国研究型大学图书馆版权政策研究[J].图书馆学刊,2017(8).

37. 傅文奇,吴小翠.图书馆电子书版权授权模式研究[J].中国图书馆学报,2017(3).

38. 周小康,郝群,张立彬.国内外图书馆MOOC版权服务研究综述[J].图书馆学研究,2017(20).

39. 张军华.美国版权法中数字图书馆合理使用规则及对我国立法的启示[J].图书馆建设,2017(4).

40. 杜桂华.图书馆对开放资源的版权管理研究[J].图书馆学刊,2017(11).

41. 李静静.图书馆规避数据库版权风险的策略研究[J].情报探索,2017(8).

42. 屈华.我国图书馆版权合理使用制度的重构[J].图书馆理论与实践,2016(9).

43. 刘兹恒,董舞艺.三网融合环境下图书馆著作权新风险及对策[J].图书与情报,2014(3).

44. 刘兹恒,梁宵萌.高校图书馆对国外数据库资源的长期保存权利研究[J].图书馆,2015(7).

结语 网络环境下图书馆的发展方向

自20世纪最后30年互联网创造以来,逐渐形成了覆盖全球的数字化、网络化、泛在化、互联化的人类文明新形态和新方式。互联网、移动互联网、物联网的演进,催生了"互联网+"这一新理念,"互联网+"赋能各行各业,使各行各业在新的环境中实现新生,图书馆界也进行了丰富多彩的实践探索和理论研究。

随大数据、人工智能等技术的成熟,智能革命悄然出现,人类社会正进入"智能时代",人类正迈向数据一切、网罗一切、连接一切、智能一切的大智能时代,在万物感知、万物认知、万物互联基础上的万物智能,正呈现出井喷式的新一轮创新和发展趋势。人工智能的内容和应用已进入自然语言处理、计算机视觉、无人驾驶、模式识别、语音识别、机器学习、机器翻译、人机交互、智能网络搜索、认知科学、神经科学等各个领域和学科大数据与机器智能相伴而生,促进物联网从感知到认知并智能决策的升华,催生了智能化时代。这是一个计算无所不在、软件定义一切、数据驱动发展的新时代。

在网络无所不在的智能时代,图书馆管理与服务的内容和形式必将随之发生变革,而且变化将越来越迅速。

根据国内外研究成果,网络环境和先进信息技术驱动下的图书馆发展方向大致呈现如下发展趋势。

一、实体图书馆与虚拟图书馆相结合的新形态图书馆成为未来一段时期图书馆的主体形态

数字图书馆的出现,并没有否定传统的实体图书馆继续存在的依据。新形态图书馆与传统图书馆之间的关系,不是替代的关系,而是互相依赖、互相促进的关系,如果没有传统图书馆选择、收集、加工文献信息,新形态图书馆中的信息资源就

会匮乏;反之,如果没有新形态图书馆提供新的信息环境,传统图书馆也不可能突破原有工作的局限,有限的馆藏和服务就难以充分满足用户的需求。可见,新形态图书馆是建立在传统图书馆基础之上的;同时,网络化的新形态图书馆也为传统的图书馆提供了进一步发展的机遇。

数字图书馆等新形态图书馆出现后,传统图书馆还将进一步发展,并在信息服务中发挥其作用,这主要是由传统馆的优势决定的。传统馆的优势主要表现在:

(1)传统图书馆收藏的大量经过加工、标引、整序的文献信息资源,不仅是图书馆服务的基础,也是新形态图书馆重要的信息源。

(2)传统图书馆信息的直观性优于数字图书馆。

(3)传统图书馆信息的安全性优于数字图书馆。

(4)部分图书馆用户长期使用传统图书馆形成的习惯,使其对传统图书馆的依赖超过对数字图书馆的使用。

(5)数字图书馆的信息主体——网上信息资源的持续性、稳定性相对传统文献来讲较低;不少情况下,图书馆"购买"的只是网上信息的使用权(租用信息),会在一定程度上影响图书馆及其用户对网上信息的信任和使用的意愿。

(6)数字图书馆在通信费、数据使用费和服务费等方面需要支付一定费用,如一些重要的信息资源采用付费服务的方式提供,这些会影响部分用户使用数字图书馆的意愿。

(7)并非所有的文献都能够数字化,如古籍、档案等进行全文转换会丢失其许多文献特征,转换中各环节的误差使得转换为全文的文献与原文献有较大距离;若将这些文献制成图像文件存储与传播,则要占据较大的存储空间和传输信道。

(8)数字图书馆设备建设、使用、维护的费用较高,随技术变化的设备和信息资源的更新费用也较高,对于图书馆的转型也造成了一定的限制。

因而,在一定时期内,传统图书馆将与新形态图书馆长期并存,互为补充,共同满足用户的信息需求。未来一段时间内,图书馆的主体形态仍将是数字图书馆与实体图书馆相结合的复合图书馆(hybrid library)。复合图书馆是数字图书馆和传统图书馆有机结合的统一体,它不是简单地把传统文献数字化,也不仅仅是将网上资源提供给用户使用,而是需要对电子的或纸质的信息资源进行高度的整合。但数字图书馆的出现势必对传统图书馆的原有工作格局产生影响,传统图书馆文献信息中心的地位将进一步被削弱。传统图书馆必须不断调整自己未来的发展方向、工作内容,强化管理,改进装备与技术,充分发挥自己的信息优势,才能适应新的信息环境,在激烈的信息服务业的竞争中获得生存的依据。

二、网络环境下图书馆仍将长期存在并在社会信息传播中发挥自身独特的价值及功能

在信息网络环境下,图书馆仍将长期存在,并将在社会信息传播中扮演重要角色,发挥自身独特的价值及功能。原因在于图书馆在信息传播中与其他信息传播机构和方式相比所具有的独特优势:

(1)图书馆仍将是承担人类社会知识、文化资源的保存职责的主要社会机构。这一点是非常独特的,在急剧变动、污染严重的虚拟网络环境中尤为重要。在网络环境下,图书馆可以突破原有馆藏限制,依托网络等信息技术采集、检索和维护各种形式的知识和信息载体。简言之,图书馆的存在为在知识进步和文化保存中超越时空而进行的不懈努力赋予了深远的意义。图书馆稳定保存的各类信息资源是信息传播与知识创新的源泉。

(2)图书馆在长期承担信息和文化的保存职责中所建立起来的信息文献中心的核心地位,在网络环境下成为从众多的信息节点中可供用户清晰辨识的标识,使众多用户将图书馆作为获取信息的入口节点。

(3)图书馆长期以来为信息资源共享所进行的不懈努力,为社会成员平等地获取、使用信息资源和信息设备,限制信息垄断建立起社会保障机制。如美国《数字千禧年版权法》(1998)允许特定用户合理使用就是一个明证。该版权法第107条将"合理使用"定义为:"为了批评、评论、新闻报道、教学、艺术研究等目的而合理使用有版权作品,包括使用复制或复制件作品或录制作品等不属于侵犯版权。"第108条规定:允许"非营利性的图书馆、档案馆制作多至3份的,可以是数字化的复制件"。

(4)图书馆的工作方法作为人类思维模式的具体体现,在网络信息建设与组织中将发挥重要的作用。网络环境下,图书馆在信息资源建设、用户服务、组织管

理、队伍建设等方面都将突破单一图书馆的限制,通过网络与其他图书馆、信息机构及整个社会信息资源体系建立起紧密的联系,由封闭的个体图书馆向开放的社会大图书馆方向转变;网络环境下图书馆的发展方向及社会职能也将发生变化,核心任务由文献信息整序、文献信息传递、社会教育、文献保存转变为信息资源组织管理、网上信息导航、信息提供与资源共享、社会用户教育培训等。具体任务包括：文献信息数字化与信息的重新组合、信息的宣传推广、网络信息组织、网络利用场所的提供、进行网络利用的指导与培训、网络信息导航、具有图书馆自主知识产权的各类型信息资源库建设,以及开发人工智能系统进行知识采掘工作,参与网络协议、标准的制定等。

三、图书馆文献资源建设向信息资源建设的方向转变,并由重视资源的拥有水平向重视信息资源的组合与共享能力方向转变

传统上,一所图书馆的社会地位,主要是由其馆藏规模和能独立地向用户提供服务的能力决定的。因而,建立系统而完整的馆藏文献体系是传统图书馆的一项核心任务。然而,今后评价图书馆工作水平的标准不再是看其文献资源收藏的规模,而是看其对社会各类信息组织与共享的能力,即从重视收藏能力(holding)变为更重视存取能力(accessibility),信息获取的时效性要求提高,地域性要求降低。

由于互联网络技术的快速发展,图书馆成为信息高速公路上的重要的信息节点,用户使用图书馆的行为也发生了变化,由原来对文献的需求转向对信息的需求,即人们不再重视信息载体的差别,而是注重信息的效用。为适应这种变化,图书馆不能只局限于向用户提供文献,而应提供包括本馆文献在内的所有网络上的可得信息。因而图书馆信息资源建设的对象就不再是传统的文献概念,而是包括传统文献、电子出版物和网络信息在内的涵盖范围较广的信息资源。图书馆建设文献信息资源的手段不仅包括对文献信息的入藏,也应包括对光盘信息、网上信息的组织、导航和租用。图书馆文献资源建设概念应深化、扩展为信息资源建设。

对于我国各级各类图书馆来讲,在文献信息建设方面的任务主要应为：

(1)在馆际协调与资源共享的前提下,利用有限的经费购买重要和适用的印刷本图书、期刊等传统文献,注重数字文献的入藏工作,做好传统图书馆与数字图

书馆的衔接工作。

(2)有条件的图书馆,可以独立地或与商业公司合作,将馆藏中有独特价值的传统文献转化为数字型文献资源。

(3)继续开展馆际协作,加强全国性和区域性的数字化文献资源保障体系建设工作。

(4)利用网上信息建设虚拟馆藏,将网络信息进行虚拟链接,建立图书馆的虚拟性典藏——体外馆。

(5)知识组织工作。包括文献分类、主题标引、编目,做好文献书目控制工作,也包括网上信息的标引与组织,进行网络信息导航,以及信息的组织和新信息的自动生成。

(6)加强各类型信息资源数据库建设。数据库建设是信息服务的基础,是现代信息资源建设的核心。数据库主要类型包括书目数据库、文摘数据库、索引数据库、事实数据库、全文数据库、多媒体混合数据库等。

(7)网上电子期刊与各类商业数据中心资源的订购、租用、管理与服务。

通过以上各种措施,图书馆的文献建设任务从文献资源建设向信息资源建设的方向转变,并由重视资源的拥有水平向重视信息资源的组合与共享能力方向转变,图书馆自身也因此由文献信息宝库变为信息集散地。

四、网络环境下图书馆用户服务由文献传递服务向信息导航服务转变,并促进图书馆泛在化

传统图书馆的用户服务与数字图书馆的用户服务的目的是共同的,都是为了满足用户的信息需求,二者在服务内容、服务形式、服务手段等方面有继承性,但也存在着差异。

信息网络化使得用户使用信息不受时空限制,获取信息的时间缩短,图书馆等正式信息交流渠道的信息中心地位受到挑战,其信息传递服务的方式也将发生变化,或得以扩展。未来,以提供索引、目录、文摘为主的多向主动传递信息服务由本馆用户扩展为全社会用户;单向主动传递信息服务(定题服务)由于技术手段的完善进一步增强;以信息积累与提供为主体的多向被动信息服务量增大,但用户对文献载体的依赖越来越弱;以咨询服务为主要特征的单向被动传递将由于因特网技术(如 E-mail、BBS、Web2.0、微信等)的支持更快更有效地实现。在网络环境下,未来图书馆通过上述服务形式,担负社会公共信息中心的职能。

上述现象可以概括为"图书馆泛在化",即无所不在的图书馆——"泛在图书馆"(ubiquitous library)。国外图书馆界在信息资源共享的"5A"理论(即任何用户在任何时间、任何地点、任何图书馆可以获得任何信息资源)的基础上,提出泛在图书馆的"8A"理论,即任何服务主体的图书馆可在任何时间、任何地点向服务客体的任何用户提供任何时期、任何类型、任何格式和任何语种的信息资源。

泛在图书馆体现为图书馆服务的泛在化、无所不在,其显著特征是:用户在哪里,图书馆的服务就在哪里,用户无论在何时何地都可以获得图书馆的服务,甚至用户可能还没有意识到却已经利用到了图书馆的资源或者得到了图书馆馆员的帮助。

五、图书馆组织管理向适应新形态图书馆发展的方向转变,图书馆形态及管理将更加虚拟化、数据化、智能化

图书馆管理形式及水平由图书馆工作不同发展阶段的技术特征决定,现阶段,我国图书馆工作处在由传统的实体图书馆向自动化、智能化管理的新形态图书馆过渡的阶段,未来,自动化、智能化管理加虚拟网络的数字图书馆或者智能图书馆将在社会图书馆事业中占据主体地位。

网络环境下,图书馆宏观管理和微观管理都将发生重大变化。

1. 图书馆宏观管理的新变化

(1)树立大图书馆观念,对社会图书馆管理、协调的范围不应只局限在各类型图书馆,而应当注意图书馆、信息机构、网络开发商等所有与信息资源相关的社会机构的合作与协调,应特别注意加强地区、国家及国际图书馆、信息机构、网络开发商的协调与合作。图书馆可以与大众传播媒介、网络服务商等联合构成信息—经济共同体,共同承担网络环境下的信息生产和传播职能。

(2)改革图书馆事业管理体制。今后图书馆管理体系将不再是垂直、层级式、系统分割型的,而是网络化的管理体系;每所图书馆与其他图书馆通过网络建立起

平等合作的关系,同系统内的图书馆的等级关系将淡化和日益松散化;图书馆之间的关系更多的建立在对信息资源共享的基础上,而非建立在行政领导和财政拨款基础上。

(3)注重信息工作与信息技术标准的制定和完善,如书目著录格式、计算机文档格式、数据库格式等的标准化;由于各个图书馆在进行自动化管理过程中,所使用的管理系统和数据格式各不相同,为使各图书馆之间以及图书馆与网络之间能够顺利地进行数据交换与共享,需要研究制订通用的标准化接口技术及通信协议。

(4)图书馆事业相关法律法规的制订。如版权保护,信息用户隐私及商业秘密保护法,信息安全及信息犯罪防治法,不良信息传播限制法等法律法规的制定,以及图书馆法的制定。

(5)符合信息时代的信息伦理约束机制的建立。如尊重自由获取信息的权利,尊重信息知识产权,保护信息隐私,防止信息垃圾及信息污染,不传播不良信息等,以及建立统一的图书馆及信息从业人员行为规范。

2. 图书馆微观管理的新变化

(1)在网络环境下,图书馆的工作环节和程序将发生变化,图书馆职能部门的设立也将相应发生变化。适应任务变化,图书馆应进行机构部门的重组,传统图书馆职能部门,如采编、典藏、服务等部门的职能将扩展,新形态图书馆可按任务组成信息搜集部、信息转换部、数据描述部、数字化服务部、技术支持部等部门。当然,传统型出版物的典藏部门等还将在一定时期内存在。图书馆应打破部门之间的界限,更多地采用临时的组织方式,如任务小组(task force)或项目组(project group)等。

(2)图书馆管理手段从手工管理转变为利用自动化、智能化的管理信息系统进行管理;同时,新形态图书馆的管理也包括对网络上信息资源的管理。

(3)注意实体馆与虚拟馆的衔接。在网络环境下,图书馆将不单指由图书馆馆舍所构成的服务空间,而是包括一个以 Web 服务器的建立、主页的设计、数字馆藏的建设、新媒体信息、多种形式远程服务的提供为标志建立起的新形态图书馆。这种新形态图书馆将是以网络化、智能化信息管理系统形式建立的模拟化的虚拟信息库。新形态图书馆中,虚拟的数字图书馆将成为全球互联网络上的一个节点,同时以传统文献收藏与服务为特征的传统图书馆仍将长期存在。因而,在管理模式上要二者兼顾,注重其在职能、结构上的相互衔接和替代关系。

(4)现行图书馆人员的行为模式也将发生变化,网络环境使联机合作共享编目、信息标引、信息检索、咨询服务等工作可在联机状态下异地完成。因此,部分工作人员将实行弹性工作制和目标管理,可以不到图书馆上班,而是在家里办公,而且工作时间也可以由工作人员选择。

(5)在图书馆管理与决策中,广泛应用大数据分析技术等,利用图书馆的用户信息、文献资源信息、用户行为信息、社交媒体信息、图书馆运行信息、财务信息等,进行数据挖掘、数据分析,建立可视化模型,对图书馆业务运行过程中隐藏的有价值信息进行发掘,从分散化、碎片化、隐性化的信息中发掘图书馆服务和用户行为数据的关联并整合优化,可以为图书馆决策提供可靠而及时的数据支持。

六、图书馆队伍建设要适应信息化社会的要求,终身学习成为图书馆员职业发展的第一需要

未来图书馆员工作的主要对象由传统文献变为网上信息,图书馆员自身也将由文献传递者变为信息导航者,工作手段日益自动化和高科技化网络环境下,图书馆员要扮演多重角色,其核心角色有3个:一是管理者,负责收集和管理记录下来的信息;二是传播者,利用所收集的信息回答用户的提问;三是教育者,通过与用户的交互,提高用户理解和获取信息资源的能力。因而,未来图书馆对于图书馆从业人员的素质也提出了更高的要求,图书馆队伍建设必须适应变化着的信息化社会的要求。

(1)图书馆队伍结构将发生变化。除传统图书馆时即存在的行政管理人员、图书馆专业人员以外,网络环境下的图书馆还应有自动化设备设计与维护人员、网络资源建设、检索与网络维护人员,数字化信息转换人员等,且与网络信息建设、组织与服务相关的图书馆人员的比重将占优势。

(2)图书馆员的知识结构应适时做出调整。图书馆员所掌握的知识要从手工阶段的图书馆学知识转变为网络时代的由图书馆学知识、信息知识和网络知识等构成的新的知识结构。

(3)图书馆学专业教育应发生重大变化。现行的培养图书馆专业人才的教育体制、培养目标和课程设置等都应当适应变化的形势适时做出调整,应积极探索图书馆学教育的改革道路,借鉴国外经验,图书馆从业人员主要由来自其他学科专业的图书馆学双学位毕业生或研究生组成,图书馆学专业课程设置要突出网络时代信息处理与服务所必需的信息科技知识。此外,要加强图书馆员职业资格准入制度和职业证书制度,以提高图书馆从业人员的素质。

(4)图书馆员必须终生学习,每隔一段时间,图书馆员必须进行必要的培训与提高。慕课(MOOC,大规模在线开放课程)及基于慕课的翻转课堂、小规模限制性在线课程(SPOC—Small Private Online Course,又译"私播课")等教学技术与资源,将成为图书馆员学习与培训的重要手段。利用慕课可以解决图书馆辅导过程中师资和适用教学资源不足的问题;在国家学分银行体系中,增加图书馆员培训辅导的内容,有利于突破传统教育与培训中的专业限制和学习时段限制,将技能培训与学历教育结合起来。将学生完成学业的时间从固定学习制改变为弹性学习制,让终身学习成为图书馆员职业发展的第一需要。

七、实体图书馆建筑向学习空间、创客空间和市民文化娱乐中心的方向转变

伴随着资源的虚拟化,传统图书馆资源、空间和服务三位一体的格局被打破,各类型图书馆都面临着到馆读者减少的困境,如何将读者吸引到图书馆,提高图书馆的到馆率,以证明图书馆存在的价值,成为图书馆人一个亟待解决的痛点。

解决方案之一是图书馆空间再造,即将传统实体图书馆承担信息共享空间(information commons,IC)的单一功能,扩展为兼有学习共享空间(learning commons,LC)、研究共享空间(research commons,RC)、创客空间(maker commons,MC)的综合性信息中心、社区中心和市民中心,成为智慧活跃的学术交流中心、酷炫灵动的知识加工中心、蕴聚创新的文化传承中心。

例如,2015年开馆的丹麦奥胡斯DOKK1图书馆,是集图书馆、千人停车场、城铁车站、市民服务中心、儿童娱乐场、公共广场等为一身的市民非正式开放学习空间、城市媒体中心、新的城市景观;与其相类似的还有2017年开馆的我国天津市滨

海新区文化中心图书馆,其酷炫的图书馆建筑外观和内部空间基于"滨海之眼"和"书山有路勤为径"立意设计和建造。科幻感十足,吸引大量市民和游客到馆,客观上培养了大批潜在的图书馆用户。

图书馆空间的改变,使得图书馆的功能得以扩展,更加多样性,例如,首先出现在美国的种子图书馆,为用户提供种子交换、种子外借(含培育种子的归还)等相关服务;香味图书馆可以向用户提供各种香料、香精、香水、味觉方面的知识、实验和产品、讲座等服务。

八、主流信息技术的方向将决定图书馆未来形态变化和发展的趋势

(1)基于云计算技术建立数字信息资源共享平台,可以为各级各类图书馆提供信息共享空间,包括大规模租用数字化信息的存储空间和处理能力;对于中小型图书馆来讲,可以提供基于SaaS(软件即服务)机制的在线图书馆管理信息系统,管理图书馆的各项业务活动;为用户提供信息共建的接口,提供个人或团体创作、在线学习和表达自我创意的技术应用。

(2)基于大数据即时分析、数据挖掘和可视化呈现等技术,可以为用户提供个性化的阅读档案和侧影画像,运用关联规则分析读者的需求,主动提供个性化服务,推送适用性阅读资料,提升用户对信息咨询服务的满意度。利用数据挖掘技术的自动分类功能,能够信息组织与检索的自动化水平和工作效率,从大量不同来源、无规则的数字资源中挖掘出有价值的信息,为学科建设和商业需要提供信息保障。

(3)基于物联网技术的智能图书馆技术,可实现图书馆建筑和设备方面的楼宇自动化、环境智能控制及管理的智能化。如利用RFID、传感器等物物相连、物人相连的泛在网技术,可以建立起自主借还系统、智能查找系统、安全检测系统,实现图书馆无人借还、特定图书定位和查找、图书馆智能安保等。楼宇自动化和环境智能控制主要包括:自主刷卡借阅服务、行李寄存服务、温度自动调节服务、新风系统等组成的综合服务系统,由门禁管制、防盗警报、监控摄像、人脸识别等组成的安保管理系统、员工签到系统和用户自动统计系统,以及电力照明系统和消防自动化系统等。

（4）基于移动互联技术的"移动图书馆"和"随身图书馆"，依托互联网和无线移动互联网络等技术，使人们通过手机、掌上电脑以及未来身体中的内置芯片等移动终端，在有网络覆盖的地方均可以得到图书馆及相关机构的服务。为达到这一目标，图书馆的各类文献、数据及服务均应做好向移动端的迁移。

（5）基于人工智能和深度学习的图书馆用户的全方位随身服务。人工智能的主要研究课题包括：语言的学习与处理、知识表现、智能搜索、推理、规划、机器学习、知识获取、神经网络、复杂系统、遗传算法及人类思维方式等。人工智能可以通过数据分析和建立模型，洞悉用户的心理特征、需求倾向，预测用户的需要，提供全方位的即时和随身服务。智能图书馆，将更进一步提升为个体度身定制的推荐引擎，从而为读者提供更快捷、更多样、更立体、更方便、更精准、更即时的服务。

此外，图书馆也应当及时跟踪区块链、边缘计算等技术的发展。

在可以看到的未来，无所不在的网络将人、机、环境甚至人的意识都联结在一起，集数字化、网络化、智能化、泛在化、可视化于一体的超融合图书馆，将虚拟空间和实体空间统一于图书馆信息服务平台的新服务形态模式。通过构建起万物智能互联、供需互动对接、跨域互通共享的文献流、信息流、数据流、知识流、人才流、服务流，形成资源、数据、人员、平台间的深度互连互通，端对端、点对线、人对群的万物互联正在向共享云平台服务和个性化应用的智能服务跃升，形成群体性智能和体系性智能，图书馆将在新的网络智能环境中，发挥自身独特的信息节点作用。

参考文献

1. 刘兹恒.图书馆未来发展的十大趋势[N].中国出版传媒商报,2016-04-08.

2. 贝蓓,张凯.新技术在高校图书馆现代化建设中的应用[J].内蒙古科技与经济,2015(24).

3. 董焱,刘兹恒.网络环境下我国图书馆的发展方向[J].中国图书馆学报,1999(6).

4. 董焱.信息文化论[M].北京：北京图书馆出版社,2003.

5. 马蕾,余伟萍.复合图书馆的设计[J].图书情报工作,2001(10).

6. 刘嘉.走向消亡还是长足发展：论网络环境下的图书馆[J].人大复印资料：图书馆学、信息科学、资料工作,2000(8).

7. 刘志华. 美国《1998 数字千年版权法》有关版权保护的新规定[J]. 中国图书馆学报,2001(2).

8. 宋丽萍. 基于网络的学术信息交流体系构建[J]. 图书情报工作,2007,51(2).

9. Crawford,Gorman. Future libraries:dreams,madness & reality[M]. Chicago and London:American Library Association,1995.

10. Lancaster,Sandore. Technology and management in library and information service[M]. Champaign,IL:Univ. of Illinois,1997.

11. Hughes. "Facework":A New Role for the Next Generation of library Based Information Technology Centers[J]. Library Hi Tech,1998,16(3/4).

12. 徐路. 图书馆未来发展的关键趋势,面临挑战和重要技术——基于《新媒体联盟地平线报告:2015 图书馆版》的分析[J]. 图书情报知识,2017(2).

13. 王东波. 基于"互联网+"的图书馆未来发展新趋势[J]. 国家图书馆学刊,2016(3).

14. 黄晓蔚. 图书馆未来发展趋势探讨[J]. 科技情报开发与经济,2009(2).

15. 邱葵. 从美国未来图书馆中心的社会趋势研究看图书馆的发展方向[J]. 图书馆论坛,2015(9).

16. 张恒. 复合图书馆未来发展趋势探析[J]. 吉林省经济管理干部学院学报,2015(3).

17. 柯平. 图书馆学科发展趋势及未来重点领域[J]. 现代情报,2013(8).

18. 李晨晖,张兴旺,秦晓珠. 图书馆未来的技术应用与发展——基于近五年 Gartner《十大战略技术趋势》及相关报告的对比分析[J]. 图书与情报,2017(6).

19. 王世伟. 信息文明与图书馆发展趋势研究[J]. 中国图书馆学报,2017(5).

20. 陈俭峰. 大数据环境下图书馆决策机制的优化及实现[J]. 图书馆工作与研究,2017(11).

附录一

联合国教科文组织公共图书馆宣言(1994)

自由、繁荣以及社会与个人的发展是人类根本价值的体现。人类根本价值的实现取决于智者在社会中行使民主权利和发挥积极作用能力的提高。人们对社会以及民主发展的建设性参与,取决于人们所受良好教育及存取知识、思想、文化和信息的自由开放程度。

公共图书馆,作为人们寻求知识的渠道,为个人和社会群体进行终身教育、自主决策和文化发展提供了基本条件。

本宣言宣告,联合国教科文组织坚信公共图书馆是传播教育、文化和信息的一支有生力量,是促使人们寻找和平和精神幸福的基本资源。

联合国教科文组织因此建议各国和各地政府支持并积极参与公共图书馆的建设。

公共图书馆

公共图书馆是地区的信息中心,它向用户迅速提供各种知识和信息。每一个人都有平等享受公共图书馆服务的权利,而不受年龄、种族、性别、宗教信仰、国籍、语言或社会地位的限制。对因故不能享用常规服务和资料的用户,例如少数民族用户、残疾用户、医院病人或监狱囚犯,必须向其提供特殊服务和资料。各年龄群体的图书馆用户必须能够找到与其需求相关的资料。公共图书馆必须藏有并提供包括各种合适的信息载体和现代技术以及传统书刊资料。重要的是馆藏和图书馆服务是否具有高质量,是否确实满足地方需求,适合地方条件。馆藏资料必须反映当前趋势和社会发展过程,以及记载人类活动和想象的历史。

馆藏资料和图书馆服务不应受到任何意识形态、政治或宗教审查制度的影响,也不应屈服于商业压力。

公共图书馆的使命

公共图书馆服务的核心应该与信息、扫盲、教育和文化密切相关,主要使命为:

1. 养成并强化儿童早期的阅读习惯;
2. 支持个人和自学教育以及各级正规教育;
3. 提供个人创造力发展的机会;
4. 激发儿童和青年的想象力和创造力;
5. 加强文化遗产意识,提高艺术鉴赏力,促进科学成就和科技创新;
6. 提供接触各种表演艺术文化展示的机会;
7. 促进不同文化之间的对话,支持文化多样性的发挥;
8. 支持口述传统文化的保存和传播;
9. 保证市民获取各种社会信息;
10. 为地方企业、社团群体提供充足的信息服务;
11. 促进信息技术的发展和计算机应用能力的提高;
12. 支持并参与各年龄群体的扫盲活动和计划,在必要时组织发起这样的活动。

拨款、立法和网络

1. 公共图书馆原则上应该免费提供服务。建立公共图书馆是国家和地方政府的责任。必须专门立法维持公共图书馆,并由国家和地方政府财政拨款。图书馆应该是继承文化、传递信息、扫盲和长期教育战略的基本组成部分。

2. 为保证全国图书馆的协调与合作,必须立法并制定战略计划,来确定并建设同一服务标准的全国图书馆网络。

3. 公共图书馆网络的设计必须考虑到与国家图书馆、地方图书馆、研究图书馆和专业图书馆,以及大中小学图书馆之间的关系。

运作与管理

1. 必须制定清晰的政策,确定与社区需求相关的目标、重点和服务。必须有效地组织公共图书馆并保持运作的专业水准。

2. 必须确保与有关合作伙伴(用户群体和其他专业人员)进行地方、区域、全国甚至国际性合作。

3. 使社会每一个人都能确实得到图书馆服务。需要有理想的馆舍环境,良好的阅读学习设施,以及相关的技术和充足的开馆时间,包括对不能到馆的用户提供馆外服务。

4. 图书馆服务必须适应乡村和城市社区的不同需求。

5. 图书馆员是图书馆用户和馆藏资源之间的能动的中间人。图书馆员的专业培训和继续教育对保证服务质量非常重要。

6. 必须制定馆外教育和用户培训计划,帮助用户从各种馆藏资源中获取有价值的信息。

宣言的贯彻和落实

宣言特此敦促全世界各个国家和地方的决策者和整个图书馆界,应认真贯彻和落实宣言所表述的各项原则。

附录二

全民教育中的中小学图书馆
——国际图联/联合国教科文组织中小学图书馆宣言
（联合国教科文组织一般委员会 1999 年 11 月批准）

中小学图书馆提供信息和理念，这些信息和理念，对于在今天这个建立在信息和知识基础上的社会中取得成功，是十分必要的。中小学图书馆使学生具有终身学习的技能，发展其想象能力，使之能够作为一个有责任感的公民生存于世。

一、中小学图书馆的任务

中小学图书馆为学校的全体成员提供学习服务、图书和信息资源，这些能使他们成为有批判精神的思想者和各种形式、媒介的信息的有效用户。中小学图书馆按照《联合国教科文组织公共图书馆宣言》的原则，同广大的图书馆和信息网络相联系。

图书馆工作人员提供图书和其他信息资源的使用，包括从虚构的到现实的，从印刷的到电子的，从本馆的到异地的。这些资料能够补充和丰富教科书、教学材料和方法。

事实证明，图书馆与教师共同合作，可以使学生们在识字、阅读、学习、解决问题、信息和交流技能方面达到更高的水平。

中小学图书馆的服务必须平等地向学校的全体成员提供，而不论其年龄、种族、性别、宗教、国籍、语言、职业和社会地位。应当对那些不能使用图书馆常规服务和资料的人提供特殊的服务。

获得服务和馆藏应当建立在《联合国人权和自由宣言》基础上，而不应当屈从于任何形式的意识形态、政治或宗教审查，或者商业压力。

二、经费法规和网络

中小学图书馆对于识字、教育、信息提供,以及经济、社会和文化发展的长期战略是必不可少的。作为本地、地区和国家权力机构的一项责任,必须以专门的法律和政策对其提供支持。中小学图书馆必须有充足和源源不断的经费用于馆员培训、资料、技术和装备。它们必须是免费的。

中小学图书馆是本地图书馆、地区图书馆、国家图书馆和信息网络的必不可少的伙伴。

当中小学图书馆与其他类型图书馆(如公共图书馆)共享设备与资源时,中小学图书馆独一无二的目标必须得到承认和维护。

三、中小学图书馆的目标

中小学图书馆是教育过程的组成部分。

下面所列举的对于发展识字、信息能力、教学、学习和文化是必不可少的,是中小学图书馆服务的核心。

- ·支持和增强由学校的任务和课程体现出来的教育目标;
- ·发展和支持孩子们阅读、求知和终身利用图书馆的习惯和爱好;
- ·为在知识、理解、想象、娱乐方面创造和利用信息积累经验提供机会;
- ·向所有学生提供评估和利用各种形式、形态、媒介的信息的知识和实践技能,并且使他们即时了解社会成员间各种交流模式;
- ·提供获取本地、地区、国家和全球资源的途径,使学习者有接触各种各样的观念、经验和意见的机会;
- ·组织可促进文化和社会意识与敏感性的活动;
- ·与学生、教师、管理者和家长一起努力,完成学校的任务;
- ·提倡知识自由和信息的获取,对于有效地、负责地行使公民权,以及参与民主是必不可少的;
- ·在整个学校及更大范围内,促进阅读、信息资源和中小学图书馆的服务;

中小学图书馆通过发展政策和服务,选择和获得信息资源,提供物质的智力的手段以获得适当的信息源,提供教学设备,雇用训练有素的馆员,完成上述任务。

四、馆员

中小学图书馆馆员应当是有专业资格的工作人员,他们负责中小学图书馆的计划和管理,他们应有尽可能充足的工作人员的支持,与整个学校的其他成员共同工作,与公共图书馆和其他机构建立联系。

中小学图书馆馆员的角色,在国家法律和财政框架内,应根据学校的预算、课程和教学方法变化。在各个专业领域内,都有普遍的知识域,如果中小学图书馆员开发和提供有效的中小学图书馆服务:信息资源、图书馆、信息管理和教学,这些知识将会是生动活泼的。

在一个发展的网络环境中,中小学图书馆员必须能胜任面对师生的不同的信息处理技巧的计划和教学,因此他们必须不断地进行职业训练和提高自身。

五、运作与管理

为了确保有效的和明晰的运作:

·中小学图书馆服务方针必须根据与学校课程相关的确定的目标、优先考虑的事项和服务提出;

·中小学图书馆必须依据专业标准组织和维持;

·服务必须面向全体学校成员,并在本地社区内运作;

·必须鼓励同教师、资深学校管理人员、行政人员、家长、其他图书馆员和信息人员、社会团体的协作。

六、贯彻宣言

应力促政府——通过其负责教育的官员——发展战略、政策和计划,以贯彻本宣言的原则。计划应包括对宣言传播的承诺和图书馆员及教师的继续培训计划。

附录三

中华人民共和国公共图书馆法

第一章 总 则

第一条 为了促进公共图书馆事业发展,发挥公共图书馆功能,保障公民基本文化权益,提高公民科学文化素质和社会文明程度,传承人类文明,坚定文化自信,制定本法。

第二条 本法所称公共图书馆,是指向社会公众免费开放,收集、整理、保存文献信息并提供查询、借阅及相关服务,开展社会教育的公共文化设施。

前款规定的文献信息包括图书报刊、音像制品、缩微制品、数字资源等。

第三条 公共图书馆是社会主义公共文化服务体系的重要组成部分,应当将推动、引导、服务全民阅读作为重要任务。

公共图书馆应当坚持社会主义先进文化前进方向,坚持以人民为中心,坚持以社会主义核心价值观为引领,传承发展中华优秀传统文化,继承革命文化,发展社会主义先进文化。

第四条 县级以上人民政府应当将公共图书馆事业纳入本级国民经济和社会发展规划,将公共图书馆建设纳入城乡规划和土地利用总体规划,加大对政府设立的公共图书馆的投入,将所需经费列入本级政府预算,并及时、足额拨付。

国家鼓励公民、法人和其他组织自筹资金设立公共图书馆。县级以上人民政府应当积极调动社会力量参与公共图书馆建设,并按照国家有关规定给予政策扶持。

第五条 国务院文化主管部门负责全国公共图书馆的管理工作。国务院其他有关部门在各自职责范围内负责与公共图书馆管理有关的工作。

县级以上地方人民政府文化主管部门负责本行政区域内公共图书馆的管理工作。县级以上地方人民政府其他有关部门在各自职责范围内负责本行政区域内与公共图书馆管理有关的工作。

第六条 国家鼓励公民、法人和其他组织依法向公共图书馆捐赠,并依法给予税收优惠。

境外自然人、法人和其他组织可以依照有关法律、行政法规的规定,通过捐赠方式参与境内公共图书馆建设。

第七条 国家扶持革命老区、民族地区、边疆地区和贫困地区公共图书馆事业的发展。

第八条 国家鼓励和支持发挥科技在公共图书馆建设、管理和服务中的作用,推动运用现代信息技术和传播技术,提高公共图书馆的服务效能。

第九条 国家鼓励和支持在公共图书馆领域开展国际交流与合作。

第十条 公共图书馆应当遵守有关知识产权保护的法律、行政法规规定,依法保护和使用文献信息。

馆藏文献信息属于文物、档案或者国家秘密的,公共图书馆应当遵守有关文物保护、档案管理或者保守国家秘密的法律、行政法规规定。

第十一条 公共图书馆行业组织应当依法制定行业规范,加强行业自律,维护会员合法权益,指导、督促会员提高服务质量。

第十二条 对在公共图书馆事业发展中做出突出贡献的组织和个人,按照国家有关规定给予表彰和奖励。

第二章 设 立

第十三条 国家建立覆盖城乡、便捷实用的公共图书馆服务网络。公共图书馆服务网络建设坚持政府主导,鼓励社会参与。

县级以上地方人民政府应当根据本行政区域内人口数量、人口分布、环境和交通条件等因素,因地制宜确定公共图书馆的数量、规模、结构和分布,加强固定馆舍和流动服务设施、自助服务设施建设。

第十四条 县级以上人民政府应当设立公共图书馆。

地方人民政府应当充分利用乡镇(街道)和村(社区)的综合服务设施设立图书室,服务城乡居民。

第十五条 设立公共图书馆应当具备下列条件:

(一)章程;

(二)固定的馆址;

(三)与其功能相适应的馆舍面积、阅览座席、文献信息和设施设备;

(四)与其功能、馆藏规模等相适应的工作人员;

(五)必要的办馆资金和稳定的运行经费来源;

(六)安全保障设施、制度及应急预案。

第十六条 公共图书馆章程应当包括名称、馆址、办馆宗旨、业务范围、管理制度及有关规则、终止程序和剩余财产的处理方案等事项。

第十七条 公共图书馆的设立、变更、终止应当按照国家有关规定办理登记手续。

第十八条 省、自治区、直辖市人民政府文化主管部门应当在其网站上及时公布本行政区域内公共图书馆的名称、馆址、联系方式、馆藏文献信息概况、主要服务内容和方式等信息。

第十九条 政府设立的公共图书馆馆长应当具备相应的文化水平、专业知识和组织管理能力。

公共图书馆应当根据其功能、馆藏规模、馆舍面积、服务范围及服务人口等因素配备相应的工作人员。公共图书馆工作人员应当具备相应的专业知识与技能,其中专业技术人员可以按照国家有关规定评定专业技术职称。

第二十条 公共图书馆可以以捐赠者姓名、名称命名文献信息专藏或者专题活动。

公民、法人和其他组织设立的公共图书馆,可以以捐赠者的姓名、名称命名公共图书馆、公共图书馆馆舍或者其他设施。

以捐赠者姓名、名称命名应当遵守有关法律、行政法规的规定,符合国家利益和社会公共利益,遵循公序良俗。

第二十一条 公共图书馆终止的,应当依照有关法律、行政法规的规定处理其剩余财产。

第二十二条 国家设立国家图书馆,主要承担国家文献信息战略保存、国家书目和联合目录编制、为国家立法和决策服务、组织全国古籍保护、开展图书馆发展研究和国际交流、为其他图书馆提供业务指导和技术支持等职能。国家图书馆同时具有本法规定的公共图书馆的功能。

第三章 运 行

第二十三条 国家推动公共图书馆建立健全法人治理结构,吸收有关方面代表、专业人士和社会公众参与管理。

第二十四条 公共图书馆应当根据办馆宗旨和服务对象的需求,广泛收集文献信息;政府设立的公共图书馆还应当系统收集地方文献信息,保存和传承地方文化。

文献信息的收集应当遵守有关法律、行政法规的规定。

第二十五条 公共图书馆可以通过采购、接受交存或者捐赠等合法方式收集文献信息。

第二十六条 出版单位应当按照国家有关规定向国家图书馆和所在地省级公共图书馆交存正式出版物。

第二十七条 公共图书馆应当按照国家公布的标准、规范对馆藏文献信息进行整理,建立馆藏文献信息目录,并依法通过其网站或者其他方式向社会公开。

第二十八条 公共图书馆应当妥善保存馆藏文献信息,不得随意处置;确需处置的,应当遵守国务院文化主管部门有关处置文献信息的规定。

公共图书馆应当配备防火、防盗等设施,并按照国家有关规定和标准对古籍和其他珍贵、易损文献信息采取专门的保护措施,确保安全。

第二十九条 公共图书馆应当定期对其设施设备进行检查维护,确保正常运行。

公共图书馆的设施设备场地不得用于与其服务无关的商业经营活动。

第三十条 公共图书馆应当加强馆际交流与合作。国家支持公共图书馆开展联合采购、联合编目、联合服务,实现文献信息的共建共享,促进文献信息的有效利用。

第三十一条 县级人民政府应当因地制宜建立符合当地特点的以县级公共图书馆为总馆,乡镇(街道)综合文化站、村(社区)图书室等为分馆或者基层服务点的总分馆制,完善数字化、网络化服务体系和配送体系,实现通借通还,促进公共图书馆服务向城乡基层延伸。总馆应当加强对分馆和基层服务点的业务指导。

第三十二条 公共图书馆馆藏文献信息属于档案、文物的,公共图书馆可以与档案馆、博物馆、纪念馆等单位相互交换重复件、复制件或者目录,联合举办展览,共同编辑出版有关史料或者进行史料研究。

第四章 服 务

第三十三条 公共图书馆应当按照平等、开放、共享的要求向社会公众提供服务。

公共图书馆应当免费向社会公众提供下列服务:

(一)文献信息查询、借阅;

(二)阅览室、自习室等公共空间设施场地开放;

(三)公益性讲座、阅读推广、培训、展览;

(四)国家规定的其他免费服务项目。

第三十四条 政府设立的公共图书馆应当设置少年儿童阅览区域,根据少年儿童的特点配备相应的专业人员,开展面向少年儿童的阅读指导和社会教育活动,并为学校开展有关课外活动提供支持。有条件的地区可以单独设立少年儿童图书馆。

政府设立的公共图书馆应当考虑老年人、残疾人等群体的特点,积极创造条件,提供适合其需要的文献信息、无障碍设施设备和服务等。

第三十五条　政府设立的公共图书馆应当根据自身条件,为国家机关制定法律、法规、政策和开展有关问题研究,提供文献信息和相关咨询服务。

第三十六条　公共图书馆应当通过开展阅读指导、读书交流、演讲诵读、图书互换共享等活动,推广全民阅读。

第三十七条　公共图书馆向社会公众提供文献信息,应当遵守有关法律、行政法规的规定,不得向未成年人提供内容不适宜的文献信息。

公共图书馆不得从事或者允许其他组织、个人在馆内从事危害国家安全、损害社会公共利益和其他违反法律法规的活动。

第三十八条　公共图书馆应当通过其网站或者其他方式向社会公告本馆的服务内容、开放时间、借阅规则等;因故闭馆或者更改开放时间的,除遇不可抗力外,应当提前公告。

公共图书馆在公休日应当开放,在国家法定节假日应当有开放时间。

第三十九条　政府设立的公共图书馆应当通过流动服务设施、自助服务设施等为社会公众提供便捷服务。

第四十条　国家构建标准统一、互联互通的公共图书馆数字服务网络,支持数字阅读产品开发和数字资源保存技术研究,推动公共图书馆利用数字化、网络化技术向社会公众提供便捷服务。

政府设立的公共图书馆应当加强数字资源建设、配备相应的设施设备,建立线上线下相结合的文献信息共享平台,为社会公众提供优质服务。

第四十一条　政府设立的公共图书馆应当加强馆内古籍的保护,根据自身条件采用数字化、影印或者缩微技术等推进古籍的整理、出版和研究利用,并通过巡回展览、公益性讲座、善本再造、创意产品开发等方式,加强古籍宣传,传承发展中华优秀传统文化。

第四十二条　公共图书馆应当改善服务条件、提高服务水平,定期公告服务开展情况,听取读者意见,建立投诉渠道,完善反馈机制,接受社会监督。

第四十三条　公共图书馆应当妥善保护读者的个人信息、借阅信息以及其他可能涉及读者隐私的信息,不得出售或者以其他方式非法向他人提供。

第四十四条 读者应当遵守公共图书馆的相关规定,自觉维护公共图书馆秩序,爱护公共图书馆的文献信息、设施设备,合法利用文献信息;借阅文献信息的,应当按照规定时限归还。

对破坏公共图书馆文献信息、设施设备,或者扰乱公共图书馆秩序的,公共图书馆工作人员有权予以劝阻、制止;经劝阻、制止无效的,公共图书馆可以停止为其提供服务。

第四十五条 国家采取政府购买服务等措施,对公民、法人和其他组织设立的公共图书馆提供服务给予扶持。

第四十六条 国家鼓励公民参与公共图书馆志愿服务。县级以上人民政府文化主管部门应当对公共图书馆志愿服务给予必要的指导和支持。

第四十七条 国务院文化主管部门和省、自治区、直辖市人民政府文化主管部门应当制定公共图书馆服务规范,对公共图书馆的服务质量和水平进行考核。考核应当吸收社会公众参与。考核结果应当向社会公布,并作为对公共图书馆给予补贴或者奖励等的依据。

第四十八条 国家支持公共图书馆加强与学校图书馆、科研机构图书馆以及其他类型图书馆的交流与合作,开展联合服务。

国家支持学校图书馆、科研机构图书馆以及其他类型图书馆向社会公众开放。

第五章 法律责任

第四十九条 公共图书馆从事或者允许其他组织、个人在馆内从事危害国家安全、损害社会公共利益活动的,由文化主管部门责令改正,没收违法所得;情节严重的,可以责令停业整顿、关闭;对直接负责的主管人员和其他直接责任人员依法追究法律责任。

第五十条 公共图书馆及其工作人员有下列行为之一的,由文化主管部门责令改正,没收违法所得:

（一）违规处置文献信息；

（二）出售或者以其他方式非法向他人提供读者的个人信息、借阅信息以及其他可能涉及读者隐私的信息；

（三）向社会公众提供文献信息违反有关法律、行政法规的规定，或者向未成年人提供内容不适宜的文献信息；

（四）将设施设备场地用于与公共图书馆服务无关的商业经营活动；

（五）其他不履行本法规定的公共图书馆服务要求的行为。

公共图书馆及其工作人员对应当免费提供的服务收费或者变相收费的，由价格主管部门依照前款规定给予处罚。

公共图书馆及其工作人员有前两款规定行为的，对直接负责的主管人员和其他直接责任人员依法追究法律责任。

第五十一条　出版单位未按照国家有关规定交存正式出版物的，由出版行政主管部门依照有关出版管理的法律、行政法规规定给予处罚。

第五十二条　文化主管部门或者其他有关部门及其工作人员在公共图书馆管理工作中滥用职权、玩忽职守、徇私舞弊的，对直接负责的主管人员和其他直接责任人员依法给予处分。

第五十三条　损坏公共图书馆的文献信息、设施设备或者未按照规定时限归还所借文献信息，造成财产损失或者其他损害的，依法承担民事责任。

第五十四条　违反本法规定，构成违反治安管理行为的，依法给予治安管理处罚；构成犯罪的，依法追究刑事责任。

第六章　附　则

第五十五条　本法自2018年1月1日起施行。

附录四

普通高等学校图书馆规程

(教育部教高〔2015〕14号)

第一章 总 则

第一条 为促进高等学校图书馆的建设和发展,指导和规范高等学校图书馆工作,依据《中华人民共和国教育法》《中华人民共和国高等教育法》及相关规定,制定本规程。

第二条 高等学校图书馆(以下简称"图书馆")是学校的文献信息资源中心,是为人才培养和科学研究服务的学术性机构,是学校信息化建设的重要组成部分,是校园文化和社会文化建设的重要基地。图书馆的建设和发展应与学校的建设和发展相适应,其水平是学校总体水平的重要标志。

第三条 图书馆的主要职能是教育职能和信息服务职能。图书馆应充分发挥在学校人才培养、科学研究、社会服务和文化传承创新中的作用。

第四条 图书馆的主要任务是:

(一)建设全校的文献信息资源体系,为教学、科研和学科建设提供文献信息保障;

(二)建立健全全校的文献信息服务体系,方便全校师生获取各类信息;

(三)不断拓展和深化服务,积极参与学校人才培养、信息化建设和校园文化建设;

(四)积极参与各种资源共建共享,发挥信息资源优势和专业服务优势,为社会服务。

第二章 体制和机构

第五条 高等学校应由一名校级领导分管图书馆工作。图书馆在学校授权范围内实行馆长负责制。学校在重大建设和发展事项的决策过程中,对于涉及文献信息保障方面的工作,应吸收图书馆馆长参与或听取其意见。

第六条 高等学校应根据图书馆实际工作需要设置图书馆内部组织机构和岗位,明确各组织机构和岗位的职责。

第七条 高等学校可根据学校校区分布或学科分布设立相应的总图书馆、校区分馆、学科分馆和院(系、所)分馆(资料室),分馆(资料室)受总图书馆领导或业务指导,面向全校开放。

第八条 高等学校可根据需要设立图书馆工作委员会,作为全校图书馆工作的咨询和协调机构。

图书馆工作委员会由学校相关职能部门负责人、教师和学生代表组成。学校主管图书馆工作的校领导担任主任委员,图书馆馆长担任副主任委员。

图书馆工作委员会应定期召开会议,听取图书馆工作报告,讨论全校文献信息工作中的重大事项,反映师生的意见和要求,向学校和图书馆提出改进工作的建议。

第三章 工作人员

第九条 图书馆工作人员应恪守职业道德,遵守行业规范,认真履行岗位职责。

第十条 图书馆设馆长一名、副馆长若干名。

图书馆馆长应设置为专业技术岗位,原则上应由具有高级专业技术职务者担任,并应保持适当的稳定性。

馆长主持全馆工作,组织制订和贯彻实施图书馆发展规划、规章制度、工作计划、队伍建设方案及经费预算。副馆长协助馆长负责或分管相应工作。

第十一条 高等学校应根据发展目标、师生规模和图书馆的工作任务,确定图书馆工作人员编制。

图书馆馆员包括专业馆员和辅助馆员,专业馆员的数量应不低于馆员总数的50%。专业馆员一般应具有硕士研究生及以上层次学历或高级专业技术职务,并经过图书馆学专业教育或系统培训。辅助馆员一般应具有高等教育专科及以上层次学历,具体聘用条件根据工作岗位的要求和学校的人事管理制度确定。

第十二条 高等学校新聘用图书馆工作人员,按照规定应当面向社会公开招聘的,按照规定执行。

图书馆工作人员按照国家有关规定,实行专业技术职务聘任制和岗位聘任制,享受相应待遇。

第十三条 高等学校应将图书馆专业馆员培养纳入学校的人才培养计划,重视培养高层次的专家和学术带头人。鼓励图书馆工作人员通过在职学习和进修,提高知识水平和业务技能。

第十四条 高等学校对于在图书馆从事特种工作的人员,按国家规定给予相应的劳保待遇。

第十五条 高等学校应根据图书馆工作特点,制定考核办法,定期对工作人员进行考核,考核结果作为调整工作人员岗位、工资以及续订聘用合同等依据。

第四章 经费、馆舍、设备

第十六条 高等学校应保证图书馆正常运行和持续发展所必需的经费和物质条件。

图书馆应注重办馆效益,科学合理地使用经费。

高等学校应鼓励社会组织和个人依法积极向图书馆进行捐赠和资助。

第十七条 高等学校要把图书馆的经费列入学校预算,并根据发展需要逐年增加。

图书馆的经费包括文献信息资源购置费、运行费和专项建设费。运行费主要包括设备设施维护费、办公费等。

第十八条 图书馆的文献信息资源购置费应与学校教学和科学研究的需要相适应,馆藏文献信息资源总量和纸质文献信息资源的年购置量应不低于国家有关规定。全校文献信息资源购置费应由图书馆统筹协调、合理使用。

第十九条 高等学校应按照国家有关法规和标准,建造独立专用的图书馆馆舍。馆舍应充分考虑学校发展规模,适应现代化管理的需要,满足图书馆的功能需求,节能环保,并具有空间调整的灵活性。

馆舍建筑面积和馆内各类用房面积须达到国家规定的校舍规划面积定额标准。

第二十条 高等学校应有计划地为图书馆配备服务和办公所需的各种家具、设备和用品,重视自动化、网络化、数字化等现代信息基础设施建设。

第二十一条 高等学校应做好图书馆馆舍、设备的维护维修,根据需要持续改善图书馆的服务设施,重视图书馆内外环境的美化绿化,落实防火、防水、防潮、防虫等防护措施。

第五章　文献信息资源建设

第二十二条 图书馆应根据学校人才培养、科学研究和学科建设的需要,以及馆藏基础和资源共建共享的要求,制订文献信息资源发展规划和实施方案。

第二十三条 图书馆在文献信息资源建设中应统筹纸质资源、数字资源和其他载体资源;保持重要文献、特色资源的完整性与连续性;注重收藏本校以及与本校有关的各类型载体的教学、科研资料与成果;寻访和接受社会捐赠;形成具有本校特色的文献信息资源体系。

第二十四条 图书馆应积极参与国内外文献信息资源建设的馆际协作,实现资源共建共享。

第二十五条　图书馆应根据国家和行业的相关标准规范,对采集的信息资源进行科学的加工整序,建立完善的信息检索系统。

第二十六条　图书馆应合理组织馆藏纸质资源,便于用户获取和利用;应加强文献保护与修复,保证文献资源的长期使用。

第二十七条　图书馆应注重建设数字信息资源管理和服务系统,参与校园信息化建设和学校学术资源的数字化工作,建立数字信息资源的长期保存机制,保障信息安全。

第六章　服　务

第二十八条　图书馆应坚持以人为本的服务理念,保护用户合法、平等地利用图书馆的权利,健全服务体系,创新服务模式,提高服务效益和用户满意度。

第二十九条　图书馆在学校教学时间内开馆每周应不低于90小时,假期也应有必要的开放时间,有条件的学校可以根据实际需要全天开放;网上资源的服务应做到全天24小时开放。

第三十条　图书馆应不断提高文献服务水平,采用现代化技术改进服务方式,优化服务空间,注重用户体验,提高馆藏利用率和服务效率。

图书馆应积极拓展信息服务领域,提供数字信息服务,嵌入教学和科研过程,开展学科化服务,根据需求积极探索开展新服务。

第三十一条　图书馆应全面参与学校人才培养工作,充分发挥第二课堂的作用,采取多种形式提高学生综合素质。

图书馆应重视开展信息素质教育,采用现代教育技术,加强信息素质课程体系建设,完善和创新新生培训、专题讲座的形式和内容。

第三十二条　图书馆应积极参与校园文化建设,积极采用新媒体,开展阅读推广等文化活动。

第三十三条　图书馆应制定相关规章制度,引导用户遵守法律法规和公共道德,尊重和保护知识产权,爱护馆藏文献及设施设备,维护网络信息安全。

第三十四条 图书馆应为学生提供社会实践的条件,设置学生参与图书馆管理与服务的岗位,支持与图书馆有关的学生社团和志愿者的活动。

第三十五条 图书馆应通过加强无障碍环境建设等,为残障人士等特殊用户利用图书馆提供便利。

第三十六条 图书馆应加强各馆之间以及与其他类型图书馆之间的协作,开展馆际互借和文献传递、联合参考咨询等共享服务。

第三十七条 图书馆应在保证校内服务和正常工作秩序的前提下,发挥资源和专业服务的优势,开展面向社会用户的服务。

第七章 管 理

第三十八条 高等学校应秉持改革与创新的理念,确定图书馆办馆宗旨。

图书馆应根据学校发展目标制订图书馆发展规划,建立健全各项规章制度。

第三十九条 高等学校应推动图书馆严格遵循相关的专业标准,不断完善业务规范和考核办法,改进和优化业务管理。

第四十条 高等学校应支持图书馆有计划地开展学术研究,组织和参与国内外学术交流活动,发表研究成果。支持图书馆积极参加专业学术团体,按国家有关规定申请加入国际学术组织。

图书馆应鼓励馆员申报各级各类科研项目,有条件的可根据需要自行设立科研课题。

第四十一条 图书馆应注重统计工作,如实填报各类统计数据,做好统计数据的保存和分析。

第四十二条 图书馆应建立文书和档案管理制度,制订管理规范,妥善收集、整理和保存文书档案资料。

第四十三条 图书馆应重视馆藏文献等资产的管理,建立完整的资产账目和管理制度。

第四十四条 高等学校应重视图书馆公共安全管理,采取多种防护措施,制订突发事件应急预案,保护人身安全。

第四十五条 高等学校应鼓励图书馆积极开展业务评估评价活动,不断提高办馆效益和水平。

第八章 附 则

第四十六条 本规程适用于全日制普通高等学校。各高等学校可依据本规程并结合学校的办学层次、学校性质、学科特点、学校规模、所在地区等具体因素,制订本校图书馆的工作规定和实施细则。

第四十七条 教育部高等学校图书情报工作指导性专家组织可根据本规程制订各类型高等学校图书馆的建设与服务方面具体规定,指导各类型高等学校图书馆的发展和评估评价工作。

第四十八条 本规程自发布之日起施行。原《普通高等学校图书馆规程(修订)》(教高[2002]3号)同时废止。

附录五

中小学图书馆(室)规程(修订)

(教基〔2018〕5号)

第一章 总 则

第一条 为加强中小学图书馆(室)(以下简称图书馆)规范化、科学化、现代化建设,落实立德树人根本任务,提升服务教育教学能力,特制定本规程。

第二条 本规程适用于公办、民办全日制普通中小学校的图书馆。

第三条 图书馆是中小学校的文献信息中心,是学校教育教学和教育科学研究的重要场所,是学校文化建设和课程资源建设的重要载体,是促进学生全面发展和推动教师专业成长的重要平台,是基础教育现代化的重要体现,也是社会主义公共文化服务体系的有机组成部分。

第四条 图书馆的主要任务是:贯彻党的教育方针,培育社会主义核心价值观,弘扬中华优秀传统文化,促进学生德智体美全面发展;建立健全学校文献信息和服务体系,协助教师开展教学教研活动,指导学生掌握检索与利用文献信息的知识与技能;组织学生阅读活动,培养学生的阅读兴趣和阅读习惯。

第二章 体制与机构

第五条 县级以上教育行政部门负责行政区域内图书馆的规划和管理,指导教育技术装备机构和学校做好图书馆的建设、配备、管理、应用、培训、评估等工作。

第六条　图书馆实行校长领导下的馆长负责制,由一名校级领导分管图书馆工作。有关图书馆工作的重大事项应当听取图书馆馆长意见,最终由校长办公会决定。

第七条　学校可根据需要设立阅读指导机构,指导和协调全校阅读活动的开展。

阅读指导机构由一名校领导担任负责人,成员由学校图书馆及相关职能部门负责人、教师和学生代表组成,鼓励家长代表参加。

阅读指导机构应当定期召开会议,制定学校阅读计划,组织阅读活动的实施,反映师生意见和要求,向学校提出改进阅读活动的建议。

第三章　图书配备与馆藏文献信息建设

第八条　学校应根据发展目标,以师生需求为导向,统筹纸质资源、数字资源和其他载体资源,制定图书配备与其他馆藏文献信息建设发展规划。

第九条　图书馆藏书包括适合中小学生阅读的各类图书和报刊、供师生使用的工具书、教学参考书、教育教学理论书籍和应用型的专业书籍。民族地区中小学应当根据教育教学需要配备相应民族语言文字的文献资源。接收残疾学生随班就读的学校应当配备适合特殊学生阅读的盲文图书、大字本图书和有声读物等。

第十条　图书馆藏书量不得低于《中小学图书馆(室)藏书量》(附表一)的规定标准。建立完善增新剔旧制度。图书馆每年生均新增(更新)纸质图书应当不少于一本。图书复本量应当根据实际需要合理确定。

第十一条　图书馆应当建立和完善馆藏资源采购、配备办法,定期公告资源更新目录,注重听取师生意见,建立意见反馈机制,不断提高资源质量和适宜性。定期开展清理审查,严禁盗版图书等非法出版物及不适合中小学生阅读的出版物进入图书馆。

第十二条　图书馆应当把《中小学图书馆(室)藏书分类比例表》(附表二)和教育部指导编制的《全国中小学图书馆(室)推荐书目》作为中小学图书馆馆藏建

设的主要参考依据,合理配置纸质书刊。

第十三条　图书馆应当重视数字资源建设,依托区域数字图书馆和信息资源中心获取数字图书和电子期刊等。

地方教育行政部门要统筹推进区域数字图书馆和文献信息资源中心建设,促进优质数字资源共建共享。

第十四条　根据需要,图书馆可参与学校的校本资源开发和建设。

第四章　图书馆与文献信息管理

第十五条　图书馆应当建立健全各项规章制度,并确保执行。

第十六条　图书馆应当建立书刊总括登录和个别登录两种账目。

第十七条　各类型文献应当按照《中国图书馆分类法》进行分类。

第十八条　图书著录应当遵循《普通图书著录规则》;期刊著录应当遵循《连续出版物著录规则》,计算机编目应当遵循《中文图书机读目录格式》。图书馆应当有明确的馆藏图书排架体系。

第十九条　图书馆应当对采集的文献信息进行科学分类编目,建立完善的书目检索系统,实现书名、著者、分类等多种途径的检索。

第二十条　图书馆应当以全开架借阅为主。以学校图书馆为中心,在确保安全的前提下,充分利用走廊、教室等空间,创新书刊借阅方式,优化借阅管理,创建泛在阅读环境。

第二十一条　图书馆应当纳入学校信息化建设整体规划,实行信息化、网络化管理。

第二十二条　图书馆应当建设文献信息管理和服务系统,建立数据长期保存机制,妥善保护师生个人信息、借阅信息及其他隐私信息,不得出售或以其他方式非法向他人提供,保障信息安全。

第二十三条　图书馆应当依据档案管理规范,制定科学管理流程,妥善保存档案资料。

第二十四条 图书馆应当建立完善的资产账目和管理制度。

第二十五条 图书馆应当如实填报各类统计数据,做好统计数据的分析和保存。

第五章 应用与服务

第二十六条 教学期间,图书馆每周开放时间原则上不少于40小时。鼓励课余时间、法定节假日和寒暑假期间对师生有效开放。

第二十七条 图书馆应当做好阅览、外借、宣传推荐服务工作;开设新生入馆教育、文献信息检索与利用、阅读指导课等,鼓励纳入教学计划;为教育教学和科研活动提供有效的文献信息支撑;创新各类资源使用方式,积极创建书香校园,组织形式多样的阅读活动,促进全民阅读工作;鼓励开展图书借阅数据分析,有针对性地改进学生阅读。

第二十八条 图书馆应当加强馆际交流,推动校际阅读活动、校本资源和特色资源的合作与共享。

第二十九条 图书馆应当积极与本地公共图书馆,特别是少年儿童图书馆、高等学校图书馆开展馆际合作,实现资源共享。

各地教育行政部门要重视和加强乡镇中心学校图书馆建设,辐射周边小规模学校。在确保校园安全的前提下,有条件的学校可以探索向家长、社区有序开放。

第三十条 鼓励有条件的图书馆开展纸质图书和数字图书资源的一体化编目和服务。

第六章 条件与保障

第三十一条 图书馆馆舍建设应当纳入学校建设总体规划。有条件的中小学校设立独立的图书馆舍。图书馆应当有采编、藏书、阅览、教学、读者活动等场所。

图书馆应当重视馆内环境的绿化美化,具备良好的通风、换气、采光、照明、防火、防潮、防虫、保洁、安全等条件。接受残疾生源的学校图书馆应当设置无障碍设施及相关标识。

第三十二条　图书馆应当配备书架、阅览桌椅、借阅台、报刊架、书柜、计算机等必要的设施设备,并有计划地配置文件柜、陈列柜、办公桌椅、借还机、打印机、扫描仪、电子阅读设备、复印设备、文献保护设施设备、装订、安全监测等相关设备。设施、设备应当符合学生年龄使用需要。

第三十三条　图书馆应当设专职管理人员并保持稳定性。图书馆管理人员编制在本校教职工编制总数内合理确定。

图书馆管理人员应当具备基本的图书馆专业知识与专业技能。中学图书馆管理人员应当具备大学本科以上文化程度,小学图书馆管理人员应当具备大学专科以上文化程度。

第三十四条　图书馆专业人员实行专业技术职务聘任制。图书馆管理人员专业技术职务聘任参照国家有关规定执行,有条件的地区和学校,可设立中小学图书馆图书资料系列专业技术岗位。图书馆管理人员在调资晋级或评奖时,与学科教师同等对待,并按国家相关规定享受相应的福利待遇。

第三十五条　图书馆管理人员应当定期参加教育行政部门或专业学术团体组织的专业培训,并纳入继续教育学分管理。支持图书馆管理人员参加专业学术团体。

第三十六条　各地教育行政部门和学校应当保障图书馆建设、配备、管理、应用、培训等所需经费,在经费预算和资金保障方面应当向农村学校和薄弱学校倾斜。

图书馆应当积极配合企事业单位、社会团体和公民个人以各种方式支持、参与图书馆建设,依法组织捐赠,确保质量。

第三十七条　地方各级教育行政部门应当建立健全出版物采购廉政风险防控机制,定期组织开展中小学图书馆藏书质量和管理服务的督导评估,推动提高馆藏文献信息质量和服务效能。图书馆建设与管理工作纳入学校和校长考核体系。

第七章 附 则

第三十八条　特殊教育学校图书馆参照本规程执行。

第三十九条　本规程自2018年6月1日起施行,2003年5月1日发布的《中小学图书馆(室)规程》同时废止。

附表一

中小学图书馆(室)藏书量

	完全中学	高级中学	初级中学	小学
人均藏书量(册)(按在校学生数)	40	45	35	25
报刊(种)	120	120	80	60
工具书、教学参考书(种)	250	250	180	120

附表二

中小学图书馆(室)藏书分类比例表

部类			分类比例	
五大部类	22个基本部类		小学	中学
第一大类	A 马克思主义、列宁主义、毛泽东思想、邓小平理论		1.50%	2%
第二大类	B 哲学、宗教		1.50%	2%
第三大类		C 社会科学总论	64%	54%
		D 政治法律		
		E 军事		
		F 经济		
	G	文化、科学		
		教育		
		体育		
		H 语言、文字		
		I 文学		
		J 艺术		
		K 历史、地理		
第四大类		N 自然科学总论	28%	38%
		O 数理科学和化学		
		P 天文学、地球科学		
		Q 生物科学		
		R 医药、卫生		
		S 农业科学		
		T 工业技术		
		U 交通运输		
		V 航空、航天		
		X 环境科学、安全科学		
第五大类	Z 综合性图书		5%	4%

后　　记

　　自2008年《图书馆学概论》修订2版出版，又是10年过去。这10年，是信息技术出现不断的创新并且泛在信息化社会逐渐形成的10年，图书馆事业的环境和任务持续不断地发生变化，图书馆学研究的主题和方法日益丰富，图书馆在未来信息社会中的独特价值和扮演的角色再次成为人们关注的热点。图书馆工作实践和图书馆学理论的发展，图书馆事业及图书馆学教育的需要，以及图书馆界同人的热切期盼，促使我们着手对《图书馆学概论》再次加以修订，力图使本书能够较好地适应信息社会与网络环境下图书馆事业不断发展变化的新形势。

　　本次修订的总字数超过10万字，其中，不少章节和段落进行了重写或增改，根据新的研究成果和学习心得，修订了旧版中许多受时代和学识限制造成的错误和不准确之处。绪论、第一章、第二章、第三章1—3节、第四章、第五章由北京大学吴慰慈教授撰写，第三章4—5节、第五章、第九章、第十章、第十一章、结语由北京联合大学管理学院董焱教授撰写，第七章、第八章由北京教育学院邢素丽老师撰写。本书部分内容采用了牛继舜博士、罗志勇博士和张久珍博士的研究成果。国家图书馆出版社的金丽萍老师、邓咏秋老师等为本书的再版付出了心血，特此表示诚挚的感谢。

　　由于冗务缠身和自身学识水平的局限，本书的错误和疏漏在所难免，祈请图书馆界同人批评指正。

作　者
2018年12月